KB145058

고성능
임베디드
시스템 설계

고성능 임베디드 시스템 설계

FPGA, 맞춤형 회로 기반 고성능 실시간
디지털 시스템 설계와 구축

짐 레딘 지음 정병혁 · 곽종원 옮김

i!i
에이콘

 에이콘출판의 기틀을 마련하신 故 정완재 선생님 (1935-2004)

| 지은이 소개 |

짐 레딘^{Jim Ledin}

레딘 엔지니어링사의 CEO로, 임베디드 소프트웨어/하드웨어 설계 및 개발, 테스트 전문가다. 임베디드 시스템 사이버 보안 평가 및 모의 해킹에 참여했다. 아이오와 주립대학교에서 항공공학을 전공했고, 조지아 공과대학에서 전기 및 컴퓨터공학으로 석사를 받았다. 캘리포니아주 공인 전문 전기기사이며, CISSP^{Certified Information System Security Professional}, CEH^{Certified Ethical Hacker}, CPT^{Certified Penetration Tester}다.

기술 감수자 소개

마이크 앤더슨^{Mike Anderson}

버지니아주 챈틸리에 있는 항공 우주 회사에서 수석 프로젝트 리더이자 임베디드 시스템 아키텍트로 일하고 있다. 임베디드 및 실시간 컴퓨팅 분야에서 40여 년 동안 일하며 현재 사물 인터넷 디바이스용 실시간 운영체제^{RTOS} 제품을 개발하고 있다. 지난 10년 간 여러 CPU 구조에서 임베디드 리눅스에 집중하고 있다. 임베디드 리눅스 컨퍼런스 및 센서 엑스포, 기타 리눅스 임베디드 시스템, IoT 기반 컨퍼런스의 고정 발표자다. 현재 수행하는 프로젝트로는 메시 무선 토폴로지 및 위성에서의 AI/ML, 6LoWPAN 등이 있고, FIRST Robotics Program을 통해 여러 고등학교 로보틱스 멘토로 활동하고 있다.

| 옮긴이 소개 |

정병혁(coreatiger@gmail.com)

고려대학교 컴퓨터학과와 동 대학원 네트워크 연구실을 졸업했다. 임베디드 환경에서 와이파이^{Wifi} 드라이버/펌웨어 개발 및 안정성 이슈를 담당하고 있다. 임베디드 환경에서의 펌웨어, 드라이버, RTOS, 리눅스/안드로이드, 와이파이 분야에 관심이 많다.

곽종원(jwuser00@gmail.com)

경희대학교 기계공학과와 고려대학교 대학원 네트워크 연구실을 졸업했다. 스마트 TV 환경에서 방송 시스템과 서비스 애플리케이션을 개발하고 있다.

임베디드 디바이스를 만들고 동작시키려면 다양한 기술이 필요하다. 그러므로 여러 팀의 협업이 필요하다. 임베디드 디바이스를 다루는 대학이나 회사들은 임베디드 디바이스를 크게 소프트웨어와 하드웨어로 나누고, 기술별, 모듈별, 부품별로 세분화해 연구나 작업을 진행한다. 이런 세분화된 팀을 만들어 각 업무의 전문성을 높이는 것은 업무의 효율성을 높이는 장점이 있다.

다만 소프트웨어 엔지니어나 하드웨어 엔지니어는 이런 세분화된 팀에서 각자 맡은 일혹은 연관된 일만 수행한다. 그래서 실제 임베디드 디바이스 동작을 위한 다른 중요한작업에 대해 모르는 경우가 많다. 예를 들어 임베디드 소프트웨어 엔지니어들은 이미만들어진 기본 보드 위에서 기능을 개발하기 때문에 보드 관련 정보나 하드웨어 관련정보를 알지 못하는 경우가 많다. 이런 정보 부족은 최적화를 위한 크로스 레이어 설계를 할 수 없게 만든다. 역자 역시 임베디드 및 반도체 업계에서 펌웨어 및 드라이버를 개발하지만 하드웨어 관련 용어나 지식이 부족해 문서 이해 등 여러 어려움을 겪었다. 또한 하드웨어 엔지니어와 의사소통이 잘 이뤄지지 않았던 적도 있다. 심지어 소프트웨어내부에서도 여러 계층이 있어 각 계층 간 지식 공유가 원활하지 않은 경우도 흔하다.

개발 혹은 연구하는 임베디드 디바이스가 어떤 설계 및 개발과정을 거치고 어떤 부품들이 조합되며 유지보수되는지 전체적으로 살펴볼 기회가 있다면 임베디드 디바이스를최적화할 수 있다. 물론 개발자의 역량에도 도움이 될 것이다.

이 책은 임베디드 디바이스 개념에서 시작해 디바이스에서 동작하는 운영체제, 고성능작업을 위해 임베디드 디바이스에 연결되는 FPGA 개발, 보드 브링업, 펌웨어 개발 및 디버깅까지 다룬다. 임베디드 디바이스 개발 전체 과정을 디지털 오실로스코프를 직접 만들며 설명하고 있어 독자는 실제적인 임베디드 디바이스 개발을 직접 혹은 간접적으로겪어볼 수 있다. 이를 통해 담당하지 않았던 다양한 분야의 작업들을 알 수 있을 것이다.

임베디드 디바이스의 다양한 분야를 다루기 때문에 독자와 친숙하지 않은 부분도 있을 수 있다. 그러나 저자가 이런 부분들은 쉽게 설명하고, 실제 예제로 독자가 직접 수행할 수 있으므로 무난하게 이해할 수 있으리라 본다. 나는 알지 못했던 지식들을 배우며 재미있게 번역했다. 같은 임베디드 업계의 동료로서 독자들도 이런 재미를 느끼고 조금이나마 지식에 도움이 되기를 바란다.

정병혁

리눅스 기반의 고성능 프로세스를 채용한 임베디드 시스템이 보편화됐다. 이는 소프트웨어 엔지니어가 하드웨어에 대한 지식이 부족하더라도 잘 갖춰진 개발 환경에서 요구사항에 부합하는 애플리케이션을 개발하고 배포하는 것을 가능케 했다. 최근 들어 IoT 환경과 같이 다량의 저가형 디바이스를 사용하거나 비용 문제로 리눅스 기반의 범용 시스템을 사용하지 못하는 경우가 있다. 이런 요구사항에도 적합한 시스템을 설계하고 개발할 줄 알아야 한다. 하지만 현재 분업화된 개발 환경에서는 자신의 개발 영역이 아닌 부분에 대한 지식을 습득하기 어렵다.

이 책은 고성능 임베디드 시스템 설계를 위한 전체적인 내용을 다룬다. 독자에게 익숙한 부분도, 생소한 부분도 있을 것이다. 천천히 따라가다 보면 디지털 오실로스코프를 직접 만들어 보면서 전반적인 임베디드 시스템 전체에 대한 이해를 높일 수 있을 것이다. 더불어 현재 개발 중인 임베디드 시스템에 대한 이해를 높이고, 각 계층을 이해하고 협업을 하는 데 도움이 될 것이다.

곽종원

| 차례 |

1부 — 고성능 임베디드 시스템 기초

1장 고성능 임베디드 시스템 설계하기   029

2장   세계를 감지하기   057

3장   실시간 동작   087

3부 ― 실시간 펌웨어 구현 및 테스트

8장   처음으로 보드 브링업하기   281

10장 임베디드 시스템 테스트 및 디버깅하기

| 들어가며 |

최신 디지털 장치의 컴퓨팅 능력은 매우 정교하다. 임베디드 시스템은 최대 초당 몇 기가비트의 속도로 디지털 데이터 스트림을 생성하고 수신 및 처리한다. 이 책은 최신 기술의 디바이스 설계를 만들기 위해 FPGA^{Field Programmable Gate Arrays}와 고성능 디지털 회로 설계 기법을 어떻게 사용하는지 설명한다.

이 책의 대상 독자

소프트웨어 개발자나 하드웨어 엔지니어, 사물 인터넷 개발자, 고성능 임베디드 시스템 개발 과정을 이해하고자 하는 이들을 위한 책이다. FPGA 개발의 기본 및 C나 C++로 작성된 펌웨어 개발에 관심이 있다면 도움이 될 것이다. C 언어와 디지털 회로, 전자 부품 납땜(솔더링)등의 기초적인 부분에 친숙해야 한다.

이 책의 구성

1장, 고성능 임베디드 시스템 설계하기 임베디드 시스템 구조를 이루는 요소를 소개하고 여러 임베디드 애플리케이션에서 공통적으로 사용하는 주요 시스템 기능을 소개한다. 임베디드 시스템은 일반적으로 최소 한 개 이상의 마이크로컨트롤러나 마이크로프로세서, 센서, 액추에이터, 전원을 갖고 대부분 한 개 이상의 네트워크 인터페이스도 포함한다. 임베디드 시스템과 IoT의 관계도 설명한다.

2장, 세계를 감지하기 다양한 임베디드 애플리케이션에서 사용되는 센서의 이론 및 구현을 소개한다. 수동 센서는 온도나 압력, 습도, 광도, 대기 구성과 같은 세상의 속성을 측정한다. 능동 센서는 레이더^{radar}나 라이다^{lidar}와 같은 에너지 방출 기술을 사용해 물체를 감지하고 물체의 위치나 속도를 측정한다.

3장, 실시간 동작 임베디드 시스템이 센서나 다른 자원들로부터 측정된 입력에 대해 실시간 응답을 생성해야 할 필요성을 다룬다. 실시간 운영체제^{RTOS}의 개념 및 주요 기능을 소개하며, 실시간 애플리케이션에서 멀티태스킹을 구현할 때 흔히 겪는 어려움도 알아본다. 유명한 오픈소스 및 상업용 RTOS 구현들의 중요한 특성을 소개하며 끝을 맺는다.

4장, FPGA 프로그램 개발 시작하기 실시간 임베디드 시스템에서 FPGA 장치의 효과적인 사용법이 무엇인지 설명한다. 표준 FPGA에 포함된 기능적 요소를 알아본다. HDL(하드웨어 명세 언어)와 블록 다이어그램 기법, C나 C++와 같은 자주 사용되는 소프트웨어 프로그래밍 언어를 포함하는 다양한 FPGA 설계 언어를 소개한다. FPGA 개발 과정 개요를 살펴보고, 시스템 요구사항 명세부터 저가 FPGA 개발 보드에서 구현한 기능적 시스템에 이르기까지 FPGA 개발 사이클의 전반적인 예제를 살펴본다.

5장, FPGA로 시스템 구현하기 FPGA를 사용한 임베디드 디바이스 설계 및 구현 과정을 깊게 살펴본다. 먼저 프로그래밍 언어로 작성된 로직 설계를 실행 가능한 FPGA 구성으로 변환하는 FPGA 컴파일 소프트웨어 도구를 설명한다. FPGA 구현에 가장 적합한 여러 알고리듬들을 알아보며, 특정 임베디드 시스템 알고리듬이 전통적인 프로세서를 사용해 구현하는 것이 적합한지, FPGA를 통한 것이 더 적합한지 결정하는 의사 결정 접근법을 제안한다. 기본적인 FPGA 기반 프로세서 프로젝트의 단계적 개발을 소개하며 끝을 맺는다. 이 프로젝트는 나머지 장들에서 개발하는 회로나 소프트웨어를 사용해 고속 디지털 오실로스코프를 구현하도록 확장될 것이다.

6장, KiCad를 이용한 회로 설계하기 전자 설계 및 자동화를 위한 훌륭한 도구인 KiCad를 소개한다. KiCad를 통해 회로도를 사용한 회로를 설계하고 해당 인쇄 회로 기판 레이아웃을 개발한다. 회로 기판 설계를 적합한 가격대의 프로토 타입으로 바꾸는 방법과 7장에서 조립할 오실로스코프 회로 프로젝트를 위한 예제 회로도를 알아본다.

7장, 고성능 디지털 회로 만들기   표면 실장^{surface mount}과 삽입 실장^{through hole} 전자부품을 사용한 프로토타입 고성능 디지털 회로 조립 관련 과정과 기법을 설명한다. 솔더링 스테이션과 확대경, 현미경, 작은 부품을 처리하기 위한 핀셋 등의 도구들을 추천한다. 리플로우 솔더링 과정을 소개하고, 소규모 리플로우 기능 구현을 위한 저가 옵션을 알아본다.

8장, 처음으로 보드 브링업하기   설계 및 구성, 청소, 검사된 인쇄 회로 기판에 전원을 공급하는 방법 즉, 악명높은 기초 안전성 검사(스모크 테스트) 수행하는 법을 다룬다. 8장은 보드에 처음으로 전원을 조심스럽게 공급하고 기본 회로 수준의 기능을 검사하는 과정을 설명한다. 문제가 발생하면 문제를 처리할 수 있는 기법을 알아본다. 모든 테스트를 통과하면 FPGA 로직을 추가하고 오실로스코프 보드의 디지털 인터페이스를 테스트할 수 있다.

9장, 펌웨어 개발 과정   기본 동작하는 회로 보드에 아날로그-디지털 변환기(ADC)와의 통신을 포함한 FPGA 알고리듬의 남은 주요 과정들을 다루며, 마이크로 블레이즈 프로세서 펌웨어를 개발한다. 펌웨어를 개발할 때는 가능한 코드 정적 분석을 수행하는 것이 중요하다. 이는 디버깅하기 어려운 많은 에러를 방지할 수 있다. 버전 관리 시스템을 사용해 프로젝트 싸이클 전반에 걸친 코드의 변화 과정을 추적하는 것이 중요한데, 코드가 변경될 때 코드의 품질을 유지하기 위한 종합적이거나 부분적으로라도 자동화된 테스트 도구 개발의 중요성을 알아본다. 각 기능을 수행하기 위한 무료 및 상업용 도구를 소개한다.

10장, 임베디드 시스템 테스트 및 디버깅하기   임베디드 시스템 개발이 거의 완성됐으므로 시스템이 동작할 환경에서 완전한 테스트 방법을 설명한다. 테스트는 모든 조건에서 적합한 동작 수행을 보장하기 위해 유효하지 않은 입력을 포함한 사용자 입력이나 환경적인 요인에서 발생하는 모든 범위를 다뤄야 한다. 권장하는 디버깅 과정을 살펴보고 고성능 임베디드 시스템 개발의 모범 사례를 살펴본다.

⫶ 이 책의 활용 방법

강력한 무료 상업 및 오픈소스 소프트웨어 도구 모음을 최대한 활용해 FPGA 알고리듬을 개발하고 정교한 인쇄 회로 기판을 설계한다. 이 책에서 사용하는 예제 프로젝트를 따라가기 위해 독자는 특정 개발보드(Digilent Arty A7-100)가 필요하다. 독자의 설계를 구현하기 위한 디지털 회로를 구성하기 위해, 표면실장 부품을 납땜하거나 납땜을 제거하기 위한 도구들이 필요하다. 미세한 부품을 다룰 때 도움을 주는 정교한 핀셋이나 확대경 혹은 현미경도 필요하다.

이 책에서 다루는 소프트웨어/하드웨어	OS 요구사항
Xilinx Vivado	윈도우, 리눅스
KiCad	윈도우, 맥OS, 리눅스
Arty A7-100	윈도우, 리눅스

디지털 책을 사용한다면 깃허브 리포지터리(다음 절의 링크 참고)를 통해 이 책에서 사용된 코드에 접근할 수 있으며 이 코드로 코드 복사하는 과정에서 생길 수 있는 에러를 피할 수 있을 것이다.

이 책의 코드는 깃허브 https://github.com/PacktPublishing/Architecting-High-Performance-Embedded-Systems에서 받을 수 있다. 코드에 업데이트가 있다면 깃허브 리포지터리에 업데이트될 것이다. 한국어판의 예제 코드는 에이콘출판사의 깃허브 저장소 https://github.com/AcornPublishing/high-embedded-systems에서 다운로드할 수 있다.

컬러 이미지 다운로드

이 책에서 사용하는 그림이나 다이어그램의 컬러 이미지를 http://www.packtpub.com/sites/default/files/downloads/9781789955965_ColorImages.pdf에서 다운로드할 수 있다. 또한 에이콘출판사의 도서정보 페이지인 http://www.acornpub.co.kr/book/high-embedded-systems에서도 다운로드할 수 있다.

편집 규약

이 책에서 사용한 표기 규칙은 다음과 같다.

텍스트 내 코드: 본문의 코드나 데이터베이스 테이블 이름, 폴더 이름, 파일이름, 파일 확장자, 경로이름, 더미 URL 등을 나타낸다. 예제는 다음과 같다.

"std_logic 용어는 단일 비트 바이너리 데이터 타입을 나타낸다."

코드 블록은 아래와 같이 설정된다.

```
architecture BEHAVIORAL of FULL_ADDER is

begin

  S    <= (A XOR B) XOR C_IN;
  C_OUT <= (A AND B) OR ((A XOR B) AND C_IN);

end architecture BEHAVIORAL;
```

명령어 라인 입력이나 출력은 다음과 같이 표시된다.

```
dism /online /Enable-Feature /FeatureName:TelnetClient
```

새로운 용어나 중요한 단어, 화면에 보이는 단어를 나타낸다. 예를 들어 메뉴나 다이얼로그 박스에 보이는 단어는 이 형식으로 표시된다. 예제는 다음과 같다.

'선택사항을 기본값으로 두고 **Next**를 클릭합니다'

> **NOTE**
>
> 경고와 중요한 노트는 이와 같이 나타낸다.

⫶ 오탈자

내용을 정확하게 전달하려고 최선을 다했지만, 실수가 있을 수 있다. 책에서 텍스트상의 문제를 발견해서 알려준다면, 매우 감사하게 생각할 것이다. 오자를 발견한다면 http://www.acornpub.co.kr/contact/errata에서 구체적인 내용을 알려주기 바란다. 보내준 내용이 확인되면 해당 서적의 정오표에 그 내용이 추가될 것이다. 정오표는 에이콘출판사의 도서정보 페이지 http://www.acornpub.co.kr/book/high-embedded-systems에서 찾아볼 수 있다.

⫶ 문의

이 책에 관한 질문은 옮긴이의 이메일이나 에이콘출판사 편집 팀(editor@acornpub.co.kr)으로 문의할 수 있다.

1부

고성능 임베디드 시스템 기초

1부에서는 임베디드 시스템, 실시간 컴퓨팅 및 FPGA디바이스의 기본 개념을 소개한다. 이후 장들에서 자세히 다룰 주제들을 상위 수준의 개요로 살펴본다.

- 1장, 고성능 임베디드 시스템 설계하기
- 2장, 세계를 감지하기
- 3장, 실시간 동작

01

고성능 임베디드 시스템 설계하기

임베디드 시스템 구조의 구성요소와 다양한 임베디드 애플리케이션에서 흔히 볼 수 있는 주요 시스템 기능을 알아본다. 임베디드 시스템은 보통 최소 한 개 이상의 마이크로 컨트롤러나 마이크로 프로세서, 센서, 액추에이터, 전원, 한 개 이상의 네트워크 인터페이스를 포함한다. 1장은 임베디드 시스템과 사물인터넷IoT의 관계를 설명한다.

많은 종류의 임베디드 시스템이 실시간으로 동작해야 하는 필요성을 알아본다. 시간의 경과에 따라 동기화를 유지하면서 입력 장치로부터 읽기, 출력 연산, 출력 장치 연산 등을 반복 수행하는 기본적인 임베디드 시스템 동작 방식을 설명한다.

디지털 로직 및 FPGA를 소개할 텐데 이런 고성능 디바이스가 가장 적절하게 처리하는 임베디드 시스템의 스펙트럼 내 설계 영역을 살펴본다.

1장을 끝내면 임베디드 시스템을 구성하는 컴포넌트들과 임베디드 시스템과 IoT간의 관계를 폭넓게 이해할 수 있다. 임베디드 시스템이 실시간으로 동기화돼 동작하는 이유를 깨닫는 동시에 FPGA의 기본 구조와 FPGA가 고성능 임베디드 시스템을 구현하기 위해 어떻게 사용될 수 있는지 알게 된다.

1장에서 다룰 주제는 다음과 같다.

- 임베디드 시스템 요소

- 사물인터넷

- 실시간 동작

- 임베디드 시스템의 FPGA

⠿ 기술 요구사항

1장을 위한 파일들은 다음에서 찾을 수 있다.

https://github.com/PacktPublishing/Architecting-High-Performance-Embedded-Systems

⠿ 임베디드 시스템 요소

임베디드 시스템은 어디에나 존재한다. 간단한 전등 스위치보다 정교한 전자기기 대부분은 환경으로부터 입력 데이터를 읽고, 연산 알고리듬을 수행하며, 환경과 상호작용하는 어떤 유형의 출력을 만들어 내는 디지털 프로세서를 포함한다.

아침에 눈뜬 순간부터(디지털 디바이스가 만든 알람에 반응해서), 이를 닦고(디지털 프로세서를 포함하는 전동칫솔을 사용해), 아침식사를 위해 베이글을 굽고(디지털로 제어되는 토스터 오븐에서), 디지털 홈 알람 시스템을 끄는 등 항상 임베디드 디바이스와 상호작용하고 있다. 텔레비전 리모컨이나 신호등, 철도 건널목과 같은 다양한 디바이스에 하루 종일 입력을 제공하고 출력을 받는다. 자동차와 비행기, 여객선을 포함하는 고도로 디지털화 된 교통 시스템에서 각각은 동력 전달 계통을 관리하고, 안전기능을 감독한다. 편안한 온도/습도를 유지하고, 운송 기구를 이용하는 사람들에게 엔터테인먼트를 제공하는 수십여 개의 임베디드 프로세서를 포함한다.

범용 컴퓨팅 디바이스와 임베디드 시스템을 구별하는 흐릿한 경계선을 명확하게 해보자. 임베디드 컴퓨팅 디바이스를 정의하는 속성은 단순한 연산보다 더 큰 목적을 가진 디바이스 내의 디지털 처리 통합이다. 어떤 종류의 디지털 처리도 포함하지 않는 디바이스는 임베디드 시스템이 아니다. 예를 들어 배터리와 전원 스위치로 제어되는 모터만 가진 전동칫솔은 임베디드 시스템이 아니지만, 칫솔을 너무 세게 누를 때 붉은 빛을 내도록 하는 마이크로 컨트롤러를 포함한 칫솔은 임베디드 시스템이다.

데스크톱 컴퓨터는 많은 작업을 수행할 수 있고 다양한 주변장치를 추가해서 더 개선할 수 있지만 단지 컴퓨터일 뿐이다. 반면 자동차는 승객 운송을 기본 목표로 한다. 승객을 실어나르는 기능을 수행하면서 임베디드 처리를 포함한 다양한 서브 시스템에 의존한다. 자동차는 임베디드 시스템이지만 개인용 컴퓨터는 임베디드 시스템이 아니다.

스마트폰은 임베디드 시스템 영역의 구성원인지 결정하기 더 어렵다. 전화기로 사용될 때는 임베디드 시스템의 정의에 맞는 기능을 확실히 수행한다. 웹 브라우저로 사용될 때는 소형 범용 컴퓨터에 더 근접해 있다. 따라서 어떤 디바이스가 임베디드 시스템인지 매번 명확하게 결정짓기가 불가능하다.

범용 컴퓨터의 운영환경과 임베디드 시스템의 운영환경의 차이를 이해해 두는 것이 좋다. 개인용 컴퓨터와 기업용 서버는 기후가 제어된 실내 환경에서 최적으로 동작하는 경향이 있다. 자동차 같은 임베디드 디바이스는 비나 눈, 바람, 먼지, 열의 영향을 포함한 더 거친 조건에 노출돼 있다.

대다수의 임베디드 디바이스들은 능동적인 냉각 시스템이 없고(개인용 컴퓨터나 서버 컴퓨터에는 표준으로 탑재) 외부 조건과 상관없이 내부 부품들이 안전한 운영 온도로 유지돼야 한다.

임베디드 시스템은 상대적으로 간단한 디바이스이거나 상당히 복잡한 시스템이라도 보통 다음의 요소들로 구성돼 있다.

전원

모든 전자 디지털 디바이스는 전원이 필요하다. 임베디드 시스템 대부분 다용도 전원이나 배터리 혹은 디바이스가 동작하는 호스트 시스템에서 전원을 공급받는다. 가령 한 개의 프로세서와 한 개의 CAN 버스 통신 인터페이스를 포함하는 자동차 미등 조립품은 자동차의 전기 시스템에서 제공되는 12볼트 직류^{DC}를 공급 받는다.

야간이나 흐린 날에도 임베디드 디바이스가 동작할 수 있도록 태양 전지 패널에 연결된 충전 배터리로부터 전원을 공급 받을 수 있다. 심지어 환경으로부터 에너지를 얻을 수도 있다. 태엽이 저절로 감기는 손목시계는 팔의 움직임에서 나오는 에너지를 사용해 기계적 혹은 전기적 힘을 발생시킨다. 안전 및 보안이 필수적인 임베디드 시스템은 보통 다양한 전원을 주 전원으로 사용하며 정전이 되었을 때 시스템이 동작하기 위해 배터리를 보조 전원으로 사용한다.

시간 축

임베디드 시스템은 벽시간$^{wall\ clock\ time}$이라 하는 시간의 경과를 추적하고 단기(마이크로초나 밀리초의 구간에 대한) 및 장기적으로 날짜와 시간을 추적하는 수단이 필요하다. 주 시스템 클럭 신호는 수 메가 헤르츠의 출력 주파수를 생성하는 수정 발진기$^{crystal\ oscillator}$나 미세 전자 기계 시스템$^{Microelectromechanical\ System,\ MEMS}$ 발진기를 사용한다.

수정 발진기는 보통 석영으로 만들어진 물리적 수정의 공진 진동을 증폭하며, 이를 통해 압전 효과로 구형파 전기 신호를 생성한다. MEMS 발진기는 정전기 변환을 사용해 전기 출력를 생산하는 진동 기계 구조를 포함한다.

정확한 시간으로 설정된 후 수정 발진기나 MEMS 발진기를 통해 구동하는 클럭은 점진적으로 며칠이나 몇 주에 걸쳐 수초나 수분 정도 어긋난 주파수상의 오류(일반적으로 1~100 ppm)를 보인다. 대부분 인터넷에 연결된 임베디드 디바이스들은 문제를 해결하기 위해 주기적으로 시간 서버에 접속해 디바이스 내부 클럭을 현재 시간으로 재설정한다.

디지털 처리

임베디드 컴퓨팅 시스템은 몇 가지 유형의 디지털 처리기^{processor}를 갖고 있다. 처리 기능은 보통 마이크로 컨트롤러나 마이크로 프로세서 혹은 시스템 온 칩$^{SoC,\ system\ on\ a\ chip}$이 제공한다. 마이크로 컨트롤러는 한 개 이상의 중앙 처리 장치^{CPU}와 임의 접근 메모리

RAM, 읽기 전용 메모리Read only memory, 다양한 주변장치를 포함하는 통합 디바이스다. 마이크로프로세서는 한 개 이상의 CPU를 갖지만 마이크로 컨트롤러와 비교했을 때 동일 디바이스에 통합된 전체 시스템 기능이 더 적고, 보통 RAM과 ROM, 주변장치를 위한 외부 회로에 의존한다.

SoC는 마이크로 컨트롤러보다 더 통합된 디바이스로, 한 개 이상의 마이크로 컨트롤러와 고속에서 특화된 기능을 수행하도록 설정된 부가적인 디지털 하드웨어 자원을 갖고 있다. '임베디드 시스템에서의 FPGA'와 후속 장에서 살펴보겠지만, SoC 설계는 기존 마이크로 컨트롤러와 맞춤형 고성능 디지털 로직을 결합한 구조에서 FPGA 디바이스로 구현할 수 있다.

메모리

임베디드 시스템은 일반적으로 작업 메모리로 RAM을 사용하고, 플래시 메모리 같은 특정 유형의 ROM으로 실행 프로그램 코드와 정적 데이터베이스 같은 다른 필요한 정보들을 저장한다. 각 메모리의 양은 계획된 수명 동안 임베디드 시스템 디바이스 구조의 요구사항을 만족하기에 충분해야 한다. 디바이스가 펌웨어 업그레이드를 지원한다면, 디바이스 수명 동안 예상 가능한 시스템 기능 개선을 지원하기 위해 하드웨어 설계에서 충분한 메모리 자원이 제공돼야 한다.

소프트웨어와 펌웨어

전통적인 컴퓨팅 환경에서 사용자가 동작시키는 웹 브라우저나 이메일 같은 실행가능한 코드를 **소프트웨어**라고 한다. 소프트웨어란 컴퓨터 시스템의 물리적 부분을 구성하는 **하드웨어**와 프로그램 코드를 구별하기 위해 사용되는 용어다. 범용 컴퓨터에서 소프트웨어는 여러 종류의 디스크 드라이브에 파일로 저장된다. 임베디드 시스템에서 실행가능한 코드는 디바이스 안의 하드웨어 부분인 여러 종류의 ROM에 보통 저장된다. 따라서 코드는 하드웨어와 소프트웨어의 중간 지점을 차지한다고 생각할 수 있다. 중간 지점을 펌웨어라고 한다. 임베디드 시스템의 초창기에는 코드가 메모리 디바이스에 구워

져서 초기 프로그래밍 이후에는 바꿀 수 없었다. 메모리 디바이스는 요즘 생산되는 다시쓰기가 가능한 플래시 메모리를 갖고 있는 임베디드 디바이스보다 좀 더 하드웨어에 가까웠다(좀 더 단단한(firm)). 그럼에도 불구하고 오늘날까지 **펌웨어**라는 용어는 임베디드 시스템에 프로그래밍되는 코드를 나타내는 데 사용된다.

특수 회로

임베디드 시스템은 다양한 애플리케이션을 지원한다. 텔레비전 리모콘의 버튼이 눌리는지 감시하고 이에 대응하는 출력 신호를 만드는 상대적으로 간단한 작업들을 수행하는 시스템도 있고, 높은 데이터 레이트 입력 신호상에서 극도로 복잡한 처리를 필요로 하는 작업을 수행하는 시스템도 있다. 간단한 임베디드 시스템은 작은 마이크로 컨트롤러를 사용해 필요한 모든 디지털 처리를 수행할 수 있다. 그러나 더 복잡한 시스템은 기성품 마이크로 컨트롤러 혹은 x86이나 ARM 프로세서와 같이 기능이 더 많은 마이크로 프로세서의 기능을 뛰어 넘는 처리 자원이 필요하다.

지난 수년 간 더 정교한 임베디드 디자인 설계자들은 주문형 반도체^{ASIC, Application-Specific Integrated Circuit}를 사용해 적합한 시스템 동작에 필요한 속도로 처리를 수행하기 위한 맞춤형 회로를 구현하고 있다. ASIC는 특정 애플리케이션을 지원하기 위해 설계된 맞춤형 디지털 회로를 포함하는 집적회로다. ASIC 디바이스 생산은 보통 매우 값비싼 생산 설비 단계와 관련돼 있어 소량 생산이나 프로토타입 프로젝트에는 현실적으로 적합하지 않다.

다행히도 ASIC가 제공하는 기능 대부분 저가의 FPGA 디바이스에서 제공할 수 있다. FPGA^{Field-Programmable Gate Array}는 쉽게 다시 프로그래밍 가능하기 때문에 프로토타입 임베디드 시스템이나 소량 생산에 일반적으로 사용된다. 대량 생산 시(수천 혹은 수백만 개)에는 ASIC 단가가 낮아지므로 생산 설비에 투자할 가치가 있다.

환경으로부터 입력

임베디드 시스템은 일반적으로 환경으로부터 입력을 받는다. 사람이 동작시키는 사용자 인터페이스 혹은 센서가 동작하는 환경이나 시스템의 특정 속성을 측정하는 센서로부터 입력을 받는다. 예를 들어 배터리 전기 자동차 파워트레인 제어기는 배터리 전압이나 모터 전류, 자동차 속도, 엑셀레이터 페달의 위치 등의 다양한 속성을 추적할 것이다. 시스템 구조는 각 센서들로부터 필요한 정확도를 갖는 입력을 측정하기 위해 하드웨어 주변장치를 반드시 포함해야 한다. 전체 파워트레인 제어 시스템은 자동차의 적합한 동작에 필요한 속도로 모든 센서로부터 측정을 수행할 수 있어야 한다.

환경으로 출력

환경으로부터 입력을 읽는 것과 더불어 임베디드 시스템은 일반적으로 운영자나 호스트 시스템이 사용하기 위한 한 개 이상의 출력을 만들어 낸다. 배터리 전기 자동차의 예로 살펴보면 파워트레인 제어기는 엑셀레이터 페달의 위치 및 다른 입력을 사용해 구동모터 제어기에 내릴 명령을 계산한다. 명령은 구동계의 토크 출력을 조정할 것이다.

직접적으로 시스템 동작을 지원하는 것과 더불어 임베디드 컨트롤러는 사람이 사용하기 위한 출력을 제공하기도 한다. 가령, 대시보드에 자동차 속도를 표시한다. 각 출력은 적합한 시스템 동작을 지원하기에 충분한 속도(사람이 인지할 수 있도록)로 업데이트돼야 한다. 사람과의 인터페이스를 구현하기 위해 그래픽 출력은 끊김없이 업데이트돼야 하고, 오디오 출력은 갭이나 뜀 현상 같은 타이밍 관련 문제가 없도록 해야 한다.

네트워크 통신

간단한 임베디드 시스템들이 고립된 환경에서 입력을 읽고, 출력을 계산하며 출력 디바이스를 업데이트하는 완전히 독립적인 방식으로 동작한다. 반면, 점점 더 많은 임베디드 시스템들이 네트워크 통신을 지원하는 추세다. 이로 인해 가정 내 비디오 초인종 원격 알림이나 공장의 지속적인 기계 모니터링이 가능하다.

항상 사용 가능한 네트워크 통신 기능이 있는 임베디드 시스템은 기능적으로 큰 개선을 제공할 수 있다. 그러나 네트워크 통신 기능은 개발자가 시스템 구조의 보안 문제를 조심스럽게 다루지 않는다면 공격자가 악용해 보안 문제를 초래할 수 있다. 따라서 임베디드 시스템 구조에서 통신 기능을 포함할 때 발생할 수 있는 보안 위험을 이해하고 해결하는 것이 중요하다.

임베디드 시스템 설계자는 이런 요인들을 결합해 디바이스가 동작하는 전체 환경에서 적합한 안정성을 보장하면서 의도한 기능이 수행되도록 시스템 설계를 만든다.

적합한 시스템 설계는 크기나 무게 제약, 전력소모 제한 같은 추가적인 요구사항을 만족시켜야 하며, 생산 비용도 적합한 수준이어야 한다. 임베디드 시스템의 설계 제약은 생산 수량과 시스템의 안전성 필수 속성, 거친 환경에서 동작 필요성 같은 속성들에 큰 영향을 받는다.

마이크로컨트롤러나 마이크로 프로세서 및 관련 도구들을 선택할 때 적합한 언어 컴파일러와 디버거 사용가능성 같은 추가적인 사항을 고려해야 할 수도 있다. 프로세서 계열 선택은 개발팀의 과거 경험에도 일정 부분 의존할 수 있다. 가격과 사용성, 개발도구 습득성 등도 고려대상이 된다.

지속적인 통신 기능을 포함하는 임베디드 시스템 구조는 개인 디바이스와 중앙 노드(인터넷으로 접근하는 서버들)간 통신 및 사용자와 임베디드 시스템 간 상호작용에 관련된 설계도 다뤄야 한다.

네트워크 연결을 갖는 소형 임베디드 시스템의 확산은 **사물 인터넷**[IoT]이라는 용어를 도입했다. IoT와 임베디드 시스템의 구조의 관련성을 알아보자.

사물 인터넷

개념적으로 IoT는 광범위한 네트워크 통신을 통해 수많은 이기종 임베디드 디바이스들의 유용성을 최대화하려고 노력한다. IoT 디바이스를 더 일반적인 임베디드 시스템에서 구별하는 특징은 각 디바이스와 디바이스로부터 데이터를 모으는 한 개 이상의 중앙 노드 간 통신 경로가 존재하는 것이다. 중앙 노드는 권한이 있는 사용자가 개별적 디바이스나 디바이스들의 집합에 명령을 내릴 수 있게 하는 경우가 많다.

IoT 디바이스 개발 과정 중에 특히 민감한 개인 정보에 접근하는 디바이스를 개발할 때 임베디드 시스템 설계자는 종단 디바이스의 보안을 보장하는 광범위한 조치를 취해야 할 책임이 있다. IoT 디바이스는 소비자의 집에 보통 설치되므로 악의적인 공격자가 카메라나 마이크, 보안 시스템을 제어할 수 있는 보안 실패는 반드시 최대한 예방해야 한다. 시스템 설계자는 종단 사용자가 취할 수 있는 모든 보안 실수를 막을 수는 없다고 하더라도 더 안전한 시스템은 강력한 암호를 선택하도록 안내하거나 무차별 대입 공격 같은 일반적인 유형의 공격을 제한하면서 사용자를 도울 수 있다.

IoT 디바이스와 시스템의 예제는 다음을 포함한다.

- **창문과 문 센서 및 움직임 센서를 포함하는 가정 경보 시스템**: 보통 스마트폰 앱을 포함해 경보 이벤트를 즉시 알려줄 수 있는 유형의 시스템이다. 경보 회사에 해당 경보 이벤트에 대한 초기 응답을 시작하게 하고 집 소유자에게 이벤트가 발생했음을 알릴 수 있다. 경보 시스템은 경보 기능을 무효화할 수 있는 사이버 공격에 반드시 잘 대처해야 한다.

- **전등 및 전원 콘센트**: 인터넷 기반 감시와 제어가 가능한 전구 및 조명기구, 전구를 켜고 끌 수 있는 멀티탭 등 다양한 조명기구가 사용 가능하다. 전등 및 전원 콘센트와 같은 디바이스와 연동된 앱은 각 전구를 원격 제어하거나 하루 동안 전구가 켜지고 꺼지는 시간을 예약할 수 있다. IoT 경보 시스템과 마찬가지로 보안은 시스템 설계로 통합돼야 할 중요한 기능이다.

- **스마트 스피커**: '아마존 에코'나 '구글 네스트' 같은 IoT 스피커는 사용자가 자연어로 요청을 내릴 수 있는 음성 인터페이스를 제공한다. 사용자는 '알렉사'나 '헤이 구글' 같은 스피커를 깨울 수 있는 단어나 문장을 명령어 앞에 붙이고, 그 뒤에 명령이나 요청을 한다. 스마트 스피커와 같은 디바이스는 경보 시스템이나 전등 제어 같은 다양한 IoT 디바이스와의 상호작용을 할 수 있게 한다. 음성 명령은 "알렉사, 불 켜줘" 처럼 하면 된다.

- **의료 감시 및 치료**: 다양한 임베디드 디바이스가 병원과 가정에서 온도나 혈중 산소, 심박수, 호흡 등의 환자의 건강 상태를 감시하고 있다. 의료 감시 및 치료 디바이스를 통해 중앙의 데이터베이스와 통신하며 의료 전문가가 현재와 과거의 건강 패턴을 추적할 수 있다. 다른 디지털 시스템은 약물 주입이나 호흡 보조와 같은 능동적 치료 기법을 수행한다.

- **산업용 애플리케이션**: 임베디드 시스템은 공장 라인이나 에너지 생산 시스템, 에너지 전송 시스템, 오일 및 가스 산업에서 복잡한 시스템들과 과정들을 감시하고 제어하기 위해 널리 사용된다. 예를 들어 다양한 종류의 센서와 액추에이터들은 수천 마일 길이의 오일 파이프라인의 실시간 감시와 동작 관리를 수행하기 위해 필요하다.

이 책은 임베디드 시스템의 구조와 설계에 초점을 맞춘다. 네트워크 통신을 포함해 IoT 임베디드 시스템 설계의 모든 특징을 다룰 것이다. 그리고 임베디드 시스템의 IoT 보안 요구사항 및 IoT 임베디드 디바이스를 감시하고 제어하기 위해 사용되는 통신 프로토콜을 알아본다.

임베디드 디바이스는 보통 엄격한 시간 제약상에서 동작한다. 실시간 동작의 주요 특징과 시간의 흐름을 동기화 하기 위해 임베디드 시스템이 사용하는 접근법을 살펴보자.

실시간 동작

임베디드 시스템의 실시간 요구사항을 충족하기 위해 시스템은 환경의 상태를 감지하고 응답을 계산하며 미리 정해진 시간 간격 안에 응답을 출력해야 한다. 타이밍 제약은 보통 두 가지 형태 즉, 주기적 동작과 이벤트 기반 동작을 갖는다.

주기적 동작

주기적 업데이트를 수행하는 임베디드 시스템은 오랜 시간 동안 실제 세계의 시간 흐름과 동기화를 유지하려고 한다. 시스템들은 내부 클럭을 유지하며 시스템 클럭에 의해 측정된 시간의 흐름을 사용해 각 처리 사이클의 실행을 시작한다. 대부분 실행 사이클은 고정된 시간 간격으로 반복된다. 임베디드 시스템은 보통 초당 10에서 1000번·업데이트 속도로 처리하며 특정 애플리케이션은 이 범위를 벗어나기도 한다. 그림 1.1은 주기적으로 업데이트하는 간단한 임베디드 시스템의 처리 사이클을 보여준다.

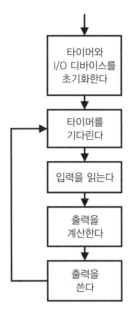

그림 1.1 주기적으로 업데이트하는 임베디드 시스템

그림 1.1의 시스템에서 처리는 위쪽 박스에서 시작하며, 프로세서 자체와 시스템이 사용하는 입출력I/O 디바이스를 위해 초기화가 수행된다. 초기화 과정은 규칙적인 시간에 **인터럽트** 이벤트를 발생시키는 타이머 설정을 포함한다. 위에서 두 번째 상자에서, 타이머가 다음 이벤트를 만드는 것을 기다리는 동안 처리는 잠깐 멈춘다. 프로세서의 기능에 따라 기다림은 타이머 출력 신호를 폴링하는 유휴 루프idle loop의 형태를 취하거나 타이머 인터럽트가 프로세서를 깨우기를 기다리는 동안 시스템이 저전력 상태로 진입할 수 있다.

타이머 이벤트가 발생한 다음 단계인 그림 1.1의 세 번째 상자에서 디바이스의 현재 입력 상태를 읽는다. 뒤따라오는 상자에서 프로세서가 연산 알고리듬을 수행하고 디바이스가 출력 주변장치에 쓸 값을 생성한다. 주변 장치로의 출력은 그림 1.1의 다이어그램

밑에 있는 마지막 상자에서 수행된다. 출력을 쓴 뒤 처리는 다음 순서의 타이머 이벤트를 기다리는 곳으로 돌아가며, 그 과정을 무한 반복한다.

이벤트 기반 동작

이산 이벤트에 반응하는 임베디드 시스템들은 대부분의 시간을 유휴 상태에서 소비하고 입력을 받았을 때만 살아난다. 이때 시스템은 입력 데이터를 처리하기 위해 알고리듬을 실행하고 출력을 생성하며, 출력을 주변장치에 쓴 뒤 다시 유휴 상태로 돌아간다. 누름 버튼 방식으로 동작하는 텔레비전 리모컨이 이벤트 기반 임베디드 시스템의 좋은 예제다. 그림 1.2는 이벤트 기반 임베디드 디바이스의 처리 과정을 보여준다.

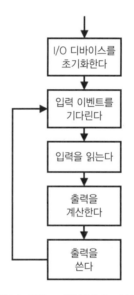

그림 1.2 이벤트 기반 임베디드 시스템

이벤트 기반 임베디드 시스템의 대부분의 처리 과정은 주기적 시스템의 처리 과정과 비슷하고, 초기화만 디바이스의 입력에 의해 발생한다. 입력 이벤트가 발생할 때마다 시스템은 해당 이벤트를 발생시킨 입력 디바이스와 필요한 다른 입력을 읽는다. 프로세서는 출력을 계산하고, 적합한 디바이스에 출력을 쓰며, 다음 이벤트를 기다리기 위해 다시 되돌아가서 무한 루프를 형성한다. 이벤트 기반 임베디드 시스템은 리모컨 키패드의 각각의 키에 대한 누름과 해제와 같은 많은 다른 이벤트에 대한 입력을 갖는다.

많은 임베디드 시스템은 주기적 동작과 이벤트 기반 동작을 모두 지원해야 한다. 한 예로 자동차를 살펴보자. 운전 중 구동계 프로세서는 자동차 속도나 조향, 브레이크 등을 정기적인 시간 간격으로 관리하기 위해 입력을 감지하고 연산을 수행하며 출력을 업데이트 한다. 이런 주기적인 동작과 함께 시스템은 기어의 변경이나 충돌 시 차량 개입과 같은 이벤트 발생을 나타내는 입력 신호들과 센서들을 포함한다.

소형 마이크로컨트롤러 기반 임베디드 시스템에서 개발자는 모든 타이밍 관련 함수와 입력, 주변장치 인터페이스를 사용한 출력, 주어진 입력에 출력을 계산할 때 필요한 알고리듬 등 코드 대부분을 작성할 것이다. 소형 시스템을 위해 그림 1.1이나 그림 1.2를 구현하려면 C나 어셈블리언어로 수백 라인의 코드가 필요하다.

프로세서가 다양한 출력을 다른 속도로 업데이트해야 하고 다양한 이벤트 타입 입력 신호에 반응해야 하는 시스템 복잡도가 더 높은 수준에서는 주기적 업데이트를 스케줄링하는 시간 관련된 동작과 시스템의 연산 알고리듬을 수행하는 코드를 분리해야 한다. 분리 작업은 수천 혹은 수백 만 라인의 코드를 포함하는 매우 복잡한 시스템에서는 상당히 중요하다. 실시간 운영체제는 분리 기능을 제공한다.

실시간 운영체제

시간 관련 기능이 연산 알고리듬과 분리되는 것이 이득이 될 정도로 시스템 구조가 충분히 복잡할 때, 시간 기반 업데이트 스케줄링이나 인터럽트 기반 이벤트에 대한 응답 관리 같은 하위 수준 기능을 관리하기 위해 운영체제를 구현하는 것이 일반적이다. 애플리케이션 개발자는 운영체제가 제공하는 기능과의 통합을 포함하는 시스템 설계에 필요한 알고리듬에 집중할 수 있다.

운영체제는 여러 계층을 가진 소프트웨어이며 자동차 엔진 동작을 관리하는 것처럼 애플리케이션이 유용한 기능을 수행할 수 있는 환경을 제공한다. 이런 애플리케이션은 프로세서 명령어 순서로 구성된 알고리듬을 수행하고 작업을 수행할 때 필요한 주변장치와의 입출력 상호작용을 담당한다.

운영체제는 크게 실시간 운영체제와 범용 운영체제로 나눈다. 애플리케이션 코드가 어떻게 동작하는지에 대한 몇 가지 가정이 참^{true}이라면, **실시간 운영체제**^{RTOS}는 입력에 대한 응답이 특정 시간 제한 안에 발생함을 보장하는 기능을 제공한다. 자동차 엔진이나 주방 가전제품의 동작 관리 같은 작업을 수행하는 실시간 애플리케이션은 해당 디바이스가 제어하는 전자부품이나 기계부품이 특정 시간에 입력 변화에 대한 응답을 받을 수 있도록 보장하기 위해 보통 RTOS상에서 동작한다.

임베디드 시스템은 종종 동시에 여러 기능을 수행한다. 자동차를 예로 살펴보자. 한 개 이상의 프로세서들은 지속적으로 파워트레인의 동작을 감시하고 제어하며, 운전자로부터 입력을 받고, 공조제어를 관리하며, 음향 시스템을 동작시킨다. 이런 다양한 작업을 처리하는 두 가지 방법이 있다. 첫 번째 방법은 각 기능을 수행하도록 각각 별도의 프로세서를 할당시켜 각 기능과 연관된 소프트웨어 개발 및 테스트를 쉽게 만든다. 다만 프로세서가 너무 많아서 대부분의 프로세서는 할 일이 별로 없게 되는 설계상의 단점이 있다.

두 번째는 시스템 설계자가 한 개의 프로세서에 여러 기능을 할당하게 하는 방법이다. 프로세서에 할당된 기능들이 같은 속도로 업데이트를 수행한다면, 특히 이런 기능들이 서로 상호작용할 필요가 없다면 이런 방식의 통합은 비교적 간단하다.

다른 속도로 실행되는 여러 함수들이 한 개의 프로세서에 결합된 경우는 통합 복잡도가 증가하며 특히 이런 함수들이 서로 데이터를 전달해야 한다면 더 복잡해진다.

RTOS 관점에서 주기적으로 스케줄된 별도의 기능들이 논리적으로 동시에 실행되는 것을 태스크라고 한다. 태스크^{task}란 운영체제에 의해 주기적 혹은 이벤트 기반 방식으로 스케줄된 독립적인 실행 흐름을 갖는 코드 블록이다. 운영체제는 태스크와 비슷한 개념을 표현하기 위해 스레드^{thread}라는 용어를 사용한다. **스레드**는 코드 실행의 흐름이고, **태스크**는 일반적으로 태스크가 필요로 하는 다른 시스템 자원과 결합된 스레드 실행을 나타낸다.

현대의 RTOS 구현들은 임의의 수의 태스크 구현을 지원하고, 각 작업은 다른 업데이트 속도와 다른 우선순위로 실행될 수 있다. RTOS 태스크의 **우선순위**^{priority}는 실행되기 위해 동시에 대기 중인 다른 작업들과 비교해서 한 작업이 언제 실행되는지를 결정한다.

높은 우선순위를 가진 태스크는 운영체제가 스케줄링 결정을 할 때 먼저 실행될 기회를 갖는다.

RTOS는 선점형이 될 수 있다. 이는 RTOS가 더 높은 우선순위를 가진 태스크가 실행될 준비가 되면 실행 중인 더 낮은 우선순위를 가진 태스크를 멈추게 할 권한이 있다는 뜻이다. 선점이 발생하면(더 높은 우선순위 태스크가 다음 업데이트를 수행할 시간이 될 때 발생되거나 높은 우선순위 태스크가 시작한 블로킹 I/O 동작이 끝나는 경우), 시스템은 낮은 우선순위 태스크의 상태를 저장하고 높은 우선순위 태스크에 제어를 넘긴다. 높은 우선순위 태스크가 종료되고 대기 상태로 돌아가면 시스템은 낮은 우선순위 태스크로 다시 바꾸고 실행을 재개한다.

뒤에서 살펴보겠지만, FreeRTOS와 같은 유명한 RTOS 구현에서 사용 가능한 부가적인 특징들이 많다. 높은 우선순위 태스크가 낮은 우선순위 태스크의 실행을 완전히 막는 문제나 통신하는 태스크 간 교착상태^{deadlock}등을 피하기 위해 RTOS 환경에서 동작하는 애플리케이션 개발자가 반드시 알아야 하는 중대한 성능 제약사항도 존재한다.

다음으로 디지털 로직의 기본 내용과 현대의 FPGA 디바이스의 기능을 살펴본다.

⋙ 임베디드 시스템에서의 FPGA

게이트 배열$^{gate\ array}$이란 복잡한 디지털 디바이스를 만들기 위해 임의의 방식으로 연결될 수 있는 방대한 논리소자들을 포함한 디지털 집적회로다. 입출력 디바이스 배열을 포함한 완전한 마이크로 컨트롤러의 구현까지 지원하는 FPGA들이 많다. FPGA의 게이트를 사용해 구현된 마이크로 컨트롤러나 마이크로 프로세서를 **소프트 프로세서**라고 한다.

게이트 배열의 초창기 버전은 한 번만 프로그래밍할 수 있는 디바이스였고, 보통 디바이스가 만들어지는 공장에서 회로 설계가 디바이스에 구현될 때나 데스크톱 컴퓨터에 연결된 프로그래밍 디바이스를 사용하는 시스템 개발자에 의해 프로그램 됐다. 디바이스가 프로그램이 되면 더는 바꿀 수 없었지만 게이트 배열 기술이 향상돼 여러 번 프로그래밍 가능한 게이트 배열이 널리 사용되고 있다.

오늘날에는 가난한 시스템 개발자들도 사용할 수 있는 엄청나게 다양한 FPGA가 존재한다. 'Field-Programmable Gate Array'라는 이름에서 알 수 있듯이 FPGA는 언제나 심지어 임베디드 시스템이 조립되고 최종 사용자에게 전달된 후에도 다시 프로그래밍 가능한 게이트 배열이다.

FPGA 디바이스의 세부사항을 살펴보기 전에 디지털 회로 관련 기본 개념인 논리 게이트logic gate와 플립플롭flip-flop를 소개한다.

디지털 논리 게이트

최신 FPGA 디바이스는 복잡한 논리 회로를 조립하기 위해 사용될 수 있는 디지털 부품의 큰 상자로 생각할 수 있는 것을 포함한다. 부품들의 가장 간단한 것은 기본 논리 기능을 수행하는 AND, OR, XOR 게이트다. 각각의 게이트는 두 개의 입력과 한 개의 출력을 갖는다. NOT 게이트는 한 개의 입력과 한 개의 출력을 갖고 있어 더 간단하다. 논리 게이트는 이진 입력 값 0과 1로 동작하며 입력에 의해 결정되는 출력 0과 1을 만든다.

실제로 이런 회로의 이진 값은 보통 전압으로 표현된다. 0은 낮은 전압(0볼트 근처)로, 1은 높은 전압으로 표현되며, 게이트가 구현된 회로의 기술에 따라 달라질 수 있다. 최신 회로의 1 값에 대한 일반적인 전압은 3.3볼트다.

각 게이트의 동작과 게이트의 회로도schematic 기호, 게이트의 동작을 정의하는 진리표truth table를 살펴보자. 논리 게이트의 동작은 진리표로 나타낼 수 있고 진리표는 가능한 입력 조합에 대한 출력을 제공한다. 각 열은 한 개의 입력 혹은 출력 신호를 나타내고 표의 오른쪽에 출력이 있다. 각 행은 입력 값들의 집합과 입력에 대한 게이트의 출력을 나타낸다.

AND 게이트는 입력이 모두 1일 때 1을 출력하고, 그렇지 않다면 0을 출력한다. 그림 1.3은 AND 게이트 회로도 기호다.

그림 1.3 AND 게이트 회로도 기호

다음은 AND 게이트의 진리표다.

A	B	출력
0	0	0
1	0	0
0	1	0
1	1	1

OR 게이트는 입력 중 하나가 1이면 1을 출력하고, 그렇지 않다면 0을 출력한다. 그림 1.4
는 OR 게이트 회로도 기호다.

그림 1.4 OR 게이트 회로도 기호

다음은 OR 게이트의 진리표다.

A	B	출력
0	0	0
1	0	1
0	1	1
1	1	1

XOR 게이트는 입력 중 정확히 한 개가 1일 때 1을 출력하고, 그렇지 않으면 0을 출력한다.

그림 1.5는 XOR 게이트 회로도 기호다.

그림 1.5 XOR 게이트 회로도 기호

다음은 XOR 게이트의 진리표다.

A	B	출력
0	0	0
1	0	1
0	1	1
1	1	0

NOT 게이트는 한 개의 입력과 출력을 가지며 입력의 반대를 출력한다. 즉 입력이 0이면 1을, 입력이 1이면 0을 출력한다. 그림 1.6은 NOT 게이트 회로도 기호다.

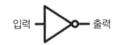

그림 1.6 NOT 게이트 회로도 기호

그림 1.6에서 삼각형은 증폭기를 나타내므로 디바이스는 약한 입력 신호를 강한 출력 신호로 바꿔준다. 원은 역^{inversion} 연산을 나타낸다.

다음은 NOT 게이트의 진리표다.

입력	출력
0	1
1	0

각 AND, OR, XOR 게이트는 반대 결과를 나타내도록 구현할 수 있다. 반대 게이트 기능은 앞에서 설명한 것과 같지만 출력이 정상 게이트의 출력과 반대다. AND나 OR, XOR 게이트의 반대 출력을 위한 회로도 기호는 NOT게이트 출력처럼 해당 기호의 출력에 작은 원을 표시하면 된다. 반대 출력을 가진 게이트의 이름은 NAND와 NOR, XNOR다. 각 이름의 N은 NOT를 의미한다. NAND는 NOT AND고, AND 게이트에 뒤에 NOT 게이트가 있는 것과 기능적으로 같다.

플립플롭

클럭 신호가 특정 전이(로우에서 하이로 혹은 하이에서 로우로)를 수행할 때만 출력 상태를 바꾸는 디바이스를 **에지 민감 디바이스**^{edge-sensitive device}라고 한다. 플립플롭^{flip-flop}은 출력 신호로 한 비트 데이터를 가지는 에지 민감 디바이스다. 플립플롭은 클럭 입력이 특정 전이를 받을 때 입력 신호의 상태를 기반으로 데이터 상태를 업데이트한다.

상승 에지^{positive} 기반 D 플립플롭은 다양한 애플리케이션에서 사용하는 일반적인 디지털 회로 부품이다. 보통 D 플립플롭은 저장된 값을 1(설정) 혹은 0(리셋)로 바꾸는 설정^{set}과 리셋^{reset} 입력 신호를 포함한다. 이런 유형의 플립플롭은 D 입력이라고 하는 데이터 입력을 갖는다.

D 플립플롭은 D 입력을 클럭의 상승 에지에 Q 출력으로 전송하는 클럭 입력을 갖는다. $\bar{Q}$ 출력(윗쪽 바는 NOT을 의미한다)은 항상 Q 출력의 반대 이진 값을 갖는다. 클럭 신호의 상승 에지 근처 매우 좁은 시간 구간이 아니라면 플립플롭은 D입력 값에 반응하지 않는다.

활성화일 때(1 레벨에서), S(설정)과 R(리셋) 입력은 D와 클럭 입력의 모든 활동을 무효화 시킨다.

그림 1.7은 D 플립플롭의 회로도 기호를 나타낸다. 클럭 입력은 기호의 왼쪽에 작은 삼각형으로 나타낸다.

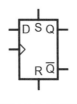

그림 1.7 D 플립플롭

D 플립플롭의 진리표는 다음과 같다. CLK 열의 위로 향하는 화살표는 클럭 신호의 상승 에지를 나타낸다. CLK 열의 위로 향하는 화살표를 포함하는 표의 행에 있는 Q와 $\bar{Q}$는 상승 클럭 에지 뒤를 따르는 출력의 상태를 나타낸다. 표에서 값 X는 Q 출력을 결정할 때 신호의 값이 영향을 끼치지 않음을 의미한다. 출력 Qprev는 S와 R,D, CLK 입력의 동작에 의해 생성된 Q의 가장 최신 값을 나타낸다.

S	R	D	CLK	Q	$\bar{Q}$
0	0	1	↑	1	0
0	0	0	↑	0	1
0	0	X	Stable	Q_{prev}	$\bar{Q}_{prev}$
1	0	X	X	1	0
0	1	X	X	0	1

논리 게이트 모음으로 구성된 모든 디지털 회로는 모든 출력이 입력의 현재 상태에만 의존하면 **조합논리**combinational logic라고 한다. 즉 출력은 이전 입력 값에 의존하지 않는다. 조합논리 회로는 과거 입력과 출력에 대한 메모리를 갖지 않는다.

논리 게이트와 플립플롭에 관한 기본 정보를 바탕으로 FPGA에서 두 가지와 관련 부품들로 구성되는 회로의 구현을 살펴보자.

FPGA 요소

FPGA 내 사용 가능한 디지털 부품은 보통 룩업 테이블lookup table, 플립플롭, 블록 램, DSP 슬라이스의 카테고리로 나뉜다. 각 카테고리를 간단히 살펴보자.

룩업 테이블

룩업 테이블은 NOT, AND, OR, XOR 같은 단순한 논리게이트나 뒤쪽 세 논리 게이트에 NOT를 추가한 NAND, NOR, XNOR 논리 게이트들로 구성된 조합 논리 회로를 구현하기 위해 FPGA에서 광범위하게 사용된다.

실제 게이트를 사용해 하드웨어로 논리 게이트 회로를 구현하는 대신 간단한 룩업 테이블로 같은 회로를 항상 나타낼 수 있다. 입력 신호들의 조합이 주어지면, 입력에 의해 주소가 지정된 메모리 회로에서 올바른 출력을 검색할 수 있다. 일반적인 FPGA 룩업 테이블은 여섯 개의 단일 비트 입력 신호와 단일 비트 출력이 있다. 이는 64 비트($2^6 = 64$)의 데이터를 갖는 여섯 개의 주소 입력을 가진 단일 비트 폭 메모리와 같다. 여섯 개보다 적은 입력을 필요로 하는 회로는 입력 몇 개를 '신경쓰지 않는' 입력으로 처리할 수 있다. 더 복잡한 회로는 결과를 생성하기 위해 여러 개의 룩업 테이블을 결합할 수 있다.

플립플롭

디지털 회로가 과거 이벤트 기록을 유지하기 위해 어떤 형태의 메모리가 필요하다. 앞에서 설명한 플립플롭은 고속 단일 비트 메모리 저장 장치다. 룩업 테이블과 마찬가지로 FPGA는 복잡한 순차 논리 회로 구성을 지원하기 위해 많은 수의 플립플롭을 포함한다. 현재 입력과 과거 입력의 조합을 기반으로 출력을 생성하는 디지털 회로를 **순차 논리** sequential logic라고 한다. 순차 논리는 출력이 입력의 현재 상태에만 의존하는 조합논리와 반대다.

블록 램

블록 램(Block RAM, BRAM)은 FPGA내의 다양한 전용 메모리 위치다. 전통적인 프로세서 하드웨어와 비교해보면, 플립플롭은 프로세서 레지스터와 비교될 수 있고 BRAM은 캐시 메모리와 비슷하다. 프로세서 내 캐시 메모리는 프로세서가 다시 접근할 수 있는 메모리 영역의 최근에 접근한 메모리 내용 복사본을 임시로 저장하는 데 사용되며, 필요한 경우 메인 메모리에 접근하는 것보다 훨씬 빠르다. FPGA 합성 도구는 디지털 회로 성능을 최적화하는 방식으로 BRAM을 회로 설계에 할당한다.

DSP 슬라이스

DSP 슬라이스DSP slice는 디지털 신호 처리의 주요 연산인 곱셈/누산MAC 연산을 수행하기 위해 최적화된 디지털 논리의 한 부분이다. MAC 처리는 두 숫자열의 인자들끼리 서로 곱한 뒤 해당 곱을 서로 더하는 것이다. 간단한 예로, 두 수열이 a_0, a_1, a_2과 b_0, b_1, b_2로 정의된다면 수열들에 대한 MAC 연산 결과는 $a_0b_0+a_1b_1+a_2b_2$가 된다. 많은 DSP 알고리듬이 입력 데이터 스트림에 대한 알고리듬 특정 계수의 리스트를 사용해 수행하는 반복적인 MAC 연산을 기반으로 한다.

기타 기능 요소

모든 FPGA 제조사는 FPGA 모델이 다양한 애플리케이션 영역에서 사용될 수 있도록 가장 좋은 성능을 제공하기 위해 많은 노력을 기울인다. 다양한 요구사항을 더 충족시키기 위해, FPGA는 종종 시프트 레지스터나 자리올림carry 논리, 멀티플렉서와 같은 추가적인 종류의 하위 수준 디지털 구성요소의 하드웨어 구현이 포함된다. 디바이스 내 이용 가능한 더 일반적인 자원들로 저수준 구성요소를 만들어 내는 FPGA와 다르게 하드웨어 소자가 포함되면 향상된 성능 알고리듬을 합성할 수 있다.

FPGA 알고리듬의 상위 수준 명세를 FPGA 디바이스 내 회로 구현으로 바꾸는 FPGA 합성 과정을 소개한다.

FPGA 합성

FPGA 기술을 처음 접하는 시스템 개발자는 FPGA 디바이스가 복잡한 디지털 디바이스 구현하기 위해 사용되는 많은 하위 수준 디지털 빌딩 블록들을 포함하고 있더라도 설계자가 하위 수준의 구성요소들을 직접 작업할 필요가 없음을 반드시 이해해야 한다. 대신 디지털 설계자는 소프트 프로세서와 같은 미리 정의된 더 상위 수준의 기능 블록들과 하드웨어 명세 언어를 사용해 정의된 맞춤형 디지털 논리의 조합으로서 시스템 설정을 명시한다. C나 C++와 같은 프로그래밍 언어를 사용해 FPGA 알고리듬을 명시할 수도 있다.

디바이스 기능의 상위 수준 명세를 룩업 테이블과 플립플롭, BRAM, 다른 디바이스 구성요소 할당 및 연결로 변환하는 작업을 FPGA 합성synthesis라고 한다. 합성 과정은 사람이 읽을 수 있는 소스코드를 프로세서가 실행 가능한 바이너리 프로그램으로 바꾸는 소프트웨어 컴파일 과정과 개념적으로 비슷하다.

하드웨어 설계 언어

간단한 디지털 회로를 앞에서 설명한 회로도 기호를 기반으로 논리 다이어그램을 사용해 표현하는 것은 쉽다. 하지만 매우 복잡한 디지털 디바이스를 설계할 때 논리 다이어그램을 사용하는 것은 불편하다. 논리 다이어그램 대신 다양한 하드웨어 명세 언어들이 수년 동안 개발됐다.

많이 사용되는 두 개의 하드웨어 설계 언어는 VHDL과 베릴로그Verilog다. VHDL은 다단계 약어로서 V는 초고속 집적회로VHSIC, Very High-Speed Integrated Circuit인 V를 나타내고,

VHDL은 VHSIC 하드웨어 명세 언어^{Hardware Description Language}를 나타낸다. VHDL의 구문^{syntax}과 의미론^{semantics}은 Ada 프로그래밍 언어를 기반으로 한다. 베릴로그는 VHDL과 유사한 기능을 갖는다. 두 언어가 같지는 않지만 한 언어로 구현된 대부분의 디지털 설계는 다른 언어로도 구현될 수 있다는 점이 대체로 사실이다.

회로도 다이어그램 기반 논리 설계와 하드웨어 명세 언어를 이용한 설계를 비교하기 위해 간단한 덧셈 논리 회로를 살펴보자. **전가산기**^{full adder}는 두 데이터 비트들과 들어오는 올림 비트를 더한 뒤 한 비트인 합과 올림 출력 비트를 생성한다. 그림 1.8에 표시된 회로는 전가산기라고 하는데 이는 계산에 들어오는 올림을 포함하기 때문이다. 반면 반가산기^{half adder}는 들어오는 올림 없이 두 데이터 비트만 더한다.

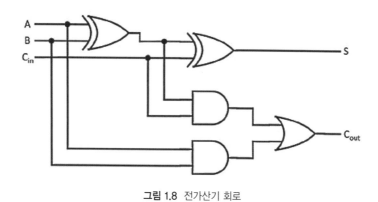

그림 1.8 전가산기 회로

전가산기는 논리 게이트를 사용해 다음과 같은 출력을 생성한다.

합 비트 S는 A, B, C_{in}에서 1 비트의 개수가 홀수일 때만 1이다. 그렇지 않으면 S는 0이다. 두 개의 XOR 게이트는 논리 연산을 수행한다. A와 B가 모두 1이거나, A 나 B중 하나가 1이고 C_{in}가 1일 때 C_{out}은 1이다. 그렇지 않으면 C_{out}은 0이다.

다음 목록의 VHDL 코드는 앞의 전가산기와 같은 기능을 수행하는 디지털 회로를 정의한다.

```
-- 표준 라이브러리 로드

library IEEE;
  use IEEE.STD_LOGIC_1164.ALL;
```

```
-- 전가산기 입력과 출력 정의
entity FULL_ADDER is
  port (
    A     : in std_logic;
    B     : in std_logic;
    C_IN  : in std_logic;
    S     : out std_logic;
    C_OUT : out std_logic
  );
end entity FULL_ADDER;

-- 전가산기 동작 정의

architecture BEHAVIORAL of FULL_ADDER is

begin

  S     <= (A XOR B) XOR C_IN;
  C_OUT <= (A AND B) OR ((A XOR B) AND C_IN);

end architecture BEHAVIORAL;
```

코드는 그림 1.8 전가산기에 대한 매우 간단한 텍스트 형태의 명세다. entity FULL_ADDER is 부분은 전가산기의 입력과 출력 신호를 정의한다. 코드 마지막의 architecture 부분은 회로 논리가 입력 A와 B, C_IN이 주어졌을 때 출력 S와 C_OUT을 만들기 위해 어떻게 동작하는지 설명한다. std_logic 라는 용어는 단일 비트 이진 데이터 유형을 나타낸다. <= 문자열은 오른쪽에서 계산된 값들을 왼쪽에서 출력하도록 하는 전선 같은 연결을 나타낸다.

소프트웨어 배경지식이 있는 FPGA 개발자들은 VHDL 코드에는 순차적 실행의 개념이 없다는 점을 알아둬야 한다. 코드 마지막에 있는 출력 S와 C_OUT을 논리식으로 연관시키는 BEHAVIORAL 부분의 구문은 그림 1.8과 같은 디지털 회로를 정의하는 것이다. 이는 기존 소프트웨어 프로그램에서의 순차적 실행을 하는 연산을 명시하는 것이 '아니'다.

임베디드 시스템 설계에서 FPGA 사용의 장점

FPGA 개발에 처음인 임베디드 시스템 설계자들은 디바이스를 사용하는 것이 어떤 장점이 있는지 한 번에 알기 어렵다. FPGA가 모든 임베디드 시스템 설계에 적합할 수는 없어도 시스템 설계에 FPGA 기술 사용이 적합한지 고려해 봄이 유용하다.

FPGA를 사용해 임베디드 시스템을 개발할 때의 장점은 다음과 같다.

- **프로세서 맞춤화**^{customization}: FPGA를 사용하는 소프트 프로세서는 디바이스 안에 프로그래밍돼 제품의 개발자가 다양한 구성 설정을 최종 사용자에게 제공하는 것이 일반적이다. 보통 64비트 혹은 32비트 프로세서, 부동소수점 프로세서 포함 혹은 제외, 정수 나눗셈 같은 많은 하드웨어 자원을 필요로 하는 명령어 포함 혹은 제외 같은 선택을 할 수 있는 옵션이 있다. 이 옵션들은 사용가능한 옵션 중에 단지 몇 개일 뿐이다. 소프트 프로세서 구성은 개발 사이클의 마지막에도 수정돼 시스템 성능과 FPGA 자원 사용성 간 트레이드 오프를 최적화할 수 있다.

- **유연한 주변장치 설정**: FPGA 설계의 입출력 인터페이스는 소프트웨어로 정의되므로 설계자는 필요한 입출력 디바이스를 포함시키고 필요없는 입출력 하드웨어는 뺄 수 있다. 프로세서 맞춤화와 마찬가지로 개발 사이클의 마지막에서도 입출력 디바이스의 유형과 개수를 수정하기 쉽다.

- **상위 수준 합성**: 최신 FPGA 개발 도구는 C와 C++를 포함하는 기존 프로그래밍 언어의 연산 집약적인 알고리듬의 정의를 지원한다. 이는 소프트웨어 능력이 있는 시스템 개발자가 기존 소프트웨어 개발 환경에서 알고리듬을 개발할 수 있게 해주며 같은 코드를 최적화된 FPGA 구현으로 직접 변경할 수 있게 해준다. FPGA로 변형된 알고리듬은 순차 명령 실행이나 고정 메모리 구조 같은 기존 프로세서 기반 제약사항에서 자유롭다. 상위 수준 합성 도구는 실행 병행화를 이용 및 알고리듬에 최적화된 메모리 구조를 정의하는 FPGA 구현을 생성한다. 맞춤형 하드웨어 알고리듬은 단일 FPGA 디바이스상에서 완전한 고성능 디지털 시스템을 구현하기 위해 소프트 프로세서와 결합할 수 있다.

- **병행 가능한 애플리케이션을 위한 하드웨어 가속화:** 병행화의 장점이 있는 모든 알고리듬은 맞춤형 FPGA 로직으로 구현 가능한 후보들이다. 프로세서 명령어로 알고리듬을 순차적으로 실행하는 대신, FPGA 하드웨어는 훨씬 더 빠르게 병렬적으로 처리할 수 있다. 많은 최신 FPGA 디바이스는 디지털 신호처리^{DSP} 연산 지원을 위한 전용 하드웨어를 포함한다. 이런 기능은 디지털 필터링이나 신경망과 같은 많은 유형의 병렬 알고리듬에서 사용할 수 있다.

- **광범위한 디버깅 기능:** 소프트 프로세서는 종종 명령어 추적이나 여러 복잡한 브레이크 포인트, 프로세서의 내부 동작과 하드웨어 수준에서 다른 시스템 부품들과의 상호작용을 감시하는 기능같은 다양한 디버깅 기능들이 가능한 옵션을 제공한다. 시스템 개발이 끝날 때 더 작고 싼 FPGA 디바이스 배포를 위해 개발자는 최종 설계에서 자원을 많이 필요로 하는 디버깅 기능을 제거할 수 있다.

- **ASIC 설계의 빠른 프로토타입 작성:** 효율적인 비용으로 ASIC 사용하기 위해 대량 생산을 지원하기 위한 임베디드 시스템 설계에서 ASIC 구현에 투자하기 전에 시스템의 디지털 설계가 유효한지 검증하기 위해 FPGA로 초기 프로토 타입을 실행하는 것이 도움이 될 수 있다. 이런 관점에서 FPGA 사용은 각 개발 과정에서 발생하는 새로운 기능에 광범위한 테스트를 가능하게 하는 빠른 개발 반복 과정을 수행할 수 있다.

자일링스 FPGA 및 개발 도구

FPGA 디바이스 제조사와 제조사별 개발 도구들이 많다. 여러 업체들의 FPGA 디바이스와 개발 툴체인 중복 소개 및 주제를 너무 얕게 소개하지 않고자, 한 업체와 해당 업체의 개발도구를 선정해 이 책에서 개발할 프로젝트와 예제에서 사용한다. 앞으로 알아볼 애플리케이션에 대해 다른 업체와 다른 도구들이 좋지 않다는 의미가 아님을 유의하자. 여기서는 간단히 자일링스 FPGA 디바이스와 개발도구를 선택해 앞으로 진행할 단계들을 더 구체적으로 하면서 여러분이 따라올 수 있도록 할 것이다.

'Vivado Design Suite'는 자일링스 홈페이지에서 무료로 사용가능하며, 다운로드 페이지에 접근하기 위해서는 자일링스 사용자 계정을 생성해야 한다. https://www.xilinx.

com/에 방문해 계정을 만들자. 웹사이트에 로그인하고 https://www.xilinx.com/support/download.html에서 Vivado Design Suite를 다운로드한다.

Vivado는 윈도우와 리눅스 운영체제에서 설치할 수 있다. 이후 사용하는 프로젝트들은 둘 중 어느 운영체제에서 실행되는 Vivado에서 개발 가능하다. Vivado는 비용없이 시뮬레이션 환경에서 FPGA 구현을 개발하고 실행하도록 할 수 있도록 시뮬레이션 기능을 포함한다. 실제 FPGA에서 FPGA 설계를 동작시켜 보고 싶다면 이 책의 프로젝트를 위한 가장 좋은 옵션은 Arty A7-100T이다. Arty A7-100T보드는 249달러이며 https://store.digilentinc.com/arty-a7-artix-7-fpgadevelopment-board-for-makers-and-hobbyists/에서 구입할 수 있다.

⁝≫ 요약

디지털 처리 및 센서, 액추에이터, 전원, 한 개 이상의 통신 인터페이스 등을 포함한 임베디드 시스템의 요소들과 임베디드 시스템과 IoT와의 관계를 살펴봤다.

임베디드 시스템이 실시간으로 동작해야 하는 필요성과 입력 디바이스로부터 읽고, 출력을 계산하며 출력 디바이스를 업데이트하는 기본 동작 순서를 알아봤다.

기능적 용어로 FPGA를 소개하면서 고성능 디바이스가 임베디드 시스템 설계에 가져오는 장점을 익혔다.

1장을 마치면서 배움을 점검해 본다. 첫째, 임베디드 시스템의 구성요소 및 임베디드 시스템과 IoT와의 관계를 폭넓게 이해하고 있어야 한다. 둘째, 임베디드 시스템이 실시간으로 동작하는 이유와 방식, FPGA가 고성능 임베디드 시스템을 구현하기 위해 어떻게 사용되는지도 파악하고 있어야 한다.

2장에서는 임베디드 시스템이 사용자와 사용자 주위의 환경에서 입력을 받기 위해 흔히 사용되는 다양한 센서를 살펴볼 것이다.

02

세계를 감지하기

광범위한 임베디드 시스템에서 사용되는 센서의 이론과 응용법을 소개한다.

수동 센서는 온도와 압력, 습도, 광도, 대기 구성과 같은 세계의 속성을 측정한다. 능동 센서는 레이더나 라이다 같은 에너지 방출 기술을 사용해 물체를 감지하고 물체의 위치나 속도를 측정한다.

다양한 센서와 센서 데이터를 프로세서로 전송하기 위해 사용하는 통신 프로토콜을 살펴본다. 처리 알고리듬에 사용할 실행 가능한 데이터를 제공하기 위해 원시 센서 측정 시 임베디드 시스템이 수행해야 하는 처리도 알아본다.

2장을 마치면 임베디드 시스템에서 사용하는 다양한 수동 및 능동 센서에 친숙해질 것이다. 센서로 원시 측정에 사용하는 데이터 처리 방법도 파악할 수 있다.

2장에서 다룰 주제는 다음과 같다.

- 수동 센서, 능동 센서, 스마트 센서의 개요
- 아날로그-디지털 변환기 적용

- 임베디드 시스템이 사용하는 센서 유형

- 센서와의 통신

- 센서 데이터 처리

⟫ 기술 요구사항

2장을 위한 파일은 다음 주소에서 찾을 수 있다.

https://github.com/PacktPublishing/Architecting-High-Performance-Embedded-Systems

⟫ 수동 센서, 능동 센서, 스마트 센서의 개요

1장, '고성능 임베디드 시스템 설계하기'에서 설명한 것처럼, 임베디드 시스템은 입력을 읽고 출력을 계산하며, 출력을 쓰고, 다음 번 처리 루프가 시작되거나 다음 발생할 이벤트가 일어날 때까지 기다리는 순서로 구성된다. 2장은 임베디드 시스템의 처리에서 첫 번째 단계인 입력을 읽는 과정을 자세히 살펴본다.

특정 시스템이 사용하는 입력은 해당 시스템이 무엇을 하는지에 의존한다. 임베디드 시스템에서 입력은 일반적으로 사용자가 입력한 명령이나 시스템을 제어하는 네트워크 서버와 같은 다른 자원으로부터 받는 명령, 센서 측정 값으로 구성된다. 센서로 수집된 입력에 초점을 맞춰 알아본다.

임베디드 시스템 관점에서 **센서**는 환경의 특정 속성에 민감하고 측정된 속성에 해당하는 출력을 생산하는 전자 혹은 전기 부품이다. 온도를 측정하기 위한 서미스터 동작을 생각해보자. 서미스터^{thermistor}는 온도가 변함에 따라 예측 가능한 방식으로 저항이 변하는 전기 저항기다. 서미스터의 저항을 측정하는 회로를 사용해 임베디드 시스템은 서미스터가 위치한 곳의 온도를 추정할 수 있다.

서미스터는 **수동 센서**의 예제다. 수동 센서는 측정된 파라미터에 직접 반응하면서 온도나 광도 같은 환경의 특징을 측정한다. 수동 센서는 측정을 하면서 환경을 바꾸지 않는다.

반면에 능동 센서는 환경에 적용되는 자극을 생성한다. 능동 센서는 자극의 반응에 기반해 측정을 수행한다.

초음파 거리 센서는 능동 소자의 유형이다. 그림 2.1처럼 초음파 거리 센서는 초음파 주파수에서 음향 에너지 파동을 전송하고 파동에 대한 응답으로 돌아오는 에코를 감지해 근처 물체의 거리를 측정한다.

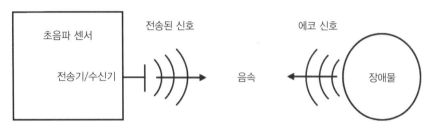

그림 2.1 초음파 거리 센서

거리를 측정할 때 센서는 음속으로 전파되는 파동이 최대 측정 가능범위까지 도달하고, 파동이 만나는 물리적 물체에 튕겨 나온 후 센서에 되돌아 올 때까지 충분히 기다린다. 비행 시간이라고 하는 파동의 전송 시간과 에코의 수신 시간의 차이를 측정함으로써 임베디드 시스템은 물체의 거리를 결정할 수 있다. 능동 센서에는 최신 자동차 애플리케이션에서 사용되는 레이더와 라이다가 있다.

수동 및 능동 모드에서 동작할 수 있는 센서도 있다. 예를 들어 수중에서 사용되는 수중 음파 탐지기sonar system는 수중 생물 혹은 사람이 만든 시스템, 자연 과정에서 생기는 음파를 포함하는 해양 환경의 음파를 수동적으로 측정할 수 있다. 능동 모드에서도 동작할 수 있는 수동 음파 탐지기도 있는데 초음파 센서와 같은 방식으로 핑ping을 생성하고 음파가 만나는 물체로부터의 에코echo를 수신하는 시스템이다.

서미스터와 같은 간단한 아날로그 센서는 저항 변화를 측정하기 위해 회로 부품이 추가로 필요하다. 저항이 측정되면(전압 측정을 통해 간접적으로 결정되는), 임베디드 프로세서는 읽은 전압을 온도로 변환하기 위해 계산을 수행해야 한다.

스마트 센서는 측정과 공학 단위로 변환하는 기능 등을 단일 디바이스(보통 작은 모듈)로 통합해서 회로 복잡성이나 계산 작업의 일부를 덜어준다. 스마트 센서는 보통 마이크로컨트롤러를 포함하며, 디지털 인터페이스로 측정 값을 호스트 프로세서와 주고 받는다. 심지어 개발자가 내장형 마이크로 컨트롤러 코드를 맞춤형으로 설정하게 하는 스마트 센서도 있다.

스마트 센서로 임베디드 시스템의 하드웨어를 매우 간단하게 설계할 수 있다. 특히 약한 입력 신호를 키우는 증폭기와 같은 민감한 회로는 스마트 센서에 내장될 수 있는데, 시스템을 위한 전용 센서 회로 설계 시 어려움을 피할 수 있다. 다만 스마트 센서 비용은 같은 기능을 하는 사용자 맞춤 회로 설계에 필요한 부품 비용보다 비싸다. 특정 애플리케이션에서 스마트 센서를 선택하는 결정은 센서 비용, 예상되는 생산 수량, 제품 출시 속도 압박 등에 영향을 받을 것이다.

일반적인 센서 유형과 임베디드 프로세서들을 연결하는 기본적인 회로 구성을 알아보자.

⠿ 아날로그-디지털 변환기 적용

많은 유형의 센서들은 전압으로 측정될 수 있는 응답을 만든다. 임베디드 프로세서는 아날로그-디지털 변환기를 사용해 전압을 측정한다. **아날로그-디지털 변환기**[ADC]는 아날로그 전압을 샘플링하고 샘플링한 시간의 전압에 해당하는 디지털 데이터 값을 출력으로 만드는 프로세서 주변장치다.

ADC는 디지털 측정 워드의 비트 수와 입력 신호의 전압 범위, 변환을 완료하기 위해 걸리는 시간, 정확도나 측정 노이즈 같은 다른 성능 파라미터들로 특징을 꼽는다.

그림 2.2처럼 아날로그 전압은 시간에 따라 지속적으로 변화할 수 있고 운영 범위에서 모든 값도 취할 수 있다. ADC의 출력은 시간의 이산적인 지점에서만 사용 가능하고, ADC의 해상도에 영향을 받아 제한된 개수의 값들만 취할 수 있다. 단순화된 예에서 ADC는 0부터 7까지 범위의 출력 값을 갖는 3비트 길이의 측정을 생성한다.

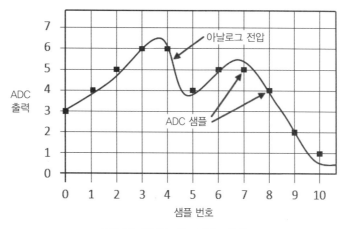

그림 2.2 아날로그를 디지털로 변환

8에서 18비트까지의 측정 비트 폭을 가진 ADC들이 널리 사용된다. 초당 백만이 넘는 샘플레이트를 갖는 초고성능 ADC도 있지만 임베디드 시스템 애플리케이션 대부분 ADC는 입력을 초당 열 번에서 그 이하로 샘플링한다.

한 개 이상의 ADC를 프로세서 회로 다이^die에 통합하는 저가 마이크로 컨트롤러가 많은데, 보통 여러 아날로그 입력 신호들의 샘플링을 보통 10에서 12 비트 해상도로 초당 수백에서 수천 번 수행한다.

매우 빠른 ADC를 사용하더라도 아날로그 신호를 디지털 판독 값으로 변환하는 데 시간이 걸린다. 측정 과정 중 아날로그 입력 전압 값을 변화가 생겨 측정에 영향이 가는 것을 방지하기 위해, 표본 유지^sample and hold 회로를 일반적으로 사용해 측정 중 아날로그 전압이 변하지 않도록 한다.

표본 유지 회로는 유지^hold입력 신호가 비활성화 됐을 때마다 입력 전압을 출력으로 직접 전송하는 아날로그 회로다. **유지** 입력이 활성화되면 디바이스는 출력 신호를 '유지' 입력이 활성화됐을 때의 전압 값으로 고정시킨다. 아날로그 측정 회로의 일부로서 표본 유지 부품은 각 ADC 변환 중 정전압을 제공한다.

아날로그 멀티플렉싱 회로를 사용한 측정을 위해 여러 아날로그 입력 신호를 순차적으로 ADC에 연결할 수 있다. 아날로그 멀티플렉서^multiplexer는 여러 아날로그 입력을 갖고,

디지털 입력 신호들의 십합을 제어해 입력 신호 중 하나를 출력으로 연결할 수 있다. ADC를 포함한 마이크로 컨트롤러나 FPGA 디바이스는 보통 여러 입출력 핀들을 아날로그 입력들로 사용할 수 있는 옵션을 제공한다. 입력 핀에서 전압을 측정해야 할 때 처리 로직은 적합한 아날로그 멀티플렉서 입력 채널을 선택하고 해당하는 입력 핀에서 전압을 측정한다. 아날로그 신호는 보통 노이즈^{noise}라고 하는 깨진 값을 포함한다. 아날로그 회로에서 만들어진 노이즈는 외부 자원이나 임베디드 시스템 자체에서 발생할 수 있다. 아날로그 측정 회로에서 전압을 바꾸는 전기장을 생성하는 형광등이나 가전제품과 같은 근처의 전기 디바이스가 외부 노이즈 요인이다. 임베디드 시스템의 아날로그 신호에서 노이즈의 기본적인 내부 발생 요인은 디바이스에 존재하는 디지털 회로다. 디지털 클럭이나 게이트가 상태를 변할 때 전이는 전기장을 생성하는 작은 파동을 생성한다. 논리 게이트의 스위칭 역시 전원 공급 장치 전압의 변동을 유발해 아날로그 판독 값에 영향을 줄 수 있다. 임베디드 시스템 설계자는 아날로그 측정에 대한 노이즈의 영향을 허용가능한 수준으로 줄이는 조치를 취해야 한다.

1장의 자일링스 FPGA와 개발도구 절에서 설명했던 Arty A7-100T 보드의 FPGA 디바이스는 최대 **초당 백만 샘플**$^{MSPS, Million Samples Per Second}$까지 측정 가능한 XADC라는 12비트 ADC 통합 모듈을 포함한다. XADC는 이중 채널 디바이스인데 두 개의 아날로그 입력을 동시에 측정할 수 있다. 아날로그 입력은 포지티브와 네거티브 입력 신호 간의 전압 차이로 측정된다.

FPGA 디바이스는 단극성^{unipolar}과 양극성^{bipolar} 두 가지 입력 모드로 설정할 수 있다. 단극성 모드에서는 ADC 입력 전압 범위가 0에서 1V다. 0V 입력은 000$^{(16진수로)}$의 측정된 출력을, 1V 입력은 FFF 출력을 만든다.

양극성 모드에서는 입력 전압 범위가 -0.5에서 +0.5V다. 출력 데이터 워드는 2의 보수 형태이며 -0.5V 입력은 800, 0V 입력은 000, +0.5V 입력은 800을 출력한다. 아날로그 입력 전압과 디지털 ADC 판독 값 사이의 관계는 FPGQ 디바이스에 국한되며 다른 FPGA와 마이크로 컨트롤러에서는 다르다.

Arty 보드는 아날로그 입력을 필터링하고 아날로그 입력 중 몇 개에서 받은 전압 범위를 조정하기 위한 추가적인 회로 소자들을 포함한다. 그림 2.3은 A0-A5의 레이블이 붙은 아날로그 입력 핀들과 연관된 Arty 회로를 나타낸다.

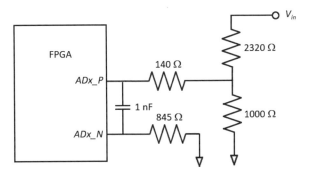

그림 2.3 Arty A7 접지 기준 아날로그 입력 회로

다이어그램에서 아날로그 입력 신호 Vin은 0에서 3.3V의 범위를 갖는다. 2,320옴$^{Ohms(\Omega)}$과 1,000Ω은 이 전압을 0-1V범위로 조정한다. 나머지 저항기들(140Ω과 845Ω)과 커패시터^{capacitor}(1nF)는 입력 신호에서 노이즈 필터링을 수행한다. 전압 V_{in}이 접지를 기준으로 하기 때문에 차동 페어$^{differential\ pair}$의 네거티브 신호(ADx_N)는 845 Ω 필터링 저항기를 통과해 접지로 연결된다(아래쪽을 향하는 삼각형으로 표시). XADC 차동 페어의 포지티브와 네거티브 신호는 ADx_P와 ADx_N으로 표시되고 x는 ADC 아날로그 멀티플렉서 입력 번호를 나타낸다.

Arty 보드는 차동 아날로그 입력을 지원한다. *A5-A11* 레이블이 붙은 핀들은 세 개의 차동 페어를 구성하며, 그림 2.4와 같이 각 차동 페어는 두 개의 노이즈 필터링 저항기와 한 개의 커패시터를 갖는다.

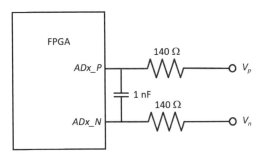

그림 2.4 Arty A7 차동 아날로그 입력 회로

그림 2.4에서 아날로그입력 신호는 V_p에서 V_n을 뺀 차분신호로 정의되며 −0.5V에서 +0.5V의 범위다.

아날로그-디지털 변환 개념과 Arty A7보드의 아날로그 입력 인터페이스 설계를 간단히 소개했다. 이어서 임베디드 시스템에서 사용하는 다양한 센서 유형을 소개한다. 앞에서 설명한 회로와 유사한 인터페이스 회로를 사용하며 몇 가지는 호스트 시스템과 연결되기 위해 더 정교한 방법이 필요하다.

임베디드 시스템이 사용하는 센서 유형

임베디드 시스템에서 사용되는 다양한 센서 유형을 간단히 소개한다. 센서 유형을 모두 소개하지는 않지만 사용 가능한 센서에 관한 아이디어를 줄 것이다. 임베디드 시스템 설계자라면 무릇 설계할 시스템에 필요한 센서 유형과 센서가 반드시 충족해야 하는 명세를 식별할 수 있어야 한다.

빛

임베디드 시스템에서 광센서는 간단한 포토레지스터에서부터 비디오 카메라나 현미경, 천체 망원경 같은 디바이스에 사용되는 정교한 멀티 밴드 센서 배열까지 복잡하다.

포토 레지스터는 표면의 광도(빛의 강도)가 증가함에 따라 저항이 감소하는 저항 소자다. 포토 레지스터는 보통 야간 조명과 같은 애플리케이션에 많이 사용되며 주차장 문의 자동 열림 장치에 안전 관련 장애물 감지를 위해 사용된다.

포토 다이오드와 포토 트랜지스터는 빛을 전류로 바꾸는 반도체 디바이스다. 이 센서들은 포토 레지스터보다 더 민감하며 포토레지스터와 비교할 때 넓은 범위의 온도상에서 더 일관적인 성능을 보여준다.

비디오 센서는 2차원 배열로 빛에 민감한 소자들을 포함하며, 각 소자에 대한 입력을 광 스펙트럼의 특정 주파수 범위로 제한하는 필터링을 사용한다. 빨간색과 녹색, 파란색으로 설정된 각각의 센서들을 제공해 비디오 카메라는 사람의 눈으로 볼 수 있는 모든 색상을 잡아낼 수 있다.

온도

서미스터는 온도의 변화에 따라 저항이 변하는 저항 소자다. 그림 2.3의 분배기에서 2320W의 저항기 대신 서미스터를 사용하고 3.3V의 일정한 V_{in}이 공급되는 것과 유사하게 전압 분배 회로로 센서 저항을 측정할 수 있다. 특정 서미스터의 데이터 레지스터는 읽은 저항을 온도로 바꿀 때 필요한 정보를 제공할 것이다.

서모커플thermocouple은 두 개의 서로 다른 금속을 단일 지점에 연결하는 온도 감지 디바이스다. 서모커플은 센서가 위치한 곳의 온도를 결정하기 위해 기준 전압과 비교할 수 있는 측정 가능한 전압을 만들어 낸다.

서미스터는 −50에서 250℃ 범위의 온도를 측정할 수 있고, 서모커플은 이보다 극한 환경인 −200에서 1,250℃ 범위를 지원한다. 서미스터는 싸고 서모커플은 작은 출력 전압의 측정 및 온도를 알고 있는 곳의 이종 금속을 연결하는 기준 접점을 제공해야 하는 더 복잡한 디바이스다.

온도 측정이 정밀하지 않아도 되고 기대 온도의 범위가 제한적인 애플리케이션 대부분은 임베디드 시스템 설계는 보통 서미스터를 사용할 것이다. 오븐이나 용광로 같은 극한 온도와 관련된 애플리케이션이라면 서모커플을 선택하는 것이 좋다.

압력

압력 센서는 액체와 가스의 압력을 측정한다. 압력 측정은 완전 진공상태에 대한 압력을 의미하는 절대 압력을 나타내거나 주변 기압과 같은 특정 기준에 상대적이다.

기상 상태를 모니터링하는 데 사용하는 기압계는 절대 공기압을 측정한다. 반면 자동차 타이어 압력 측정기는 주변 대기압에 상대적인 타이어 공기압을 측정한다.

차압 센서는 두 장소의 기압 차이를 측정한다. 차압 센서는 직렬 유체 필터상의 기압 강하를 측정하는 애플리케이션에서 사용된다.

저가 압력 센서는 흔히 압전 저항 물질로 구성돼 있으며, 측정된 전압의 응답으로 감지 소자에 압박이 가해짐에 따라 저항이 변한다. 임베디드 시스템은 센서 저항을 측정해 압력을 결정한다.

습도

습도 센서는 대기 중 수증기의 분압을 측정한다. 판독 값은 보통 퍼센트로 표시되며 현재 온도에서 포화 분압(최대 가능한 수증기 분압)에 대한 측정된 수증기 분압을 나타낸다.

습도 센서는 전자제품의 요구사항이나 사람이 안락함을 느끼는 범위에서 습도를 유지하도록 환경을 모니터링하고 제어하는 애플리케이션에서 유용하다. 습도 센서는 종종 단일 제품으로 온도 센서와 결합된다.

저가 습도 센서는 습도 변화에 따라 커패시턴스가 변하는 고분자^{polymer}를 포함하는 감지 소자로 만들어져 있다. 저가 습도 센서는 감지 소자의 커패시턴스를 측정하고 현재 온도에 따른 판독 값을 보상하고, 저장된 보정 정보를 기반으로 상대적인 습도를 계산한다.

스마트 센서이고 내장형 처리와 디지털 통신 기능을 포함하는 습도 센서도 있는데, 호스트 프로세서는 센서로부터 읽기를 요청하고 측정이 끝나면 결과를 뽑아낸다.

유체 흐름

유체 유량 센서는 센서의 활성 영역을 통과하는 가스나 액체의 양을 측정한다. 유체 유량 센서는 흘러가는 유체의 스크린이나 노즐과 같은 특정 종류의 제약사항을 배치하고 제약사항들의 영향을 측정함으로써 동작한다. 이런 제약 상황에서 압력이 떨어짐을 감지하면 유체의 유량을 추정할 수 있다.

초음파나 레이저 같이 유량 제약이 필요하지 않은 측정 기법이 일부 센서 설계에서 사용된다. 유량 센서는 아날로그 신호 형태 혹은 디지털 인터페이스를 통해 출력이 가능하다.

유체 유량 센서는 시스템을 관통하는 유체의 양을 정확히 추적하는 것이 중요한 애플리케이션에서 사용된다. 자동차나 항공기 애플리케이션의 임베디드 시스템은 유량 센서로 연료 및 윤활유, 브레이크액과 같은 유체의 움직임을 모니터링한다. 의료 애플리케이션은 유량 센서를 사용해 마취제나 호흡기 내에서 유체의 유량을 추적한다. 물 계량기와 천연 가스 계량기는 가정과 사무실에서 흔히 사용되는 유량 계량기의 형태다.

힘

힘 센서^{force sensor}는 물체에 가해진 힘의 양을 측정한다. 욕실 저울이 힘 센서의 좋은 예다. 저울은 저울에 서있는 사람의 질량 즉, 아래로 향하는 힘을 측정한다.

힘 센서는 변형률계^{strain gauge}라고 하는 힘 감지 저항을 흔히 사용하며, 힘이 가해지면 저항이 변하는 물질로 만들어 진다. 압전 원리로 동작하거나 가해진 힘에 반응한 압력에 따른 유체나 가스의 유압 또는 공압 변위를 이용하는 힘 센서도 있다.

초음파

초음파 센서는 사람이 들을 수 있는 영역보다 높은 주파수로 음파를 생성하고 신호를 측정 지점에 전송하며 범위에 있는 물체의 에코를 수신한다. 신호 전송과 수신 사이의 시간과 측정 매체(공기나 가스, 유체 등)의 음파 속도를 곱하면 전송자에서 목표 물체까지 그리고 다시 수신자까지 되돌아 오는 왕복 길이를 구할 수 있다.

같은 초음파 소자를 사용해 전송 펄스를 생성하고 에코 신호를 수신하는 초음파 센서가 많은데, 이는 센서 조립을 소형화해준다.

간단한 초음파 센서는 두 개의 디지털 신호를 사용해 센서 동작을 제어하고 측정 출력을 읽는다. **트리거** 핀은 상승 펄스 에지에 대한 반응으로 측정 사이클을 시작하는 센서 입력 신호다. **에코**핀은 펄스가 전송될 때 하이^{high}로 올라가고 에코를 받았을 때 로우^{low}로 내려가는 센서 출력이다. 에코 신호의 상승과 하강 에지 사이의 시간을 측정해 프로세서는 신호의 왕복 시간을 결정할 수 있고 이 시간을 통해 물체와의 거리를 계산할 수 있다.

오디오

오디오 센서는 사람이 들을 수 있는 영역의 소리 입력을 수신하고 수신된 신호의 반응으로 전기적 출력을 만든다. 오디오 센서의 한 예로 표준 마이크가 있다. 지능형 보조 디바이스는 지속적으로 환경에서 소리를 듣고 '알렉사'나 '헤이 구글'과 같은 시작을 알리는 음절이 감지되면 디바이스는 그 다음 소리를 녹음하고 단어들로 제공된 명령을 해석한다.

더 간단한 애플리케이션에서는 오디오 센서가 주위의 소리의 강도를 모니터링하고 소리가 기준치를 넘어갈 때 출력을 만든다. 오디오를 모니터링하는 더 정교한 애플리케이션에서는 보안 시스템이 유리 깨짐을 감지하거나 도시에서 총소리를 감지하고 위치를 찾는다.

자기

자기장 센서 혹은 자력계는 센서 근처의 자기장 영역을 감지한다. 간단한 자기장 센서는 자기장의 세기에만 반응하고, 정교한 자기장 센서는 자기장의 3차원 벡터 성분을 측정한다.

지구의 자기장은 지구 표면 아래 깊숙히 떨어진 곳의 용해된 금속이 흐르면서 만들어진 전류에 의해 생성된다. 자기장의 세기와 방향은 지구에서의 위치에 따라 급격히 변하고 자기장의 전체 패턴은 해마다 조금씩 변한다.

자기 나침반은 지구의 자기장을 감지한다. 임베디드 시스템 자기 센서의 간단한 애플리케이션은 자북에 대한 센서의 방향을 결정한다. 더 정교한 애플리케이션에서는 시스템이 지구상의 시스템 위치를 기반으로 측정 값을 보정할 수 있다. 지구의 자기장 지도를 사용해 시스템은 더 정교한 방향 예측할 수 있는데, 이런 형태의 방향 감지는 강자성 물질이나 다른 자기장 소스로 발생하는 오류에 취약하다.

가정이나 회사 보안 시스템에서 문 열림을 감지하는 센서는 보통 작은 자석을 사용해 스위치 부품이 감지하는 자기장을 생성한다. 자기^{Magnetic} 리드^{reed} 스위치는 작은 자석이 근처에 있을 때 닫히는 금속 접점을 포함한다. 문이 열리면 스위치에서 자석이 떨어지고 이는 스위치를 열어 경보 시스템에 문이 열렸음을 알려준다.

화학

화학 센서는 센서 근처의 화학 성분 속성들을 측정한다. 화학 센서는 센서 주위의 가스나 액체의 특정 요소나 화합물의 존재에 민감하도록 구성된다.

흔히 볼 수 있는 화학 센서 예제는 주거 환경에서 일산화 탄소 감지기와 라돈 감지기다. 연료 공급 시스템이 최적의 연료와 공기 혼합물을 엔진으로 전달하기 위한 정보를 제공하는 배기 시스템에서 최신 가솔린 엔진은 산소 센서를 포함한다.

저가의 단일 칩 센서들은 공기질을 측정하기 위해 사용되며 주위 공기의 이산화 탄소 및 휘발성 유기 화합물의 수준을 측정할 수 있다. **나노 기술**은 광범위한 애플리케이션 분야에서 다양한 화학 감지 디바이스를 생산할 수 있는 방법을 제공하고 있다. 나노 튜브 기반 센서들은 매우 작기 때문에 매우 적은 양의 가스 분자를 사용해 측정 가능한 판독 값을 생성하며 이는 매우 민감하고 감도가 좋은 센서를 만들어 낸다.

이온화 방사선

이온화 방사선은 분자와 원자가 입자에 부딪칠 때 전자를 잃게 하는 충분한 에너지를 가진 전자기 입자로 구성된다. 분자나 원자가 전자를 잃으면 전하가 돼 이온이 된다. 이온화 방사선은 흔히 엑스레이나 감마레이라고 한다. 이온화 방사선에 낮은 수준으로 노출되면 살아있는 조직에 해로우며 암과 같은 장기적인 피해를 입기도 한다. 많은 양의 농축된 용량에 노출되면 급속한 조직 손상이 발생한다.

낮은 수준의 이온화 방사선은 자연 환경에도 존재하며 우주나(우주 광선과 태양 복사) 혹은 우라늄이나 토륨 같은 원소의 방사능 붕괴를 통해 지구에서 발생한다. 인공 이온화 방사선은 원자로나 엑스레이 기계 등에서 만들어 진다.

이온화 방사능을 위한 센서는 입사 방사선에 민감한 물질의 변화를 측정한다. 각 측정 가능한 이벤트는 민감 물질과 상호작용하는 입자로 구성된다. 생성된 신호는 전기 펄스나 빛의 폭발 혹은 일부 센서에서 감지 가능한 가스 변화다. 개별 입자 유발 이벤트를 알려주는 이온화 방사선 센서도 있지만 시간의 경과에 따라 방사선 양을 측정하고 누적하는 방사선 센서도 있다.

레이더

레이더^{RADAR}는 라디오 감지 및 거리 측정^{Radio Detection and Ranging}의 줄임말이다. 레이더 시스템은 라디오 주파수 신호를 주변에 전송하고, 해당 펄스가 부딪히는 물체로부터 에코를 수신한다. 수신된 반송 신호를 처리해서 레이더 시스템은 근처 물체의 위치를 결정할 수 있고, 물체 움직임 방향이나 속도같은 다른 속성들도 유추할 수 있는 경우도 있다.

최근에는 단일 칩 레이더 센서가 근처 자동차 감지와 같은 기능이 있는 애플리케이션에 사용되고 있다. 자동차 레이더 센서는 센서 호스트 차량보다 앞선 차량의 거리와 상대 속도를 측정하는 적응식 크루즈 컨트롤을 가능하게 한다. 레이더 센서가 제공하는 정보를 사용해 호스트 차량은 앞선 차량과의 적당한 거리를 유지하고 앞선 차량의 갑작스런 멈춤과 같은 이벤트에 반응한다.

라이다

라이다^{LIDAR}는 빛 감지 및 거리 측정^{Light Detection and Ranging}의 줄임말이다. 라이다는 레이더와 개념적으로 비슷하지만 라디오 주파수 신호를 사용하는 대신 라이다는 레이저나 적외선을 사용해 센서 근처의 물체를 감지한다.

라이다 센서는 정확히 집중된 파동의 빛을 전송하고 물체로부터 반사된 빛을 수신하는 시간을 감지해 해당 빔의 방향에 있는 장애물의 거리를 측정한다. 라이다는 측정할 때마다 빔의 방향을 변경하며 빠른 속도로 수천 번 동안 이 과정을 반복해 센서 시야에 있는 지형과 물체의 3차원 지도(포인트 클라우드)를 생성한다.

정확도 높은 라이다 센서는 레이저 전송기 및 센서를 위한 값비싼 광학 소자가 필요하며 기존의 런 센서는 상당히 고가였다. 최근 들어 차량 자율 주행 기술이 발전하면서 라이다 센서의 가격이 상당히 내려가고 있다.

비디오와 적외선

기존 디지털 컬러 비디오 카메라는 연속적인 이미지들을 만들어 내고 각 이미지는 2차원 배열의 픽셀로 구성된다. 각 픽셀은 3가지 색도(빨강, 녹색, 파랑)를 포함하며 가시 스펙트럼상의 모든 색을 표현할 수 있다.

임베디드 시스템은 비디오 카메라를 사용해 비디오 도어벨 애플리케이션 등에서 사람이 사용할 수 있도록 장면을 포착한다. 이를 위해 카메라는 충분한 해상도를 가진 이미지를 만들어야 하고(보통 가로와 세로에서 최소 몇 백 픽셀) 장면에서 부드러운 움직임으로 인식되도록 하기 위해 보통 초당 30프레임의 속도를 지원해야 한다. 물론 이보다 느린 업데이트 속도도 괜찮은 애플리케이션도 있다.

비디오 데이터 스트림을 기계 처리하도록 하는 애플리케이션도 있다. 상대적으로 간단한 비디오 데이터 처리 애플리케이션은 영역 감시 보안 시스템이다. 영역 감시 보안 시스템이 시작되면 감시 영역은 어떤 움직임도 없어야 한다. 비디오 장면에 움직임이 있으면 시스템은 순차적인 비디오 프레임들을 비교하고 이미지 간 차이를 찾아서 움직임을 감지할 수 있다.

자율 주행 차량은 단순한 비디오 프레임 차이를 처리하는 것보다 더 정교한 비디오 처리 시스템이 필요하다. 자율 주행 차량은 보통 비디오 카메라를 포함하며 도로 및 신호등, 차량, 보행자, 자전거, 운전자가 안전하게 다뤄야 할 다른 유형의 물체나 장애물 등의 존재를 파악하기 위해 여러 유형의 센서 데이터들을 통합해야 한다. 자율 주행 차량의 비디오 카메라 센서 부분은 간단한 비디오 도어벨에 있는 카메라의 개념과 비슷하지만 자율 주행 차량의 비디오 데이터 처리는 정교한 인공지능 알고리듬을 사용한 고성능, 실시간 처리를 필요로 해 훨씬 더 복잡하다.

적외선 카메라는 비디오 카메라와 비슷하게 연속적인 2차원 이미지를 만들어 낸다. 적외선 카메라가 사람 눈이 인지할 수 있는 가장 긴 파장인 빨강색 파장보다 더 긴 빛 파장에 민감하다는 점이 비디오 카메라와의 차이점이다. 열 에너지가 적외선 대역에서 방출되므로 적외선 센서는 물체의 온도에 반응할 수 있다. 이미징 적외선 센서는 회로 보드의 동작 중 뜨거워지는 영역 감시와 같은 애플리케이션에 적합하다.

관성

관성 센서는 센서가 부착된 몸 움직임 변화를 감지한다. 기술적으로 표현하면 단일 관성 센서는 축에 대한 가속도나 회전 속도를 측정한다. 3차원 공간의 물체의 가속도를 완전히 정의하려면 측정 축이 직교 좌표계 X, Y, Z 축에 정렬된 3개의 가속도계가 필요하다. 유사하게 회전 움직임을 완전히 정의하려면 같은 축들에 대한 3개의 회전 속도 센서가 필요하다.

관성 센서는 난기류나 궤도 수정과 같은 장애 발생 시 정확한 움직임을 추적하기 위해 비행기나 우주선, 배에 사용된다. 관성 항법 시스템은 정확하게 동작하기 위해 올바른 시작 위치로 초기화돼야 하고 관성 센서와 연관된 측정 에러는 위치 측정이 허용 불가능 수준까지 떨어지지 않도록 충분히 작아야 한다.

GPS

위성 위치 확인 시스템^{GPS, Global Positioning System} 수신기는 지구 주위를 도는 인공위성 모임들로부터 오는 신호들을 수집하고 신호 내 정보를 사용해 수신기 위치를 계산하고 현재 시간을 제공한다. 최신 저가 단일 칩 GPS 수신기는 지구상 어디서든 수 미터의 정확도로 위치를 결정할 수 있고 마이크로 초 정확도로 현재 시간을 제공할 수 있다.

미국 GPS 시스템과 더불어 여러 다른 위성 항법 인공위성 단체들이 운영 중이며 갈릴레오(유럽 연합), 베이더우(중국), 글로나스(러시아)등이 있다. 각 시스템이 사용하는 신호들이 직접적으로 호환되지 않지만 저가 단일 칩 설계를 포함한 최신 위성 항법 수신기들은 이들 인공위성 단체의 일부 혹은 전체에서 보내는 신호들을 동시에 받을 수 있다. 여러 인공위성 단체 신호 수신기의 장점은 첫 번째 위치 측정(수신기가 전원이 켜지고 첫번째 정확한 위치 측정)이 빠르고 위치 측정 정확도가 더 높다는 것이다. 적합한 지리적 위치에 있는 위성으로부터 신호를 받을 가능성이 높기 때문이다.

오늘날 세계 위성 항법 시스템^{GNSS, Global Navigation Satellite System} 수신기는 비행기, 차량, 농장용 차량, 측량 장비, 군사 시스템, 스마트폰, 심지어 애완동물 목걸이에서도 볼 수 있는 제품이다. 실외에서 동작하거나 창문을 통해 실외에 간헐적으로 접근 가능한 임베디드 시스템들은 정확한 위치와 현재 시간을 알기 위해 GNSS 수신기를 포함할 수 있다.

항법 애플리케이션에서 GNSS 수신기의 가장 정교한 애플리케이션은 관성 센서들을 통합해 3축 가속도와 회전 속도를 측정한다. GNSS 수신기는 각 개별 측정에서는 큰 오차를 가질 수 있지만 시스템은 여러 번의 측정에 대한 평균을 통해 더 정확한 위치를 제공할 수 있다. 이에 비해 관성 센서는 업데이트 간 위치의 변화에 대한 정확한 정보를 제공하지만 장기간 편차와 이에 해당하는 오차의 축적에 영향을 받는다.

GNSS 수신기와 관성 센서가 결합된 시스템은 각 감지 서브시스템의 최적의 기능을 이용하고 다른 서브시스템이 만든 최대 오차를 무시한다. 실제로 GPS/INS 시스템이라고 하는 센서 조립은 관성 센서로 시스템의 위치와 각도 방향의 고속 업데이트를 계산하고 동시에 GNSS 측정을 사용해 관성 센서의 측정에서 편향되거나 다른 오류 소스들을 수정한다. GPS/INS 시스템은 비행 항법이나 선박 항해 그리고 군사 애플리케이션에서 널리 사용되고 있다.

센서를 임베디드 프로세서에 연결하기 위한 가장 효율적인 통신 기법을 살펴본다.

센서와의 통신

임베디드 시스템과 시스템의 환경의 다양한 속성을 측정하기에 적합한 다양한 센서 유형을 살펴봤다. 각 센서 측정의 일부분으로 감지된 데이터는 시스템 프로세서로 전달돼야 한다. 센서와 프로세서 간 통신을 위해 임베디드 시스템에서 사용하는 가장 보편적인 인터페이스 기법을 살펴본다.

GPIO

범용 입출력GPIO, General-Purpose I/O 입력 신호는 단순히 프로세서상의 물리적 핀이다. 핀은 읽을 때 로우(0V 근처)나 하이(프로세서 입출력 전압 범위의 상한 근처, 보통 5V나 3.3V)를 나타낸다. GPIO 입력은 버튼 누름과 같은 운영자 동작을 감지하거나 시스템이 불안전 상태에 있음을 결정하는 데(예: 안전에 필수적인 덮개가 열렸음을 감지하기 위해 스위치를 사용) 사용된다.

GPIO 입력 신호는 아날로그 센서와 같이 사용해 아날로그 신호가 특정 기준 값보다 높거나 낮은지 감지할 수 있다. 그림 2.5 회로는 비교기를 사용해 포토레지스터가 측정한 밝기 수준이 기준 값보다 높은지 감지한다.

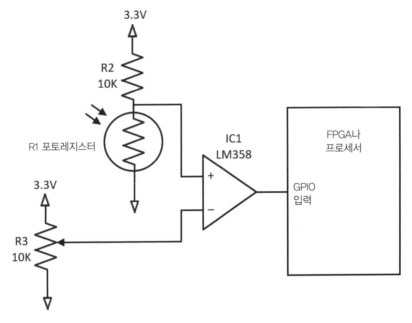

그림 2.5 빛 감지 회로

비교기comparator는 (+)입력의 전압에서 (−)입력의 전압을 뺀 뒤 결과 값이 양수이면 하이(이 경우 3.3V)를, 차이가 음수이면 로우0V를 출력하는 전자 디바이스다. 애플리케이션에서 비교기는 1 비트 아날로그-디지털 변환기다. LM358은 비교기로 사용하기 적합한 2개의 연산 증폭기를 포함하는 표준 8핀 집적회로다.

그림 2.5에서 R1은 밝기(R1쪽으로 향하는 두 개의 화살표가 가리키는)가 변함에 따라 저항이 변하는 포토트랜지스터다. R1와 R2 간 접점에서 전압이 변하고 전압은 비교기 (+)입력으로 흘러간다.

R3는 전위차계potentiometer이고 가변 저항기다. 그림 2.5의 구성에서 R3를 조정하면 IC1에 제공되는 전압(0V와 3.3V 사이의 고정된 전압으로 입력)이 설정된다. 전압은 IC1의 출력이 상태를 바꾸는 기준 값을 설정한다.

그림 2.5의 회로는 의도하지 않은 동작을 초래할 수 있는 제약이 있다. IC1 (+)핀의 전압이 천천히 접근해 (-)핀의 전압을 통과한다면, 두 전압이 매우 가까워지는 동안 IC1 출력이 하이와 로우 사이를 번갈아 전환될 때 IC1의 두 개의 아날로그 입력에 항상 존재하는 노이즈는 의도하지 않은 플리커를 만들어 낼 수 있다. 임베디드 시스템 설계에서 많은 경우와 유사하게 문제를 해결하기 위한 두 가지 방법 즉, 하드웨어에서 수정 혹은 소프트웨어에서 수정이 가능하다.

- **하드웨어 해결책:** 그림 2.6처럼 두 개의 저항기를 추가해 히스테리시스가 비교기 스위치 로직에 추가된다. 히스테리시스는 과거 스위치 동작에 대한 스위치 로직의 의존성을 유발한다. 다이어그램에서 두 개의 저항기는 IC1 (+)입력에 작은 오프셋 전압을 추가한다. 오프셋의 부호는 IC1의 출력이 상태를 바꿀 때 변한다. 천천히 변하는 입력은 출력이 하이에서 로우로 변하도록 한 뒤, 출력이 하이로 다시 바뀌기 전에 입력 전압은 다른 방향의 일부 거리를 역추적해야 한다. 출력을 변경하기 위해 역추적해야 하는 거리가 입력의 아날로그 노이즈보다 작다면 출력 신호의 플리커는 발생하지 않을 것이다.

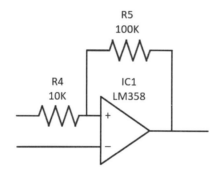

그림 2.6 히스테리시스를 갖는 비교기

- **소프트웨어 해결책:** 그림 2.6 하드웨어 해결책은 추가적인 회로의 복잡도 및 더 많은 부품 필요하다는 단점이 있다. 애플리케이션을 위한 R4와 R5의 최적의 값을 선택하기 위한 보정 작업이 필요하다는 점도 있다(그림 2.6의 저항기 값은 예제다). 그림 2.6의 IC1 출력은 디지털 프로세서로 흘러 들어가므로 하드웨어 해결책 대신 소프트웨어 필터링 알고리듬을 적용해 플리커를 제거할 수 있다.

간단한 접근법으로 IC1 출력의 순차적인 판독 횟수(신호의 가장 최근 유효 판독 값과 다름)를 세는 것이다. 측정의 **유효**상태를 변경하기 전에 다수의 (예: 100) 순차적인 입력 판독 값들이 모두 같아야 한다고 가정하면 플리커는 대부분 제거될 것이다.

다음의 C 언어 코드는 아두이노(https://www.arduino.cc/) 환경에서 사용 가능하다. 여러 판독 값들의 평균값을 구해서 GPIO 입력핀의 판독 값을 초기화하고, 입력의 상태가 변했을 때를 결정하기 위해 몇 개의 연속적인 판독 값을 사용하는 코드다. 아두이노는 시스템 재시작에서 setup()를 한 번 호출하고, 시스템 동작 중에 loop()를 반복적으로 호출한다. switchCount 상수 값은 간헐적인 순차적 노이즈 발생 유발 에러에(플리커 발생시킴) 반응하지 않도록 충분히 크게 설정돼야 하고, 다양한 입력에 대한 응답이 너무 느리지 않을 정도로 작게 설정돼야 한다.

```c
const int lightInputPin = 7; // 빛 센서는 7번 핀에 있다.
const int switchCount = 100; // 전환할 횟수

int lightState = LOW; // 현재의 조명 상태
int lightCount = 0; // 연속적인 판독 값 카운터

void setup() {
  pinMode(lightInputPin, INPUT); // 7번 핀을 입력으로 설정

  // 평균을 구하기 위해 반복적으로 lightInputPin 읽기
  lightCount = 0;
  for (int i=0; i<switchCount; i++)
    if (digitalRead(lightInputPin) == HIGH)
      lightCount++;
    else
      lightCount--;

  // 판독 값이 로우보다 하이가 더 많았다면 상태를 하이로 설정
  lightState = (lightCount > 0) ? HIGH : LOW;
  lightCount = 0;
}

void loop() {
  // 판독값이 lightState와 같다면 lightCount 재설정
  // 판독값이 lightState와 다르다면 lightCount에 1 더함
  if (digitalRead(lightInputPin) == lightState)
    lightCount = 0;
```

```
    else
      lightCount++;

    // lightCount가 switchCount에 도달하면 lightState 전환
    if (lightCount >= switchCount)
    {
      lightState = (lightState == HIGH) ? LOW : HIGH;
      lightCount = 0;
    }
  }
}
```

이 책에서는 아두이노 시스템를 사용하지 않지만, 위 코드는 설명한 알고리듬이 제공하는 필터링을 보여주며 아두이노 시스템에서 동작하는 예제다.

대부분 임베디드 시스템에서 최소 몇 개의 GPIO 입력 신호를 사용해 스위치 닫힘과 같은 이벤트를 감지하거나 시스템의 다른 디지털 부품들로부터 상태 입력을 받는다.

아날로그 전압

아날로그 신호는 1장의 아날로그-디지털 변환기 적용에서 설명한 방식으로 ADC로 감지된다. 마이크로 컨트롤러와 FPGA에 결합된 ADC는 최대 샘플 레이트와 샘플당 비트 수 측면에서 준수한 성능을 보인다. 이런 디바이스에서 프로세서 명령어와 ADC 간 인터페이스는 ADC를 설정하고 측정을 초기화 하고 측정이 끝난 뒤 변환된 디지털 판독 값을 수신하는 데 사용되는 레지스터 집합들이다. 결합된 ADC는 변환이 끝났을 때 프로세서 인터럽트를 발생시키거나 자동으로 고정 속도로 변환을 초기화하는 기능과 같은 추가적인 기능을 보통 제공한다.

결합된 ADC는 중간 속도로 신호를 샘플링하는 데 적합하지만 어떤 애플리케이션은 초당 수억에서 수십억 샘플에 해당하는 더 높은 속도로 ADC 측정을 요구한다. 결합된 ADC는 10 혹은 12비트의 해상도를 제공하나 애플리케이션은 14 혹은 16비트의 정확도를 요구할 수도 있다.

높은 샘플 레이트와 높은 정확도를 요구하는 애플리케이션에서 성능 기준을 만족하는 전용 ADC가 사용돼야 한다. ADC의 매우 높은 샘플 레이트와 샘플당 많은 비트 수까지

결합될 수 있어 ADC의 데이터 출력 속도는 초당 수십억 비트가 되기도 한다. 높은 샘플 레이트를 가진 ADC의 데이터 속도를 다루기 위해 고안된 두 가지 인터페이스 설계가 직렬 LVDS와 JESD204다.

- 직렬 저전압 디지털 시그널링^{LVDS}는 높은 샘플레이트를 가진 ADC와 FPGA 혹은 디지털 신호 처리기^{DSP} 인터페이스를 위한 2001년 표준이다. 직렬 LVDS는 차동 신호 쌍을 사용해 고속 데이터 전송을 수행한다. 직렬 LVDS 인터페이스는 **레인**^{lane} 이라고 하는 단일 차동 쌍을 포함하거나 동시에 데이터 비트를 전송하는 다중 레 인을 포함할 수 있다. 각 직렬 LVDS 전송기는 3.5mA 전류를 출력하고 이는 수신 기에서 100W 저항기로 350 mV를 생성한다. 전송기는 전류를 연속적으로 출력 하고 클럭 신호와 데이터 비트 신호를 생성하기 위해 전류의 흐름의 방향을 바꾼 다. 직렬 LVDS는 최대 초당 십억 비트^(Gb/s)까지의 단일 레인 데이터 속도를 지원할 수 있다. 직렬 LVDS를 지원하는 디바이스 예로는 아날로그 디바이스인 HMCAD1511 8비트 ADC^(https://www.analog.com/media/en/technical-documentation/data-sheets/hmcad1511.pdf)가 있다. HMCAD1511 8비트 ADC는 250 MSPS로 네 개의 다른 신호 를 샘플링하거나 초당 십억 샘플^{GSPS, bilion samples per second}로 한 개의 신호를 샘플링 할 수 있다.

- 2017년 JESD204C로 업데이트된 JEDEC JESD204 표준은 ADC와 디지털 프로 세서 간 직렬 인터페이스를 정의한다. 직렬 LVDS와 유사하게 JESD204는 단일 혹 은 다중 레인 차동 신호 쌍을 지원한다. 직렬 LVDS와의 가장 큰 차이는 JESD204C는 최대 32Gb/s까지 데이터 속도를 지원하는 것이다. JESD204C를 준 수하는 디바이스는 직렬 LVDS가 지원하지 않는 다중 레인 간 동기화와 다중 ADC 간 동기화를 포함한 다른 여러 기능들을 지원한다.

높은 샘플레이트를 갖는 ADC 입력을 요구하는 애플리케이션에서 LVDS나 JESD204 인터페이스를 사용해 ADC를 FPGA에 연결하는 것이 보편적이다. 적합한 알고리듬으 로 프로그램될 때 FPGA는 FPGA의 병렬 하드웨어 자원을 사용해 고속 입력 데이터를 수신할 수 있고 초기 단계의 처리를 수행한다. FPGA의 처리된 데이터 스트림 출력은 보통 압축, 필터링, FPGA내의 다른 알고리듬에 의해 상당히 크기가 작아진다. FPGA는 작아진 데이터를 시스템 프로세서로 전송한다.

I2C

높은 데이터 속도를 요구하지 않는 센서 인터페이스의 경우 단순성과 낮은 생산 비용이 주요 관심사가 된다. 단일 회로 보드상의 디바이스 간 낮은 데이터 속도 통신 혹은 함체 enclosure내 여러 회로 보드 간 통신을 위해 I2C Inter-Integrated Circuit 버스 구조가 일반적으로 사용된다.

I2C 인터페이스는 저항기에 의해 풀업된 두 개의 개방 콜렉터 회선(클럭 회선과 데이터 회선)으로 구성된다. 개방 콜렉터 open collector는 디지털 출력 신호로서 활성화될 때 신호 회선을 로 우로 낮추고 비활성화일 때는 신호 회선을 전혀 구동하지 않는 유용한 특성이 있어, 풀 업 저항기가 신호를 하이로 올릴 수 있게 한다. 개방 콜렉터라는 용어는 NPN 트렌지스 터에 적용되며 유사하게 동작하는 MOSFET 트랜지스터는 개방 드레인 open drain이라고 한다.

I2C버스에서 개방 콜렉터(혹은 개방 드레인) 디바이스를 사용하면 여러 디바이스들을 같은 쌍 의 신호 회선에 연결할 수 있다. 각 디바이스는 신호 회선의 상태를 감시하고 버스상에 통신이 필요할 때만 출력을 활성화한다.

I2C는 주종 master-servant 네트워크 설계를 구현한다. I2C 네트워크는 여러 노드를 포함할 수 있지만 한 번에 한 개의 노드만 마스터가 될 수 있다. 버스상의 모든 동작은 마스터에 의해 관리되며 각 서번트 노드에 할당된 고유의 7비트 주소를 사용해 해당 디바이스와 통신한다.

마스터는 클럭 신호를 생성하며 데이터 회선상에서 직렬 데이터 전송으로 명령 시퀀스 를 시작한다. 명령은 보통 서번트 디바이스 내 레지스터 주소인 서번트 주소와 수행해 야 할 연산을 위한 명령어를 포함한다. 데이터는 마스터와 주소를 가진 서번트 간 어느 방향으로도 전송가능하다. 한 개의 데이터 회선만 존재하므로 데이터는 한 번에 한 방 향으로만 이동 가능하며 따라서 I2C는 반이중 half-duplex 통신 프로토콜이다.

명령 및 관련 데이터 전송이 끝난 뒤 다른 노드가 마스터가 될 수 있고 버스에 클럭 신호와 명령을 내릴 수 있다. 다중 마스터 동작은 한 번에 한 개의 활성 마스터만 존재하도록 보장돼야 한다. 그림 2.7은 한 개의 마스터와 두 개의 서번트를 갖는 간단한 I2C 버스를 보여준다. I2C 신호를 나타내는 일반적인 이름들은 SCL(직렬 클럭)과 SDA(직렬 데이터)다.

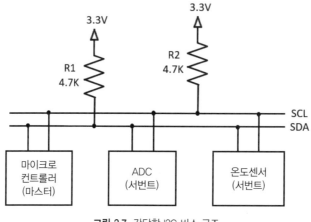

그림 2.7 간단한 I2C 버스 구조

I2C 버스의 일반적인 데이터 클럭 속도는 100 Kb/s와 400 Kb/s이며 최근 I2C 표준 개정안은 최대 5 Mb/s까지 동작한다.

I2C 인터페이스는 버스의 데이터 전송 속도 제약상에서 동작하는 센서들에서 널리 사용된다. I2C 인터페이스를 사용하는 센서 예로는 ADC와 압력센서, 온도 센서, GPS 수신기, 초음파 센서 등이 있다.

SPI

직렬 주변 장치 인터페이스SPI, Serial Peripheral Interface는 4회선 직렬 데이터 버스다. 마스터라고 하는 단일 노드가 버스의 동작을 관리한다. 서번트라고 하는 다른 노드들은 마스터의 명령에 응답한다. 버스의 네 회선은 다음 기능을 수행한다.

- **칩선택**CS, Chip Select **신호**: 마스터가 현재 상호작용하는 서번트를 알린다.

- **직렬 클럭**^{SCLK, Serial Clock} **신호**: 클럭 사이클 당 한 비트씩 버스에 데이터 전송을 나열한다.

- **마스터 입력 서번트 출력**^{MISO, Master-In-Servant-Out} **회선**: 서번트에서 마스터로 데이터를 전송한다.

- **마스터 출력 서번트 입력**^{MOSI, Master-Out-Servant-In} **회선**: 마스터에서 서번트로 데이터를 출력한다.

SPI는 MISO와 MOSI 회선에 동시에 양방향으로 데이터 전송이 가능하므로 전이중^{full-duplex} 통신 표준이다.

그림 2.8은 그림 2.7과 같은 노드 유형들을 가진 SPI 버스를 나타낸다.

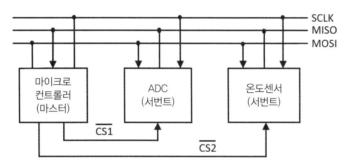

그림 2.8 간단한 SPI 버스 구조

I2C 버스보다 최소 두 배의 신호 개수가 필요한 것과 더불어, 버스의 추가적인 각 서번트 노드마다 추가적인 칩 선택 신호가 필요하다. 추가적인 하드웨어 지원이 필요함에도 불구하고 SPI구조는 I2C 대비해 다음과 같은 장점이 있다.

- 더 높은 클럭 속도가 가능하다. SPI 버스는 일반적으로 최대 50MHz의 클럭 속도로 동작한다.

- SPI의 전이중 특성은 주어진 클럭 속도에서 I2C 대비 두 배의 데이터 전송 속도를 보여준다.

- 서번트 주소들을 관리할 필요가 없다.

- SPI는 에너지를 소비하는 풀업 저항기가 없기 때문에 적은 전력을 소비하는 경향
이 있다.

I2C와 SPI 중 선택을 해야할 때 데이터 전송 속도나 전력 소모가 관심사라면 SPI를 일
반적으로 선택한다. 반면 더 낮은 데이터 속도일지라도 더 많은 주변 장치와 통신한다면
I2C가 유리하다.

CAN 버스

계측 제어기 통신망^{CAN, Controller Area Network}버스는 차량의 가혹환경에서 동작하도록 설계
된 직렬 데이터 버스다. CAN 버스의 기본 목적 중 하나는 자동차의 회선 수를 줄이는
것이다. 가령 자동차 후미등은 여러 다른 기능을 가진 조명(브레이크등, 후진등 주행등, 방향지시등)들
을 포함할 것이다. 일반적인 아날로그를 구현할 때 각각의 등이 동작하기 위해 분리된
회선이 필요할 텐데, CAN 을 사용하면 전원에 모듈을 결선하고 CAN 버스를 연결만 하
면 된다. 후미등 모듈의 마이크로컨트롤러는 CAN 버스에서 수신된 디지털 메시지에 대
한 응답으로 각 등을 활성화한다. I2C와 SPI 구조에 비해 CAN은 우선순위가 있는 메시
지와 여러 에러 감지 및 복구 메커니즘을 지원하는 훨씬 정교한 통신 구조다.

CAN 버스는 차동 회선 쌍으로 연결된 많은 수의 노드들로 구성된다. 표준 CAN 버스는
긴 버스 회선상에서(1Mb/s로 최대 25 미터까지) 상당히 높은 비트레이트(최대 1Mb/s)로 동작하기 때
문에 차동 버스 쌍은 각 끝에서 120Ω 저항기로 종단돼야 한다. 저항기는 케이블의 임피
던스와 일치하며 반사된 신호가 회선으로 되돌아 가는 것을 방지한다.

CAN 버스에서 차동 쌍의 두 회선 내 신호는 I2C 버스의 개방 컬렉터 드라이버의 개념
과 유사하다. 버스의 어떤 노드도 전송하지 않을 때 두 버스 회선은 2.5V의 정격 레벨이
된다. 이를 열성 상태^{recessive state}라고 하며 논리 데이터 값 0을 나타낸다. 버스에서 논리
값 1을 전송하는 노드가 있을 때 이를 우성 상태^{dominant state}라고 하고, 노드는 버스 회선
중 하나(CAN_H)를 3.5V근처의 더 높은 전압으로 올리며, 다른 회선(CAN_L)을 1.5V근처의 더
낮은 전압으로 내린다. 그림 2.9는 간단한 CAN 버스 구조를 보여준다.

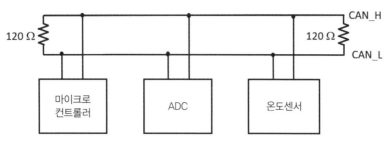

그림 2.9 간단한 CAN 버스 구조

CAN 버스는 I2C나 SPI 버스와 다르게 마스터 노드를 갖지 않는다. CAN 버스의 모든 노드는 피어^{peer}이고, 어떤 노드라도 버스가 유휴 상태일 때 메시지 전송을 시작할 수 있다. 이전 메시지 전송이 끝나기를 기다린 뒤 여러 노드가 동시에 메시지를 보내려 시도하면, 자동 우선순위 기법이 가장 높은 우선순위 메시지를 먼저 처리하도록 하며, 전송하려는 다른 노드는 멈춘 뒤 다음 유휴 기간을 기다려야 한다.

각 CAN 메시지는 11 혹은 29비트 길이를 갖는 식별자로 시작한다. 메시지 수신자는 받은 메시지의 식별자를 검사해 처리할 메시지를 결정한다. 메시지 식별자 필드는 메시지 우선순위를 결정하며, 숫자가 낮은 식별자가 높은 우선순위를 갖는다. 우선순위 처리는 가장 높은 우선순위 메시지가 버스에 먼저 접근하도록 보장함으로써 하위 시스템 간 실시간 상호작용을 지원한다.

무선

점점 더 많은 임베디드 시스템들이 무선 기술을 사용해 감독 시스템 및 인터넷을 통해 통신하고 있다. 최종 사용자를 위한 무선 통신의 기본적인 장점은 데이터 케이블이 필요 없다는 것이다. 임베디드 시스템의 전원이 사용가능하고 무선 통신 노드 범위에 있다면 통신을 위한 다른 설치 작업이 필요 없다.

무선 기술의 통신 범위는 매우 짧은 범위(몇 센티미터 정도)에서 전세계의 범위까지 다양하다. 사용 가능한 무선 기술들의 비용 및 전원 요구사항, 데이터 전송 속도 등은 매우 다양하다. 임베디드 시스템에서 사용하는 가장 흔한 무선 통신 기법들은 다음과 같고 짧은 통신 범위에서 긴 통신 범위로 정렬돼 있다.

- **라디오 주파수 ID**^{RFID}: 물체에 부착되거나 사람이 갖고 다니는 배지의 태그로 리더기에 고유의 식별 코드를 제공한다. 수동 RFID 태그는 리더기가 만드는 전기장으로부터 전원을 공급받으며, 신호를 전송해 리더기가 수신하도록 한다. 능동 태그는 배터리 같은 전력 공급원을 사용해 태그에 전원을 공급한다. 수동 태그는 보통 리더기에 매우 근접 혹은 접촉해야만 판독에 성공할 수 있다. 능동 태그는 리더기로부터 몇 백 미터에 해당하는 꽤 먼 거리에서도 동작한다.

- **블루투스**: 스마트폰이나 자동차, 다른 스마트 디바이스에서 널리 사용된다. 임베디드 시스템은 블루투스의 기능이나 제약사항이 호환 가능한 시나리오에서 블루투스 연결성을 활용할 수 있다. 블루투스는 보통 30 미터 이하의 짧은 범위에서 동작한다. 블루투스 저전력^{BLE, Bluetooth Low-Energy}은 매우 적은 전력을 소모하면서 초당 최대 수백 킬로비트까지의 짧은 버스트로 데이터가 전송되는 애플리케이션에 최적이다. 임베디드 시스템 애플리케이션이 블루투스나 BLE의 기능에 호환된다면 단일 칩 통신 솔루션을 설계에 쉽게 통합할 수 있다.

- **Wi-Fi**: 근거리 네트워크에서 사용하는 무선 네트워킹 프로토콜 계열의 이름이다. Wi-Fi 통신의 범위는 두 개의 Wi-Fi 사이의 벽이나 다른 장애물의 존재에 영향을 받는다. 가정 환경에서 통신 범위는 방 하나 혹은 근접한 방들 정도로 제한될 수 있다. 실외에서는 100미터 이상의 거리에서도 통신이 잘 될 수 있다. Wi-Fi는 고속 네트워킹을 지원하기 위해 만들어 졌고 강한 신호 연결을 통해 초당 수백 메가비트를 전송할 수 있다. Wi-Fi는 비디오 도어벨 같은 임베디드 애플리케이션에서 흔히 사용된다.

- **셀룰러**: 셀룰러 네트워크 통신은 셀룰러 네트워크 캐리어 안테나 범위의 어디서든 장거리 네트워크 통신에 접근이 필요한 임베디드 시스템 구조에 적합하다. 셀룰러 통신이 세계의 임베디드 디바이스와 상호작용이 가능하지만 각 디바이스와 연동된 SIM 카드와 데이터 요금제가 필요하다는 단점이 있다. 차량 이동 추적과 같은 광범위한 무선 연결성이 필요한 애플리케이션이라면 셀룰러 네트워킹이 적합하다.

다양한 유형의 임베디드 시스템 센서들을 소개했다. 센서를 포함하는 호스트 시스템 내 혹은 네트워크를 통해 접근 가능한 감독 노드에서 상위 수준 처리하도록 센서 데이터를 전송하는 데 사용하는 일부 통신 기술을 소개했다. 원시 다음 절에서 센서 데이터를 알고리듬에서 사용할 수 있는 정보로 변형하기 위해 사용되는 표준 처리 방식을 간략히 소개한다.

⁘ 센서 데이터 처리

파이프의 기압이나 공기온도 같은 시스템의 다양한 속성을 측정하는 센서들은 일반적으로 오류를 포함한다. 센서 측정 오류는 센서 보정 부정확도, 이상적이지 않은 측정 구성, 센서의 온도 의존성, 센서와 연관된 회로, 전자회로에서 언제나 존재하는 배경 잡음 등을 포함한 다양한 원인이 있다.

특히 중요하지 않은 측정이라면 측정 오류를 보상하기 위한 절차가 필요 없기도 하다. 하지만 많은 애플리케이션에서 최대한 이런 오류를 제거해야 한다.

정밀 센서는 일반 센서보다 더 비싼 경향이 있지만 높은 가격은 측정 품질을 향상하기 위한 센서 설계 내 다양한 기법들에 대한 대가다. 이런 기법들은 온도 변화에 대한 보상이나 정밀 공정 보정과 같은 기능을 포함한다.

때로는 시스템 개발자가 측정 정확도를 향상하기 위해 추가적인 보정을 수행해야 할 때도 있다. 예를 들어 온도 센서를 보정하기 위한 간단한 방법은 센서를 잘 섞인 얼음물에 넣어 0℃ 판독 값을 얻어내고 다시 끓는 물에 넣어 100℃ 판독 값을 얻어내는 것이다. 두 측정은 센서의 데이터 시트에만 의존하는 것보다 더 정확한 판독 값을 반환하는 보정 커브를 구성하기 위해 사용된다.

추가적인 불규칙 노이즈를 포함하는 센서 측정에서 여러 판독 값에 대한 평균을 내는 것은 간단하게 많은 노이즈를 줄일 수 있는데, 이때 기본 신호가 여러 측정 중 급격하지 변하지 않음을 가정한다. 빠르게 변하는 신호에서 불규칙 노이즈를 줄여야 하는 상황에서 디지털 필터를 구성해 원시 입력 신호를 처리하는 것이 유용할 수 있다. 간단하지만 최적은 아닌 디지털 필터는 간단히 각 업데이트에서 마지막 N개 측정들의 평균을 구한다. 더 정교한 필터링 기법들은 디지털 필터 설계 프로시저를 사용해 가능하지만 이 기법들은 이 책의 범위를 벗어난다.

⠿ 요약

다양한 임베디드 애플리케이션에서 사용되는 다양한 센서를 소개했다. 수동 센서는 온도와 압력, 습도, 빛 강도, 대기 성분 같은 세계의 속성들을 측정하고, 능동 센서는 레이더나 라이다와 같은 기법을 사용해 물체를 감지하고 물체의 위치와 속도를 측정함을 살펴봤다. 2장은 원시 센서 판독 값을 이용 가능한 데이터로 변환하기 위해 임베디드 시스템이 반드시 수행해야 하는 처리의 유형도 알아봤다.

2장을 끝내면 임베디드 시스템에서 사용하는 다른 유형의 센서와 수동 센서, 능동 센서가 무엇인지 이해하며, 친숙한 각 카테고리 유형의 센서도 있을 것이다. 또한 처리 알고리듬에서 사용하기 위한 적합한 정보를 제공하기 위해 원시 센서 데이터를 사용하는 기본 처리 기법도 눈에 익을 것이다.

3장은 임베디드 시스템이 센서에서 측정된 입력에 실시간 응답을 생성해야 하는 필요성을 알아본다. 실시간 운영체제^{RTOSes, Real-Time Operating Systems}의 개념을 소개하고, RTOS와 범용 운영체제 간 차이를 공부한다. 3장은 많이 사용하는 오픈소스 RTOS 구현의 주요 기능과 주요 기능이 반응성 있고 안정적인 임베디드 시스템 구조를 만들게끔 하는 방식을 설명한다.

03

실시간 동작

임베디드 시스템이 센서나 다른 소스로부터의 입력에 실시간으로 응답을 생성해야 하는 필요성을 다룬다. 실시간 운영체제의 개념과 주요 기능과 멀티태스킹 실시간 애플리케이션을 구현할 때의 어려움을 살펴본다. 많이 사용하는 오픈소스 및 상용 RTOS를 구현한 내용의 주요 특징을 알아본다.

3장을 마치면 시스템이 실시간으로 동작한다는 것의 의미와 실시간 시스템이 가져야할 주요 속성들을 깨닫게 된다. 임베디드 시스템이 의존하는 RTOS 기능들과 실시간 임베디드 시스템 설계에서의 문제점도 이해하게 될 것이다. RTOS 구현의 주요 기능도 배워본다.

3장에서는 다음 주제를 다룬다.

- **실시간**의 의미

- 실시간 임베디드 시스템의 속성

- RTOS 주요 기능 및 과제 이해

- 많이 사용되는 RTOS

기술 요구사항

3장의 파일은 다음 주소에서 얻을 수 있다.

https://github.com/PacktPublishing/Architecting-High-Performance-Embedded-Systems.

실시간의 의미

실시간Real-time은 기한deadline이 있는 계산을 뜻한다. 실시간 임베디드 시스템에서 입력에 대한 응답에 걸리는 시간은 시스템 성능을 결정짓는 중요한 요소다. 시스템이 올바른 응답을 만들지만 응답이 요구된 시간 제한 안에 나오지 않는다면 경미한 것에서부터 안전에 관련된 필수적인 것까지 영향력의 폭이 꽤 넓다.

입력에 대한 실시간 임베디드 시스템의 응답은 반드시 올바르고 적시에 수행돼야 한다. 표준 소프트웨어 개발 방법론의 대부분은 응답의 적시성에 대한 것보다 코드에서 생성하는 응답의 정확성에 중점을 둔다. 비실시간 소프트웨어 개발 방법론은 가능한 빠르게 실행하는 코드를 개발하지만 응답이 '반드시' 언제까지 제공돼야 하는지 나타내는 경성 hard 시간 제한을 제공하지 않는다. 실시간 시스템은 동작 조건들의 스트레스 테스트나 흔치 않은 조합 테스트일지라도 타이밍 제약을 만족하지 못하면 실패했다고 본다. 의도한 출력을 생성하는 연산 시스템을 '기능적으로 정확하다'고 표현한다. 특정 시간 제약 안에 출력을 생성하는 시스템을 '시간적으로 정확하다'고 표현하는데, 실시간 시스템은 기능적, 시간적으로 정확해야 한다.

두 개의 차량 임베디드 하위 시스템인 차문을 열기 위한 디지털 열쇠 고리와 에어백 제어 시스템을 생각해보자. 차문을 열기 위해 자동차 열쇠가 기대보다 몇 초 늦게 동작하면 사용자는 답답함을 느끼겠지만 자동차에 들어가 운전은 할 수 있을 것이다. 하지만 에어백 제어기가 심각한 충돌 상황에서 예상보다 몇 초 늦게 동작한다면 이는 운전자에게 치명적이다.

실시간 애플리케이션은 연성 실시간과 경성 실시간의 두 개의 범위로 나눈다. 모든 시스템의 타이밍 요구사항을 만족하는 능력으로 정의되는 실시간 동작이 매우 바람직하지만 반드시 필요하지 않은 시스템을 연성 실시간 시스템soft real-time이라고 한다. 차량 열쇠의 응답시간이 연성 실시간 시스템의 대표적인 예다. 응답에서 의도하지 않은 지연은 사용자 관점에서 품질이 낮다고 느끼는 것처럼 부정적 영향을 끼칠 수 있지만 시스템은 올바르게 기능하고 사용 가능하다. 에어백 제어기처럼 모든 환경에서 타이밍 요구사항을 엄격히 만족해야 하는 실시간 시스템을 경성 실시간 시스템hard real-time이라고 한다. 임베디드 애플리케이션용 소프트웨어 개발 및 테스트에 사용되는 프로세스는 반드시 시스템의 실시간 요구사항에 지속적으로 초점을 맞추고, 소프트웨어 구현이 이런 요구 측면에서 성능을 손상시키지 않아야 한다. 가령, 노이즈가 있는 센서 측정이 노이즈의 영향을 줄이기 위해 디지털 필터링이 필요하다면, 필터링을 구현하는 코드는 해당 알고리듬을 구현하기 위해 코드에 반복문을 넣어야 한다. 반복문을 추가하는 것은(특히 반복문을 많이 수행하면) 코드 실행 시간이 크게 늘어나 타이밍 요구사항을 만족하지 못할 수 있다.

프로세서 하드웨어의 필수 기능 및 입출력 디바이스, 운영체제 수준의 소프트웨어와 같은 실시간 임베디드 시스템이 가져야 하는 주요 속성을 살펴본다.

⁞⁞⁞ 실시간 임베디드 시스템의 속성

실시간 임베디드 시스템의 하드웨어와 소프트웨어는 시스템이 안정적이며 정확하고, 적시에 출력을 만드는 성능 목표를 만족시키기 위한 특징이 있다. 중간 이상의 복잡성을 가진 기능을 수행하는 대부분의 실시간 임베디드 시스템들은 처리 작업을 (사용자에게는) 동시에 실행되는 것처럼 보이는 다중 태스크로 나누어야 한다. 자동차 엔진과 같은 하드웨어 동작을 관리하면서 정기적으로 운전자에게 정보를 업데이트 하는 것처럼 말이다.

가장 세밀한 수준의 프로세서 연산으로 대부분의 임베디드 시스템은 인터럽트를 사용해 입출력 디바이스가 연산이 필요할 때 프로세서에게 알린다. 실시간 애플리케이션에서 인터럽트 처리는 적절한 시스템 연산을 보장하기 위한 주요 요인이 될 수 있다. 가장 간단한 수준에서 인터럽트가 처리되고 있을 때마다 인터럽트를 처리하기 위해 잠시 멈춘 코드 알고리듬은 실행을 멈추게 된다. 이는 잠시 멈춘 코드가 실행을 재개하면 기한을 넘기지 않고 작업을 완료할 시간이 더 적게 남았음을 의미한다. 경험에 비추어 보면, 인터럽트 처리에 소비되는 시간의 양을 최소화하는 것이 가장 좋다.

인터럽트 처리와 관련해 입출력 디바이스의 시간 관련 성능은 실시간 애플리케이션의 성능에 또 다른 중요한 요인이다. 플래시 메모리 카드 같은 입출력 디바이스들은 읽기/쓰기 연산을 완료하기 위해 많은 시간이 필요하다. 이런 디바이스들과 동작할 때 프로세서가 멈추고 해당 동작이 끝나기를 기다리는 것은 적합하지 않다. 유사하게 ADC는 아날로그-디지털 변환 연산을 수행하는 데 시간이 걸린다. 프로세서가 변환이 끝나기를 기다리며 **변환 완료** 상태 비트를 반복 체크한다면 허용 불가능한 지연이 발생한다. 따라서 디바이스들과 동작하기 위해서 더 정교한 기법들이 필요하다. 이어서 시스템 문제와 더불어 중요한 실시간 성능 속성을 알아본다.

다중 작업 수행하기

임베디드 시스템은 보통, 동시에 여러 태스크들을 수행하는 것처럼 보이지만, 서로 다른 작업을 반드시 똑같은 시간에 수행할 필요는 없다. 대신 한 작업 실행에서 다음 작업 실행으로 빠르게 전환하는 것이 적합하다. 각 태스크가 의도한 속도로 업데이트를 수행할 수 있다면 업데이트들 사이에 시스템이 다른 작업을 수행해도 상관없다.

시스템이 수행하는 다양한 태스크들은 일반적으로 다른 속도로 업데이트돼야 한다. 예를 들어 전기 자동차 모터의 속도를 제어하는 시스템은 모터를 초당 수십 번 제어하는 출력을 업데이트해야 하지만 동일한 디바이스는 사용자에게 표시되는 상태 정보를 초당 몇 번만 업데이트한다.

개발자는 이런 두 태스크를(모터 제어와 상태 표시) 수행하는 코드와 각 태스크의 실행을 적절한 시간 간격에 관리하는 코드를 결합해 단일 모듈로 만들텐데, 이상적인 접근법이라고 볼 수 없다. 각 태스크의 애플리케이션 코드를 논리적으로 분리된 모듈로 나누고 상위 수준의 모듈에서 태스크의 스케줄링을 관리하는 것이 개념적으로 더 간단하다.

구체적인 예를 살펴보기 위해 50Hz 속도로 전기 모터 제어 태스크를 업데이트하고 10Hz 속도로 사용자 상태 표시를 업데이트 해야 한다고 가정하자. 그리고 모터 제어 코드가 동작하는 가장 긴 시간은 5ms이고 사용자 상태 표시 코드는 느린 인터페이스를 통한 데이터 전송으로 최대 10ms이 걸린다고 가정하자. 두 태스크가 실행될 준비가 되면 모터 제어 태스크는 가장 높은 우선순위를 받아야 한다. 이는 모터 업데이트가 정확한 시간 간격으로 실행돼야 하기 때문이다. 상태 표시 업데이트는 우선순위가 낮아지는데 이는 상태 표시 정보 업데이트 타이밍이 수 밀리초 정도 바뀌더라도 사용자가 알아채기 힘들기 때문이다. 예제에서 모터 제어 태스크는 경성 실시간 요구사항인 반면 상태 표시 태스크는 연성 실시간 기능이다.

다음의 C 언어 코드는 시스템을 초기화하고 20ms 간격으로 반복문을 수행하며 각 반복마다 모터 제어를 업데이트하는 제어 프로그램의 예제다. 5번 반복할 때마다 모터 제어 업데이트 후 상태 표시도 업데이트한다. 코드에서 WaitFor20msTimer 함수는 타이머 인터럽트가 함수를 깨울 때까지 기다리면서 프로세서를 저전력 슬립 상태로 변경하는 인터럽트 구동 함수로 구현될 수 있다.

인터럽트 방식과 다른 구현 방법으로는 WaitFor20msTimer가 하드웨어 타이머 레지스터를 읽는 간단한 반복문을 포함하고 해당 타이머가 다음 번 20ms이 되면 반환하도록 할 수 있다.

```
void InitializeSystem(void);
void WaitFor20msTimer(void);
void UpdateMotorControl(void);
void UpdateStatusDisplay(void);

int main()
{
  InitializeSystem();

  int pass_count = 0;
  const int status_display_interval = 5;

  for (;;)
  {
    WaitFor20msTimer();
```

```
    UpdateMotorControl();

    ++pass_count;

    if (pass_count == 1)
    {
      UpdateStatusDisplay();
    }
    else if (pass_count == status_display_interval)
    {
      pass_count = 0;
    }
  }

  return 0;
}
```

코드는 그림 3.1에 표시된 패턴으로 수행된다. 모터 제어 코드는 위쪽 그래프의 펄스로 표시된 것처럼 20ms 간격으로 5ms동안 수행된다. 첫 번째 모터 제어 업데이트가 끝난 뒤 제어 반복문은 상태 표시 상태 함수를 시간 A에서 호출한다. 다이어그램에서 점선은 모터 업데이트 처리의 끝과 아래쪽 그래프에 표시된 상태 표시 업데이트 처리의 시작의 관계를 나타낸다.

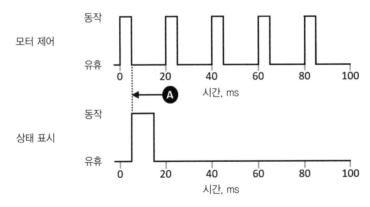

그림 3.1 임베디드 시스템 제어 반복문 타이밍

코드에서 각 업데이트 루틴에 대한 처리 시간이 제약사항에 들어오면 모터 제어 업데이트와 상태 표시 업데이트의 타이밍 요구사항을 만족할 것이다. 상태 표시 루틴이 모터 제어 업데이트가 끝난 뒤 시작하기 때문에 상태 표시 업데이트 시 약간의 타이밍 지터가 존재할 수 있고 모터 제어 코드가 실행되는 시간이 매번 같다는 보장은 없다.

상태 표시 코드가 추가적인 정보를 표시 장치에 넘겨야 해서 새로운 버전의 코드가 10ms 대신 20ms이 걸리면 어떻게 될까? 그림 3.1에서 상태 표시 업데이트가 모터 제어 업데이트를 위한 시간 구간에서 5ms 더 실행될 것이고, 이는 모터 제어 업데이트가 늦게 실행될 것이다. 이전에도 언급했듯이 이런 종류의 지연은 허용되지 않는다.

문제를 어떻게 해결할 수 있을까?

해결책 중 하나는 상태 표시 업데이트 코드를 두 개의 분리된 루틴으로 나누고 각 루틴 실행 시간이 10ms을 초과하지 않도록 하는 것이다. 루틴들은 그림 3.2처럼 연속으로 불릴 수 있다.

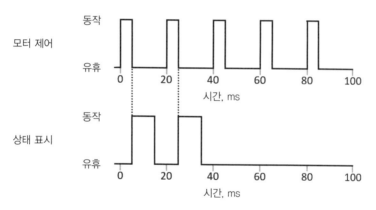

그림 3.2 두 파트로 나뉜 상태 업데이트

해결책에서 상태 업데이트 코드의 각 단계가 10ms 시간 제약 안에 실행을 마친다면 모든 타이밍 성능 요구사항은 만족하게 된다. 다음 코드는 해결책을 구현한 것이다.

```
void InitializeSystem(void);
void WaitFor20msTimer(void);
void UpdateMotorControl(void);
void UpdateStatusDisplay1(void);
```

```
void UpdateStatusDisplay2(void);

int main()
{
  InitializeSystem();

  int pass_count = 0;
  const int status_display_interval = 5;

  for (;;)
  {
    WaitFor20msTimer();

    UpdateMotorControl();

    ++pass_count;

    if (pass_count == 1)
    {
      UpdateStatusDisplay1();
    }
    else if (pass_count == 2)
    {
      UpdateStatusDisplay2();
    }
    else if (pass_count == status_display_interval)
    {
      pass_count = 0;
    }
  }

  return 0;
}
```

이 버전의 애플리케이션에서 상태 표시 코드는 두 함수 UpdateStatusDisplay1()와 UpdateStatusDisplay2()로 나뉜다.

해결책이 시스템의 타이밍 요구사항 측면에서 동작은 하지만 이상적인 접근법이라고 보긴 힘들다. 상태 표시 업데이트 코드를 두 함수로 분리하는 것(각각이 비슷한 실행시간을 갖도록)이 쉽지 않거나 불가능할 수 있다. 코드를 추후 변경해야 할 때 유지보수는 더 큰 문제가 될 수 있다. 새로운 코드는 기능적으로 정확해야 하며 두 업데이트 함수들의 실행시간 제한을 넘기지 않도록 잘 분리돼야 한다. 솔직히 이 방법은 다루기 힘들다.

실시간 임베디드 시스템 설계에서 확실히 부적합한 방법이다. 예제의 높은 복잡성은 선점 멀티태스킹을 사용해 회피할 수 있다. 선점 멀티태스킹^{Preemptive multitasking}은 컴퓨터 시스템이 스케줄링 기준에 따라 여러 태스크들의 실행을 멈추고 재개할 수 있는 기능이다.

마이크로소프트 윈도우나 리눅스와 같은 유명한 데스크톱 운영체제들은 선점 멀티태스킹을 수행해 수십 혹은 수백 개의 동시 실행 프로세스들이 모두 작업을 수행할 수 있는 방식으로 프로세서 시간을 공유한다.

선점 멀티태스킹을 지원하는 임베디드 운영체제는 스케줄링 동작을 수행할 때마다 잠재적인 태스크들 중 어떤 태스크가 수행될지 결정하기 위해 몇 가지 간단한 규칙을 따른다.

임베디드 시스템에서 태스크^{task}는 프로세서 레지스터 내용 및 스택, 메모리를 포함한 연관된 자원들을 가진 별개의 실행 스레드다. 단일 프로세서 컴퓨터에서 단 한 개의 태스크만 주어진 시간에 실행될 수 있다. 스케줄링 이벤트는 실행될 다음 태스크를 시스템이 선택하고 해당 태스크 실행을 시작하거나 재개할 수 있게 한다. 스케줄링 이벤트는 타이머 이벤트와 멈춤 상태로 태스크 전환 및 애플리케이션 코드나 인터럽트 서비스 루틴^{ISR}에서 호출하는 운영체제 호출을 포함한다.

임베디드 시스템의 태스크는 보통 다음 세 상태 중 하나에 속한다.

- **준비 상태**^{Ready state}: 태스크는 실행될 준비가 됐지만 실행을 위한 스케줄링을 기다리며 스케줄러의 큐에 있어 아직 실제 동작하지 않는다.

- **동작 상태**^{Running state}: 태스크는 프로세서 명령어를 실행하고 있다.

- **멈춤 상태**^{Blocked state}: 태스크는 이벤트가 발생하기를 기다리고 있다. 예를 들어 시스템 자원 사용이나 타이머 신호 수신을 기다린다.

각 태스크는 시스템 개발자가 우선순위를 부여한다. 스케줄링 이벤트가 발생할 때마다 시스템은 준비 상태이거나 동작 상태에 있는 가장 높은 우선순위 태스크를 찾아 해당 태스크에 제어권을 넘기거나 해당 태스크가 이미 제어권을 가진 상태이면 그대로 유지한다. 한 태스크에서 다른 태스크로 전환은 새로 시작하는 태스크 내 코드의 다음 명령어로 넘어가기 전에 수행했던 태스크와 연관된 문맥Context 정보(기본적으로 프로세서 레지스터 내용)를 태스크 제어 블록TCB, Task Control Block에 저장하고 새로 시작하는 태스크의 TCB 정보를 프로세서의 레지스터에 복구하는 것이다. 각 문맥 전환은 태스크가 실행 가능한 시간을 약간 소비한다.

그림 3.3은 선점 멀티태스킹 RTOS상의 모터 제어 알고리듬 동작을 설명한다. 시스템은 20ms 간격으로 타이머 이벤트를 갖는다. 각 간격에서 모터 제어 태스크는 준비 상태로 진입하며, 태스크가 높은 우선순위를 가지므로 바로 동작 상태로 진입해 업데이트를 실행한 뒤 멈춤 상태로 돌아간다.

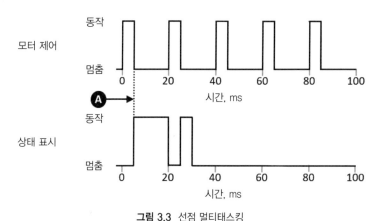

그림 3.3 선점 멀티태스킹

100ms 마다 상태 표시 태스크는 준비 상태에 진입하지만 태스크가 낮은 우선순위를 가지므로 모터 제어 태스크가 먼저 동작한다. 모터 제어 태스크가 시간 A에서 멈춤 상태로 진입할 때 상태 표시 태스크는 동작 상태로 진입하고 실행을 시작한다. 20ms 후 또 다른 타이머 이벤트가 발생하고 모터 제어 태스크가 다시 준비 상태로 진입한다. 모터 제어 태스크가 더 높은 우선순위를 가지므로 모터 제어 태스크가 다시 동작한 뒤 멈춤 상태로 진입한다. 이후 상태 표시 태스크는 실행을 재개해 업데이트를 마치고 멈춤 상태로 진입한다.

다음은 FreeRTOS를 사용해 C로 시스템을 구현한 것이다.

```c
#include "FreeRTOS.h"
#include "task.h"

void InitializeSystem(void);
void UpdateMotorControl(void);
void UpdateStatusDisplay(void);

static void StatusDisplayTask(void* parameters)
{
  TickType_t next_wake_time = xTaskGetTickCount();
  for (;;)
  {
    const TickType_t block_time = pdMS_TO_TICKS(100);

    vTaskDelayUntil(&next_wake_time, block_time);

    UpdateStatusDisplay();
  }
}

static void MotorControlTask(void* parameters)
{
  TickType_t next_wake_time = xTaskGetTickCount();
  for (;;)
  {
    const TickType_t block_time = pdMS_TO_TICKS(20);

    vTaskDelayUntil(&next_wake_time, block_time);

    UpdateMotorControl();
  }
}

void main(void)
{
  xTaskCreate(StatusDisplayTask, "StatusDisplay",
    configMINIMAL_STACK_SIZE,
    NULL, (tskIDLE_PRIORITY + 1), NULL);

  xTaskCreate(MotorControlTask, "MotorControl",
    configMINIMAL_STACK_SIZE, NULL,
    (tskIDLE_PRIORITY + 2), NULL);
```

```
    InitializeSystem();

    vTaskStartScheduler();

    // 여기는 시작 시 메모리 할당이 실패할 때만 올 수 있다.
    for (;;);
}
```

코드는 C 함수로 StatusDisplayTask() 와 MotorControlTask()인 두 태스크를 정의한다. 이전 예제에서 애플리케이션 기능을 구현한 같은 함수들이(InitializeSystem()와 UpdateStatus Display(), UpdateMotorControl()) 여기서 사용된다. vTaskDelayUntil() 함수는 정확한 시간 지연을 수행해 모터 제어 태스크가 매 20ms마다 수행될 준비를 하고 상태 표시 태스크가 매 100ms마다 수행될 준비를 하도록 한다.

FreeRTOS의 태스크 우선순위는 낮은 숫자 값이 낮은 우선순위를 의미한다. 가장 낮은 우선순위는 0의 우선순위를 갖는 유휴 태스크고 상수 tskIDLE_PRIORITY로 표시된다. 유휴 태스크^{idle task}는 시스템이 제공하며 스케줄링 이벤트가 발생할 때 준비 상태에 있는 다른 태스크가 없으면 실행된다. 상태 표시 태스크는 유휴 태스크보다 한 개 높은 우선순위가 할당되고 모터 제어 태스크는 유휴 태스크보다 두 개 높은 우선순위가 할당된다.

예제에서 다른 업데이트 속도로 실행되는 여러 실시간 태스크가 동작할 때 선점 멀티태스킹을 사용함으로써 시스템 개발자의 일이 많이 줄어든다는 점을 확실히 보여준다. 단 두 개의 태스크만 포함했지만 태스크 우선순위화와 선점 멀티태스킹 이론은 사용 가능한 시스템 자원과 실행 시간 제약이 허용하는 한도에서 시스템 내 임의의 태스크 개수를 지원하는 예제다.

선점 멀티태스킹은 시스템 개발자가 좁은 시간 간격에서 코드를 실행해야 할 필요를 줄였지만, 타이밍 제약을 만족하기 위해 멀티태스킹 시스템 내 각 태스크가 얼마나 실행 시간을 소비하고 유지할 수 있는지에 대한 제약이 아직 남아있다.

특정 조건이 만족되면 시간 제약이 훼손되지 않는 방법을 제공하는 비율 단조 스케줄링을 소개한다.

비율 단조 스케줄링

주기적인 태스크의 프로세서 사용률processor utilization은 태스크의 최대 실행시간을 이 태스크의 실행 간격으로 나눈 값이고 퍼센트로 표시된다. 앞 예제의 늘어난 상태 표시 처리에서 모터 제어 태스크의 사용률은 (5ms / 20ms) = 25%이고 상태 표시 태스크의 사용률은 (20ms / 100ms) = 20%이다. 따라서 애플리케이션의 총 프로세서 사용률은 25% + 20% = 45%이다.

그림 3.3에 표시된 두 태스크 시스템이 항상 타이밍 제약을 만족한다는 확신은 있지만, 각 태스크마다 다른 업데이트 속도와 다른 프로세서 사용률을 갖는 더 많은 태스크들이 시스템에 추가돼도 항상 타이밍 제약을 만족한다고 확신할 수 있을까?

비율 단조 스케줄링RMS, Rate-Monotonic Scheduling은 고민에 대한 답을 준다. 다음 조건과 가정이 만족되면 주기적으로 스케줄링되는 태스크를 가진 실시간 시스템의 타이밍 제약은 항상 만족할 수 있다.

- 태스크 우선순위는 가장 자주 실행되는 태스크에 가장 높은 우선순위를 할당하고, 점점 할당하는 우선순위를 단조롭게 감소시켜 가장 적은 빈도로 실행되는 태스크에 가장 낮은 우선순위를 할당한다.

- 태스크는 다른 태스크의 응답을 기다리면서 멈춤 상태에 있을 수 없다.

- 태스크 스케줄링과 문맥전환을 수행하는 시간은 무시가능하다.

- 총 프로세서 사용률은(모든 n개의 태스크에 대한 프로세서 사용률의 합)은 $n(2^{1/n}-1)$을 넘지 않는다.

다음 표는 공식을 이용해 1개에서 8개까지의 태스크들에 대한 RMS 프로세서 사용률 한계를 나타낸다.

태스크 개수	최대 프로세서 사용률
1	100.00%
2	82.84%
3	77.98%

태스크 개수	최대 프로세서 사용률
4	75.68%
5	74.35%
6	73.48%
7	72.86%
8	72.41%

예제에서 총 프로세서 사용률은 45%였다. 표에서는 두 태스크에 대한 프로세서 사용률을 82.84%까지 늘려도 RMS 기준을 만족한다면 타이밍 제약이 만족됨을 보장할 수 있다.

시스템의 태스크의 수가 늘어날수록 최대 프로세서 사용률은 줄어든다. 태스크 개수가 크게 늘어나면 최대 프로세서 사용률은 69.32%에 수렴한다.

프로세서 사용률에 대한 RMS 제약은 보수적이다. 특정 개수의 태스크에 대해 표에 나타난 것보다 더 높은 수준의 프로세서 사용률을 보이는 시스템도 있다.

선점 멀티태스킹을 포함해 유명한 RTOS 구현들은 다양한 표준 기능들을 지원하지만 개발자가 특정 잠재적 문제 영역들은 고민하도록 요구한다. 표준 RTOS 기능들과 시스템 설계자들이 고민해야 할 과제를 알아보자.

⁝⁝⁝ 주요 RTOS 기능 및 과제 이해

요즘 대부분의 RTOS 구현들에는 표준 기능들이 포함돼 있다. 실시간 동작과 일치하는 방식으로 태스크들 간 효율적으로 통신할 수 있게 하는 표준 기능도 있다. 다음 소개할 기능은 대부분 RTOS가 지원하지만 예외도 있음을 염두에 두자.

뮤텍스

뮤텍스^{mutex}란 상호 배제^{mutual exclusion}를 나타내며 태스크 간 공유 자원에 대한 접근을 관리하는 메커니즘이다. 뮤텍스는 개념적으로 모든 태스크가 읽고 쓸 수 있는 전역변수와 같다. 뮤텍스는 공유 자원이 해제돼 있으면 1이고 한 태스크가 공유 자원을 사용하면 0이다. 한 태스크가 자원에 접근이 필요할 때 이 변수를 읽고 자원이 해제돼 있다면(값이 1이면) 뮤텍스가 태스크에 의해 소유됨을 알리기 위해 이 변수를 0으로 설정한다. 이제 태스크는 해당 자원을 사용할 수 있다. 자원 사용이 끝나면 태스크는 뮤텍스를 1로 설정하고 뮤텍스 소유권을 해제한다.

한 태스크가 이미 다른 태스크가 소유한 뮤텍스의 소유권을 얻으려 시도하면, 뮤텍스를 이미 소유한 태스크가 소유권을 해제할 때까지 태스크는 멈춰 있을 것이다. 뮤텍스를 가진 태스크가 뮤텍스를 요청한 태스크보다 낮은 우선순위을 갖더라도 위와 똑같이 동작한다. 그림 3.4는 뮤텍스 소유권이 태스크 우선순위와 어떻게 상호작용하는지 보여준다.

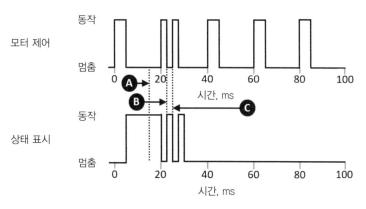

그림 3.4 태스크 우선순위와 뮤텍스 소유권 상호작용

다이어그램은 그림 3.3의 선점 멀티태스킹 환경에서 동작하는 두 태스크를 보여준다. 다만 이때 상태 표시 태스크는 시간 A에서 뮤텍스 소유권을 갖는다. 시간 20ms에서 모터 제어 태스크가 스케줄되고 실행을 시작한다. 실행 중간인 시간 B에서 태스크는 같은 뮤텍스를 얻으려 시도하지만 자원이 사용 가능하지 않으므로 모터 제어 태스크는 멈춘다. 이는 상태 표시 태스크가 처리를 재개하고 시간 C에서 뮤텍스를 해제하게 한다. 이후 모터 제어 태스크가 업데이트를 끝낼 때까지 동작한 뒤 멈춘 상태로 바뀌고 다음 사이클을 기다린다. 상태 표시 태스크도 뒤이어 동작을 재개한 뒤 멈춘 상태로 바뀌고 다음 사이클을 기다린다.

예제에서 모터 제어 태스크가 중간에 멈추면 태스크 처리 완료 시간을 지연시키므로 시스템 설계에서 허용할 수 없다. 또한 예제는 RMS 기준 중 하나인 태스크 간 실행 의존을 피하라는 권고를 위반했다. 복잡성이 발생한다고 해서 시스템이 올바르게 동작할 수 없다는 것을 의미하지 않지만, 모든 조건에서 시스템이 제대로 동작하려면 추가적인 분석과 테스트가 필요하다.

예제에서 태스크 간 의존성이 발생할 때 나타나는 복잡성과 단점을 보여준다. 뮤텍스를 사용할 때는 가능한 가장 짧은 시간 동안 뮤텍스를 잡는 것이 경험적으로 좋다.

세마포어

세마포어semaphore는 태스크들 간 동작을 동기화하는 신호 메커니즘이다. 세마포어는 뮤텍스의 일반화이며 이진 세마포어와 카운팅 세마포어인 두 가지 유형이 있다. 이진 세마포어는 뮤텍스와 유사하게 동작하지만 신호를 다른 태스크에 보내는 것이 목적이다. 한 태스크가 다른 태스크가 잡고 있는 세마포어를 잡으려고 시도할 때, 시도 요청하는 태스크는 세마포어를 잡은 태스크가 해당 세마포어를 제공할 때까지 멈추게 된다.

카운팅 세마포어는 상한으로 초기화된 카운터를 포함한다. 한 태스크가 카운팅 세마포어를 잡을 때마다 카운터는 한 개씩 감소한다. 카운터가 0이 되면 세마포어를 잡으려는 시도는 최소 한 개 이상의 다른 세마포어 보유자가 해당 세마포어를 제공할 때까지(이는 카운터를 증가시킨다) 멈추게 될 것이다.

세마포어를 사용하는 예로는 들어오는 데이터를 수신하고 처리하는 것이다. 들어오는 데이터 스트림과 연관된 입출력 디바이스가 프로세서 인터럽트를 사용해 ISR를 호출하면 ISR은 주변 장치로부터 데이터를 수신하고 메모리 버퍼에 저장한 뒤, 들어오는 데이터를 기다리는 태스크를 재개하는 세마포어를 제공한다. 이렇게 설계하면 ISR이 가능한 빨리 끝나도록 하며, 이는 시스템이 연속적인 인터럽트에 반응성이 좋아지고 태스크를 실행할 때 지연을 최소화한다.

일반적으로 각 ISR을 처리할 때 가능한 적은 시간을 소비하는 것을 권한다. 이는 세마포어를 통해 처리 작업을 태스크로 넘기는 것이 연속적인 인터럽트들의 지연시간을 줄이는 데 효율적이기 때문이다. 태스크가 들어오는 데이터 처리를 끝낼 때 태스크는 세마포어를 다시 잡으려고 시도하며 이전 세마포어를 잡은 시간 이후 들어온 데이터가 없다면 멈추게 될 것이다.

큐

큐queue(메시지 큐(message queue)라고도 함)는 태스크 간 단방향 통신 경로다. 보내는 태스크는 데이터 아이템을 큐에 넣고 받는 태스크는 큐에 넣은 순서대로 아이템을 제거한다. 수신자가 빈 큐를 읽으려 하면 큐에 데이터가 들어올 때까지 기다리는 동안 멈출지 선택할 수 있다.

유사하게 큐가 찬 상태에서 송신자가 큐에 데이터를 넣으려 하면 큐에 공간이 생길 때까지 송신자는 멈출지 선택할 수 있다. 큐는 일반적으로 정수 개의 고정 길이 데이터 아이템을 포함할 수 있는 고정 길이 메모리 버퍼를 사용해 구현된다.

이벤트 플래그

이벤트 플래그Event flag(이벤트 그룹)는 이벤트 발생을 태스크에 알리는 단일 비트 플래그들의 집합이다. 이벤트 플래그는 세마포어보다 더 넓은 범위의 태스크 간 통신 통지 기법을 지원한다. 이벤트 플래그 기능은 다음과 같다.

- 태스크는 이벤트 플래그들의 조합을 기다리면서 멈춤 상태에 있을 수 있다. 태스크는 선택된 플래그가 나타내는 모든 이벤트가 발생했을 때만 동작을 재개할 수 있다.

- 여러 태스크들이 단일 이벤트 플래그를 기다리며 멈춤 상태에 있을 수 있다. 이벤트가 발생할 때 모든 대기 중인 태스크들이 재개되는데, 이벤트가 발생할 때 단일 태스크만 재개되는 세마포어나 큐의 동작과 다르다.

여러 태스크들이 받아야 하는 알림을 브로드캐스팅하거나 서로 다른 태스크들이 수행하는 여러 동작들의 조합이 끝나기를 기다리는 것 같은 특정 상황에서 이벤트 플래그가 유용하다.

타이머

타이머는 이전에 살펴본 태스크 스케줄링 기법과는 달리 미래 이벤트 스케줄링 방식을 제공한다. 즉 타이머는 미래의 특정 시점에 함수 호출을 스케줄링하는 방법을 제공한다. 해당 시점에 호출될 함수는 개발자가 지정한 일반 C언어 함수로, 타이머 콜백 함수라고 한다.

타이머 콜백 함수 호출은 태스크 스케줄링의 일반적 규칙을 따르는 시스템 제공 태스크의 문맥에서 발생한다. 즉, 특정 시간이 됐을 때 타이머 함수 호출을 관리하는 시스템 태스크가 동작 준비된 가장 높은 우선순위 태스크일 때만 타이머 콜백 함수는 호출된다. 더 높은 우선순위 태스크가 해당 시점에 실행 중이면 타이머 콜백 함수 호출은 더 높은 우선순위 태스크가 멈출 때까지 미뤄진다. 시스템 개발자는 타이머 콜백 스케줄링 태스크의 우선순위를 지정할 수 있다.

타이머는 1회 모드나 반복 모드로 설정된다. 1회 모드에서 타이머 콜백 함수는 특정 시간이 지난 뒤 한 번 수행된다. 반복 모드에서는 타이머 콜백 함수는 타이머 지연과 같은 주기로 주기적으로 수행된다.

동적 메모리 할당

데스크톱 컴퓨터 운영체제처럼 RTOS는 보통 메모리 블록을 할당하고 해제하는 메커니즘을 제공한다. 윈도우스나 리눅스에서 동작하는 워드프로세서 프로그램을 생각해보자. 사용자가 디스크에 있는 문서 파일을 열 때 프로그램은 전체 문서 혹은 최소 일부 문서를 열기 위해 필요한 메모리 양을 결정하고 운영체제에 해당 메모리 양을 요청한다. 문서의 내용을 읽어 할당된 메모리 영역에 저장하고 사용자가 사용할 수 있게 한다. 사용자가 문서를 수정하면 추가적인 내용을 저장하기 위해 더 많은 메모리가 필요할 것이다. 문서 내용을 저장하기 위한 충분한 메모리 공간을 확보해야 할 때 워드프로세서는 추가적인 할당 요청을 운영체제에 보낸다. 사용자가 문서를 닫을 때 프로그램은 업데이트된 문서를 디스크에 쓰고 문서 데이터를 위해 사용했던 메모리를 해제한다.

유사한 동작이 임베디드 시스템에서도 발생한다. 워드프로세서 문서 처리 대신 임베디드 시스템은 온도 측정이나 버튼 눌림, 오디오나 비디오 데이터 스트림 같은 센서 입력들을 처리한다. 몇몇의 실시간 임베디드 애플리케이션들에서 일반적인 시스템 동작으로서 동적 메모리 할당을 수행하는 것은 타당하다. 그러나 동적 메모리 할당을 사용하는 임베디드 애플리케이션에서 발생할 수 있는 잘 알려진 문제들이 있다.

C언어는 임베디드 시스템 개발에 많이 사용된다. C언어는 객체나 데이터 구조를 생성하거나 파괴할 때 자동 메모리 할당 및 해제를 지원하지 않아 시스템 개발자가 올바르고 효율적이며 안정적 방식으로 메모리 할당과 해제되는지 책임져야 한다.

메모리 누수와 파편화는 실시간 임베디드 시스템에서 동작 메모리 할당을 사용할 때 이슈가 될 수 있는 두 가지 유형의 문제다.

메모리 누수

들어오는 데이터 블록들을 임시로 저장하기 위해 시스템이 반복적으로 메모리 할당을 수행하면, 시스템은 다음 들어올 데이터를 위한 필요 공간을 확보하기 위해 결국 메모리를 해제해야 한다.

동적 할당에 사용되는 시스템 메모리 영역을 힙^{heap}이라고 한다. 할당된 메모리가 적시에 해제되지 않으면 사용 가능한 힙 공간은 결국 모두 소모된다. 각 메모리 블록을 사용 후 해제하는 동작이 실수로 코드에 들어가 있지 않거나 어떤 이유로 넘어간 경우 혹은 메모리 블록이 오랫동안 유지돼 사용할 수 있는 메모리가 0으로 줄어들면 힙 오버플로$^{heap\ overflow}$가 발생할 것이다. 이때 추가적인 메모리 할당을 위한 시도는 실패한다. 오버플로를 감지하고 상황을 수정할 효과적인 방법이 없는 상태에서 힙 오버플로가 발생한다면 시스템은 멈추거나 의도하지 않은 동작을 수행하게 된다. C언어에서 메모리 할당 함수인 malloc() 호출은 요청된 크기의 메모리 블록을 할당할 수 없을 때 특별한 값인 NULL을 반환한다.

malloc() 사용 예제에는 보통 이 함수가 항상 성공함을 가정해 반환 값을 새로 할당된 블록의 포인터로 바로 사용한다. malloc()가 요청한 메모리 블록 할당에 실패할 때 반환 값 NULL은 실제로 0인 주소다. 데스크톱 운영체제에서 주소가 0인 메모리에 읽고 쓰기를 시도하면 메모리 접근 위반이 발생해 보통 프로그램이 에러 메시지와 함께 종료된다.

임베디드 시스템에서 특정 하드웨어 구조에 따라 다르지만 0인 주소에 읽고 쓰기가 가능할 수도 있다. 이 주소는 보통 중요한 프로세서 레지스터를 포함하며 임의의 값을 해당 주소에 쓰는 것은(코드가 malloc()가 메모리 블록의 유효한 포인터를 반환한다고 가정했지만 실제로 0을 반환했기 때문에) 시스템이 갑자기 잘못 동작하게 않게 만들 수 있다. 시스템이 사용할 수 있는 모든 메모리를 소비할 만큼 오랫동안 수행된 후 발생하기 때문에 문제의 원인을 찾아 디버깅 하기가 매우 어려운 에러다.

힙 파편화

실시간 애플리케이션이 동적 메모리 할당을 수행하면 응답 시간 성능이 시스템을 시작할 때는 완벽히 적절하지만 어느 정도 시간이 흐르면 느려지기도 한다. 빈번한 메모리 할당과 해제 동작이 시스템 동작 중 발생하면 힙 오버플로는 발생하지 않더라도 관리되는 메모리 영역이 다양한 크기의 해제 블록으로 파편화될 가능성이 많다. 파편화가 발생하면 많은 해제 메모리가 사용할 수 있더라도 큰 메모리 블록 할당이 실패할 수 있다. 호출하는 코드가 사용할 수 있게 메모리 관리자는 작은 해제 블록들을 하나의 블록으로 통합해 반환해야 한다.

메모리 파편화가 매우 빈번히 발생하는 시나리오에서 여러 블록을 통합하는 과정은 시간이 오래 걸릴 수 있고 시스템이 타이밍 데드라인을 만족하지 못하기도 한다. 버그(시스템이 기능적으로 정확한 방식으로 수행됐더라도 이것은 버그다)는 드물게 발생하지만 시스템 동작에 치명적인 영향을 끼칠 수 있고 디버깅 환경에서 버그를 재현하기가 보통 어렵다.

교착상태

공유 자원 접근을 관리하려고 뮤텍스를 사용할 때 여러 태스크들이 각각 한 개 이상의 세마포어를 얻으려 시도하면서 태스크들이 영원히 멈춤 상태에 머물러 있는 상황이 생긴다. 이를 교착상태^{deadlock}라고 한다.

모터 제어와 상태 표시 태스크가 공유 시스템 자원과 연관된 뮤텍스들에 접근한다고 가정하자. 뮤텍스 M_{data}가 태스크 간 공유되는 데이터 구조의 접근을 제어하고 뮤텍스 $M_{console}$은 콘솔 메시지를 쓰기 위한 출력 채널의 접근을 제어한다고 할 때, 그림 3.5는 시나리오를 시간 순서로 나타낸 것이다.

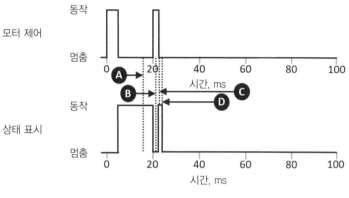

그림 3.5 교착상태 예제

상태 표시 태스크는 실행 중 콘솔에 메시지를 쓰려고 준비한다. 상태 표시 태스크는 시간 A에서 $M_{console}$를 얻고 표시할 메시지를 생성한다. 태스크는 더 높은 우선순위인 모터 제어 태스크를 스케줄하기 위해 20ms 지점에서 멈춰진다.

모터 제어 태스크는 처리 중 시간 B에서 M_{data}를 얻고 데이터 구조 처리를 시작한다. 데이터 구조를 처리할 때 데이터 안에서 한계를 벗어난 조건을 발견하고 콘솔에 해당 조건을 나타내는 메시지를 출력해야 한다. 이후 모터 제어 태스크는 해당 메시지를 쓰기 위해 시간 C에서 $M_{console}$를 얻으려 시도한다.

상태 표시 태스크가 이미 $M_{console}$의 소유권이 있으므로 모터 제어 태스크는 멈춤 상태가 되고, 상태 제어 태스크는 실행을 재개해 콘솔에 표시할 메시지를 준비한다. 해당 메시지를 만들려면 공유된 데이터 구조에서 일부 정보를 수집해야 해서 상태 표시 태스크는 시간 D에 M_{data}를 얻으려 시도한다.

이때 두 태스크는 모두 멈춤 상태가 되고 상태를 빠져 나갈 방법이 없다. 각 태스크는 두 뮤텍스 중 하나를 들고 있고 해제될 다른 뮤텍스를 기다리고 있지만 두 태스크가 모두 멈춤 상태에 있으므로 뮤텍스는 해제될 수 없다.

예제에서 각 태스크가 취하는 동작은 분리 관점에서 합리적으로 보이지만 두 태스크가 뮤텍스를 통해 상호작용할 때 적어도 두 태스크에 대한 시스템 동작은 즉시 중단된다. 예제는 시스템 성능 측면에서 치명적 실패를 보여준다.

교착상태 가능성을 회피하는 것은 시스템 설계자의 책임이다. 시스템 설계에서 교착상태가 발생하지 않도록 보장하는 경험 법칙이 존재한다.

- 한 번에 한 개 이상의 뮤텍스 잡는 것을 가능한 피해야 한다.

- 여러 태스크에서 여러 뮤텍스를 잡아야 한다면 각 태스크에서 뮤텍스는 같은 순서로 잡아야 한다.

교착상태의 발생을 감지해 교착상태를 만들 수 있는 세마포어를 잡으려 하면 에러 코드를 반환하도록 구현한 RTOS도 있다. 이 기능을 구현하기 위해 필요한 알고리듬은 임베디드 자원(특히 코드 크기나 실행시간) 측면에서 비용이 많이 든다. 따라서 시스템 설계를 신중히 해서 교착상태의 가능성 피하는 것이 일반적으로 우수한 접근법이다.

우선순위 역전

다양한 우선순위를 갖는 태스크들이 한 공유 자원 접근을 제어하기 위해 한 개의 뮤텍스를 사용할 때 태스크 우선순위화가 깨지는 상황이 발생한다. 보통, 다른 우선순위를 갖는 세 개의 태스크에서 일어나곤 한다.

기존 시스템에 새로운 태스크를 추가해 초음파 센서에서 측정을 수행하자. 태스크는 50ms 간격으로 동작하며 각 실행 사이클을 마치는 데 최대 15ms이 소요된다. RMS 요구사항을 준수하기 위해 태스크의 우선순위는 반드시 20ms 간격으로 동작하는 모터 제어 태스크의 우선순위와 100ms 간격으로 동작하는 상태 표시 태스크의 우선순위 사이에 있어야 한다.

시스템이 RMS 기준상에서 스케줄 가능한지 빨리 확인할 수 있다. 비율 단조 스케줄링절에서 두 태스크 애플리케이션에서 총 프로세서 사용률은 45%였다. 새 태스크는 프로세서 시간의 (15ms / 50ms) = 30%를 소비하므로 총 사용률은 75%가 된다. 비율 단조 스케줄링 절의 표에서 세 태스크를 갖는 시스템의 RMS 스케줄 가능 기준은 77.98%임을 알 수 있다. 시스템의 프로세서 사용률이 기준보다 아래이므로 RMS 기준을 만족하면 시스템은 타이밍 기한을 충족할 수 있다.

새로운 센서 입력 태스크가 시간 10ms에 처음 스케줄되고 다시 60ms에서 스케줄된다고 하자. 모터 제어 태스크도 60ms에 스케줄되므로 센서 입력 업데이트는 모터 제어 태스크 업데이트가 끝날 때까지 멈춤 상태에 있어야 한다. 정확한 주기적 업데이트 간격에서 편차는 애플리케이션에서 중요한 부분이 아니라고 가정하자. 그림 3.6은 태스크들의 실행 타이밍 순서를 보여준다.

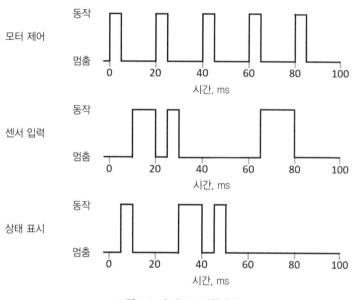

그림 3.6 세 태스크 실행 순서

이제 상태 표시 태스크 업데이트는 세 개의 분리된 실행으로 나뉜다. 이상하게 보이지만 선점 멀티 태스킹 시스템에서 완벽하게 정상으로 동작한다.

상태 표시 태스크와 모터 제어 태스크 간 무해한 것처럼 보이는 의존성을 살펴보자. 그림 3.4의 문제가 있는 뮤텍스 사용 구현을 통해 낮은 우선순위 태스크가 잡는 뮤텍스 시간은 절대 최소로 제한돼야 함을 배웠다. 세 태스크 시스템에서 상태 표시 태스크는 이제 공유 데이터 구조를 보호하기 위한 뮤텍스를 필요 데이터 복사에 충분한 정도만 잡는다. 이는 그림 3.4의 허용 가능하지 않은 모터 제어 태스크 실행 지연을 완전히 제거하지는 못해도 상당히 줄일 것으로 기대한다.

불행히도 시스템이 동작할 때 타이밍 응답은 그림 3.7과 같이 때론 더 나빠질 수 있다.

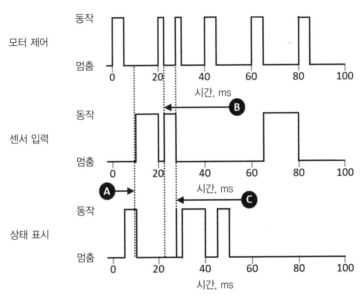

그림 3.7 우선순위 역전 예제

어떤 일이 발생하는지 살펴보자. 시간 A에서 상태 표시 태스크는 뮤텍스를 얻는다. 뮤텍스를 빠르게 해제하려고 했으나 상태 표시 태스크가 뮤텍스를 해제하기 전 센서 입력 태스크가 동작할 준비가 되고 실행을 시작한다. 20ms 지점에서 모터 제어 태스크가 스케줄되고 실행을 시작한다.

시간 B에서 모터 제어 태스크가 해당 뮤텍스를 얻으려 시도하면서 멈춤 상태로 바뀐다. 센서 입력 태스크가 동작할 준비가 돼 이 시점에 실행을 재개한다. 센서 입력 태스크가 업데이트를 마치며 멈춤 상태가 되고, 시간 C에서 상태 표시 태스크는 다시 동작할 준비가 된다. 상태 표시 태스크는 재개되면서 데이터 구조를 빠르게 읽고 뮤텍스를 해제한다. 마지막으로 모터 제어 태스크가 해당 뮤텍스를 얻고 (많이 지연된) 작업을 처리한다.

여기서 문제는 가장 낮은 우선순위 태스크(상태 표시)가 실행을 계속해 뮤텍스를 해제했다면 더 높은 우선순위 태스크(모터 제어)가 수행할 준비가 됐겠지만 이 시점에 중간 우선순위 태스크(센서 입력)가 실행됐다는 것이다. 이를 우선순위 역전priority inversion이라고 한다.

우선순위 역전에 대한 표준 RTOS 해결책은 우선순위 상속priority inheritance을 구현하는 것이다. 우선순위 상속에서 높은 우선순위 태스크가 낮은 우선순위 태스크가 잡고 있는 자원의 해제를 기다리면서 멈춤 상태로 들어갈 때마다 낮은 우선순위 태스크는 일시적으로 태스크의 우선순위를 더 높은 우선순위 태스크의 우선순위로 올린다. 해당 자원을 낮은 우선순위 태스크가 해제하면 해당 태스크는 원래 우선순위로 돌아간다.

그림 3.8은 그림 3.7과 동일한 상황에서 우선순위 상속의 동작을 보여준다.

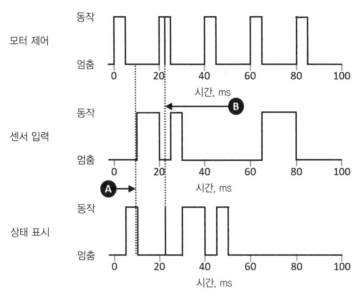

그림 3.8 우선순위 상속

다이어그램에서 상태 표시 태스크는 시간 A에서 뮤텍스를 얻는다. 시간 B에서 모터 제어 태스크는 해당 뮤텍스를 얻으려 시도한다. 시스템은 상태 표시 태스크의 우선순위를 모터 제어 태스크의 우선순위로 올려서 센서 입력 태스크가 동작하지 않도록 한다. 이때 센서 표시 태스크는 빠르게 데이터 구조를 읽기를 끝내고 뮤텍스를 해제할 기회가 생긴다. 모터 제어 실행 적시성이 그림 3.7과 비교해서 상당히 개선됨을 볼 수 있다.

많이 사용되는 RTOS를 간단히 살펴보고 RTOS들의 기능과 각 RTOS에 최적인 실시간 임베디드 애플리케이션 카테고리도 알아본다.

⁘ 많이 사용되는 실시간 운영체제

특정 실시간 임베디드 시스템 구조와 애플리케이션 범주를 위한 RTOS를 선택할 때 다양한 기술적 및 비 기술적 요인들을 고려해야 한다. 대부분 유명한 RTOS들은 우선순위가 있는 선점 멀티태스킹과 뮤텍스, 세마포어, 큐, 이벤트 플래그, 타이머, 동적 메모리 할당을 지원한다. 소개할 모든 RTOS들은 이 기능을 포함한다.

다양한 RTOS들을 구분 짓는 주요 기술적 속성은 다음과 같다.

- **풍부한 기능**: 가능한 작게 설계돼 소형 마이크로컨트롤러에서 최소량의 ROM이나 RAM, 프로세서 사이클을 소비하는 RTOS도 있다. 다른 RTOS는 다수의 태스크와 32비트 프로세서에서 동작하는 TCP/IP같은 복잡한 프로토콜 스택을 지원하도록 설계된다.

- **메모리 보호 및 가상 메모리 관리**: 간단한 마이크로 컨트롤러와 저사양 마이크로프로세서는 보통 ROM과 RAM의 직접적인 물리 주소만을 지원한다. 메모리 보호 장치 MPU, Memory Protection Unit라는 메모리 접근을 제어하는 메커니즘을 제공하는 중간 사양의 프로세서가 많다. MPU 기능을 사용해 메모리 영역들은 격리되며 덜 중요한 태스크가 잘못된 메모리 접근이나 중지와 같은 문제를 겪더라도 다른 중요한 시스템 기능은 계속 수행하도록 보호된다. 더 정교한 수준으로 32비트 프로세서는 보통 메모리 관리 장치 MMU, Memory Management Unit를 포함해 각 동작 프로세스에게 자신만의 보호된 가상 주소 공간을 제공한다. 가상 메모리를 제공하는 RTOS들은 MMU 하드웨어를 활용해 각 프로세스 전용 메모리 영역에 해당 프로세스(태스크와 개념적으로 유사함)를 캡슐화해 의도적으로 태스크들이 서로 상호작용하지 못하도록 하거나 시스템이 제공하는 통신 채널을 통해서만 상호작용할 수 있도록 한다.

- **모듈성 Modularity 및 구성 용이성 configurability**: RTOS에 기능을 추가하면 코드를 위한 ROM과 데이터를 위한 RAM의 양이 증가한다. 대부분 RTOS는 구성 옵션을 제공해 애플리케이션이 실제로 필요한 기능들만 컴파일된 메모리 이미지에 포함하도록 하는데, 메모리의 양과 필요한 처리 시간을 줄여준다.

- **프로세서 아키텍처 지원**: RTOS는 일반적으로 구현이 지원하는 프로세서 아키텍처 및 특정 프로세서 목록을 제공한다. 프로세서 전용 구현은 보드 지원 패키지^{BSP,} ^{Board support package}라고 하는 코드 라이브러리와 함께 제공된다. BSP는 특정 프로세서 모델이나 특정 회로 보드 혹은 입출력 인터페이스에 맞춘 RTOS의 구현을 포함한다. BSP는 시스템 개발자가 프로세서 하드웨어의 표준 프로그래밍 인터페이스를 사용해 애플리케이션을 구현할 수 있도록 디바이스 드라이버 라이브러리도 제공한다. 애플리케이션을 위한 프로세서 아키텍처를 이미 선택했다면 이는 사용할 수 있는 RTOS 선택에 영향을 준다.

- **지원 도구 및 액세서리**: 핵심 RTOS와 연관 디바이스 드라이버와 더불어 개발 과정을 지원하기 위해 디버거나 실행 추적기, 타이밍 분석기, 메모리 사용 분석기 같은 추가적인 하드웨어와 소프트웨어 도구가 필요하다. 도구 지원은 사용 가능한 RTOS마다 다르다.

RTOS를 선택할 때 고려해야 하는 비기술적 속성은 다음과 같다.

- **상업용 혹은 오픈소스 선택하기**: 상업용 RTOS 사용을 위한 라이선스 비용을 지불하는 것은 기술지원을 비롯해 앞으로의 RTOS 유지보수 등 장점이 많다. 물론 비용이 문제다. 무료로 사용할 수 있는 RTOS도 많지만 각 RTOS들은 라이선스 요구사항 및 사용자 커뮤니티, 추후 지원 가능성 등을 고려해야 한다.

- **벤더 종속**: 특정 RTOS를 사용해 애플리케이션을 구현하면 어느 정도는 해당 RTOS를 지속적으로 사용할 것을 약속하는 것이다. 선택한 RTOS 벤더가 사업을 접거나 의도하지 않은 방식으로 라이선스 조건을 바꾸거나 선택한 오픈소스 RTOS가 유지보수가 되지 않는다면 기존 애플리케이션 설계를 다시 힘들게 바꿔야 할 수도 있다.

- **공식 인증**: 항공이나 차량, 의료기기와 같은 안전 필수 애플리케이션을 위해 어떤 RTOS는 해당 분야에 사용가능하도록 공식 인증을 받는다. 인증이 필요한 시스템을 만든다면 적합한 인증을 받은 RTOS를 찾아야 한다.

- **소프트웨어 라이선스 조건**: 상업용 RTOS의 라이선스는 벤더가 라이선스 계약에 넣을 모든 조건들을 포함한다. 오픈소스 RTOS는 보통 MIT나 아파치, GPL 라이선스 중 하나를 갖는다. MIT와 아파치 라이선스는 관대하다. 즉 개발자는 상업용 애플리케이션을 포함한 소프트웨어를 가져와 목적에 맞게 사용할 수 있으며 해당 소스를 공개하지 않아도 된다. 반면 GPL은 배포할 제품에 GPL 코드를 포함한 개발자는 해당 코드를 요청한 모든 사람에게 코드를 공개해야 한다. 라이선스 간 차이를 구별하기 위해 매우 간략히 설명한 것이다. 많은 요인들이 결합돼 오픈소스코드를 기반으로 한 제품의 라이선스 문제를 매우 복잡하게 만들 수 있다.

유명한 RTOS 고유의 기능에 초점을 둬 간략히 알아본다. 전체 RTOS를 소개하지는 않으며 알파벳 순서로 설명한다.

embOS

embOS는 SEGGER Microcontroller LLC에서 만든 상업용 RTOS다. embOS는 단일 칩 배터리 전원 디바이스부터 고급 프로세서상에서 동작하는 정교한 시스템까지 다양한 실시간 애플리케이션에서 사용하기 위해 설계됐다. embOS는 주요 벤더들의 거의 모든 임베디드 프로세서 아키텍처를 지원하고 아키텍처를 위한 다양한 컴파일러를 지원한다.

embOS의 배포판은 MPU를 완벽히 지원한다. 별도의 배포판은 안전 필수 RTOS 소프트웨어 개발 프로세스를 인증하는 IEC 61508 SIL3 표준과 의료 디바이스 애플리케이션에서 사용 적합도를 나타내는 IEC 62304 Class C에 따라 안전 인증을 받았다.

embOS의 무료판은 비상업용으로 사용가능며, embOS 소스코드를 포함하지 않는다. 상업용으로 사용하거나 소스코드를 받으려면 라이선스를 구입해야 한다. 자세한 정보는 https://www.segger.com/products/rtos/embos/ 를 참고하자.

FreeRTOS

FreeRTOS는 Real Time Engineers Ltd에서 개발한 무료 RTOS 마이크로커널이다. 마이크로커널은 태스크 관리 및 태스크 간 통신을 포함하는 RTOS의 기본 기능을 구현하는 최소의 코드만 포함한다.

FreeRTOS는 동적 메모리 할당을 위한 옵션을 제공한다. 예를 들어 메모리 할당 기능이 아예 없거나 임의 크기 메모리 블록의 무제한 할당 및 해제를 지원할 수도 있다. FreeRTOS는 35개의 마이크로 컨트롤러 플랫폼을 지원하며 선점 멀티태스킹을 지원하기 위해 약간의 어셈블리 언어 함수와 C언어로 구현됐다.

아마존은 아마존 FreeRTOS라는 이름으로 FreeRTOS 확장판을 유지보수한다. 이 버전은 아마존 웹 서비스[AWS]와의 동작에 초점을 맞춘 IoT 기능을 제공하는 라이브러리를 포함한다. SAFERTOS라는 FreeRTOS 버전은 IEC 61508 SIL 3 표준을 인증받았으며 안전 필수 애플리케이션을 위해 사용된다.

FreeRTOS는 MIT 라이선스로 사용할 수 있다. 상업용 라이선스 RTOS를 선호하는 시스템 개발자는 아마존 FreeRTOS의 상업용 라이선스 변형인 OPENRTOS를 사용할 수 있다. 더 자세한 정보는 https://www.freertos.org/를 참고하자.

후속 예제 애플리케이션들은 FreeRTOS를 사용한다. FreeRTOS가 무료이고 라이선스 정책도 관대한 편이며 자일링스 도구 모음에 통합돼 제공되기 때문이다.

INTEGRITY

Green Hills Software에서 만든 INTEGRITY RTOS는 안전성과 보안성, 안정성 측면의 가장 높은 요구사항을 가진 애플리케이션을 대상으로 사용된다. INTEGRITY는 TCP/IP 통신 및 웹 서비스, 3D 그래픽같은 기능들의 다양한 미들웨어 옵션을 제공한다. INTEGRITY는 자동차, 항공, 산업, 의료 분야에서 사용된다.

INTEGRITY는 항공 애플리케이션이나 높은 보안 애플리케이션, 의료 디바이스, 철도 운영, 산업 제어, 자동차 애플리케이션을 포함하는 다양한 애플리케이션 영역에서 안전 인증을 받았다. INTEGRITY는 안전한 가상화 인프라 및 멀티코어 프로세서에 대한 지원을 제공한다. 이 RTOS는 다양한 범위의 고성능 마이크로 프로세서 아키텍처들이 지원한다.

INTEGRITY는 상업용 라이선스다. 무료 버전은 제공하지 않는 것으로 보이며 더 자세한 정보는 https://www.ghs.com/products/rtos/integrity.html를 참고하자.

Neutrino

블랙베리^{BlackBerry}의 QNX Neutrino RTOS는 중요한 애플리케이션에서 성능 및 안전, 보안을 제공하기 위해 만들어 졌다. Neutrino는 자동차, 의료, 로보틱스, 산업 분야의 애플리케이션에서 사용되며, 드라이버와 애플리케이션을 분리하는 마이크로커널 아키텍처로 구성돼 한 기능의 실패가 전체 시스템의 실패로 이어지지 않는다.

Neutrino는 ARMv7 및 ARMv8, x86-64 프로세서, SoC들을 지원한다. 이 RTOS는 TCP/IP나 Wi-Fi, USB등 다양한 네트워크 및 통신 프로토콜을 포함한다.

Neutrino는 상업용 라이선스며 무료 평가판도 있다. 더 자세한 사항은 https://blackberry.qnx.com/en/software-solutions/embedded-software/qnx-neutrino-rtos를 참고하자.

μc/OS-III

μc/OS-III는 Silicon Labs가 합병한 Micrium에서 만든 무료 RTOS로 안정성과 성능에 초점을 맞춘다. μc/OS-III는 TCP/IP나 USB, CAN 버스, 모드 버스를 지원한다. 터치스크린 디바이스에서 스마트폰과 같은 그래픽 디스플레이 개발을 지원하는 GUI 라이브러리를 포함한다. μc/OS-III는 ANSI C로 전부 구현됐다. 이 RTOS는 다양한 범위의 프로세서 아키텍처들에서 동작한다.

μc/OS-III는 항공이나 의료, 교통, 핵 시스템에서 사용하기 위한 안전 인증을 받았다. μc/OS-III는 아파치 라이선스로 배포된다. 더 자세한 사항은 https://www.micrium.com/rtos/ 를 참고하자.

VxWorks

VxWorks는 상업용 라이선스를 갖는 32비트, 64비트 RTOS로 Wind River Systems에서 만들었다. VxWorks는 우주, 국방, 의료, 산업, 차량, IoT, 가전 분야의 애플리케이션 용으로 만들어졌다. POWER와 ARM, Intel, RISC-V 아키텍처를 지원한다. VxWorks는 멀티코어 프로세서와 하이퍼바이저 구현을 지원한다.

안전 인증 에디션은 항공이나 차량, 산업용 애플리케이션에서 사용할 수 있다. VxWorks 에디션은 한 파티션의 요소가 수정되면 전체 파티션이 아닌 해당 파티션만 재인증 가능한 방식으로 항공 애플리케이션에서 구조적 파티셔닝을 지원한다.

NOTE

> 1997년 7월 4일 붉은 행성에 착륙한 화성 패스파인더 우주선은 우주선의 RTOS로 VxWorks를 사용했다. 행성에서의 처음 며칠 동안 우주선은 시스템 재시작을 겪기 시작했고, 수집한 모든 데이터가 없어졌다. 문제의 근본 원인은 그림 3.7에서 살펴본 우선순위 역전 현상으로 밝혀졌다. 그림 3.7의 모터 제어 업데이트 지연처럼 패스파인더의 더 높은 우선순위 태스크의 지연으로 워치독 타이머가 동작해 시스템 재시작을 초래했다. 엔지니어들은 지구에서 같은 시스템으로 문제를 똑같이 재현할 수 있었다. 해결책으로 파라미터 값을 수정해 문제와 연관된 뮤텍스에 우선순위 상속을 활성화했는데, 수정사항을 우주선으로 보내 우주선이 정상 동작을 재개할 수 있었다.

VxWorks는 개발 및 디버깅, 분석 도구 등 모든 도구를 포함한다. 더 자세한 사항은 https://www.windriver.com/products/vxworks/를 참고하자.

⁝⁝ 요약

입력에 대한 실시간 응답을 보장하기 위해 RTOS가 사용하는 방법을 설명했다. 일반적인 RTOS에서 사용할 수 있는 주요 기능을 소개했고, 멀티태스킹 실시간 애플리케이션을 구현할 때 흔히 발생하는 과제들도 설명했다. 인기있는 오픈소스 및 상업용 RTOS 구현들의 주요 기능을 소개하면서 3장을 마무리했다.

3장을 끝내면 시스템이 실시간으로 동작한다는 의미와 실시간 임베디드 시스템이 가져야 할 주요 속성들을 이해할 수 있다. 임베디드 시스템이 의존하는 RTOS 기능과 실시간 임베디드 시스템 설계에서 자주 발생하는 문제도 이해할 수 있다. 또한 유명한 RTOS 구현의 주요 기능들도 알 수 있다.

4장에서는 FPGA를 사용하는 실시간 임베디드 시스템의 설계와 관련된 개념과 간단한 FPGA 애플리케이션 예제를 살펴본다.

2부

고성능 임베디드 시스템 설계 및 구축

2부에서는 필드 프로그래머블 게이트 어레이의 기능을 살펴보고 이 장치를 기반으로 고성능 회로를 설계하고 구축하는 방법을 배운다.

다음의 내용을 포함한다.

- 4장, FPGA 프로그램 개발 시작하기

- 5장, FPGA로 시스템 구현하기

- 6장, KiCad로 회로 설계하기

- 7장, 고성능 디지털 디바이스 구축하기

04

FPGA 프로그램 개발 시작하기

4장은 실시간 임베디드 시스템에서 FPGA 디바이스의 효율적 사용 및 표준 FPGA에 포함된 기능적 요소들을 설명한다. 하드웨어 설계 언어 및 블록 다이어그램 기법, C나 C++를 포함한 소프트웨어 프로그래밍 언어들을 포함하는 다양한 FPGA 설계 언어들을 소개한다. FPGA 개발 과정의 개요를 알아보고 시스템 요구사항의 정의부터 저가 FPGA 개발 보드에서 구현하는 기능적 시스템까지 FPGA 개발 전체를 아우르는 예제를 설명한다.

4장을 마치면 FPGA가 실시간 임베디드 시스템 구조에 적용되는 모습과 FPGA 집적회로를 구성하는 요소를 이해할 수 있다. 또한 FPGA 알고리듬 설계에 사용되는 프로그래밍 언어와 FPGA 기반 애플리케이션 개발 단계들을 이해할 수 있다. 무료 FPGA 소프트웨어 도구를 사용해 저가 개발 보드 환경에서 완전한 FPGA 개발 예제도 살펴볼 것이다.

4장은 다음 주제를 다룬다.

- 실시간 임베디드 시스템 설계에서 FPGA의 사용

- FPGA 구현 언어

- FPGA 개발 과정
- 첫 FPGA 프로젝트 개발

⁝⁝⁝ 기술 요구사항

4장에서 사용하는 파일은 다음 주소에서 찾을 수 있다.

https://github.com/PacktPublishing/Architecting-High-Performance-Embedded-Systems

⁝⁝⁝ 실시간 임베디드 시스템 설계에서 FPGA 사용

1장, '고성능 임베디드 시스템 설계하기'의 FPGA 요소 절에서 살펴본 것처럼, 일반적인 FPGA^{Field Programmable Gate Arrays} 디바이스는 많은 수의 룩업 테이블과 플립플롭, 블록 램 부품, DSP 슬라이스 및 다른 구성요소를 포함한다. 각 구성요소의 자세한 기능을 이해해 두면 유익하지만 FPGA 개발 과정에서 꼭 필요한 것은 아니다. 특정 FPGA 파트 번호는 유한 개의 이런 요소 각각을 포함하며 특정 FPGA 모델을 대상으로 할 때 설계가 제약을 초과하면 안 된다는 점을 꼭 기억해야 한다.

오히려 임베디드 시스템의 요구사항 설명 관점에서 FPGA 개발 과정을 보는 편이 더 생산적이다. 임의로 선택한 FPGA 모델을 대상으로 한 FPGA 설계를 먼저 개발할 수 있다. 개발이 진행되면서 자원이 부족하다거나 설계에 필요한 FPGA 기능이 현재 목표로 하는 FPGA에 없다는 것을 깨닫기도 한다. 이때 다른 기능을 염두에 둔 새로운 목표를 설정하고 개발을 계속할 수 있다.

예를 들면 처음 선택한 타겟 FPGA가 많은 자원을 포함하고 있어 더 작은 FPGA를 선택해 개선하는 경우가 있다. 낮은 비용이나 적은 핀 수, 더 작은 패키지 크기, 줄어든 전력 소모 측면에서 장점이 있음을 설계 개발이 거의 끝났을 때 알아차리기도 한다.

예로 든 상황에서 보통 처음 선택했던 FPGA를 같은 계열의 다른 모델로 바꾸기는 쉽다. 만들었던 개발 도구와 설계들은 새로운 FPGA 모델과 완전히 재사용 가능해야 한다. 같은 벤더의 다른 계열인 FPGA 혹은 다른 벤더의 모델로 바꿔야 한다면 전환에는 더 많은 일이 필요할 수 있다.

논의의 요점은 고성능 임베디드 시스템 개발 시작 시점에 특정 FPGA 모델을 식별하는 것이 그렇게 중요하지 않음을 강조하는 것이다. 대신 개발 초기에는 설계에 FPGA 사용이 유효한지 검증에 집중해야 하며 FPGA가 최적의 설계 접근법이면 적합한 FPGA 벤더와 디바이스 계열을 선택해야 한다.

이 책의 예제 프로젝트는 자일링스 Vivado 계열의 FPGA 개발 도구를 기반으로 한다. Vivado 라이선스는 일부 자일링스 FPGA 계열 개발을 위해 반드시 구매해야 하지만 책에서 사용하는 Artix-7 FPGA 디바이스는 Vivado가 무료로 지원된다. Artix-7 FPGA 계열은 고성능 및 저전력, 총 시스템 비용 감소 등의 특징이 있다. 다른 FPGA 벤더들도 유사한 FPGA 디바이스 계열과 개발 도구 모음을 제공한다.

FPGA 개발은 다양한 유형의 분석과 설계 데이터 입력이 필요한 상당히 복잡한 과정이다. 주제를 너무 추상적으로 다루지 않고 동작하는 예제 프로젝트 측면에서 구체적인 결과를 제시하기 위해 Vivado를 사용한다. 도구와 기법에 친숙해지면 다른 벤더가 제공하는 유사한 도구도 사용할 수 있을 것이다.

블록 램 수량 및 사용 가능한 입출력 신호 수량과 유형, 전문 온칩 하드웨어 자원, FPGA 패키지에 한 개 이상의 하드웨어 프로세서 코어 포함과 같은 FPGA 계열과 각 계열별 모델들의 주요 차별화 기능을 알아본다.

블록 램과 분산 램

블록 램Block RAM은 FPGA의 메모리 영역을 구현하기 위해 사용된다. 특정 메모리 영역은 비트 길이(보통 8비트나 16비트)의 폭과 깊이로 지정되며 메모리 영역 저장 위치의 수를 정의한다.

FPGA의 블록 램 총 수량은 보통 킬로비트^{kilobits, Kb}로 지정된다. 사용 가능한 블록 램 양은 FPGA 계열 및 각 계열 내 모델마다 다르다. 더 크고 더 비싼 부품이 일반적으로 블록 램으로 사용할 수 있는 더 많은 자원을 갖는다.

자일링스 FPGA나 다른 벤더의 일부 FPGA에 블록 램과 더불어 분산 램이라고 하는 별도의 메모리 카테고리가 있다. 분산 램^{Distributed RAM}은 룩업 테이블에서 사용되는 논리소자로 구성된다. 룩업 테이블 회로를 용도 변경해 램의 작은 세그먼트들을 구성하며, 각 세그먼트는 16비트를 포함한다. 세그먼트들은 필요할 때 더 큰 메모리 블록을 구성하기 위해 집합으로 묶을 수 있다.

블록 램은 프로세서 캐시 메모리 구현이나 입출력 저장 버퍼와 같은 기존 램과 연관된 목적으로 사용되기도 한다. 분산 램은 중간 계산 결과 임시 저장과 같은 목적으로 사용될 수 있다. 분산 램이 룩업 테이블 회로를 기반으로 하기 때문에 설계에서 분산 램을 사용하면 논리 연산을 구현하기 위해 사용 가능한 자원들이 줄어든다.

블록 램은 단일 혹은 이중 포트를 가질 수 있다. 단일 포트 블록 램은 동작 중 램을 읽고 쓰는 프로세서의 일반적 사용 패턴을 나타낸다. 이중 포트 블록 램은 두 개의 읽기/쓰기 포트를 제공하며 같은 메모리 영역을 두 포트가 동시에 읽기/ 쓰기를 할 수 있다.

이중 포트 블록 램은 서로 다른 클록 속도로 동작하는 FPGA의 요소들 사이에 데이터가 전송되는 상황에서 이상적이다. 가령, 입출력 하위 시스템이 들어오는 데이터 스트림을 받을 때 수백 MHz의 클럭 속도를 갖기도 한다. 들어오는 데이터가 FPGA의 고속 입출력 채널을 통해 도착하면 입출력 하위 시스템은 데이터를 블록 램에 쓴다. 다른 클럭 속도로 동작하는 FPGA를 가진 다른 하위 시스템은 입출력 하위 시스템의 동작에 방해없이 이 블록 램의 두번째 포트에서 데이터를 읽을 수 있다.

블록 램은 선입선출^{FIFO, first-in-first-out}모드로도 동작한다. 들어오는 직렬 데이터 스트림의 예에서, 입출력 하위 시스템은 들어오는 순서대로 데이터 워드를 FIFO에 넣고, 처리 하위 시스템은 같은 순서로 데이터를 읽을 수 있다. FIFO 모드인 블록 램은 FIFO가 '꽉 찼음, 비었음, 거의 찼음, 거의 비었음' 등을 나타내는 신호를 제공한다. '거의 찼음'과 '거의 비었음'의 정의는 시스템 설계자마다 다를 수 있다. '거의 비었음'을 16개 이하의 데이터가 FIFO에 존재한다고 정의하고 이때 FIFO가 '거의 비었음'을 신호를 제공하지 않는다면, 데이터 사용 가능성 체크 없이 16개의 데이터는 읽을 수 있어야 한다.

FIFO 모드의 블록 램을 사용할 때 데이터 항목을 FIFO에 넣는 로직은 FIFO가 가득 차 있을 때 쓰기를 시도하면 절대 안 되며, FIFO에서 읽기를 수행하는 로직은 FIFO가 비 었을 때 읽기를 시도하면 절대 안 된다. 금지사항이 발생하면 시스템은 데이터를 읽거 나 정의되지 않은 데이터를 처리할 것이다.

FPGA 입출력 핀과 관련 기능

FPGA가 고성능 애플리케이션에서 사용하도록 만들어졌으므로 FPGA의 입출력 핀은 일반적으로 다양한 고속 입출력 표준을 구현할 수 있다. FPGA 개발 도구 모음으로 설 계 구현 시 시스템 개발자는 FPGA 패키지의 특정 핀에 기능을 할당하고 각 핀을 설정 해 적합한 인터페이스 표준으로 동작하도록 해야 한다. FPGA 모델 코드 안에 입력 및 출력 신호를 올바른 패키지 핀들로 연결하려면 추가적인 단계들이 더 수행돼야 한다.

핀 레벨에서 개별적인 입출력 신호들은 단일 접지single-ended이거나 차동differential이다. 단 일 접지 신호는 접지를 참조한다. 기존 트랜지스터-트랜지스터 로직TTL과 상보성 금속 산화물 반도체CMOS, Complementary Metal Oxide Semiconductor 디지털 신호는 접지를 기준으로 0~5 VDC의 범위에서 동작한다.

최신 FPGA는 보통 기존 5VDC 신호 범위를 지원하지 않는 대신, 줄어든 전압 범위에서 동작하는 TTL과 CMOS를 지원하므로 전력 소모 감소와 속도를 개선할 수 있다. 저전압 TTLLow Voltage TTL, LVTTL 신호는 0~3.3 VDC 범위에서 동작한다. 저전압 CMOSLow Voltage CMOS, LVCMOS신호는 1.2V 혹은 1.5V, 18V, 2.5V, 3.3V의 신호 전압을 선택할 수 있다. 이 신호 유형들을 LVCMOS12, LVCMOS15, LVCMOS18, LVCMOS25, LVCMOS33이라 고 한다. 다른 고성능 단일 접지 신호 유형도 사용할 수 있으며, 고속 송수신기 로직HSTL, High Speed Transceiver Logic과 Stub-Series Terminated LogicSSTL가 포함된다.

단일 접지 신호는 '누름 버튼 입력' 혹은 '조명 LED 읽기' 같은 저주파 목적으로 널리 사 용된다. 단일 접지 신호는 I2C나 SPI같은 많은 저속 통신 프로토콜에서도 사용된다. 단 일 접지 신호는 신호를 전달하는 회선과 인쇄 회로 기판 트레이스에 결합된 노이즈는 수신부의 입력을 손상시킬 가능성이 있다는 단점이 있다. 이 문제는 차동 신호를 사용함으로써 획기적으로 줄일 수 있다.

차동 신호는 가장 높은 데이터 전송 속도를 위한 좋은 접근법이다. 차동 신호^{Differential signal}은 한 쌍의 입출력 핀을 사용하고 두 핀에 반대 신호를 구동한다. 즉, 한 핀은 높은 전압으로 구동되고 다른 핀은 낮은 전압으로 구동돼 데이터 비트 0을 나타내고 핀 전압은 반전돼 비트 1을 나타낸다. 차동 수신기는 두 신호를 빼서 데이터 비트가 0 혹은 1인지 결정한다. 차동 신호를 전달하는 두 회선이나 트레이스는 물리적으로 매우 근접해 있기 때문에 한 신호에 결합된 노이즈는 비슷한 방식으로 다른 신호에도 결합된다. 신호를 빼는 동작은 대부분 이런 노이즈를 제거하며 단일 접지 신호보다 매우 높은 데이터 전송 속도로 안정적 동작을 가능하게 한다.

여러 차동 신호 표준이 표준 FPGA에 의해 지원된다. HSTL과 SSTL의 다양한 차동 버전이 각각 다양한 신호 전압 레벨을 사용해 정의된다.

저전압 차동신호^{LVDS, Low-Voltage Differential Signaling}는 1994년에 표준이 됐고, 다양한 애플리케이션에서 지속적으로 사용 중이다. 그림 4.1에서 볼 수 있듯이, LVDS 신호 송신기는 3.5mA 정전류를 제공하고 수신기의 저항기를 통해 전류의 흐름 방향을 바꾸어 0과 1 데이터 값을 나타내는 상태 변화를 만든다.

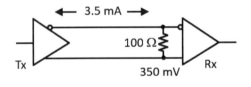

그림 4.1 LVDS 인터페이스

다른 차동 및 접지 신호 표준에서처럼 LVDS 통신에서는 송신기와 수신기 간 통신 경로의 임피던스가 종단 임피던스와 거의 일치하는 것이 중요하며, LVDS의 경우 보통 100Ω이다.

통신 채널의 임피던스가 종단 임피던스와 일치하지 않으면 회선에 반사가 발생해 안정적 데이터 수신을 방해한다.

차동 신호 트레이스 쌍의 임피던스는 트레이스 쌍의 기하학적 구조와 접지면과의 관계를 정의한 함수다. 6장, 'KiCad를 이용한 회로 설계하기'에서 살펴보겠지만 고속 차동 신호 표준의 요구사항을 만족시키는 회로 보드를 설계하기는 쉽다.

전문 하드웨어 자원

FPGA는 흔히 필요한 기능이나 합성된 FPGA 함수보다 하드웨어에 더 효율적으로 구현되는 기능 혹은 FPGA 구성요소들로 구현 불가능한 기능에 관해 전용 하드웨어 자원을 일반적으로 선택할 수 있다. 선택 가능한 전용 하드웨어 자원의 예제는 다음과 같다.

- 많은 양의 데이터를 저장하기 위한 외부 동적램$^{DRAM, Dynamic RAM}$의 인터페이스로, DDR3과 같은 DRAM 표준을 일반적으로 지원한다.

- 아날로그-디지털 변환기

- 여러 클럭 주파수를 생성하기 위해 사용되는 위상 고정 루프

- 디지털 신호 처리 곱셈 누적$^{MAC, Multiply-ACcumulate}$ 하드웨어

하드웨어 자원을 통해 다양한 범위의 기능이 있는 복잡한 시스템을 개발할 수 있다. 전용 하드웨어 성능이 FPGA 논리 자원들을 사용해 합성된 같은 기능보다 훨씬 좋기 때문에 전용 하드웨어는 MAC 연산과 같은 함수를 제공한다.

프로세서 코어

일부 FPGA 계열은 최대 소프트웨어 실행 속도와 FPGA로 구현된 알고리듬의 성능 장점을 결합하기 위해 하드웨어 프로세서 코어를 포함한다. 가령, 자일링스 Zynq-7000 계열은 하드웨어 ARM Cortex-A9 프로세서와 기존 FPGA 구조를 통합한다.

하드웨어 프로세서가 필요 없는 FPGA 설계는 FPGA 자원을 사용해 프로세서를 구현할 수 있으며, 이를 소프트 프로세서$^{soft processor}$라고 한다. 소프트 프로세서는 하드웨어로 구현된 프로세서의 성능에는 못 미치지만 구성 가능성이 매우 높다.

FPGA 알고리듬 개발에 사용되는 기본적인 프로그래밍 언어와 데이터 엔트리 기법을 알아본다.

⫶FPGA 구현 언어

FPGA 설계를 구현하려면 궁극적으로 디바이스의 기능을 정의하기 위해 한 개 이상의 소프트웨어 프로그래밍 유사 언어를 사용해야 한다. FPGA 개발에 사용된 전통적인 언어는 VHDL과 Verilog다. 최근 FPGA 개발 도구들은 보통 두 언어와 함께 블록 다이어그램 기법을 사용해 시스템 구성을 정의하는 기능도 지원한다. 일부 도구들은 전통적인 C나 C++ 프로그래밍 언어를 사용해 FPGA 기능의 정의도 지원한다.

VHDL

VHSIC는 고속 집적 회로^{Very High Speed Integrated Circuit}를 나타낸다. VHSIC 하드웨어 명세 언어^{VHDL}는 Ada 프로그래밍 언어를 연상시키는 구문을 갖는다. VHDL은 1983년에 시작된 US 국방부의 지도 아래 개발됐다.

Ada와 유사하게 VHDL은 장황하고 엄격하게 구조화된 경향이 있다. 프로그래밍 언어 측면에서 VHDL은 엄격한 유형을 갖는다. VHDL은 미리 정의된 기본 데이터 유형 집합으로 구성되며, 기본적으로 boolean, bit, bit_vector, character, string, integer, real, time, array가 있다.

전기전자공학회^{IEEE, Institute of Electrical and Electronics Engineers}를 통해 VHDL 라이브러리 집합이 정의됐고, IEEE 1164표준인 **VHDL 모델 상호운용성을 위한 다중 값 논리 시스템**으로 형식화됐다. VHDL 라이브러리 집합은 VHDL 언어가 사용하는 논리 값 집합을 정의한다. VHDL 라이브러리는 1비트 신호를 나타내는 std_logic 이름의 유형을 포함한다. std_logic 유형의 논리 값들은 다음 표에 표시된 문자 리터럴로 표현된다.

리터럴	값
U	초기화 안 됨
X	강한 구동. 알려지지 않은 논리 값
0	강한 구동. 논리값 0
1	강한 구동. 논리값 1
Z	높은 임피던스
W	약한 구동. 알려지지 않은 논리 값
L	약한 구동. 논리값 0
H	약한 구동. 논리값 1
–	상관없음

표에서 **강한**, 0과 1값은 특정 이진 상태로 구동되는 신호를 나타낸다. **약한** 신호는 여러 드라이버가 있는 버스에 구동된 신호를 나타내며, 각 드라이버는 버스상에서 스스로 활성화돼 다른 드라이버보다 우선된다. Z값은 높은 임피던스 상태의 CMOS 출력을 나타내며, 버스를 0이나 1상태로 구동하는 대신 출력이 버스와 효율적으로 분리돼 전혀 구동되지 않는다. U 신호는 모든 신호의 디폴트 값을 나타낸다. 회로 시뮬레이션을 수행할 때 **U 상태**의 신호가 감지되면 이는 초기화되지 않은 값이 의도하지 않게 사용됨을 나타낸다. **X 상태**는 회선을 구동하는 어떤 출력도 갖지 않은 회선과 관련된다. **- 상태**는 사용하지 않는 입력을 나타내므로 입력이 어떤 상태에 있어도 상관없다.

VHDL 회로 설계는 보통 다음 구문을 사용해 IEEE 1164 라이브러리를 가져오는 것으로 시작한다.

```
library IEEE;
use IEEE.std_logic_1164.all;
```

4장의 프로젝트 예제는 VHDL을 사용한다. Verilog보다 VHDL이 더 좋다는 의미는 아니다. 두 하드웨어 정의 언어 모두 FPGA를 위해 합성될 수 있는 모든 설계를 기본적으로 완전하게 표현할 수 있는 능력이 있다.

Verilog

Verilog 하드웨어 명세 언어[HDL]은 1984년에 처음 소개됐고, 2005년에 IEEE 1364로 표준화 됐다. 2009년에 Verilog 표준은 시스템 Verilog 표준과 통합돼 IEEE 표준 1800-2009가 만들어졌다. 시스템 Verilog는 시스템 검증 수행을 위한 방대한 기능 및 Verilog 에서 제공하는 하드웨어 설계 기능으로 구성된다.

Verilog는 C 프로그래밍 언어와 유사하도록 설계됐고, 유사한 연산자 우선순위 및 if, else, for, while 등을 포함하는 같은 제어 흐름 키워드를 포함한다.

Verilog는 신호 상태를 표현하기 위해 회선[wire] 개념을 사용한다. 신호 값은 0이나 1값 혹은 상관없음[x], 높은 임피던스[z]등을 갖거나 **강한** 혹은 **약한** 신호 세기를 가진다.

VHDL과 Verilog는 논리 회로를 설계하기 위해 사용될 수 있는 언어 부분 집합을 정의한다. 언어 부분 집합은 합성가능한[synthesizable] 언어 부분집합이라고 한다. 회로 시뮬레이션 같은 작업을 지원하기 위해 합성가능한 부분집합을 넘어서는 추가적인 언어 기능들도 사용할 수 있다. 4장에서 예제를 살펴볼 것이다.

합성 불가능 언어 구조는 기존 소프트웨어 프로그래밍 언어와 더 유사하게 동작한다. 예를 들어 합성 불가능 for 반복문은 일반 프로그래밍 언어처럼 특정 횟수만큼 순차적으로 한 코드 블록을 반복한다. 반면 합성 가능한 for 반복문은 이 반복문의 각 반복을 나타내는 병렬로 실행되는 복제된 하드웨어 구성의 컬렉션을 생성하기 위해 효과적으로 펼쳐진다.

블록 다이어그램

텍스트 기반 HDL 보다 높은 추상화 수준에서 최신 FPGA 개발 도구 모음은 마이크로프로세서나 블록 구조 포맷을 사용하는 정교한 입출력 디바이스같은 복잡한 논리 소자들을 통합하는 빠른 시스템 설계 구성을 지원한다. 그림 4.2는 MicroBlaze 소프트 프로세서를 통합한 자일링스 FPGA 설계를 위한 블록 다이어그램의 일부 예제다.

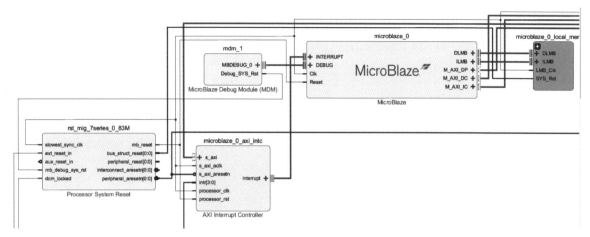

그림 4.2 MicroBlaze 소프트 마이크로 프로세서를 포함한 블록 다이어그램

MicroBlaze 프로세서는 자일링스 Vivado 도구 모음과 함께 제공되는 프로세서 코어이며, Artix-7를 포함한 프로세서 계열의 FPGA 설계에서 사용된다.

블록 다이어그램 사용은 FPGA 설계에서 복잡한 논리 소자들의 인스턴스화와 연결을 구성하는 시각적이며 직관적인 방법을 제공하지만, 다이어그램을 바탕으로 개발 도구가 VHDL이나 Verilog 코드를 생성해 구성요소와 요소 간 연결을 정의하는 점을 기억해야 한다. 블록 다이어그램은 구성요소들의 구성을 관리하기 위한 단순한 사용자 인터페이스다.

블록 다이어그램 개발 후 해당 프로젝트 관련 파일에 포함돼 있는 생성된 HDL 코드를 검사할 수 있다. 그림 4.2의 다이어그램에서 'design_1_microblaze_0_0_stub.vhdl' 파일은 다이어그램에서 생성된 것이다. 파일은 다음 VHDL 코드로 시작한다.

```
library IEEE;
use IEEE.STD_LOGIC_1164.ALL;

entity design_1_microblaze_0_0 is
  Port (
    Clk : in STD_LOGIC;
    Reset : in STD_LOGIC;
    Interrupt : in STD_LOGIC;
    Interrupt_Address : in STD_LOGIC_VECTOR ( 0 to 31 );
```

```
Interrupt_Ack : out STD_LOGIC_VECTOR ( 0 to 1 );
Instr_Addr : out STD_LOGIC_VECTOR ( 0 to 31 );
Instr : in STD_LOGIC_VECTOR ( 0 to 31 );
```

IEEE 1164 표준 라이브러리 참조로 시작하며 마이크로 프로세서상에서 기대할 수 있는 신호를 나타내는 MicroBlaze 프로세서 인터페이스를 정의하는 코드다. 인터페이스에는 시스템 클럭이나 재설정, 인터럽트 요청, 인터럽트 벡터 입력 및 인터럽트 응답과 명령 주소 출력, 메모리에서 검색된 명령어를 위한 버스 등이 포함된다.

코드는 단일 비트 신호(STD_LOGIC)와 다중 비트 버스 신호(STD_LOGIC_VECTOR)를 위해 IEEE 1164 라이브러리 데이터 유형을 사용한다.

앞의 예제 코드는 MicroBlaze 프로세서의 인터페이스를 정의하지만 프로세서 자체의 HDL 정의를 포함하지 않는다. 마이크로프로세서와 같은 구성요소를 위한 복잡한 HDL 설계는 중요한 지적재산IP, Intellectual Property으로 간주된다. 그래서 이런 설계를 개발하는 상업용 단체들은 해당 설계가 적절한 라이센스 없이는 사용되지 않도록 조치한다. 벤더가 사용자가 사용하도록 IP를 배포할 때 최종 사용자가 볼 수 없도록 컴파일된 포맷으로 제공한다. 이는 사용자가 해당 IP를 설계에 통합할 수는 있지만 IP 개발에 사용되는 HDL은 검사할 수 없게 하는데, 소스코드가 아닌 컴파일된 형태의 라이브러리를 제공하는 소프트웨어 개발자들과 유사한 방식이다.

C/C++

C나 C++와 같은 전통적인 상위 수준 프로그래밍 언어를 HDL 코드로 변경하는 소프트웨어 도구를 제공해 FPGA 개발 시 사용하는 벤더가 많다. 이는 C나 C++로 작성된 복잡한 알고리듬을 FPGA 구현에서 가속화하려면 매력적인 방법이다. 또한 이런 도구를 이용하면 C나 C++에 친숙한 소프트웨어 개발자가 HDL을 배우지 않고도 FPGA를 위한 코드를 바로 구현할 수 있다.

이런 상위 수준 언어를 위한 FPGA 개발 도구는 C/C++ 코드 알고리듬을 FPGA로 구현으로 바꿀 때 상당한 최적화를 제공하지만, C/C++실행 모델은 구문을 순차적으로 실행하고 FPGA 환경은 병렬 하드웨어 구성요소로 이뤄져 있다는 점에서 여전히 단절이 존재한다. C/C++코드에서 만들어진 FPGA 설계는 보통 프로그래밍 언어 구문에 정의된 동작의 순차적 실행을 관리하는 상태 기계 집합과 유사하다. C/C++ 코드 내 병렬 실행 가능성에 따라 기존 프로세서에서 같은 코드 동작과 비교해 FPGA구현은 상당한 성능 향상을 제공할 수 있다.

최신 FPGA 개발 도구 모음에서 이 절에서 설명한 모든 FPGA 구현 방식을(VHDL, Verilog, 블록 다이어그램, C/C++) 필요할 때 한 설계로 결합할 수 있다. 따라서 한 팀원은 VHDL를 사용하고, 다른 팀원은 Verilog를 사용할 수 있다. 프로젝트 관리 측면의 이유로 한 프로젝트에서 여러 HDL을 사용하지 않도록 할 수 있지만, 언어 자체는 한 설계 안에서 문제 없이 같이 사용될 수 있다. 프로젝트 관리자가 여러 HDL 사용을 피하려는 한 가지 이유는 추후 유지보수 시 두 언어를 모두 사용가능한 개발자가 필요하다는 점이다.

이와 유사하게 블록 다이어그램 측면에서 프로젝트의 상위 수준 구조를 정의하고 HDL로 상세한 하위 시스템 기능을 구현할 수 있다. C/C++ 알고리듬에서 만들어진 HDL을 통합할 수도 있는 설계다. 임베디드 시스템 설계자와 개발자는 의미를 신중히 고려하고 FPGA 설계의 각 부분에 관한 적합한 구현 방법을 선택해야 한다.

이어서 표준 FPGA 개발 과정의 단계를 설명한다.

⠿ FPGA 개발 과정

FPGA가 다양한 서로 다른 애플리케이션 범주에서 사용되지만 모든 FPGA 개발 프로젝트에서 널리 사용되는 개발 단계들이 있다. 일반적인 FPGA 개발 단계를 프로젝트 진행 중 거치는 순서대로 설명한다.

시스템 요구사항 정의하기

새로운 시스템 개발 혹은 기존 시스템의 중대한 업그레이드를 시작할 때 첫 번째 단계는 해당 시스템이 무엇을 해야 하는지를 명확하고 자세히 이해하는 것이다. 요구사항 정의 과정은 시스템의 의도한 기능 및 동작 모드 주요 기능에 관한 일반적 명세로 시작하는데, 이 정보는 명확하고 분명한 언어로 쓰여야 하고 개발 성공에 관계된 모든 당사자에게 공유돼야 한다. 시스템 요구사항을 공유하는 목적은 명세의 완전성과 정확성에 대해 모든 당사자들의 합의를 구하기 위해서다.

요구사항 명세는 입력신호의 샘플링 레이트나 액추에이터 출력 명령에 대한 업데이트 속도와 같은 시스템 성능 요구수준에 대한 사양을 포함하도록 구체화돼야 한다. 물리적 크기 제약이나 최소 배터리 수명, 허용가능한 환경 온도 범위와 같은 추가적인 상세내용은 설계 과정에 고려된다. 보통 전체 시스템 성공을 판단하는 모든 시스템 파라미터의 최소 성능 기준을 나타내는 포괄적인 사양들이 만들어져야 한다.

모든 정의된 사양들을 준수하는 어떤 설계 해결책이라도 적합한 해결책이 될 수 있을 정도로 전체 시스템 요구사항들은 완전해야 한다. 모든 명세를 만족하는 설계가 관계없는 원인으로 허용되지 않는다고 밝혀지면 이는 시스템 요구사항을 완벽하게 정의하지 못했다는 것이다. 예를 들어 기술적으로 적합한 해결책이 비용이 많이 들어 생산할 수 없다면 문제의 근원은 요구사항 개발 단계에서 비용 문제를 정확히 정의하지 못한 것이다.

최상위 시스템 요구사항이 정의되고 모두가 동의하면, 전체 시스템 구성을 여러 하위 시스템들의 모음으로 나누는 작업이 일반적으로 필요하다. 이때 각 하위 시스템은 응집력 있는 목표와 고유한 서술형 요구사항 및 기술적 사양을 갖는다. 실시간 임베디드 시스템 구조에서 디지털 처리 능력은 이에 상응하는 요구사항들의 모음을 가진 하위 시스템으로 표현될 수 있다.

FPGA에 기능 할당하기

시스템 구조의 디지털 처리 요구사항이 마이크로컨트롤러나 마이크로 프로세서의 능력을 넘어선다면(이를 제외한 부분은 시스템에서 사용하기 적합하다면) 설계에 FPGA를 통합하는 것이 적합할 수 있다. (특히 병렬 연산을 수행하는 고속 디지털 하드웨어로 부터 장점을 얻을 수 있는) FPGA로 구현될 기본적인 후보 시스템이다. 다른 시스템 구조들은 기존 디지털 처리를 사용해 적합한 성능을 낼 수 있지만 제품 수명 동안 상당한 시스템 업그레이드가 필요하다면 FPGA 구현이 제공하는 유연성과 확장성을 활용할 수 있다.

설계에 FPGA 통합이 결정되면 다음 단계는 전체 시스템 디지털 처리 요구사항의 일부분을 FPGA 디바이스에 할당하는 것이다. 이 과정은 보통 FPGA 입력과 출력 신호의 사양, 입력과 출력 업데이트 속도, FPGA와 상호작용할 구성요소(ADC, RAM 디바이스와 같은 부품)등을 식별한다.

필요한 FPGA 기능 식별하기

FPGA가 수행할 기능이 정의되고 FPGA가 지원할 다른 디바이스의 인터페이스를 알았다면, 후보 FPGA 디바이스가 제공해야 할 기능 리스트를 만들 수 있다.

저가이면서 덜 복잡한 애플리케이션을 위해 설계되므로 디지털 논리를 구현하기 위한 제한된 자원을 제공하는 FPGA 계열이 있는데, 이런 디바이스는 배터리로 동작하므로 수동 냉각이 필요하다. 반면 더 강력한 FPGA 계열은 대규모의 모든 기능을 갖춘 디지털 설계를 가지며 최대 성능을 낼 수 있고 지속적인 능동 냉각이 필요하다.

임베디드 애플리케이션과 관련된 시스템 요구사항은 해당 애플리케이션을 위한 적합한 FPGA 계열을 선택할 때 영향을 끼친다. 이 시점에 선호하는 계열의 특정 FPGA 모델을 선택하는 것은 쉽지 않은데 FPGA 구현의 자원 요구사항이 완전히 정의되지 않았기 때문이다. 그러나 경험적으로 설계에 적합해 보이는 몇 개의 FPGA 모델들을 고를 수 있을 것이다.

디지털 회로 구현을 위한 FPGA 자원과 더불어, 많은 FPGA 모델들은 시스템 설계에 중요한 추가적인 기능을 포함한다. 예를 들어, 내장된 ADC는 시스템 부품 수를 줄이는 데 효율적이다. 필수 혹은 의도한 FPGA 기능 리스트는 시스템을 위한 적합한 FPGA 디바이스를 선택할 때 도움을 줄 것이다.

FPGA 설계 구현하기

후보 FPGA 모델을 찾고 FPGA에 할당된 기능이 상세하게 정의되면, 이제 FPGA 설계를 구현할 단계다. 이 과정에서 FPGA 개발 도구 모음을 사용하며 프로젝트를 위해 선호하는 언어로 HDL 코드를 작성하게 된다.

가능하다면 FPGA 구현은 최상위 FPGA 설계의 블록 다이어그램으로 표현할 수 있다. 필요하다면 HDL이나 C/C++로 개발된 구성요소들은 블록 설계로 통합해 전체 시스템 구현을 완료할 수 있다.

혹은 전체 시스템 설계를 HDL로 직접 개발하는 것도 일반적이다. 언어에 친숙한 개발자와 사용할 FPGA 모델의 기능과 제약에 대한 완전한 이해는 자원을 가장 효율적으로 사용하고 최대의 성능을 내는 설계를 만들어 낼 것이다.

FPGA 프로그램 파일이 만들어 질 때까지 초기 설계는 점점 더 자세해지며, FPGA 개발 과정은 단계적으로 진행된다. 큰 프로젝트는 보통 이 단계를 여러 번 반복하는데 반복할 때마다 전체 설계의 작은 부분을 개발하게 된다. 단계는 다음과 같다.

설계 항목

설계 항목^{Design Entry}은 시스템 개발자가 HDL코드와 블록 다이어그램, C/C++를 사용해 시스템 기능을 정의하는 단계다. 코드나 블록 다이어그램 같은 다른 결과물은 추상적으로 시스템의 논리적 기능을 정의한다. 즉 설계 결과물은 논리회로를 정의하지만 시스템의 나머지 부분과 통합되는 방법을 정의하지 않는다.

입출력 계획

FPGA 입출력 계획은 특정 입출력 기능을 수행하기 위해 할당된 핀을 식별하고 각 신호에 사용할 입출력 신호 표준과 같은 디바이스 기능을 연결하는 과정이다. 입출력 계획 과정의 일부로서, 입출력 핀이 물리적 디바이스 패키지의 어디에 위치해야 하는지 같은 문제를 고려하는 것이 중요할 수 있다. 입출력 계획 단계는 고속 신호에 대한 인쇄 회로 기반 트레이스 길이를 최소화하고 회로 신호 트레이스를 불필요하게 서로 교차하지 않도록 하는 데 중요하다.

입출력 신호 요구사항 정의는 FPGA 개발 과정에서 제약사항[constraint]의 한 형태다. 다른 기본 제약사항 종류에는 FPGA 해결책의 성능을 결정하는 타이밍 요구사항이 있다. FPGA 합성 과정은 HDL 코드와 프로젝트 제약사항을 사용해 모든 정의된 제약사항을 만족시키며 기능적으로 정확한 FPGA 해결책을 개발한다. 모든 제약사항을 만족하지 못하면 합성은 실패한다.

합성

합성[Synthesis]은 소스코드를 넷리스트[netlist]라고 하는 회로 설계로 변환한다. 넷리스트는 목표 FPGA 모델의 자원으로 구성된 회로를 나타낸다. 넷리스트는 논리 혹은 회로도 버전의 회로를 나타낸다. 하지만 회로가 물리적 FPGA 디바이스에 어떻게 구현되는지 정의하지 않고 이는 다음 단계에서 수행된다.

배치와 배선

배치[place]단계에서 넷리스트에 정의된 FPGA 자원을 사용하며 해당 자원을 선택한 FPGA 내 특정 논리 소자에 할당한다. 최종 자원 배치는 입출력 제약사항이나 타이밍 제약 사항을 포함한 이런 소자들의 할당을 제약하는 모든 제약사항을 만족해야 한다.

배치 과정에서 논리 소자가 특정 위치에 할당된 후, 배선[route] 단계에서 논리 소자 간 연결이 구성된다. 배치는 논리 소자들 간 모든 연결을 구현하고 회로가 HDL 코드에서 정의한 대로 동작하도록 한다. 배선 및 배치 동작이 끝나면 FPGA 설정은 완전히 확정된다.

비트스트림 생성

FPGA 개발 과정의 마지막은 비트스트림 파일을 생성하는 단계다. 가장 높은 성능을 얻기 위해 최신 FPGA 디바이스 대부분 정적 RAM[SRAM]을 사용해 내부에 디바이스 구성을 저장한다.

FPGA 구성 SRAM을 매우 큰 시프트 레지스터(수백 만 비트를 포함하는)라고 생각해도 된다. 시프트 레지스터의 내용은 FPGA 디바이스 구성과 동작의 모든 특징을 지정한다. FPGA 개발 중 생성된 비트스트림 파일은 디바이스가 HDL과 제약사항으로 지정한 의도된 기능을 수행하게 하는 시프트 레지스터를 설정한다. 비트스트림 파일은 전통적인 소프트웨어 개발 과정에서 링커가 생성하는 실행 프로그램과 유사하다.

SRAM은 휘발성이라서 전원이 꺼지면 내용이 지워진다. 실시간 임베디드 시스템 구조는 전원이 켜질 때마다 반드시 비트스트림 파일을 FPGA에 로딩하는 방법을 제공해야 한다. 보통 비트스트림은 디바이스 내 플래시 메모리나 부팅될 때 디바이스에 연결된 PC와 같은 외부 소스로부터 로딩된다.

FPGA 비트스트림 컴파일이 끝나면 다음 단계는 구현을 테스트해 정확하게 동작하는지 검증하는 것이다. 검증 단계는 전통적인 소프트웨어 빌드 과정의 마지막에 수행되는 테스트와 비슷하다.

구현 테스트하기

FPGA 개발은 전통적인 소프트웨어 개발 시 괴롭히던 모든 유형의 버그에 취약하다. FPGA 개발 중 올바르지 않은 구문과 관련해 에러 메시지와 현재 사용 가능하지 않은 자원 사용 시도, 다른 유형의 위반을 많이 보게 될 것이다. 다른 프로그램에서와 마찬가지로 각 에러의 원인을 찾고 문제를 해결해야 한다.

FPGA 애플리케이션이 비트스트림 생성까지 모든 단계를 성공적으로 완료하더라도 설계가 의도한 대로 동작한다는 보장은 없다. 합리적인 일정 안에 성공적인 설계를 얻기 위해 개발 각 단계에서 적합한 테스트 수행이 반드시 필요하다.

테스트의 첫 번째 단계는 HDL 코드의 동작을 완전히 테스트해 의도대로 동작하는지 확인해야 한다. 4장의 마지막 부분의 예제 프로젝트는 설계 내 HDL 로직의 완전한 테스트를 수행하기 위해 Vivado 도구 모음 사용법을 설명한다.

비트스트림이 생성된 후 최종 시스템 구성으로 구현된 FPGA의 포괄적인 테스트를 해야 한다. 유효 범위를 벗어나거나 에러 조건에 관한 응답을 포함한 모든 기능과 FPGA 모드를 완전히 테스트해야 한다.

설계 및 개발, 테스트 과정의 각 단계에서 프로젝트 담당자는 확률이 낮거나 거의 발생하지 않는 상황에서 부적절한 동작에 취약한 시스템 기능을 구현하는 가능성을 계속 대응해야 한다. 관련 이슈가 발생하면 재현하기 매우 어렵고 임베디드 시스템 설계와 이슈를 만든 회사의 인식을 영원히 나쁘게 할 수 있는 버그들을 만들 수 있다. 테스트를 잘할 수 있다면 이런 가능성을 상당히 줄일 수 있다.

다음 절은 Arty A7 개발 보드와 자일링스 Vivado 도구 모음을 사용해 간단한 FPGA 프로젝트 개발 및 테스트, 구현 단계를 자세히 설명한다.

⠿ 첫 FPGA 프로젝트 개발

Digilent Arty A7 개발 보드에 설치된 자일링스 Artix-7 FPGA 디바이스로 간단하지만 완전한 프로젝트를 개발하고 구현한다. Digilent Arty A7 개발 보드는 모델 번호가 -35T로 끝나는 저가형 버전(US $129)과 모델 번호가 -100T로 끝나는 기능이 많은 고가형 버전(US $249)이 있다. 두 보드 간 유일한 차이는 보드에 설치된 Artix-7 FPGA 모델이다. -35T는 -100T보다 사용할 수 있는 자원이 더 적다.

프로젝트를 위해 -35T 나 -100T 둘 중 하나를 사용할 수 있다. 개발할 때, 정확한 보드 모델을 필요할 때 지정한다는 점에서 차이가 있다. 하지만 5장에서 디지털 오실로스코프 프로젝트 설계 예제에 필요한 자원 요구사항 때문에 -100T가 필요하므로 더 많은 기능을 가진 보드를 추천한다.

Arty A7 보드는 https://store.digilentinc.com/arty-a7-artix-7-fpga-development-board-for-makers-andhobbyists/이나 아마존 같은 곳에서 구매할 수 있다.

프로젝트의 목적을 위해 보드의 자원은 FPGA 디바이스 자체와 4개의 스위치, 4개의 푸시 버튼, 5개의 LED를 포함한다. 이 프로젝트는 Vivado 도구 모음을 설치하는 법부터 프로젝트를 생성해 HDL 코드를 입력, 코드 테스트, 최종적으로 비트스트림을 생성한 뒤 보드에 다운로드하는 것까지 설명할 것이다. 보드에 비트스트림을 다운로드한 뒤, 시스템 동작을 수동으로 테스트할 수 있다. 그리고 FPGA 이미지를 Arty A7 보드의 플래시 메모리에 프로그램해 보드의 전원이 들어올 때마다 FPGA 이미지가 로드되고 동작하는 방식도 살펴볼 것이다.

프로젝트 설명

FPGA로 4비트 이진 가산기를 구현하는 프로젝트다. 의도적으로 매우 간단한 설계를 갖는데, 도구를 설정하고 해당 도구를 어떻게 사용하는지 배우기 위함이지 복잡한 HDL 모델을 구현하는 것이 아니기 때문이다.

보드의 4개 스위치는 하나의 4비트 이진수를 나타내며, 4개의 푸시 버튼은 다른 4비트 수를 나타낸다. FPGA 로직은 지속적으로 두 수의 덧셈을 수행하며, 결괏값으로 4개의 LED에 4비트 이진수와 5번째 LED에 자리올림^{carry} 비트를 표시한다.

4비트 가산기 코드는 1장, '고성능 임베디드 시스템 설계하기'의 '하드웨어 설계 언어' 절에서 설명한 단일 비트 전가산기 회로를 기반으로 한다.

Vivado 도구 설치하기

프로젝트와 후속 장들의 프로젝트를 위해 FPGA 개발 도구로 자일링스 Vivado 도구모음을 사용할 것이다. 자일링스 Vivado 도구는 무료로 사용 가능하고 윈도우와 리눅스 운영체제에서 동작한다. 둘 중 하나의 운영체제에 도구를 설치해도 된다. 여기서는 윈도우 버전의 도구를 기반으로 하지만, 리눅스에 도구를 설치했다면 차이는 분명하다. Vivado 도구를 사용한 작업은 다른 운영체제에서도 거의 같아야 한다.

1. 자일링스 사용자 계정이 없다면 https://www.xilinx.com/registration/create-account.html에서 계정을 생성한다.

2. https://xilinx.com에서 사용자 계정으로 로그인하자. 로그인 후 도구 다운로드 페이지인 https://www.xilinx.com/support/download.html로 이동한다.

3. **Xilinx Unified Installer: Windows Self-Extracting Web Installer**를 다운로드 한다. 최신 버전을 선택할 수 있고, 이 책에서 사용한 버전을 사용하려면 **2020.1** 버전을 선택한다.

4. 설치 파일은 Xilinx_Unified_2020.1_0602_1208_Win64.exe와 비슷한 이름일 것이다. 파일을 다운로드 디렉토리에 넣고 실행한다. 다이얼로그 창에 앱이 마이

크로소프트 인증을 받지 않았다고 경고가 있더라도 무시하고 설치한다.

5. **Welcome** 화면이 나오면 **Next**를 선택한다.

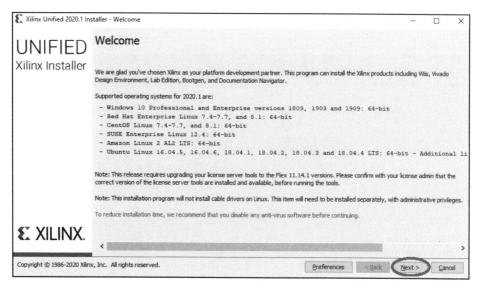

그림 4.3 설치 중 Welcome 화면

6. xilinx.com 사용자 ID와 패스워드를 입력한 뒤 **Next**를 클릭한다.

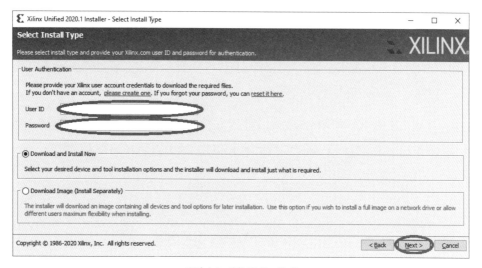

그림 4.4 설치 중 로그인 창

7. 라이선스의 동의 여부에서 **I Agree** 박스를 체크하고 **Next**를 클릭한다.

8. 설치할 제품으로 **Vitis**를 선택된 채로 놔두고 **Next**를 클릭한다. Vitis는 다른 자일 링스 개발 도구 모음과 함께 Vivado 도구 모음을 포함한다.

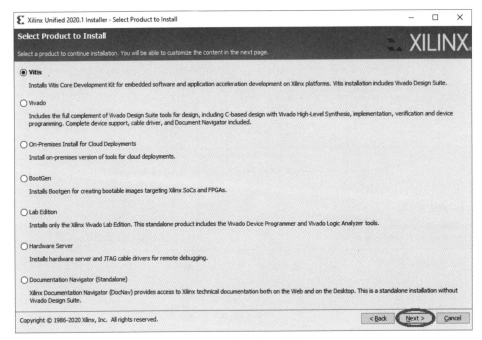

그림 4.5 설치 중 제품 선택 창

9. 설치할 소프트웨어 구성요소를 선택한다. 기본 값으로 설정된 채로 **Next**를 클릭한다.

10. 설치 디렉토리를 선택하고 프로그램 단축키 옵션을 지정한다. 설치 디렉토리는 C:\Xilinx가 적합하다. 해당 디렉토리가 없다면 생성한 뒤 **Next**를 클릭한다.

11. 설치 옵션을 요약해 보여준다. **Install**을 클릭해 계속 진행한다. 컴퓨터 속도나 인
터넷 연결에 따라 설치 완료는 몇 시간이 걸릴 수 있다.

그림 4.6 설치 완료 창

설치가 끝났으니 첫 번째 프로젝트를 만들어보자.

프로젝트 만들기

Arty A7 보드에서 4비트 이진 가산기를 생성하고 빌드하기 위해 다음 단계를 따라해보자.

1. **Vivado 2020.1**(혹은 다른 버전)이름의 데스크톱 아이콘을 찾아서 더블클릭한다.

2. Vivado가 메인 화면을 보여주면 **Quick Start**섹션의 **Create Project**를 클릭한다.

그림 4.7 Vivado 빠른 설치 창

3. **Create a New Vivado Project** 마법사가 뜨면 **Next**를 클릭해 **Project Name** 페이지로 이동하고, 프로젝트 이름으로 'ArtyAdder'를 입력한다. 프로젝트에 사용할 적합한 디렉토리 위치를 선택하고 박스를 체크해 하위 디렉토리를 생성한 뒤 **Next**를 클릭한다. 모든 예제 프로젝트의 위치를 'C:\Projects'로 할 것이다.

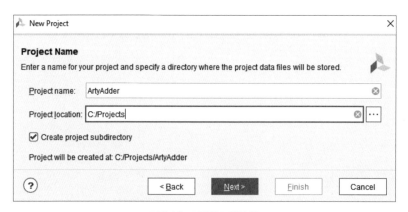

그림 4.8 프로젝트 이름 창

4. **Project Type** 창에서 **RTL Project**를 선택하고 **Do not specify sources at this time** 옆 박스를 체크한 뒤 **Next**를 클릭한다.

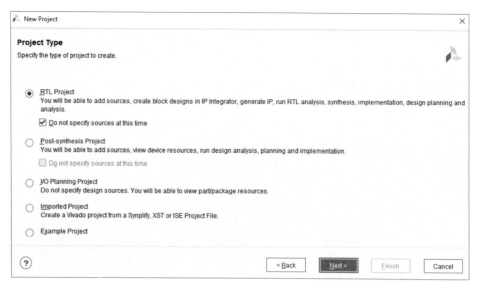

그림 4.9 프로젝트 유형 창

5. **Default Part** 창에서 **Boards** 탭을 클릭하고 **Search**에 'Arty'를 입력한다. 갖고 있는 보드 유형에 따라(혹은 보드가 없다면) **Arty A7-100**이나 **Arty A7-35**를 선택하고 **Next**를 클릭한다.

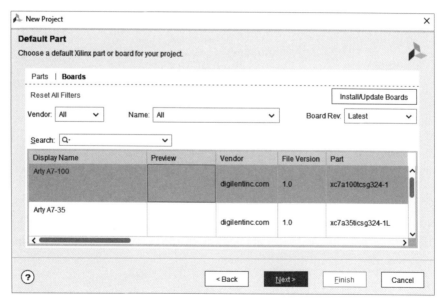

그림 4.10 기본 부품 창

6. **New Project Summary** 장에서 **Finish**를 클릭한다.

빈 프로젝트가 만들어졌다. 이제 프로젝트를 위한 논리 회로 설계를 포함하는 VHDL 소스 파일을 만들 것이다.

VHDL 소스파일 만들기

다음은 VHDL 소스파일을 생성하고 소스코드를 입력하며 FPGA 설계를 컴파일하는 과정이다.

1. **Source** 하위 윈도우에서 **Design Sources** 오른쪽 클릭한 뒤 **Add Sources···**를 선택한다.

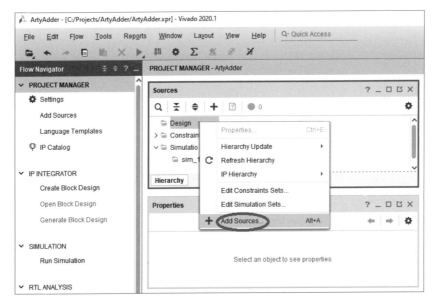

그림 4.11 소스 추가 메뉴 선택

2. **Add Source** 창에서 **Add or create design sources**가 선택됐는지 확인한 후 **Next**를 클릭한다.

3. **Add or Create Design Sources** 창에서 **Create File**을 클릭한다.

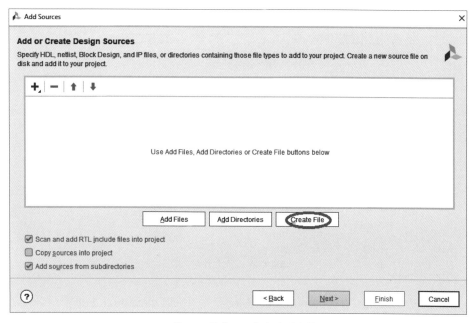

그림 4.12 설계 소스 추가 및 생성 창

4. 파일 이름에 'FullAdder.vhdl'를 입력하고 **OK**를 클릭한다.

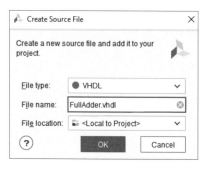

그림 4.13 소스파일 생성 창

5. FullAdder.vhdl 파일을 생성하기 위해 이전 두 단계를 반복한 뒤 **Add or Create Design Sources** 창에서 **Finish**를 클릭한다.

6. **Define modules** 창이 나타나는데, 아무 것도 입력하지 않는다. **OK**를 눌러 창을 닫는다. 이 값들을 사용하기 원하는지 물어보면 **Yes**를 클릭한다.

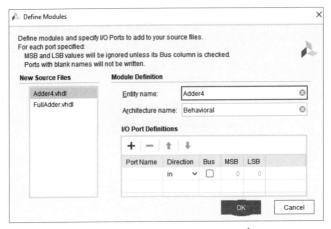

그림 4.14 모듈 정의 창

7. **Design Sources** 밑의 **Non-module Files**을 확장하고, **FullAdder.vhdl**를 더블클릭한다. 편집기 창이 열리며 빈 FullAdder.vhdl 파일을 보여준다.

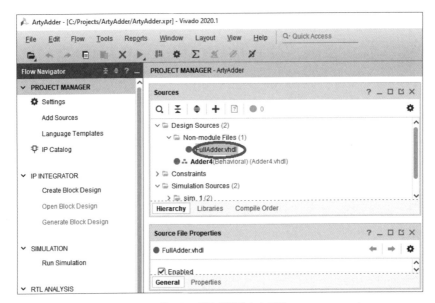

그림 4.15 새로 생성된 소스 파일

8. 'FullAdder.vhdl' 편집기 창에 다음의 VHDL 코드를 입력하자.

```vhdl
-- Load the standard libraries

library IEEE;
  use IEEE.STD_LOGIC_1164.ALL;

-- Define the full adder inputs and outputs

entity FULL_ADDER is
  port (
    A : in std_logic;
    B : in std_logic;
    C_IN : in std_logic;
    S : out std_logic;
    C_OUT : out std_logic
  );
end entity FULL_ADDER;

-- Define the behavior of the full adder

architecture BEHAVIORAL of FULL_ADDER is

begin

  S <= (A XOR B) XOR C_IN;
  C_OUT <= (A AND B) OR ((A XOR B) AND C_IN);

end architecture BEHAVIORAL;
```

위 코드는 1장, '고성능 임베디드 시스템 설계하기'의 '하드웨어 설계 언어' 절에서 본 단일 비트 전가산기 코드다. 그림 4.16은 Vivado 편집기 창에서 이 코드를 보여준다.

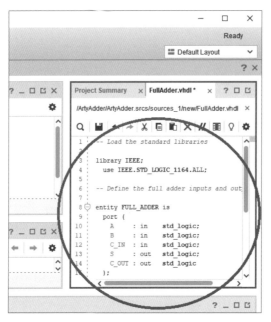

그림 4.16 FullAdder.vhdl 소스코드

9. 같은 방식으로 **Design Sources** 밑의 **Adder4(Behavioral) (Adder4.vhdl)**를 더블클릭한다. 'Adder4.vhdl' 편집기에 자동으로 표시된 내용을 지우고 다음 코드를 'Adder4.vhdl' 편집기에 입력하자.

```
-- Load the standard libraries

library IEEE;
  use IEEE.STD_LOGIC_1164.ALL;

-- Define the 4-bit adder inputs and outputs

entity ADDER4 is
  port (
    A4 : in std_logic_vector(3 downto 0);
    B4 : in std_logic_vector(3 downto 0);
    SUM4 : out std_logic_vector(3 downto 0);
    C_OUT4 : out std_logic
  );
end entity ADDER4;

-- Define the behavior of the 4-bit adder
```

```vhdl
architecture BEHAVIORAL of ADDER4 is

  -- Reference the previous definition of the full adder

  component FULL_ADDER is
    port (
      A : in std_logic;
      B : in std_logic;
      C_IN : in std_logic;
      S : out std_logic;
      C_OUT : out std_logic
    );
  end component;

  -- Define the signals used internally in the 4-bit adder
  signal c0, c1, c2 : std_logic;

begin

  -- The carry input to the first adder is set to 0
  FULL_ADDER0 : FULL_ADDER
    port map (
      A => A4(0),
      B => B4(0),
      C_IN => '0',
      S => SUM4(0),
      C_OUT => c0
    );

  FULL_ADDER1 : FULL_ADDER
    port map (
      A => A4(1),
      B => B4(1),
      C_IN => c0,
      S => SUM4(1),
      C_OUT => c1
    );

  FULL_ADDER2 : FULL_ADDER
    port map (
      A => A4(2),
      B => B4(2),
      C_IN => c1,
```

```
      S => SUM4(2),
      C_OUT => c2
   );

  FULL_ADDER3 : FULL_ADDER
    port map (
      A => A4(3),
      B => B4(3),
      C_IN => c2,
      S => SUM4(3),
      C_OUT => C_OUT4
   );

end architecture BEHAVIORAL;
```

단일 비트 전가산기 4개의 인스턴스를 생성하는 코드다. 최하위 가산기의 자리올림은 0으로 설정되고 각 가산기의 자리올림은 다음 최상위 가산기의 영향을 준다. 두 개의 4비트 수를 더한 값은 4비트 결괏값과 단일 자리올림 비트가 된다.

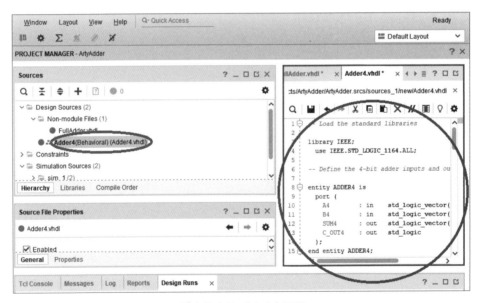

그림 4.17 Adder4.vhdl 소스코드

지금까지 4개의 단일 비트 전가산기로 구성된 4비트 이진 가산기를 정의하는 VHDL 코드를 입력했다. 이제 구현 정확성을 테스트하자.

로직 동작 테스트하기

FPGA에 로직을 동작시키기 전에 시뮬레이션을 사용해 로직의 동작을 테스트하는 것이 중요하다. FPGA 동작환경보다 시뮬레이션 환경에서 문제를 찾고 수정하는 것이 훨씬 더 쉽기 때문이다. Vivado 시뮬레이션 도구는 회로 동작을 매우 잘 나타낸다.

1. **Sources** 하위 윈도우에서 **Simulation Sources**를 오른쪽 클릭하고, **Add Sources⋯**를 선택한다.

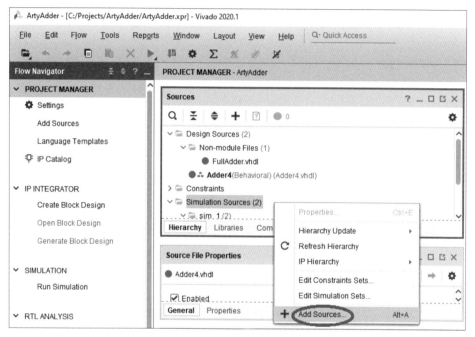

그림 4.18 시뮬레이션 소스를 위해 소스 추가 메뉴 선택

2. **Add Sources** 창에서 **Add or create simulation sources**이 선택됐는지 확인하고 **Next**를 클릭한다.

3. **Add or create simulation sources** 창에서 **Create File**을 클릭한다.

4. 파일 이름에 'Adder4TestBench.vhdl'를 입력하고 **OK**를 클릭한다.

5. **Finish**를 클릭해 **Add or create simulation sources** 창을 없애고 **Define Module** 창의 **OK**를 클릭한 뒤, 이 값들을 정말 사용하기 원하는지 물을 때 **Yes**를 클릭한다.

6. **Simulation Sources** 밑의 **Adder4 TestBench (Behavioral) (Adder4TestBench.vhdl)**를 더블클릭한다. 'Adder4TestBench.vhdl' 편집기 창에 자동 생성된 내용을 지우고 다음 코드를 'Adder4TestBench.vhdl' 편집기 창에 입력한다.

```vhdl
library IEEE;
  use IEEE.STD_LOGIC_1164.ALL;
  use IEEE.NUMERIC_STD.ALL;

entity ADDER4_TESTBENCH is
end entity ADDER4_TESTBENCH;

architecture BEHAVIORAL of ADDER4_TESTBENCH is

  component ADDER4 is
    port (
      A4 : in std_logic_vector(3 downto 0);
      B4 : in std_logic_vector(3 downto 0);
      SUM4 : out std_logic_vector(3 downto 0);
      C_OUT4 : out std_logic
    );
  end component;

  signal a : std_logic_vector(3 downto 0);
  signal b : std_logic_vector(3 downto 0);
  signal s : std_logic_vector(3 downto 0);
  signal c_out : std_logic;

  signal expected_sum5 : unsigned(4 downto 0);
  signal expected_sum4 : unsigned(3 downto 0);
  signal expected_c : std_logic;
  signal error : std_logic;

begin

  TESTED_DEVICE : ADDER4
    port map (
      A4 => a,
      B4 => b,
      SUM4 => s,
```

```vhdl
        C_OUT4 => c_out
    );

  TEST : process
  begin

    -- Test all combinations of two 4-bit addends (256 total tests)
    for a_val in 0 to 15 loop
      for b_val in 0 to 15 loop
        -- Set the inputs to the ADDER4 component
        a <= std_logic_vector(to_unsigned(a_val, a'length));
        b <= std_logic_vector(to_unsigned(b_val, b'length));
        wait for 1 ns;

        -- Compute the 5-bit sum of the two 4-bit values
        expected_sum5 <= unsigned('0' & a) + unsigned('0' & b);
        wait for 1 ns;

        -- Break the sum into a 4-bit output and a carry bit
        expected_sum4 <= expected_sum5(3 downto 0);
        expected_c <= expected_sum5(4);
        wait for 1 ns;

        -- The 'error' signal will only go to 1 if an error occurs
        if ((unsigned(s) = unsigned(expected_sum4)) and
          (c_out = expected_c)) then
          error <= '0';
        else
          error <= '1';
        end if;

        -- Each pass through the inner loop takes 10 ns
        wait for 7 ns;

      end loop;
    end loop;

    wait;

  end process TEST;

end architecture BEHAVIORAL;
```

Adder4의 A4와 B4 입력에 4비트 수들의 모든 조합을 사용해 4비트 가산기 기능을 시험하는 코드다. 같은 입력으로 독립적으로 계산된 값과 Adder4의 SUM4와 C_OUT4를 비교한다. 각 덧셈 연산이 끝난 뒤 Adder4 출력이 기댓값과 일치하면 error 신호는 0으로 설정되고, 그렇지 않다면 1로 설정된다.

Adder4TestBench.vhdl의 코드는 테스트 중 모든 테스트 입력 조합을 Adder4에 적용하기 위해 중첩된 for 반복문을 사용하는 방식인 전통적 소프트웨어 코드와 유사하다. 시뮬레이션 모드에서 테스트를 수행하는 코드는 합성 불가능하며, 이는 이 코드가 하드웨어 논리회로로만 표현되지 않고 for 반복문의 반복 실행과 같은 전통적인 소프트웨어와 유사한 연산도 수행함을 의미한다.

하지만 물리적 회로와 비슷하게 <= 연산자로 테스트 벤치 코드 안에 할당된 값을 나타내는 신호를 후속 표현식에서 같은 시점에 사용할 수 없다. 이는 시뮬레이션 환경이 전파 지연의 현실 세계 영향을 나타내기 때문이며, 작은 FPGA 디바이스에서도 중요하다. 테스트 벤치 코드 내 세 개의 wait for 1 ns; 구문은 전파 지연을 나타내기 위해 회로 동작을 멈춘다. 1ns 지연은 wait 구문 전에 계산된 신호 값이 전파될 시간을 제공해 신호 값들이 후속 구문에서 사용될 수 있게 한다. 마지막 내부 반복문의 wait for 7 ns; 구문은 실행을 잠시 멈추고 신호 트레이스 표시창의 시뮬레이션 반복문의 각 반복의 결과를 명확히 보기 위함이다.

7. Simulation Sources 밑의 **Adder4 TestBench (Behavioral) (Adder4TestBench. vhdl)**를 마우스 오른쪽 버튼을 눌러 **Automatic Update and Compile Order**를 선택한다. 이는 시뮬레이션 동작을 위한 최상위 객체로 ADDER4_TESTBENCH를 설정한다.

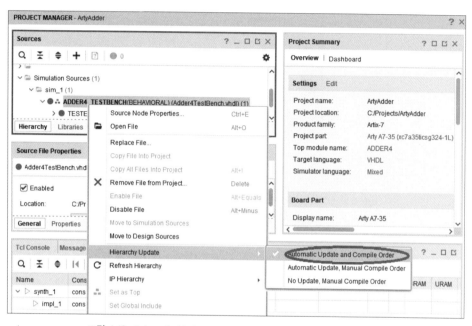

그림 4.19 Automatic Update and Compile Order 설정을 위한 메뉴 선택

8. **Run Simulation**을 클릭하고 시뮬레이션 모드 진입을 위해 **Flow Navigator**에서 **Run Behavioral Simulation**을 클릭한다. 편집기 파일이 저장되지 않았다면 해당 파일을 저장하도록 **Save**를 클릭한다. 이후 시뮬레이션이 실행될 것이다.

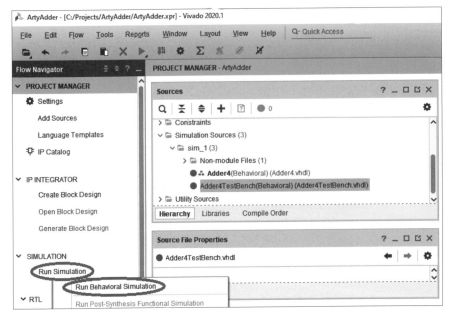

그림 4.20 행위 시뮬레이션 실행 메뉴 선택

9. **SIMULATION** 창이 열리면 **Untitled 1** 시뮬레이션 출력창에서 최대화 버튼을 클릭한다.

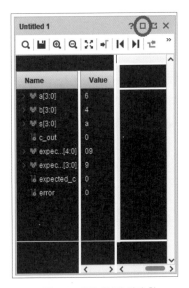

그림 4.21 시뮬레이션 결과 창

내부 반복문의 각 반복 시 최종 시뮬레이션 시간은 10ns이다. Adder4TestBench. vhdl 내 반복문에는 총 256번의 반복이 있으므로 시뮬레이션 총 수행 시간은 2560ns이다.

10. 위쪽 도구상자에서 시뮬레이션 실행 시간을 2560ns으로 설정(단계 1)하고, 왼쪽부터 재시작 버튼을 누른 뒤(단계 2), 재생버튼을 눌러 2560ns 동안 시뮬레이션을 실행(단계 3)하고, 마지막으로 '창에 맞춰 확대' 버튼을 눌러 시뮬레이션 출력 데이터 영역을 창에 맞춘다.

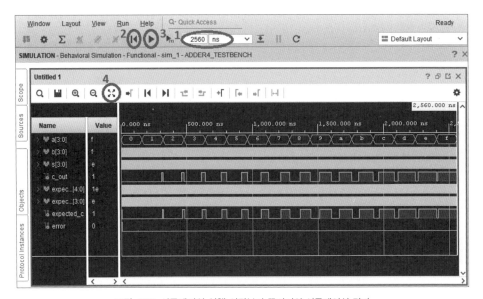

그림 4.22 시뮬레이션 실행 시작부터 끝까지의 시뮬레이션 결과

확대 아이콘을 사용해 트레이스의 특정 지점을 확대해 테스트 중 수행된 덧셈 연산 결과를 확인할 수 있다. 예를 들어 다음 그림은 십진수 6과 2가 더해져서 결과 값 8과 자리올림 0을 만드는 것을 보여준다. 이 값들은 기댓값과 일치하며 에러를 0으로 설정한다. 에러 신호는 256가지 모든 테스트에서 0이며, 이는 논리회로가 모든 테스트를 통과함을 나타낸다.

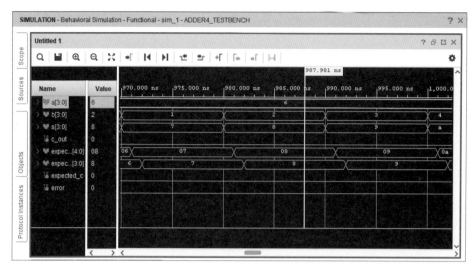

그림 4.23 시뮬레이션 결과를 확대한 화면

11. 데이터 트레이스 창 위의 파란색 **SIMULATION** 상자의 **X**를 클릭해 시뮬레이션 모드를 닫는다. 시뮬레이션을 닫기 원하는지 물으면 **OK**를 클릭한다.

행위 테스트를 통과했으니 설계에 사용된 입출력 신호를 정의하자.

입출력 신호 정의하기

다음 단계는 회로의 입출력을 Arty보드의 하드웨어 디바이스에 연결하는 것이다. 입력은 보드 스위치와 푸시 버튼이고 출력은 LED다.

다음 단계는 FPGA 디바이스에 사용할 입출력 핀과 Arty보드상의 핀에 연결된 기능을 나타내는 제약사항 파일을 생성할 것이다. 제약사항 파일은 'xdc' 확장자를 갖는다.

1. **Sources** 하위 윈도우에서 **Constraints**를 오른쪽 클릭하고 **Add Sources…**를 선택한다.

2. **Add Sources…** 창에서 **Add or create constraints**이 선택됨을 확인하고, **Next**를 클릭한다.

3. **Add or create constraints** 창에서 **Create File**을 클릭한다.

4. 파일 이름을 Arty-A7-100.xdc(디바이스에 따라 Arty-A7-35.xdc)로 입력하고 **OK**를 클릭한다.

5. **Finish**를 클릭해 **Add or create constraints** 창을 없앤다.

6. **Constraints** 소스 트리를 확장하고 **Arty-A7-100.xdc**를 더블클릭한다.

7. Digilent사는 Arty A7보드의 미리 정의된 제약사항 파일을 제공한다. https://raw.githubusercontent.com/ Digilent/digilent-xdc/master/Arty-A7-100-Master.xdc 전체 파일 내용을 복사해서 Vivado의 Arty-A7-100.xdc 편집기 창에 붙여넣자. Arty-A7-35를 사용 중이면 https://raw.githubusercontent.com/Digilent/digilent-xdc/master/Arty-A7-35-Master.xdc 내용을 복사한다.

8. 모든 입출력 핀은 기본적으로 제약사항 파일에 주석처리돼 있다. 각 줄의 시작에 있는 # 문자를 제거해 파일의 적절한 줄을 주석을 해제한다. Arty-A7-100.xdc 파일의 Switches, RGB LEDs(첫 번째 녹색 LED인 led0_g만 사용), LEDs, Buttons 섹션에 나열된 핀들을 사용할 것이다.

그림 4.24는 줄들이 주석 해제된 상태를 보여준다.

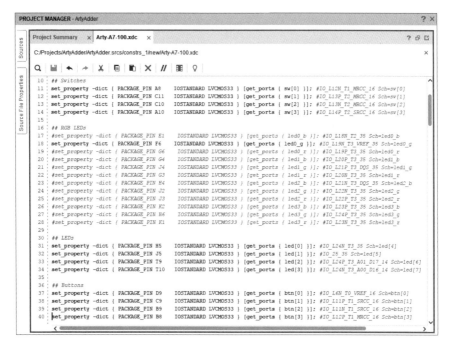

그림 4.24 제약사항 편집기 창

가산기 코드와 입출력 디바이스를 연결하는 최상위 VHDL 파일을 만들어 본다.

최상위 VHDL 파일 만들기

4비트 가산기와 보드 입출력 신호로 연결하는 최상위 VHDL 파일을 생성해본다.

1. **Sources** 하위 윈도우에서 **Design Sources**를 오른쪽 클릭하고 **Add Sources…**를 선택한다.

2. **Add Sources…** 창에서 **Add or create design sources**이 선택됨을 확인하고 **Next**를 클릭한다.

3. **Add or create design sources** 창에서 **Create File**을 클릭한다.

4. 파일 이름으로 'ArtyAdder.vhdl'를 입력하고 **OK**를 클릭한다.

5. **Finish**를 클릭해 **Add or create design sources** 창을 없애고 **Define Module** 창에서 **OK**를 클릭한 뒤, 이 값들의 사용여부를 묻는 질문에 **Yes**를 클릭한다.

6. **Design Sources** 밑의 **ArtyAdder.vhdl**를 더블클릭한다. ArtyAdder.vhdl 편집기 창에 자동으로 생성된 내용을 지우고 다음 코드를 ArtyAdder.vhdl 편집기 창에 입력한다.

```
-- Load the standard libraries

library IEEE;
  use IEEE.STD_LOGIC_1164.ALL;

entity ARTY_ADDER is
  port (
    sw : in STD_LOGIC_VECTOR (3 downto 0);
    btn : in STD_LOGIC_VECTOR (3 downto 0);
    led : out STD_LOGIC_VECTOR (3 downto 0);
    led0_g : out STD_LOGIC
  );
end entity ARTY_ADDER;

architecture BEHAVIORAL of ARTY_ADDER is
```

```
-- Reference the previous definition of the 4-bit adder

component ADDER4 is
port (
  A4 : in std_logic_vector(3 downto 0);
  B4 : in std_logic_vector(3 downto 0);
  SUM4 : out std_logic_vector(3 downto 0);
  C_OUT4 : out std_logic
);
end component;

begin
  ADDER : ADDER4
    port map (
      A4 => sw,
      B4 => btn,
      SUM4 => led,
      C_OUT4 => led0_g
    );

end architecture BEHAVIORAL;
```

코드는 Arty-A7-100.xdc 내 sw(4 스위치), btn(4 푸시 버튼), led(4 단일 컬러 LED), led0_g(첫 번째 다중 컬러 LED의 녹색 채널)로 이름지어진 입출력 디바이스 신호 이름을 ADDER4 입력과 출력으로 연결한다.

VHDL은 대소문자 구분을 하지 않지만, Vivado의 xdc 제약사항 파일 처리 시 대소문자 구분을 한다. xdc 파일에 정의된 입출력 디바이스 이름에 사용된 대소문자의 경우 VHDL 파일에 참조될 때와 반드시 같아야 한다. 특히 VHDL 내 입출력 신호 이름은 이 파일에서 모두 소문자인데, 이는 신호 이름들이 제약사항 파일에서 모두 소문자이기 때문이다.

이제 Arty 보드를 위한 설계를 합성 및 구현할 준비가 됐다.

FPGA 비트스트림 합성 및 구현하기

Vivado 메인 창의 **Flow Navigator**에서 선택하면 합성과 구현(배치 및 배선) 단계를 분리해 수행할 수 있다. 그렇지 않다면 **Generate Bitstream**을 선택해 Vivado가 모든 필요한 단계(사용자 명령없이 합성 및 구현 비트스트림 생성을 포함)를 수행할 것이다. 심각한 오류가 발생하면 이 과정은 멈추고 오류 메시지를 표시할 것이다. 비트스트림을 생성하기 위해 다음 단계를 수행한다.

1. **Generate Bitstream**을 클릭해 빌드 과정을 시작한다. 편집기를 저장하기를 원하는지 물어본다면 **Save**를 클릭한다. 사용 가능한 구현 결과가 없고 합성 및 구현을 시작해도 괜찮은지에 대한 질문에 **Yes**를 클릭한다.

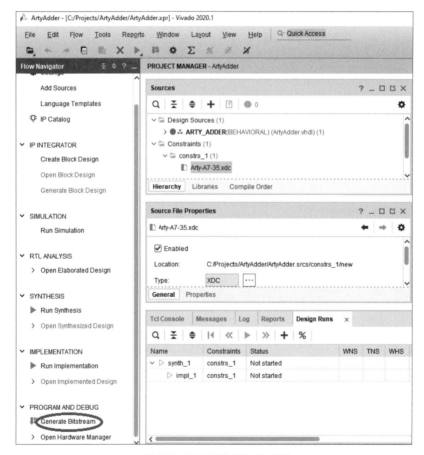

그림 4.25 비트스트림 생성 메뉴 선택

2. **Launch Runs** 창이 나타나면 **Number of jobs**에는 사용자 컴퓨터의 프로세서 코어의 개수까지 선택할 수 있다. 더 많은 코어를 사용하면 처리는 빠르지만 긴 빌드 처리 중 다른 작업으로 컴퓨터를 사용할 때 느려질 것이다. 빌드 시작을 위해 **OK**를 클릭한다.

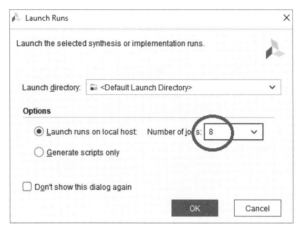

그림 4.26 실행 시작 창

3. 빌드 과정 중 Vivado는 메인 창의 오른쪽 상단에 상태를 표시할 것이다. 필요하다면 상태 표시 옆의 **Cancel**을 클릭해 빌드 처리를 취소할 수 있다.

그림 4.27 컴파일 상태 표시

4. 빌드 처리가 끝나고 치명적 오류가 없다면 **Bitstream Generation Completed** 창이 나타난다. 다른 옵션이 제공되지만, 비트스트림을 바로 Arty 보드에 다운로드할 것이다. **Open Hardware Manager**를 선택하고 **OK**를 클릭한다.

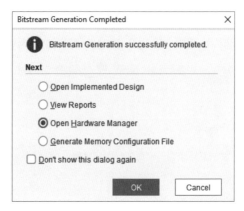

그림 4.28 비트스트림 완료 창

이제 비트스트림을 FPGA에 다운로드한다.

비트스트림을 보드에 다운로드하기

비트스트림을 Arty A7 보드에 다운로드하기 위해 다음 단계를 수행한다.

1. **HARDWARE MANAGER** 창이 나타나고 **No hardware target is open**가 표시된다.

2. Arty A7-35나 A7-100 보드를 USB 케이블을 사용해 컴퓨터에 연결한다. 보드가 인식될 동안 몇 초를 기다린 뒤 **Open target**을 클릭하고, **Auto Connect**을 클릭한다.

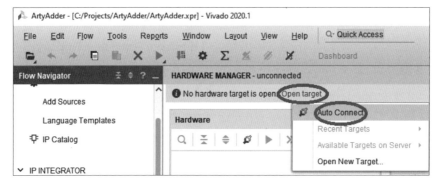

그림 4.29 대상 열기 및 자동 연결 선택

3. 몇 초 후 Vivado는 보드가 연결됐음을 나타낼 것이다. **Program device**을 클릭해 FPGA 비트스트림을 Arty 보드에 다운로드하자. 비트스트림 파일을 선택해야 한다. 예제와 같은 디렉토리 구조를 사용했다면, 비트스트림 파일은 'C:/Projects/ArtyAdder/ArtyAdder.runs/impl_1/ARTY_ADDER.bit'에 있을 것이다.

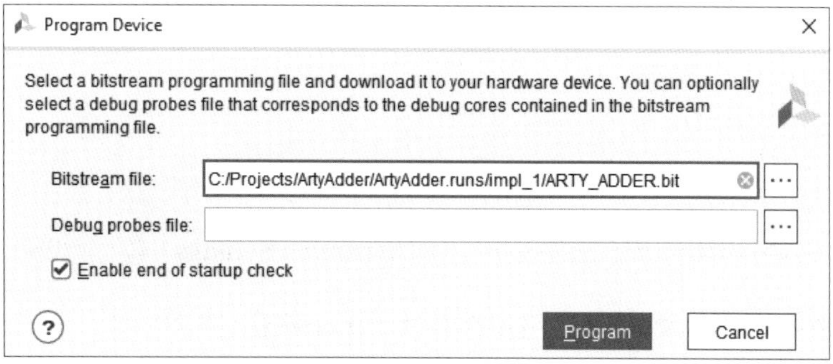

그림 4.30 디바이스 프로그램 창

4. **Program**을 클릭해 프로그램을 FPGA 디바이스에 다운로드하고 실행을 시작한다.

5. 이제 Arty 입출력 디바이스를 사용해 프로그램 동작을 테스트할 수 있다. 4개 스위치를 모두 off 위치에 배치하고(근처 보드 가장자리로 스위치를 옮기면 된다), 4개 푸시 버튼은 어떤 것도 누르지 않는다. 4개의 녹색 LED 모두 꺼져 있어야 한다.

6. 스위치를 켜거나 푸시 버튼을 누르면 해당하는 녹색 LED가 켜져야 한다. 어떤 조합의 스위치를 켜면서 어떤 개수의 푸시 버튼을 누르면 이에 해당하는 4비트 숫자를 더하고 결과를 LED에 표시할 것이다. 자리올림이 있다면(동시에 SW3을 켜고 BTN3을 누르면), 녹색 자리 올림 LED가 켜질 것이다.

여기서 수행된 프로그램 과정은 프로그램을 FPGA 램에 저장했다. FPGA 보드의 전원을 끄면, 프로그램 과정을 다시 반복해 프로그램을 재로딩해야 한다. 다음 절에서 설명하는 방법은 FPGA 설정 파일을 탑재된 플래시 메모리에 저장할 수 있다.

비트스트림을 탑재된 플래시 메모리에 프로그램하기

Arty 보드의 전원이 켜질 때마다 FPGA를 설정하기 위해 FPGA 설정 파일은 보드의 플래시 메모리에 저장돼야 한다. MODE 점퍼가 설치돼 있다면 FPGA는 전원이 켜질 때 탑재된 플래시 메모리에서 설정 파일을 다운로드하도록 시도할 것이다. 메모리는 Artix-7 FPGA 근처에 분리된 칩에 위치해 있다. 다음 단계를 수행해 설정 파일을 플래시 메모리에 프로그래밍한다.

1. Arty 보드에 **MODE** 점퍼가 설치되지 않았다면 설치한다.

2. **Generate Bitstream**을 오른쪽 클릭하고 **Bitstream Settings**⋯을 선택한다.

3. **Settings**창에서 **-bin_file** 옆의 상자를 체크하고 **OK**를 클릭한다.

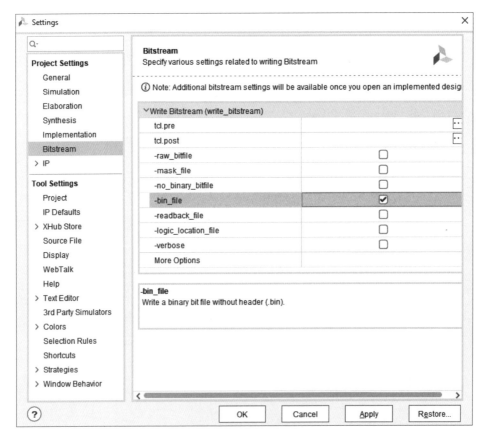

그림 4.31 비트스트림 설정 창

4. 메인 Vivado 창에서 **Generate Bitstream**을 클릭하고 비트스트림 생성 과정을 반복한다. **Bitstream Generation Completed** 창이 나타나면 **Cancel**을 클릭한다.

5. **Hardware** 창에서 FPGA 부품 번호(xc7a100t_0)를 오른쪽 클릭하고 **Add Configuration Memory Device⋯**를 선택한다.

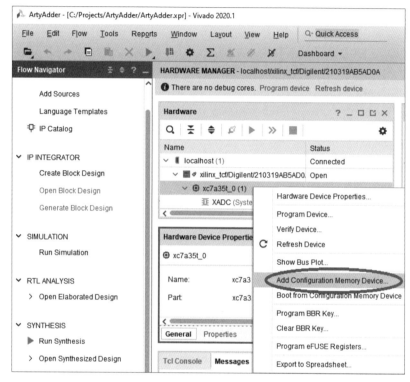

그림 4.32 설정 메모리 디바이스 추가 메뉴 선택

6. **Search** 상자에 s25fl127를 타이핑하면 일치하는 부품 빈호기 뜰 것이다. 해당 부품을 선택하고 **OK**를 클릭한다.

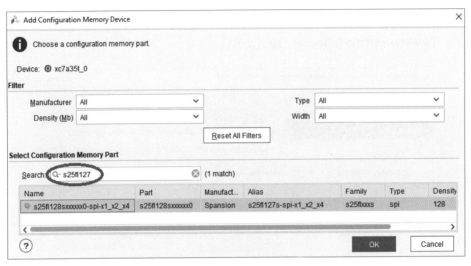

그림 4.33 설정 메모리 디바이스 추가 창

7. **Do you want to program the configuration memory device now?**라고 묻는 창이 나타나면 **OK**를 클릭한다.

8. **Program Configuration Memory Device** 창이 뜨면서 설정 파일이름을 요청할 것이다. **Configuration file**의 오른쪽 … 버튼을 클릭하고 **C:/Projects/ArtyAdder/ArtyAdder.runs/impl_1/ARTY_ADDER.bin**을 선택한 뒤 **OK**를 클릭한다.

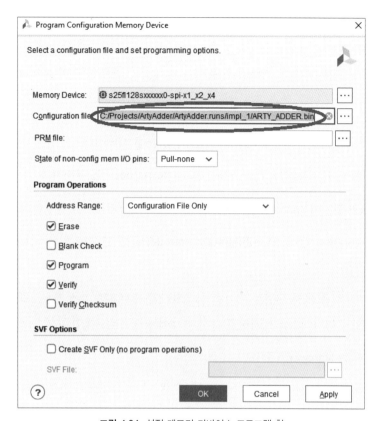

그림 4.34 설정 메모리 디바이스 프로그램 창

9. 프로그래밍 과정이 완료되는 데 몇 초가 걸린다. 파일이 보드 플래시 메모리에 프로그래밍 된 후 성공을 나타내는 메시지가 표시된다.

그림 4.35 플래시 프로그램 완료 창

보드 전원이 켜질 때마다 4비트 가산기 프로그램이 로딩되고 실행될 것이다. 프로그램이 설정 파일 로딩에 사용한 설정과 함께 로딩되려면 오래 걸린다. FPGA가 프로그램을 로드할 때 기다리는 시간을 피하기 위해 다음 단계를 수행해 설정 파일 로딩 속도를 개선한다.

1. **Flow Navigator**에서 **Open Synthesized Design**를 선택한다.

2. Vavido 메인 메뉴에서, **Tools/Edit Device Properties**…를 선택한다.

3. **General** 탭에서 **Enable Bitstream Compression**를 **TRUE**으로 설정한다.

4. **Configuration** 탭에서 **Configuration Rate (MHz)**를 33으로 설정하고 **OK**를 클릭한다.

5. 비트스트림을 다시 생성하고 이전 설명처럼 플래시 메모리에 프로그래밍하자. 설정 메모리 디바이스를 제거하고 다시 추가해야 재프로그래밍 옵션을 볼 수 있다.

6. **Hardware Manager**를 닫는다.

7. Arty 보드 USB 케이블을 뺐다가 다시 연결한다. 프로그램이 전원을 켤 때 거의 즉시 수행을 시작할 것이다.

FPGA 입출력 핀에서의 신호와 상호작용하는 간단한 조합 논리의 예를 설명했다. Vivado 도구 모음과 친숙해져 Vivado로 완전한 FPGA 개발 사이클을 수행하는 방법을 이해했길 기대한다.

⠿ 요약

실시간 임베디드 시스템 구조에서 FPGA의 효과적인 사용법으로 시작해 표준 FPGA 디바이스와 FPGA 디바이스가 포함하는 하위 수준 구성요소를 설명했다. HDL 및 블록 다이어그램 기법, C/C++와 같은 소프트웨어 프로그래밍 언어 등을 포함하는 다양한 FPGA 설계 언어를 알아봤다. FPGA 개발 과정의 개요와 요구사항 명세부터 저가

FPGA 개발 보드에서 구현한 기능적 시스템까지 FPGA 개발 사이클의 전체적인 예제를 살펴보며 마무리했다.

4장을 통해 FPGA가 실시간 시스템 구조에 효과적으로 적용될 수 있는 방법과 FPGA 직접 회로 안의 구성요소를 이해할 수 있다. FPGA 알고리듬 설계에 사용되는 프로그래밍 언어 및 FPGA 개발 과정의 일련의 단계를 깨닫게 된다.

5장은 FPGA 개발 과정을 확장해 FPGA를 포함한 실시간 임베디드 시스템 설계를 위한 전체적인 접근법을 알아본다. 고성능 임베디드 시스템인 디지털 오실로스코프의 프로토타입을 개발할 것이다. 프로토타입은 이후 예제로 사용될 것이다.

05

FPGA로 시스템 구현하기

FPGA로 시스템을 설계하고 구현하는 과정을 자세히 살펴본다. 먼저 프로그래밍 언어로 작성된 논리 설계를 실행 가능한 FPGA 구성으로 변환하는 FPGA 컴파일 소프트웨어 도구를 설명한다. FPGA 구현에 최적인 알고리듬 유형을 알아본 후 특정 임베디드 시스템 알고리듬이 기존 프로세서와 FPGA 중 어느 것을 사용하는 것이 적합한지 결정하는 접근방식을 제안한다. 이후 개발할 회로와 소프트웨어로 고속 디지털 오실로스코프를 구현하는 기본적인 FPGA 기반 프로세서 프로젝트를 단계별로 개발한다.

5장을 마치면 FPGA 컴파일 도구가 수행하는 처리 과정과 FPGA 구현에 최적인 알고리듬 유형을 이해할 수 있다. 그리고 FPGA 구현이 주어진 설계에 적합한 것인지 결정하는 방법을 배우고 고성능 처리 애플리케이션을 위한 실제 FPGA 시스템 개발 프로젝트를 경험할 수 있다.

5장은 다음 주제를 다룬다.

- FPGA 컴파일 과정
- FPGA 구현에 최적인 알고리듬 유형
- 오실로스코프 FPGA 프로젝트 시작

기술 요구사항

5장은 자일링스 Vivado와 Arty A7-100 개발보드를 사용한다. Vivado 다운로드 및 설치는 4장을 참고하자.

5장에 사용하는 파일은 다음 주소에서 다운로드할 수 있다.

https://github.com/PacktPublishing/Architecting-High-Performance-Embedded-Systems

FPGA 컴파일 과정

디지털 회로 모델 컴파일 과정은 VHDL이나 Verilog와 같은 하드웨어 명세 언어로 회로 동작을 명세하는 것으로 시작하며, 출력으로 회로 구현을 생성해 FPGA에 다운로드하고 실행 가능하도록 한다. 합성 과정을 수행하는 소프트웨어 도구 모음을 보통 **실리콘 컴파일러** 혹은 **하드웨어 컴파일러**라고 한다.

FPGA 컴파일은 합성, 배치, 배선 등 3단계로 진행된다. 4장, 'FPGA 프로그램 개발 시작하기'에서 세 단계를 설명했다. 5장에서는 이 단계를 수행하는 소프트웨어 도구는 정교한 알고리듬 모음을 구현해 소스코드로 정의된 회로를 정확하게 구현하는 최적화된 FPGA 구성을 만든다.

컴파일 과정을 시작하기 전에 보통 VHDL이나 Verilog 언어 파일로 회로의 완전한 명세를 만드는데, 이 단계를 설계 엔트리라고 한다.

설계 엔트리

4장, 'FPGA 프로그램 개발 시작하기'의 예제로 사용했던 4비트 가산기 회로를 계속 사용한다. 예제의 목적은 전통적인 소프트웨어 개발과 유사하게 주어진 문제를 하드웨어 명세 언어로 푸는 여러 방법이 있음을 보이는 것이다. 앞으로 살펴보겠지만, 더 최적화되고 정교한 디자인을 만들기보다 개발자에게 명확하고 이해하기 쉬운 방법으로 구현하는 편이 좋다. 이어서 VHDL언어의 새로운 구조를 소개한다.

4장, 'FPGA 프로그램 개발 시작하기'의 'VHDL 소스 파일 만들기' 절에서 살펴본 Adder4.vhdl 코드를 보면 각 전가산기의 자리올림 출력(C_OUT이름의 신호)은 다음 전가산기의 입력(C_IN이름의 신호)으로 사용된다. **리플 캐리 가산기**ripple carry라고 하는 구성으로 가장 낮은 가산기의 자리올림이 더 높은 자리의 가산기로 전파되는데, 1이 이진수 1111에 더해지면 동작이 발생하는 것을 예로 들 수 있다. 따라서 가산기와 상호작용하는 회로는 가산기에 입력을 제공한 뒤 최대 전파 지연 시간 동안 기다려야 안정적으로 가산기의 출력을 읽을 수 있다.

더 높은 수준의 추상화에서 문제를 바라보면, 다른 방식으로 같은 계산 결과를 만들어내는 구현을 찾을 수 있다. FullAdder.vhdl에서 했던 것처럼 AND나 OR, XOR 연산자와 같이 덧셈 연산을 수행하는 논리 연산의 정확한 집합을 지정하는 대신, 두 4비트 값을 연결해 구성한 8비트 입력을 사용하고 4비트 합계와 1비트 자리올림으로 구성된 출력을 만드는 룩업 테이블LUT, Lookup table을 생성할 수도 있다.

다음 코드는 테이블이 VHDL로 어떻게 표현되는지 보여준다.

```
-- Load the standard libraries

library IEEE;
  use IEEE.STD_LOGIC_1164.ALL;

-- Define the 4-bit adder inputs and outputs

entity ADDER4LUT is
  port (
    A4 : in std_logic_vector(3 downto 0);
    B4 : in std_logic_vector(3 downto 0);
```

```vhdl
      SUM4 : out std_logic_vector(3 downto 0);
      C_OUT4 : out std_logic
    );
end entity ADDER4LUT;

-- Define the behavior of the 4-bit adder

architecture BEHAVIORAL of ADDER4LUT is

begin

  ADDER_LUT : process (A4, B4) is

    variable concat_input : std_logic_vector(7 downto 0);

  begin

    concat_input := A4 & B4;

    case concat_input is

      when "00000000" =>
        SUM4 <= "0000"; C_OUT4 <= '0';
      when "00000001" =>
        SUM4 <= "0001"; C_OUT4 <= '0';
      when "00000010" =>
        SUM4 <= "0010"; C_OUT4 <= '0';
      .
      .
      .
      when "11111110" =>
        SUM4 <= "1101"; C_OUT4 <= '1';
      when "11111111" =>
        SUM4 <= "1110"; C_OUT4 <= '1';
      when others =>
        SUM4 <= "UUUU"; C_OUT4 <= 'U';

    end case;

  end process ADDER_LUT;

end architecture BEHAVIORAL;
```

코드의 ⋯ 부분은 256 테이블 엔트리 중 250개가 생략됐음을 나타낸다.

코드의 Case 구문은 process 구문으로 감싸여 있다. process 구문은 병렬적으로 실행되는 구문의 일반적 VHDL 구조에 순차적으로 실행되는 구문의 집합을 삽입하는 방식을 제공한다. process 구문은 신호의 상태가 변경될 때마다 process 구문을 실행시키는 신호를 식별하는 민감도 리스트(예제에서 A4와 B4를 포함)를 포함한다.

process 구문이 순차적으로 실행하는 구문들의 집합을 포함하더라도 process 구문 자체는 민감도 리스트에서의 신호 변화에 따라 구문 실행이 시작되면 설계 내 다른 병렬 구문들과 함께 병렬적으로 수행되는 병렬 구문이다. 같은 신호가 process 안에서 다른 값으로 여러 번 할당되면 마지막 구문만 유효하다.

case 구문의 마지막에 when others 조건이 포함돼야 하는 이유를 알아보자. 0과 1의 모든 가능한 256 조합이 when 조건에서 다뤄지더라도, VHDL std_logic 데이터 유형은 초기화되지 않은 입력을 포함하는 다른 신호 조건의 나타낼 수 있다. when others 조건은 0이나 1 이외의 값을 포함하는 모든 입력에 대해 가산기의 출력을 알 수 없는 값으로 반환한다. 이것은 어떤 입력을 논리 요소로 연결하는 것을 잊었거나 입력으로 초기화되지 않은 값 혹은 부적절한 값을 사용할 때 시뮬레이션 수행 시 경고를 줄 수 있는 방어적 코딩의 형태다.

이런 규칙과 동작이 전통적인 프로그래밍 언어에 익숙한 사람들은 낯설 텐데, VHDL 설계를 구현하고 테스트할 때 기대한 것처럼 동작하지 않은 혼란스런 경험을 하게 될 것이다. VHDL에서는 순차적으로 실행되는 알고리듬이 아닌 병렬적으로 동작하는 디지털 로직을 정의한다는 점을 명심해야 한다. 또한 FPGA에서 코드를 수행하기 전에 완전하게 회로 동작을 시뮬레이션하고 적절히 동작하는지 반드시 확인해야 한다.

다시 예제로 돌아가자. 4비트 가산기 설계에 256 원소를 갖는 룩업 테이블을 포함하는 것이 더 합리적일 수 있지만, 추가해야 할 데이터 워드가 16 혹은 32, 64비트로 구성된 경우 룩업 테이블의 크기를 관리하기가 매우 어렵다. 큰 룩업 테이블을 사용하는 대신 일반적인 디지털 가산기 회로는 리플 캐리 가산기보다 더 정교한 로직인 자리올림 예측 가산기^{carry look-ahead adder}를 사용해 실행 속도를 개선한다. 자리올림 예측 가산기는 자리올림 전파를 예측하는 로직을 포함해 최종 결과 생성 시간을 줄인다.

5장은 자리올림 예측 가산기 구조를 자세히 다루지 않지만 VHDL 언어는 덧셈 연산자를 포함하며 덧셈 연산자를 사용하는 구현은 대상 FPGA 모델에 매우 최적화된 것으로 예상할 수 있다. 다음 코드는 덧셈 연산을 수행하기 위해 게이트 수준의 단일 비트 가산기 집합이나 룩업 테이블을 사용하지 않고 네이티브 VHDL 덧셈 연산자를 사용하는 4비트 가산기다.

```vhdl
-- Load the standard libraries

library IEEE;
  use IEEE.STD_LOGIC_1164.ALL;
  use IEEE.NUMERIC_STD.ALL;

-- Define the 4-bit adder inputs and outputs

entity ADDER4NATIVE is
  port (
    A4 : in std_logic_vector(3 downto 0);
    B4 : in std_logic_vector(3 downto 0);
    SUM4 : out std_logic_vector(3 downto 0);
    C_OUT4 : out std_logic
  );
end entity ADDER4NATIVE;

-- Define the behavior of the 4-bit adder

architecture BEHAVIORAL of ADDER4NATIVE is

begin

  ADDER_NATIVE : process (A4, B4) is

    variable sum5 : unsigned(4 downto 0);

  begin

    sum5 := unsigned('0' & A4) + unsigned('0' & B4);

    SUM4 <= std_logic_vector(sum5(3 downto 0));
    C_OUT4 <= std_logic(sum5(4));

  end process ADDER_NATIVE;
```

```
   end architecture BEHAVIORAL;
```

예제는 부호 있는 정수와 부호 없는 정수와 같은 숫자 자료형을 사용하기 위해 IEEE. NUMERIC_STD 패키지와 논리 데이터형을 정의한 IEEE.STD_LOGIC_1164를 포함한다. 예제 코드는 std_logic_vector 데이터형에서 unsigned 정수형으로 유형을 변환하고 숫자값을 사용해 A4와 B4의 5bit 길이 합계인 중간 값 sum5를 계산한다. 더해지는 각 숫자는 구문 '0' & A4를 사용해 단일 비트 0을 숫자 앞에 붙여 4비트에서 5비트로 확장된다. 부호 없는 결과는 다시 4비트 std_logic_vector 결괏값 SUM4와 단일 비트 std_logic 자리올림 출력 C_OUT4로 변환된다.

연속된 VHDL 예제들을 요약해보자. 4비트 가산기 회로를 위한 3개의 다른 구현을 살펴봤다. 첫 번째는 4개의 단일 비트 가산기 논리회로의 집합을 사용했고, 두 번째는 주어진 입력에 대한 결과를 간단히 찾아서 출력을 생성하는 룩업 테이블, 마지막으로 네이티브 VHDL 덧셈 연산자를 사용했다. 다소 부자연스러운 예제이지만 어떤 알고리듬이라도 VHDL이나 다른 하드웨어 명세 언어를 사용해 다양한 방식으로 표현될 수 있음은 명확하다.

설계 엔트리가 끝났으므로 로직 합성을 수행해보자.

로직 합성

중간 혹은 높은 복잡성을 가진 FPGA 회로는 보통 조합논리(4장, 'FPGA 프로그램 개발 시작하기'의 예제 프로젝트 주제였던)와 순차논리로 구성된다. 조합 논리 회로의 출력은 덧셈 연산 수행을 위해 사용한 Arty A7 보드의 여러 스위치와 푸시 버튼 입력 조합들처럼 주어진 시점의 입력에만 의존한다.

반면 순차회로는 미래 연산에 영향을 주는 과거 연산의 결과를 나타내는 상태 정보를 유지한다. 회로 혹은 회로의 기능적 부분집합 내 순차논리는 대부분 공유된 클럭 신호를 사용해 조정된 데이터 저장 요소의 업데이트를 시작한다. 클럭 신호로 이 업데이트는 동시에 일어나며 클럭 주파수로 정의된 정기적인 간격으로 발생한다. 공용 클럭 신호를 기반으로 상태 정보를 업데이트하는 순차 논리 회로를 동기적 순차 논리^{synchronous}

sequential logic라고 한다. 더 정교한 디지털 회로는 조합 및 동기적 순차 논리로 구성된 하위 수준 구성요소들의 계층적 정렬로 나타날 수 있다.

FPGA 디바이스는 보통 룩업 테이블을 사용해 조합논리를 구현하며, 룩업 테이블은 작은 램을 사용해 논리 게이트 구성의 출력을 나타낸다. 일반적인 6 입력 룩업 테이블에서 램은 4개의 단일 비트 엔트리들을 포함하고, 각 엔트리는 입력 값의 가능한 한 가지 조합에 대한 단일 비트 회로 출력을 포함한다. 그림 5.1은 간단한 룩업 테이블의 입력과 출력을 보여준다.

그림 5.1 6 입력 룩업 테이블

더 복잡한 조합회로는 여러 룩업 테이블을 병렬 혹은 순차로 조합해서 구성할 수 있다. 합성 도구는 이 단계를 자동으로 수행한다.

FPGA는 플립플롭이나 블록 램, 분산 램을 사용해 상태 정보를 저장한다. 룩업 테이블과 상태 정보를 포함하는 구성요소는 실리콘 컴파일러가 복잡한 회로 설계를 구성하는 원재료를 형성한다.

클럭 신호는 디지털 신호에서 동기적 순차 논리의 동작을 구동한다. 일반적인 FPGA 설계에서, 여러 클럭 신호들이 각 신호를 사용하는 기능에 따라 다른 주파수들로 정의될 것이다. FPGA 내부 클럭 신호는 수백 MHz의 주파수로 고속 동작을 구동할 것이다. 이더넷 인터페이스나 DDR3 램과 같은 외부 주변장치의 인터페이스를 구동하는 다른 클럭 신호는 외부 하드웨어의 요구사항에 적합한 주파수를 갖는다. FPGA은 일반적으로 다양한 사용을 위한 여러 클럭 주파수를 생성하는 클럭 생성 하드웨어를 포함한다.

벤더가 제공하는 FPGA 개발 도구를 사용해 시스템 설계자는 일반적으로 VHDL이나 Verilog로 논리회로를 정의하고, 입출력 인터페이스와 타이밍에 관련된 회로 클럭 요구 사항과 제약사항을 나타내는 정보를 제공한다. 이후 벤더가 제공하는 컴파일 도구는 합성 및 배치, 배선을 수행한다.

FPGA 합성에 관련된 가장 중요한 부분은 타이밍 제약사항을 만족하면서 구현에 의해 소비되는 FPGA 자원의 양을 최소화하는 데 중점을 두는 것이다. 자원 소비를 최소화해 도구는 더 작고 저가인 디바이스로 구현되며 좀더 복잡한 설계가 가능하다. 이어서 설계 최적화 과정의 특징을 알아본다.

설계 최적화

합성 및 구현, 배선 중 발생하는 가장 중요한 과정은 회로 성능의 최적화다. 최적화 과정은 자원 사용 최소화 및 최대 성능 달성(최대 클럭 속도 및 최소 전파 지연 측면), 전력 소비 최소화를 포함하는 목표가 여러 가지가 있다.

적절히 선택된 제약사항을 사용해 (5장 후반부) 설계자는 개발 중 시스템에 가장 적합한 목표에 대한 최적화 과정에 집중할 수 있다. 예를 들어 배터리 전원 시스템은 전력 소모에 가장 민감하고 최대 성능 달성에 덜 민감하다.

이런 도구가 최적화를 수행하면 도구 기능에 친숙하지 않은 사용자는 놀라움을 느낀다. VHDL 코드로 배치한 방식과 유사한 회로를 구현하는 데만 국한되지 않는다는 도구라는 점을 반드시 이해해야 한다. 이때 구현된 회로 기능이 입출력 관점에서 코드에 나타난 설계와 똑같은 동작이 보장돼야 한다.

요구사항을 충족시켜야 한다는 점을 염두에 두고, 예제에서 살펴본 3가지 형태의 4비트 가산기 회로 설계를 비교해본다. 성능(최대 전파 지역 측면에서) 및 자원 사용률(사용된 룩업 테이블 개수), 밀리와트 단위의 전력 소모를 살펴보자. 이전에 살펴본 네이티브 VHDL 덧셈 연산자를 사용한 4비트 가산기를 사용할 것이다.

먼저 Arty-A7-100.xdc 제약사항 파일의 끝에 다음의 코드 두 줄을 추가해야 한다.

```
create_clock -period 10 -name virtual_clock
set_max_delay 12.0 -from [all_inputs] -to [all_outputs]
```

create_clock 구문은 가상의 클럭을 생성하고, 생성된 가상 클럭은 virtual_clock이라는 이름으로 10ns의 구간을 갖는다. 보드 회로가 실제 클럭 신호를 갖지 않고 Vivado는 타이밍 분석을 위해 기준 클럭이 필요하므로 이 설정이 필요하다. set_max_delay 구문은 FPGA 구현의 허용 가능한 최대 전파 지연이 입력과 출력 사이에 12ns임을 나타내는 제약사항을 정의한다. 전파가 12ns 이하가 돼야 한다는 실제 요구사항은 없지만 제약은 사용하는 FPGA 디바이스의 능력 안에 있으므로 이 제약을 선택했다.

다음 단계를 수행해 설계를 구현해보자.

1. 이전 변경사항을 XDC 파일에 저장한다.

2. **Run Implementation**을 선택한다. 변경된 제약사항을 통합하기 위해 필요한 합성 단계를 다시 실행할 것인지 물어볼 것이다.

3. 구현이 완료되면 **Open Implemented Design**를 선택한다.

4. 메인창 우측 상단 근처의 드롭다운 리스트에서 **Timing Analysis**을 선택한다.

5. **Project Summary**을 클릭하고 창을 최대화한다.

6. 아래로 스크롤해서 **Timing** 및 **Utilization**, **Power** 요약을 살펴본다.

그림 5.2는 **Timing** 및 **Utilization**, **Power** 요약의 주요 항목을 강조한다.

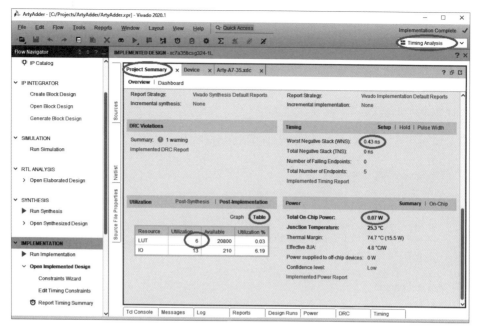

그림 5.2 타이밍 및 사용률, 전력 요약

화면에서 0.43ns의 최악 부 여유$^{WNS, Worst Negative Slack}$ 시간을 보여준다. 수치적으로 이 값은 최대 지연 제약사항인 12ns에 비해 설계에서 가장 큰 한계^{marginal} 전파 경로를 나타 낸다. WNS가 양수이므로 모든 타이밍 제약사항은 충족됐다. 회로의 실제 최악 전파 지 연은 제약사항(12ns)에서 WNS(0.43ns)을 뺀 11.57ns이다.

사용률 요약은 룩업 테이블과 입출력 핀 측면에서 FPGA 자원 소비를 표시한다. **Table** 을 클릭해 사용된 각 아이템의 개수를 표시하자. 이 설계는 6개의 LUT를 소비하고, 13 개의 입출력 핀을 사용한다(4개의 스위치와 4개의 버튼, 4개의 녹색 LED, 1개의 다중컬러 LED). **Power** 요약은 설 계가 0.07W 전력을 소비함을 나타낸다.

설계 소스 파일인 Adder4LUT.vhdl와 Adder4Native.vhdl를 프로젝트에 아직 추가하 지 않았다면 지금 추가하자. 4비트 가산기 정의를 5장 앞에서 설명했던 각 모델의 소스 코드를 포함하는 각 파일에 삽입하자. Adder4LUT.vhdl 모델에서 case 구문의 코드가 매우 길고 반복적이므로 선호하는 프로그래밍 언어를 사용해 case 구문의 텍스트 내용 을 생성해야 한다.

ArtyAdder.vhdl 파일의 두 줄을 변경해 세 가지 설계 간 가산기 구현을 전환할 수 있다. 다음 예제 코드는 4비트 가산기 구현을 `ADDER4NATIVE`로 선택하기 위해 변경된 두 줄을 포함한 ArtyAdder.vhdl의 architecture 부분을 보여준다.

```
architecture BEHAVIORAL of ARTY_ADDER is

  -- Reference the previous definition of the 4-bit adder

  component ADDER4NATIVE is
    port (
      A4 : in std_logic_vector(3 downto 0);
      B4 : in std_logic_vector(3 downto 0);
      SUM4 : out std_logic_vector(3 downto 0);
      C_OUT4 : out std_logic
    );
  end component;

begin

  ADDER : ADDER4NATIVE
    port map (
      A4 => sw,
      B4 => btn,
      SUM4 => led,
      C_OUT4 => led0_g
    );

end architecture BEHAVIORAL;
```

코드 두 줄을 바꾸고 합성과 구현을 다시 실행한 후 타이밍과 사용률, 전력 요약란을 보자. 세 가지 가산기 설계를 변경하며 측정한 결과가 다음 표에 나와있다.

가산기 유형	최대 지연(ns)	LUT 사용률	전력 소모(W)
Adder4	11.708	6	0.07
Adder4Native	11.57	6	0.07
Adder4LUT	11.638	7	0.07

결과를 통해 세 가지의 설계 변형들은 4비트 덧셈 연산을 정의하기 위해 매우 다른 접근법을 기반으로 한다. 상당히 다른 소스코드 양이 필요하지만, 각 설계의 최적화된 형태는 성능과 자원 사용률 측면에서 매우 유사한 FPGA 구현임을 확인할 수 있다.

이 분석은 개발자가 전체적으로 복잡하고 매우 최적화된 설계를 배치하려고 많은 노력을 쏟는 것보다 이해하기 쉽고 유지보수가 가능하다. 기능적으로 정확한 설계를 만드는 것이 중요함을 보여준다. 최적화는 컴파일 도구에게 맡기자. 컴파일 도구는 최적화에 매우 능숙하다.

설계 엔트리를 위한 다른 방법인 상위 수준 합성을 알아본다.

상위 수준 합성

지금까지의 예제들은 VHDL 코드 기반 회로 설계들로 구성됐다. 4장, 'FPGA 프로그램 개발 시작하기'의 'FPGA 구현 언어'절에서 설명한 것처럼, C나 C++와 같은 전통적인 프로그래밍 언어를 사용해 FPGA 설계를 구현할 수 있다.

다른 언어들도 상위 수준 합성에 사용 가능하지만, 여기서는 C와 C++에 중점을 둔다. 자일링스의 상위 수준 합성 도구는 Vitis HLS라고 하는 통합 개발 환경에서 사용가능하다. Vivado와 같이 Vitis를 설치했다면 데스크톱의 Vitis 아이콘을 더블클릭해서 시작한다.

C나 C++언어의 대부분 기능들을 Vitis HLS에서 사용할 수 있지만 명심해야 할 제약이 있다.

- 동적 메모리 할당이 허용되지 않는다. 모든 데이터 항목은 자동(스택 기반) 값이나 정적 데이터로 할당돼야 한다. 힙heap메모리 사용에 의존하는 모든 C 나 C++ 기능이 사용 불가능하다.

- 운영체제 존재를 가정하는 라이브러리 함수들은 사용 불가능하다. 파일 읽기나 쓰기가 없고, 콘솔을 통한 사용자와의 상호작용도 불가능하다.

- 재귀함수 호출이 허용되지 않는다.

- 일부 형태의 포인터 변환이 금지된다. 함수 포인터는 허용되지 않는다.

표준 C/C++에서 원시적으로 사용가능하지 않지만 Vitis HLS에서는 사용할 수 있는 중요한 기능이 있다. 임의 정확도 정수 및 고정 소수점 수 지원 기능이다. 고정 소수점 수는 데이터 비트 내의 고정된 위치에 소수점을 배치해 분수를 표현할 수 있는 정수다. 예를 들어 2번째 최하위 비트 앞에 소수점을 갖는 16비트 고정소수점 수는 1/4의 해상도를 갖는다. 이 포맷에서 4642.25는 이진수 `01001000100010.01`로 표현된다.

상위 수준 합성에 친숙해지기 위해 Vitis HSL에서 C++를 사용해 4비트 가산기를 구현해보자. 다음 단계를 따라해본다.

1. Vitis HLS 아이콘을 더블클릭해 애플리케이션을 실행한다.

2. Vitis 메인창에서 **Create Project**을 클릭한다.

3. 프로젝트 이름에 'ArtyAdder4HLS'를 입력하고 위치를 C:\Projects로 설정한 후 **Next**를 클릭한다.

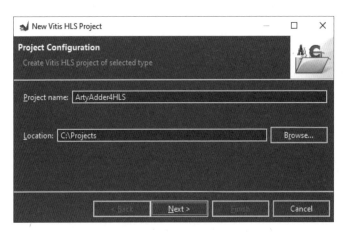

그림 5.3 Vitis HLS 프로젝트 구성 창

4. **Top Function**에 ArtyAdder4HLS를 설정하고 **Next**를 클릭한다.

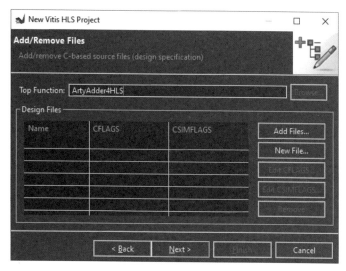

그림 5.4 Vitis HLS 추가/삭제 파일 창

5. **Next**를 클릭해 **Add/remove C-based testbench files** 창을 넘긴다.

6. **Solution Name**에 ArtyAdder4HLS를 입력하고 **Finish**를 클릭한다.

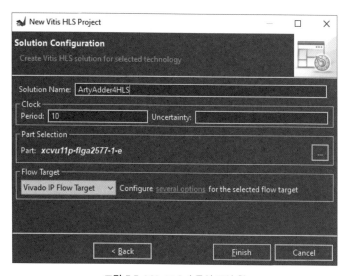

그림 5.5 Vitis HLS 솔루션 구성 창

7. Vitis **Explorer** 하위 창에서 **Source**를 오른쪽 클릭하고 **New Files…**을 선택한다. 이름에 ArtyAdder4HLS.cpp를 입력하고 C:\Projects\ArtyAdder4HLS에 저장한다.

8. ArtyAdder4HLS.cpp 파일에 다음 코드를 입력한다.

```
#include <ap_int.h>

void ArtyAdder4HLS(ap_uint<4> a, ap_uint<4> b,
    ap_uint<4> *sum, ap_uint<1> *c_out)
{
  unsigned sum5 = a + b;

  *sum = sum5;
  *c_out = sum5 >> 4;
}
```

9. ap_uint<> 데이터 유형은 괄호 안에 표시된 비트 개수를 갖는 임의 정확도 부호 없는 정수다. 함수 본문의 C++ 구문이 Adder4Native 버전의 4비트 가산기 구문과 거의 유사함을 알 수 있다.

10. 아이콘 리본 안의 녹색 삼각형을 클릭해 합성 과정을 시작한다. 프롬프트 창이 뜨면 편집기 파일을 저장하기 위해 **Yes**라고 한다.

Vitis HLS는 Verilog와 VHDL 버전의 모델을 생성한다. 그림 5.6처럼 Vitis Explorer의 ArtyAdder4HLS를 확장하고 ArtyAdder4HLS.vhd를 더블클릭해 해당 파일을 편집기에 연다.

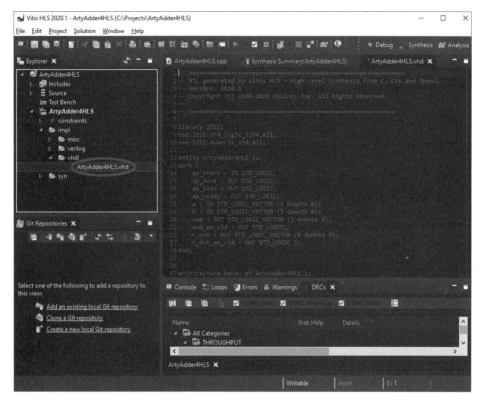

그림 5.6 ArtyAdder4HLS.vhd 파일 내용

Vitis HLS은 제어 입력(ap_start)과 상태 출력(ap_done, ap_idle, sum_ap_vld, c_out_ap_vld)을 4비트 가산기를 위해 정의한 입력과 출력 리스트에 추가한다. 신호들은 예제의 회로와는 관련이 없고, 순수하게 조합논리를 포함한다.

ArtyAdder4HLS.vhd 파일을 ArtyAdder 프로젝트의 VHDL 파일을 포함하는 폴더에 복사한다(C:\Projects\ArtyAdder\ArtyAdder.srcs\sources_1\new). 해당 파일을 프로젝트에 추가하고, ArtyAdder4HLSWrapper.vhdl 이름의 새로운 파일을 생성하고 다음 코드를 입력한다.

```
-- Load the standard libraries

library IEEE;
  use IEEE.STD_LOGIC_1164.ALL;
  use IEEE.NUMERIC_STD.ALL;
```

```vhdl
-- Define the 4-bit adder inputs and outputs

entity ADDER4HLSWRAPPER is
  port (
    A4 : in std_logic_vector(3 downto 0);
    B4 : in std_logic_vector(3 downto 0);
    SUM4 : out std_logic_vector(3 downto 0);
    C_OUT4 : out std_logic
  );
end entity ADDER4HLSWRAPPER;

-- Define the behavior of the 4-bit adder

architecture BEHAVIORAL of ADDER4HLSWRAPPER is

  component ARTYADDER4HLS is
    port (
      AP_START : in std_logic;
      AP_DONE : out std_logic;
      AP_IDLE : out std_logic;
      AP_READY : out std_logic;
      A : in std_logic_vector(3 downto 0);
      B : in std_logic_vector(3 downto 0);
      SUM : out std_logic_vector(3 downto 0);
      SUM_AP_VLD : out std_logic;
      C_OUT : out std_logic_vector(0 downto 0);
      C_OUT_AP_VLD : out std_logic
    );
  end component;

  signal c_out_vec : std_logic_vector(0 downto 0);

begin

-- The carry input to the first adder is set to 0
ARTYADDER4HLS_INSTANCE : ARTYADDER4HLS
  port map (
    AP_START => '1',
    AP_DONE => open,
    AP_IDLE => open,
    AP_READY => open,
    A => A4,
    B => B4,
    SUM => SUM4,
```

```
      SUM_AP_VLD => open,
      C_OUT => c_out_vec,
      C_OUT_AP_VLD => open
   );


   C_OUT4 <= c_out_vec(0);

 end architecture BEHAVIORAL;
```

코드에서 ARTYADDER4HLS_INSTANCE의 사용하지 않는 입력은 1로 설정하고 사용하지 않는
출력은 open으로 설정한다(이는 신호가 연결되지 않았음을 의미한다).

설계에 대한 구현을 마친 후, 설계 최적화 절의 표에 C++ HLS 버전의 4비트 가산기에
관한 파라미터를 추가할 수 있다.

가산기 유형	최대 지연(ns)	LUT 사용률	전력 소모(W)
Adder4	11.708	6	0.07
Adder4Native	11.57	6	0.07
Adder4LUT	11.638	7	0.07
Adder4HLS	11.485	6	0.07

표에서 C++버전의 4비트 가산기가 최소 전파 지연 및 최소 자원 사용 측면에서 최고 성
능을 보여준다. HDL로 직접 코딩한 것이 더 좋은 성능을 보일 것이라고 추측했다면 결
과를 보고 놀랄 수 있다. 물론 설계는 매우 간단한 예제이고, 비슷한 결과가 매우 복잡한
설계에서도 항상 발생한다고 가정하긴 어렵다. 하지만 비슷한 결과가 발생할 수도 있다.

최적화와 제약사항

보통 특정 모델의 FPGA에서 많은 양의 자원이 사용가능할 때 특정 논리회로 소스코드
정의를 엄청나게 많은 방식으로 구현할 수 있다. 각각의 변형은 같은 방식으로 회로의
논리적 기능을 실행하지만, 각 구현은 여러 측면에서 다르다. 더 많은 FPGA 자원을 사
용하는 구성도, 더 적게 사용하는 구성도 있다. 또한 전파 지원이나 달성가능한 클럭 속

도 측면에서 더 빠르지만 더 느린 구성도 있다. 더 많은 전력을 소비하는 것도, 적은 전력을 소모하는 구성도 있다. 주어진 FPGA에서 특정 회로가 구현되는 모든 가능한 방식들 중 도구는 구현할 구성을 어떻게 선택해야 할까?

기본적으로 Vivado 도구는 가장 느린 경로를 갖는 신호의 전파 시간을 최소화해 타이밍을 최적화하는 것에 가장 높은 우선순위를 둔다. 두 번째 최적화 목표는 면적(FPGA 자원 사용 측면에서)을 최소화하고 전력 소모를 최소화하는 것이다. 고급 사용자들을 위해 최적화 목표의 우선순위를 조정하고 실행 시간 측면에서 최적 설계를 찾기 위한 노력을 조정하기 위해 사용 가능한 구성 옵션들이 있다. 많은 수의 가능한 구성들이 주어지면, 도구가 모든 구성을 평가할 수 없다. 일반적으로 최적화 과정의 결과는 최고의 구성은 아닐 수 있다. 대신 이 결과는 명세서를 만족하고 성능 지표 측면에서 최고의 설계와 유사한 설계다.

실제 FPGA 설계는 최적화 과정에서 제약사항이 필요하다. 한 가지 분명한 제약사항 종류로는 신호를 위한 입출력 핀 선택이다. 특정 신호가 특정 핀에 연결돼야 함을 알려줌으로써, 합성과 구현 과정은 해당 주어진 핀에 연결된 해당 신호를 갖는 구성만 고려하도록 해야 한다. FPGA 로직이 사용하는 모든 입출력 신호는 반드시 입출력 핀 제약사항을 가져야 한다. FPGA와 외부회로 간 인터페이스를 정의하는 제약사항이다.

기본적인 종류의 다른 제약사항은 타이밍과 관련 있다. 동기적 순차 논리를 구현하는 FPGA 설계에서 회로의 적절한 동작은 플립플롭 기반 레지스터의 안정적 동작에 의존한다. 플립플롭은 클럭 기반 디바이스다. 즉 플립플롭은 클럭 에지에서 입력 신호를 얻어낸다. 입력 데이터를 안정적으로 얻기 위해 입력 신호는 클럭 에지 전 일부 구간 동안 안정적이어야 하고 클럭 에지 이후의 약간의 시간 동안 안정적으로 유지돼야 한다.

그림 5.7에 1장, '고성능 임베디드 시스템 설계하기'에서 설명한 D 플립플롭의 간략화 버전과 플립플롭의 D와 클럭 입력의 타이밍 다이어그램을 나타냈다.

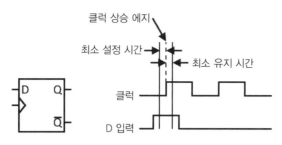

그림 5.7 D 플립플롭 입력 타이밍 제약사항

D 플립플롭은 클럭의 상승 에지에서 D 신호를 읽는다. 플립플롭이 신호를 안정적으로 읽기 위해, 입력은 클럭 에지 전 최소 설정 시간 동안은 원하는 수준에 있어야 하고, 클럭 에지 이후에도 최소 유지 시간 동안은 같은 수준이 유지돼야 한다. 그림 5.7에서 D입력은 타이밍 제약사항을 만족하고, 첫 번째 클럭 상승 에지에서 높은[이진수 1] 값을 플립플롭에 로드하고, 두 번째 상승 에지에서 0을 로드할 것이다.

최적화 과정에서 합성과 구현 도구는 모든 동기적 논리소자에 관해 설정 시간과 유지 시간 요구사항을 평가하고 회로 내 모든 디바이스의 타이밍 요구사항을 만족하는 설계를 생성하려고 한다.

설계가 엄격한 타이밍 요구사항을 가진 외부 디바이스에 연결돼야 하거나 자동화 도구가 기본적으로 만족할 수 없는 FPGA 내부의 특정 타이밍 제약을 알고 있다면, 요구사항을 만족해야 하는 추가적인 타이밍 제약사항을 정의할 수 있다. 기본적인 타이밍 제약사항은 FPGA 회로가 사용하는 클럭 주파수와 FPGA에 대한 입출력 연결의 설정 및 유지시간을 포함한다. FPGA의 내부 통신 경로와 관련된 요구사항을 정의하기 위해 더 고급 타이밍 제약사항이 사용된다.

효과적인 FPGA 설계는 사용할 때 각 핀과 관련된 타이밍 요구사항을 포함한 모든 입출력 신호 핀에 대한 제약사항 정의를 포함한다. 또한 제약사항 집합은 회로의 여러 부분에서 사용되는 클럭 주파수와 같은 클럭 내부 타이밍 요구사항과 회로가 만족해야 하는 다른 특정 타이밍 목적을 포함한다. 합성과 구현 도구는 이 정보로 모든 제약사항을 만족하는 최적에 가까운 회로 설계를 만들기 위해 노력한다.

FPGA 개발 과정을 이해하고 시스템 설계자가 새로운 시스템을 개발할 때 반드시 고려해야 하는 점이 있다. FPGA 사용이 해당 프로젝트에 유효한지를 파악하는 것이다. 이 결정 과정을 수월하게 하는 방법 즉, FPGA 구현을 사용하기에 가장 적절한 알고리듬 유형을 설명한다.

⁑ FPGA 구현에 최적인 알고리듬 유형

FPGA 기반 솔루션에 적합한 알고리듬의 주요 차별화 요소가 있다. 데이터가 표준 프로세서 혹은 심지어 고속 디바이스보다 더 빨리 도착해 데이터를 수신할 수 있고 필요한 처리를 수행해 의도된 목적지에 출력을 쓴다는 점이다. 다음 질문은 '필요한 데이터 속도를 지원하며 필요한 처리를 수행 가능한 최신 솔루션이 존재하는가'다. 이런 솔루션이 없다면 설계에서 FPGA를 사용하는 점을 고려해야 한다. FPGA를 일반적으로 사용하는 처리 알고리듬을 살펴본다.

고속 데이터 스트림을 처리하는 알고리듬

비디오는 초당 수십 기가비트의 속도로 도착하는 고해상도 비디오를 가진 고속 데이터 소스의 예다. 신호 개선 및 프레임 레이트 변환, 동작 보정과 같은 표준 비디오 연산을 수행하는 애플리케이션이 있다면 스스로 개발하는 것보다 기존 솔루션을 사용하는 것 좋을 수 있다. 하지만 최신 비디오 신호 프로세서가 요구사항을 만족하지 못한다면 맞춤형 FPGA 설계를 구현하는 것을 고려해야 한다.

다른 종류의 고속 데이터 스트림은 초당 기가비트에 달하는 비트레이트를 가진 고속 ADC가 만들어 낸다. ADC는 대표적으로 레이더나 라디오 통신 시스템과 같은 시스템에서 사용된다. 일반 프로세서는 이런 디바이스가 만들어내는 데이터의 양을 처리하지 못하므로 FPGA나 다른 게이트 어레이 디바이스를 사용해 초기 데이터 수신 및 처리 단계를 수행한 뒤, 최종적으로 낮은 데이터 레이트 출력을 생성해 해당 프로세서가 소비하게 된다.

고속 데이터 시스템에서 FPGA를 사용하는 일반적 접근법은 시스템 연산의 가장 높은 속도 필요한 기능들은 FPGA에서 처리하고 시스템 프로세서나 다른 주변장치와의 상호 작용은 낮은 데이터 레이트에서 수행된다.

병렬 알고리듬

높은 수준의 병렬성을 가진 연산 알고리듬은 FPGA상에서 실행하면 상당히 가속화될 수 있다. HDL의 기본적인 병렬 특성은 상위 수준 합성 기능들을 결합해 실행 속도 가속 화를 위한 간단한 경로를 만든다.

FPGA 가속화에 적합한 병렬 알고리듬의 예로는 정렬이 필요한 많은 데이터 집합이나 행렬 연산, 유전genetic 알고리듬, 신경망 알고리듬 등이 있다.

병렬적인 특징을 포함한 기존 소프트웨어 알고리듬이 있다면 상위 수준 합성 도구를 사용해 코드를 컴파일해 상당히 개선된 성능의 FPGA 구현을 만들 수도 있다. 이 접근법은 해당 알고리듬이 상위 수준 합성 도구를 지원하는 프로그래밍 언어로 작성돼 있어야 한다. 완전한 시스템 설계는 가속화된 FPGA 기반 알고리듬을 보조프로세서로 구현하고 시스템의 모든 나머지 작업을 표준 프로세서에서 수행하는 것일 수 있다.

비표준 데이터 크기를 사용하는 알고리듬

프로세서는 보통 8 비트, 16 비트, 32 비트, 가끔 64 비트의 데이터 크기로 동작한다. 12 비트 ADC와 같은 다른 크기의 데이터를 생성하고 수신하는 디바이스와 연동하기 위해서 해당 비트보다 더 큰 지원되는 데이터 크기를 선택해서(12비트 ADC의 경우 16비트 선택) 실제 데이터 비트 뒤에 붙는 남은 비트는 무시하는 것이 일반적이다.

많은 용도로 사용할 수 있는 접근법이지만 시스템이 지원하는 8비트 청크로 데이터 값으로 나누고 데이터를 저장하는 추가적인 단계가 없다면 25%의 메모리 저장 공간과 통신 대역폭을 낭비하는 결과를 초래한다.

시스템 프로세서에서 동작하는 소프트웨어에서 12비트 데이터 유형을 자연적으로 정의하면 좋지 않을까? 일반적으로는 불가능하지만 FPGA 모델에서는 12비트 데이터 타입을 정의해 이 유형을 데이터 저장이나 전송, 수학적 연산에 사용할 수 있다. 12비트 데이터 유형의 변수들은 다른 외부 디바이스와 통신할 때만 8비트 청크나 8의 배수 비트로 처리될 것이다.

FPGA로 구현될 때 가속화될 수 있는 알고리듬 유형을 간략히 정리했다. 여기서 언급한 예제가 전부가 아니다. 시스템 설계자는 연산 처리량 병목이 발생하는 모든 시나리오에서 FPGA를 사용을 고려해야 한다.

이어서 고성능 임베디드 시스템에서 FPGA를 사용을 통해 얻은 모든 지식을 적용해 고속/고해상도 디지털 오실로스코프를 만들어 본다.

오실로스코프 FPGA 프로젝트 시작

지금까지 알아본 FPGA 개발 과정이 필요한 FPGA 설계 프로젝트와 6장에서 시작할 고속 회로 보드 설계를 본격적으로 시작한다.

프로젝트 설명

표준 오실로스코프 프로브를 사용해 테스트 중 시스템의 전압을 측정하는 Arty A7-100T 보드 기반 디지털 오실로스코프를 개발하는 프로젝트다. 프로젝트의 주요 요구사항은 다음과 같다.

- 1X 범위로 설정된 스코프 프로브 사용 시 입력 전압 범위는 ±10V다.

- 입력 전압은 14비트 해상도로 100MHz로 샘플링된다.

- 입력 트리거는 입력 신호 상승 혹은 하강 에지나 전압 레벨을 기반으로 한다. 펄스 길이 트리거도 지원된다.

- 트리거되면 최대 248MB의 순차적인 샘플 데이터를 수집할 수 있다. 데이터는 각 수집이 완료된 후 표시를 위해 호스트 PC로 전송된다.

- 하드웨어는 6장에서 설계하고 구성할 작은 추가 보드로 구성되며, Arty A7-100T 의 커넥터에 연결된다. Arty는 시스템에서 사용되는 FPGA 디바이스를 제공한다. 추가 보드는 ADC와 오실로스코프 프로브 입력 커넥터, 아날로그 신호 처리를 포함한다.

- 각 샘플 시퀀스가 수집된 후 Arty는 수집된 데이터를 이더넷을 통해 호스트 시스템으로 전송한다

프로젝트가 평범하지 않은 기능들의 조합처럼 보일 텐데, 요구사항을 만든 이유를 살펴본다. 예제의 기본 목적은 고성능 FPGA 기반 솔루션을 위한 구조 및 개발 기법을 보이기 위함이지, 팔기 위한 제품을 만드는 것이 아니다. 시스템의 개발 과정을 겪어보고 이해한다면 다른 고성능 FPGA 설계로도 쉽게 옮겨갈 수 있을 것이다.

오실로스코프 샘플링 속도(100 MHz)는 디지털 오실로스코프용으로 특별히 빠른 것이 아니다. 이 수준의 ADC 샘플링 속도를 사용하는 이슈는 먼저 부품의 비용을 줄이기 위함이다. 최고속 ADC는 매우 비싸다. 설계를 위해 사용한 ADC는 약 $37정도다. 두 번째로 고속 회로 설계는 어렵다. 초고속 회로 설계는 더 어렵다. 프로젝트를 통해 고속 회로 설계와 연관된 이슈를 소개하는 것이 목적이므로 따라서 합리적 수준으로 최대 회로 주파수를 제한해 다른 어려움들을 배제한다.

이더넷 통신 메커니즘을 사용하면 이 구조를 IoT 디바이스로 사용할 수 있다. 디지털 오실로스코프 대부분 USB를 사용해 근처의 호스트에 물리적으로 연결한다. 이더넷 연결을 사용하면 오실로스코프와 사용자 인터페이스는 서로 지구 반대편에 위치할 수도 있다.

5장의 나머지 부분은 프로젝트를 위한 기본 Vivado 설계를 설정한다.

기본 Vivado 프로젝트

프로젝트는 FreeRTOS 실시간 운영체제에서 동작하는 자일링스 MicroBlaze 소프트 프로세서를 사용해 Arty A7-100의 이더넷 포트로 TCP/IP 통신을 수행한다. 프로젝트의 이 단계를 마치려면 다음 항목들이 필요하다.

- Arty A7-100T 보드

- Arty 보드를 컴퓨터로 연결하는 USB 케이블

- Arty 보드를 로컬 네트워크로 연결하는 이더넷 케이블

- 컴퓨터에 설치된 Vivado

Vivado에 약간 친숙해졌으리라 생각한다. 예제에서 표시하지 않은 기능을 보일 때만 화면을 제공한다.

앞으로 수행할 단계들의 전체 개요는 다음과 같다.

- 새로운 Vivado 프로젝트 생성하기

- Arty A7보드의 다음 부품에 관한 인터페이스를 가진 MicroBlaze 마이크로 컨트롤러 시스템을 블록 다이어그램 기반 표현으로 생성하기: DDR3, SDRAM, 이더넷 인터페이스, 4 LED, 4 푸시 버튼, 4 RGB LED, 4 스위치, SPI 커넥터(Arty A7 보드의 J6), USB UART.

- 이더넷 인터페이스를 위해 기준 클럭으로 25MHz 클럭 정의하기: 이 클럭 신호는 제약사항을 사용해 FPGA 패키지의 적절한 핀으로 할당된다.

- 설계에서 비트스트림 만들기

- Vivado의 프로젝트를 Vitis 소프트웨어 개발 환경으로 내보내기

- 간단한 TCP 에코 서버를 구현한 Vitis 프로젝트 생성하기

- Arty 보드에서 해당 소프트웨어 실행하고 UART를 통해 보낸 메시지 확인하기

- Telnet을 사용해 TCP 에코 서버가 동작하는지 검증하기.

자 이제 시작하자.

1. 4장, 'FPGA 프로그램 개발 시작하기'의 '프로젝트 만들기' 절에서 나열한 단계들을 사용해 프로젝트를 만들자. 프로젝트의 이름은 oscilloscope-fpga이고, 위치는 C:\Projects\oscilloscope-fpga다.

2. **Create Block Design**(블록 설계 만들기)를 클릭해 블록 설계 창을 연다. 설계 이름을 입력하라는 메시지가 표시될 것이다. 기본 이름인 **design_1**도 사용가능하다.

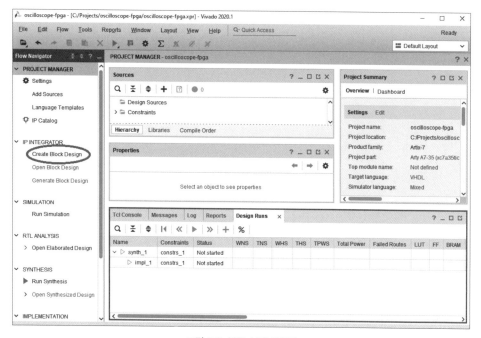

그림 5.8 블록 설계 만들기

3. **Block Design** 창에서 **Board** 탭을 선택한다. **System Clock**을 **Diagram** 창으로 끌어 놓는다.

4. **Clocking Wizard** 컴포넌트를 더블클릭해 **Re-customize IP** 창을 연다. 핀 이름 중 하나가 아닌 해당 컴포넌트의 배경을 더블클릭하는 것을 주의해야 한다.

5. **Output Clocks** 탭을 선택한다. **clk_out2**와 **clk_out3** 옆의 체크박스를 선택한다(clk_out1은 이미 선택돼 있다). **clk_out1**의 **Output Freq**에 166.66667 MHz를, **clk_out2**에 200 MHz, **clk_out3**에 25 MHz를 설정한다.

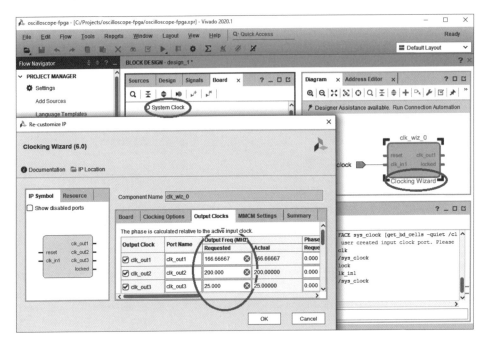

그림 5.9 클럭 마법사 설정하기

6. **Output Clocks** 창을 아래로 스크롤하고, **Reset Type**을 **Active Low**로 설정하고 **OK** 를 클릭한다.

7. **Clocking Wizard** 컴포넌트에서 **clk_out3**를 오른쪽 클릭하고, 메뉴에서 **Make External**을 선택한다. 한 포트가 다이어그램에 나타날 것이다.

8. **Diagram** 창에서 **clk_out3_0** 글자를 클릭한다. **External Port Properties** 창에서 **clk_out3_0**를 eth_ref_clk로 이름을 바꾼다.

9. 녹색 바의 **Run Connection Automation**을 클릭한다. 나타난 창에서 **OK**를 클릭한다.

10. **Board** 탭에서 **DDR3 SDRAM**을 Diagram 창으로 끌어놓는다.

11. **Memory Interface Generator**에서 외부 포트 **clk_ref_i**와 **sys_clk_i**를 삭제한다(클릭
해서 각 포트를 선택하고 삭제키를 누르자).

12. **Clocking Wizard**의 **clk_out1**을 클릭하고 **Memory Interface Generator**의 **sys_clk
_i**에 끌어 놓으면 회선이 연결된다.

13. **Clocking Wizard**의 **clk_out2**를 클릭하고 **Memory Interface Generator**의 **clk_ref_i**
에 끌어놓으면 회선이 연결된다.

14. **Clocking Wizard**에 연결된 **reset** 포트에 마우스를 위치하고 연필로 표시되면 클릭
한 뒤 **Memory Interface Generator**의 **sys_rst** 입력으로 끌어놓으면 다른 연결 회
선이 생성될 것이다. 이 과정을 마친 뒤 다이어그램은 그림 5.10과 같다.

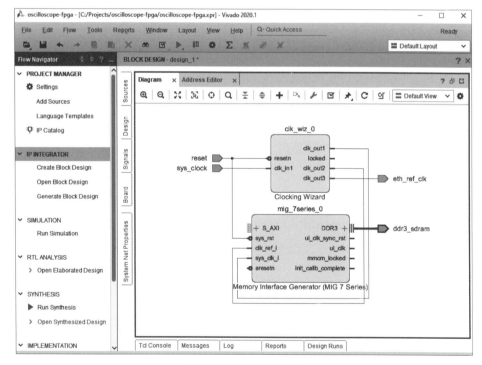

그림 5.10 완성된 클럭 설정

15. **Diagram** 창의 도구바에서 **+** 아이콘을 클릭하고 나타난 검색상자에서 'micro'를 입력한다. **MicroBlaze** 엔트리를 선택하고 **Enter**를 누른다.

16. 녹색 바에서 **Run Block Automation**을 클릭한다. **Real-time**을 Preset, **Local Memory**를 32KB, **Clock Connection**을 /mig_7series0/ui_clk (83 MHz)로 설정하고 **OK**를 클릭한다.

17. 녹색 바에서 **Run Block Automation**을 클릭한다. 나타난 창에서 **All Automation** 옆의 상자를 선택하고 **OK**를 클릭한다.

18. 다이어그램에서 **MicroBlaze** 컴포넌트를 더블클릭한다. 창의 번호가 매겨진 페이지들에서 다음과 같이 변경한다. 2페이지에서 **Enable Integer Divider**와 **Enable Additional Machine Status Register Instructions**를 선택하지 않고 **Enable Branch Target Cache**를 선택한다. 3페이지에는 변경사항이 없다. 4페이지에서 **Instruction**과 **Data Cache**를 모두 32kB로 설정한다. 5페이지에서 **Number of PC Break points**를 6으로 설정한다. 6페이지에는 변경사항이 없다. **OK**를 클릭한다.

19. **Board** 창에서 **Ethernet MII**와 **4 LEDS, 4 Push Buttons, 4 RGB LEDs, 4 Switches, SPI connector J6, USB UART** 항목들을 **Diagram** 창으로 끌어 놓고 각 항목을 추가한 뒤 **OK**를 클릭한다.

20. **Diagram** 창의 도구바에서 **+** 아이콘을 클릭하고 나타난 검색상자에서 'timer'를 입력한다.

21. 녹색 바에서 **Run Connection Automation**를 클릭한다. 나타난 창에서 **All Automation** 옆의 상자를 선택하고 **OK**를 클릭한다.

22. 다이어그램에서 **Concat** 블록을 찾아 더블클릭해 **Re-customize IP**를 연다. **Number of Ports**를 3으로 설정하고 **OK**를 클릭한다.

23. **Concat** 블록의 In0-In2 포트를 순서대로 다음 핀에 연결한다. **AXI EthernetLite/ ip2intc_irpt, AXI UartLite/interrupt, AXI Timer/interrupt.**

24. **Ctrl+S** 키를 눌러 설계를 저장한다.

25. **F6** 키를 눌러 설계를 검증한다. 오류없이 검증이 성공하는지 확인한다.

26. **Block Design** 창에서 **Sources** 탭을 선택한다. **Design Sources** 밑의 design_1을 오른쪽 클릭하고 **Create HDL Wrapper**을 선택한 뒤 **OK**를 클릭한다.

프로젝트의 초기단계의 블록 다이어그램이 완성됐다. 다음 단계는 이더넷 인터페이스 클럭 출력핀의 특성을 지정하는 제약사항을 추가할 것이다.

1. **Source** 탭에서 **Constraints**을 확장한다. 그리고 **constrs_1**을 오른쪽 클릭하고 **Add Sources**를 선택한다.

2. **Add Sources** 창에서 **Next**을 클릭하고 **Create File**을 클릭한다. 파일 이름을 arty로 입력하고 **OK**를 클릭한 뒤 **Finish**를 클릭한다.

3. **constrs_1** 항목을 확장하고 arty.xdc를 더블클릭해 파일을 열자.

4. 다음 코드를 arty.xdc에 삽입하자.

```
set_property IOSTANDARD LVCMOS33 [get_ports eth_ref_clk]
set_property PACKAGE_PIN G18 [get_ports eth_ref_clk]
```

5. **Ctrl+S** 키를 눌러 파일을 저장하자.

프로젝트의 설계 엔트리가 완료됐다. 합성과 구현, 비트스트림 생성 단계를 수행하자.

1. **Flow navigator** 밑의 **Generate Bitstream**을 클릭한다. **No Implementation Results Available** 창에서 **Yes**를 클릭하고 **Launch Runs** 창에서 **OK**를 클릭한다. 이 과정은 완료하는 데 몇 분이 걸린다.

2. **Bitstream Generation Completed** 창이 나타나면 **Cancel**를 클릭한다.

오류가 없다면 오실로스코프 FPGA 개발 프로젝트의 첫 단계가 끝난 것이다. 아직 ADC 인터페이스 관련 어떤 로직도 구현하지 않았지만 현재 설계는 부팅 및 소프트웨어 애플리케이션 실행이 가능하다.

TCP 에코 서버를 위한 코드를 작성하고 실행하는 다음 단계를 따라한다.

1. Vivado에서 **File > Export > Export Hardware…**를 선택하고 **Fixed Platform type**을 선택한 뒤 **Next**를 클릭한다.

2. **Output** 창에서 **Include Bitstream** 옵션을 선택하고 **Next**를 클릭한다.

3. **Files** 창에서 C:/Projects/oscilloscope-software 디렉토리를 선택하고 **Next**를 클릭한다. 내보내기를 완료하기 위해 **Finish**를 클릭한다.

4. **Xilinx Vitis 2020.1** 이름의 데스크톱 아이콘을 찾아 더블클릭한다(다른 버전을 사용한다면 해당 버전을 클릭).

5. 워크스페이스를 위해 C:\Projects\oscilloscope-software 디렉토리를 선택하고 Vitis를 실행한다.

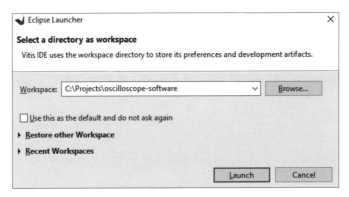

그림 5.11 Vitis 워크스페이스 선택 창

6. Vitis 메인창에서 **Create Application Project**를 클릭한다.

7. **Create a New Application Project** 창에서 **Next**를 클릭한다.

8. **Platform** 창에서 **Create a new platform from hardware (XSA)** 탭을 클릭한다.

9. **Browse…** 버튼을 클릭하고 하드웨어 정의 파일을 찾는다. 파일은 C:\Projects\ oscilloscope-software\ design_1_wrapper.xsa에 있을 것이다. 파일을 선택한 뒤 **Platform** 창에서 **Next**를 클릭한다.

10. **Application Project Details** 화면에서 **Application project name**으로 oscillos cope-software를 입력하고 **Next**를 클릭한다.

11. **Domain** 창에서 **Operating System** 드롭다운에서 **freertos10_xilinx**를 선택하고 **Next**를 클릭한다.

12. **Templates** 창에서 **FreeRTOS lwIP Echo Server**를 선택하고 **Finish**를 클릭한다.

13. Vitis가 프로젝트 설정을 끝낸 뒤 이더넷 인터페이스를 위한 구성 설정을 변경해야 한다. 그렇지 않으면 애플리케이션이 정상적으로 동작하지 않을 것이다. 그림 5.12처럼 **Navigate to BSP Settings**을 클릭한다.

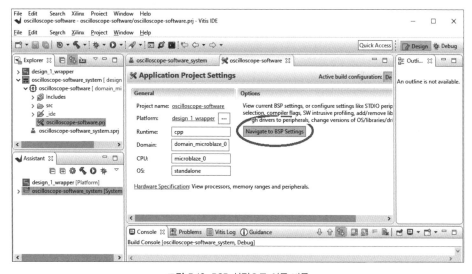

그림 5.12 BSP 설정으로 이동 버튼

14. **Board Support Package** 창에서 **Modify BSP Settings···**을 클릭하고 왼쪽 트리에서 **lwip211**를 선택한다. 메인창에서 **temac_adapter_options**을 찾은 뒤 확장한다. **Phy_link_speed**를 100 Mbps(CONFIG_LINKSPEED100)로 변경하고 **OK**를 클릭한다. 링크 속도의 자동 교섭이 정상적으로 동작하지 않기 때문에 반드시 필요한 단계다.

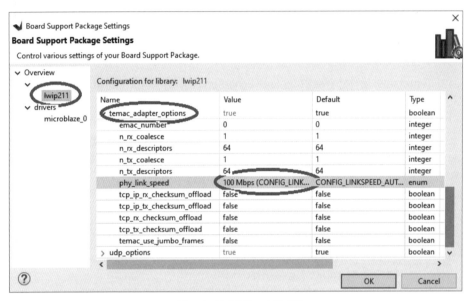

그림 5.13 이더넷 링크 속도 설정

15. **Ctrl+B**를 클릭해 프로젝트를 빌드한다.

빌드 과정이 오류없이 끝나면 빌드의 결과물은 Arty FPGA의 소프트 프로세서에서 동작하는 실행파일이다. 다음 단계를 따라하면 디버거에서 프로그램이 실행된다.

1. Arty A7보드를 USB 케이블로 PC에 연결하고, 이더넷 케이블을 사용해 Arty 이더넷 포트를 PC가 사용하는 스위치에 연결한다.

2. 윈도우 장치 관리자를 사용해 Arty보드의 COM 포트 번호를 확인한다. 이를 위해 윈도우 탐색상자에 '장치'를 입력하고 **장치관리자**를 선택한다. **포트(COM & LPT)**부분을 확장한다. Arty 보드 USB 케이블을 뺐다가 다시 연결하면 COM 포트번호가 사라졌다가 다시 나타난다.

3. 그림 5.14처럼 도구 바의 **Debug** 아이콘을 클릭하면 방금 생성한 구성 비트스트림과 애플리케이션을 FPGA로 로드한다.

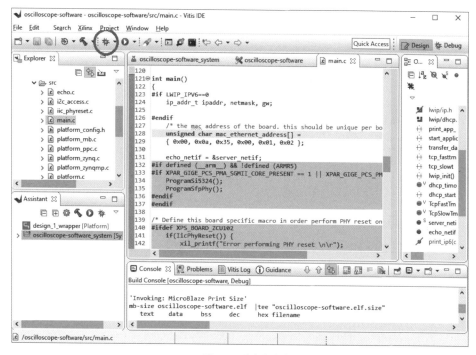

그림 5.14 디버거 시작

4. 그림 5.15의 아래쪽 중간에 있는 **Vitis Serial Terminal** 탭에서 녹색 + 아이콘을 클릭해 시리얼 포트를 추가한다.

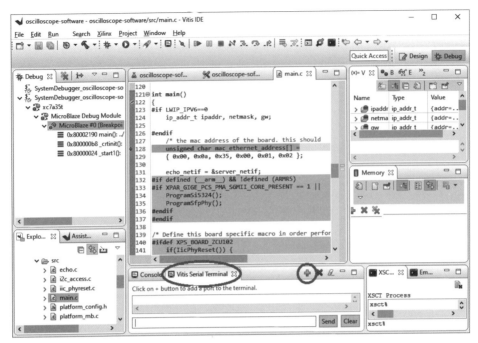

그림 5.15 시리얼 터미널 설정

5. **Connect to serial port** 창에서 윈도우 장치관리자에서 확인한 COM 포트 번호를 선택하고 **Baud Rate**를 9600으로 설정한 뒤 **OK**를 클릭한다.

6. **F8** 키를 눌러 애플리케이션을 시작한다. 다음과 같은 출력을 시리얼 터미널 창에서 볼 수 있을 것이다.

```
-----lwIP Socket Mode Echo server Demo Application ------
link speed: 100
DHCP request success
Board IP: 192.168.1.188

Netmask : 255.255.255.0

Gateway : 192.168.1.1

     echo server 7 $ telnet <board_ip> 7
```

7. 윈도우 컴퓨터에 활성화된 텔넷이 없다면 관리자 모드로 **Command Prompt**를 실행하고 다음 명령을 입력한다.

```
dism/online/Enable-Feature/FeatureName:TelnetClient
```

8. dism 명령어가 완료되면 관리자 모드 명령 프롬프트를 닫고 사용자 모드 명령 프롬프트를 연다.

9. 시리얼 터미널 창에 표시된 보드 IP 주소(예제에서 192.168.1.188)를 사용해 텔넷을 실행시킨다.

```
telnet 192.168.1.188 7
```

10. 텔넷 창에서 글자를 입력해보자. 예를 들어 abcdefgh를 입력하면 다음과 같은 출력이 나온다. 첫 번째 글자만 제외하고 모든 글자의 에코가 포함된다.

```
abbccddeeffgghh
```

11. 에코로 나온 글자가 Arty 보드에서 온 것임을 확인하기 위해 그림 5.16과 같이 일시정지 버튼을 눌러 애플리케이션 실행을 멈춘다.

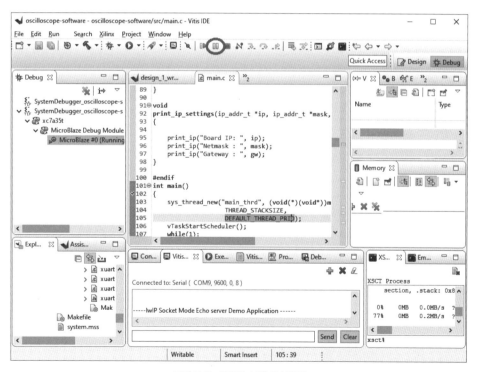

그림 5.16 디버거 실행 일시정지

12. 텔넷 창에 더 많은 글자를 입력해도 더는 에코되는 글자가 보이지 않을 것이다(키를 눌러 입력할 때 한 글자씩만 표시된다).

이제 FPGA 설계의 초기 구현 및 FPGA상에서 동작하는 소프트웨어 애플리케이션을 완성했다. 5장에서 TCP/IP 네트워킹을 포함하는 FreeRTOS 실시간 운영체제에서 동작하는 기본 Arty A7 MicroBlaze 프로세서 시스템을 개발했다.

⠿ 요약

FPGA를 사용하는 시스템을 설계하고 구현하는 과정을 설명했다. 먼저 HDL로 정의된 논리회로를 실행 가능한 FPGA 구성으로 변환하는 FPGA 컴파일 소프트웨어 도구를 소개했다. FPGA에 최적인 알고리듬 유형들을 살펴봤고, 특정 임베디드 알고리듬이 전통적인 프로세서상의 코드로 실행이 더 적합한지, 맞춤형 FPGA에서 더 적합한지를 결정하는 접근법을 알아봤다. TCP/IP 네트워크를 갖는 완전한 FPGA 기반 컴퓨터 시스템 개발로 마무리졌다. 프로젝트는 장에서 고성능 네트워크 연결 디지털 오실로스코프로 개발될 것이다.

5장에서는 FPGA 컴파일 소프트웨어 도구를 실행한 처리를 배웠다. FPGA 구현에 적합한 알고리듬의 종류 및 FPGA 구현이 주어진 애플리케이션이 올바른 선택인지 결정하는 방법을 이해할 수 있을 것이다. 그리고 후속 장의 고성능 실시간 애플리케이션을 지원하는 FPGA 설계 예제를 살펴봤다.

6장에서는 훌륭한 오픈소스 KiCad 전자 설계 및 자동화 도구를 소개한다. 고성능 디지털 회로를 개발하기 위해 이 도구가 어떻게 사용되는지 알아본다. 6장은 5장에서 시작한 오실로스코프 예제 프로젝트를 계속 사용하며 회로 보드 개발과정으로 옮겨간다.

06

KiCad를 이용한 회로 설계하기

훌륭한 오픈소스 KiCad 전자 설계 및 자동화 도구를 소개한다. KiCad에서 회로도 다이어그램을 사용해 회로를 설계하고 인쇄 회로 기판 레이아웃을 개발한다. 합리적인 비용으로 회로 기판 설계를 프로토타입으로 바꾸는 법을 익혀본다. 앞으로 조립할 오실로스코프 회로 프로젝트를 위한 예제 회로도를 포함한다.

6장을 마치면 KiCad를 다운로드 및 설치, KiCad에서 회로도 생성법, KiCad에서 회로 기판 레이아웃 개발법을 알게 되며, 디지털 오실로스코프 프로젝트의 회로 기판 설계 과정을 경험하게 될 것이다.

6장은 다음 주제를 다룬다.

- KiCad 소개

- 기본 KiCad 과정

- 프로젝트 회로도 다이어그램 개발

- 인쇄 회로 기판PCB, Printed Circuit Board 레이아웃 개발

- 회로 기판 프로토타입 만들기

⠿ 기술 요구사항

6장의 파일은 https://github.com/PacktPublishing/Architecting-High-Performance-Embedded-Systems 에서 받을 수 있다.

KiCad는 https://kicad-pcb.org/download/에서 무료로 다운로드할 수 있다. 여러 운영체제가 지원되므로 다운로드할 때 올바른 배포판을 선택해야 한다. 다운로드가 끝나면 인스톨러를 실행하고 표시되는 기본사항을 허용하자.

⠿ KiCad 소개

KiCad 도구모음은 다음 기능을 수행하는 여러 애플리케이션들을 설치한다.

- **회로도 엔트리**: 회로도 엔트리는 회로 부품들 및 부품 간 연결을 나타내는 다이어그램을 사용해 전기회로를 나타내는 과정이다. KiCad에서 팔레트 기반 도구모음을 선택해 전기 부품들을 선택하고, 그리기 캔버스에 부품들을 정렬하며, 회선을 나타내는 선으로 부품들을 서로 연결한다.

- **부품 정의**: KiCad는 일반적인 전기 부품들에 관한 방대한 정의 집합을 포함한다. 추가적인 라이브러리는 방대한 양의 온라인 소스를 무료로 사용할 수 있다. 미리 정의된 많은 양의 디바이스를 사용가능함에도 불구하고 라이브러리에 없는 부품을 정의해야 할 수도 있다. KiCad는 핀과 기능 측면에서 디바이스의 전기적 연결을 나타내고 디바이스의 풋프린트^footprint를 정의하기 위한 도구를 제공한다. 전기 부품의 풋프린트는 필요한 구멍의 수나 위치, 금속 납땜 패드의 크기나 위치와 같은 회로 기판에 부품을 설치하기 위해 필요한 연결을 나타낸다.

- **PCB 개발**: 회로도 엔트리에서 정의된 회로는 회로에 필요한 부품 및 연결을 식별한다. 회로 기판에 설계를 구현하려면 각 부품의 물리적 위치를 지정해야 하고 부

품 간 연결을 배치해야 한다. 부품 간 회선으로 동작하는 이 연결을 트레이스[trace]라고 한다.

- **PCB 제조 파일 생성**: KiCad에서 PCB의 모든 특징을 정의한 뒤, 다음 단계는 설계에 관한 회로 기판을 만들기 위해 PCB 제조사가 사용하는 파일이나 파일 집합을 생성하는 것이다. PCB 설계를 나타내기 위해 PCB 업계에는 거버 포맷[Gerber format]이라는 표준이 사용된다. KiCad는 PCB 제조에 사용하기 위한 거버 포맷으로 출력을 만들 수 있다. 어떤 PCB 제조사는 PCB 생산을 위해 입력으로 KiCad 파일 포맷을 직접 지원해 개발자가 거버 포맷 출력으로 만드는 단계를 줄여준다.

KiCad는 여러 계층의 PCB들의 설계를 지원한다. PCB의 각 계층은 제조할 때 선택적으로 제거될 수 있는 금속판을 포함하며 2차원 표면에서 임의로 회선을 연결할 수 있다. 로 하는 계층 간 연결을 비아[vias]로 하게 되면 트레이스들이 서로 교차할 수 있게 하고, 밀집된 부품상에서 상호 연결할 수 있다.

KiCad는 관통 구멍 기법[THT, Through-Hole Technology]과 표면 실장 기법[SMT, Surface-Mount Technology] 모두를 사용하는 PCB를 지원한다. 이름에서 알 수 있듯이 THT 디바이스는 PCB의 구멍을 통과하는 회선이나 금속 핀을 삽입해 PCB에 연결된다. 이후 각 디바이스 핀과 PCB 사이를 강하게 물리적/전기적으로 연결하기 위해 납땜을 한다.

반면 SMT 디바이스는 PCB에 구멍이 필요 없다. 각 SMT 디바이스는 PCB 표면의 금속 패드 집합에 납땜을 해서 보드와 디바이스 사이를 기계적/전기적으로 연결을 만든다.

그림 6.1의 왼쪽 아래는 SMT 디바이스고 오른쪽 위는 THT 디바이스다.

그림 6.1 SMT 디바이스와 THT 디바이스

집적회로를 위한 THT 디바이스 기술은 더 오래됐고 최신 회로 설계에서 덜 사용된다. SMT 디바이스를 사용해 만든 PCB는 THT 디바이스로 구성된 회로보다 일반적으로 더 작다. 일반적으로 SMT 유형의 집적회로를 사용하지만 외부 디바이스의 커넥터나 전원 공급기와 같은 PCB의 다른 부품은 종종 THT를 사용한다.

저항기나 커패시터와 같은 덜 복잡한 회로 부품들은 THT와 SMT 패키지 모두 사용 가능하다. 집적회로와 마찬가지로 SMT 저항기나 커패시터가 같은 THT 저항기나 커패시터보다 더 작다. SMT 디바이스는 그림 6.2처럼 물리적 패키지 크기가 다양하다.

그림 6.2 다양한 SMT 저항기 패키지

여기서 설계하는 회로의 고성능 특성 때문에 KiCad의 고급 기능을 사용한다. 특히 이 회로의 ADC는 고속 차동 회선 쌍에 출력 데이터를 생성할 것이다. 신호의 무결성을 유지하기 위해서는 PCB 트레이스를 타고 이동할 때 적절한 PCB 레이아웃 기법을 사용해야 하는데, 이를 알아볼 것이다.

회로 설계를 만들고 부품을 정의하며 다이어그램에서 회로 소자를 연결하는 과정을 진행한다.

KiCad 기본 절차

KiCad 설치 후 윈도우 데스크톱에서 KiCad 아이콘을 볼 수 있다. KiCad 아이콘을 더블클릭해 KiCad 프로젝트 관리창을 시작하면 그림 6.3처럼 표시된다.

그림 6.3 KiCad 프로젝트 관리자 창

File 메뉴에서 New > Project…를 선택해 프로젝트를 만든다. 프로젝트를 위한 파일 이름과 디렉토리 위치를 선택하라는 메시지가 나올 것이다. 5장, 'FPGA 사용한 시스템 구현하기'에서 시작한 오실로스코프 프로젝트용 회로 기판 설계를 시작하기 위해 C:\Projects\oscilloscope-circuit 디렉토리를 선택하고 파일이름으로 'oscilloscope'를 입력하면 그림 6.4처럼 회로도와 PCB 파일들이 생성될 것이다.

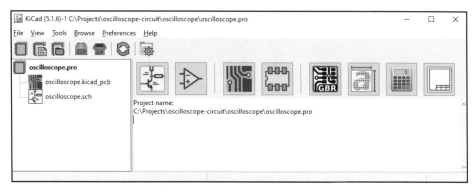

그림 6.4 오실로스코프 KiCad 프로젝트 파일

.pcb 확장자 파일은 PCB 명세를 포함하고 .sch 확장자 파일은 회로도를 포함한다.

이어서 두 개의 오실로스코프 전원 공급 전압에 관한 회로도 다이어그램을 개발해본다.

회로 부품 배치 및 연결

Oscilloscope.sch 아이콘을 더블클릭해 회로도 편집기를 연다. 회로 설계로 넘어가기 전에 더 큰 프로젝트를 준비하기 위해 KiCad가 제공하는 기능인 계층적 시트를 사용할 것이다.

기본 도면 영역은 적당히 복잡한 회로를 위해 충분히 넓은 공간을 제공하지만, 도면들 사이에 명확한 연결을 갖는 여러 도면들의 집합으로 큰 회로 설계를 구성하는 것이 일반적으로 좋은 방식이다. 이를 위해 다음 단계에서 KiCad의 계층적 시트를 사용한다.

회로 설계의 좋은 시작점은 전원이다. 프로젝트의 회로는 보드 가장자리의 사각형 주변 장치 모듈Pmod, Peripheral module을 통해 Arty A7-100T에 연결된다. 커넥터는 +3.3VDC와 접지 연결을 제공한다. 앞으로 사용할 회로는 추가적인 전원 전압들이 필요한데, 이는 각 전압들을 출력하는 안정화 전원이 필요하기 때문이다.

다음 단계를 통해 별도의 시트에 전원 회로도를 만들어본다.

1. KiCad 회로도 편집기(편집기 이름이 Eeschema임)에서 **Place** 메뉴의 **Hierarchical Sheet…** 를 선택한다. 시트를 놓으려는 위치에 커서를 옮긴 뒤 마우스를 클릭하고 마우스를 움직인 뒤 사각형 그리기를 끝내기 위해 왼쪽을 다시 클릭한다.

2. 파일 이름과 시트 이름을 묻는 창이 표시된다. 파일 이름에 'PowerSupply.sch'를, 시트 이름에 'Power Supply'를 입력한다.

3. **ESC** 키를 눌러 계층적 시트 생성 모드에서 나간다. 모드를 빠져나갈 때 메인창의 오른쪽의 도구바 상단의 화살표 아이콘을 클릭해도 된다.

4. 위에서 생성한 사각형을 더블클릭하면 **Power Supply** 시트가 열린다.

5. 접지 심볼부터 만들어본다. 그림 6.5의 접지 아이콘을 클릭한 뒤 Eeschema 도면에서 클릭한다.

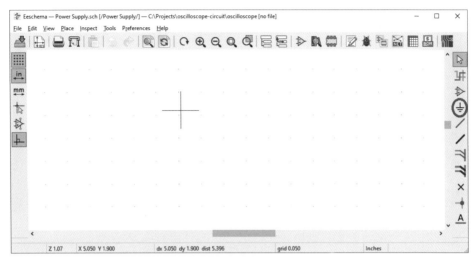

그림 6.5 KiCad 도구바의 접지 아이콘

6. 몇 초 후 전원 심볼 라이브러리가 로딩될 것이다. 로딩이 끝나면 **Power**옆의 +를 클릭해 전원 심볼의 리스트를 확장한다. 스크롤해서 'GND'라는 이름의 심볼을 찾아서 클릭한다. **OK**를 클릭하고, 해당 심볼을 배치하기 위해 도면에서 클릭한다.

7. 지금은 한 개의 심볼만 배치할 것이다. **ESC**키를 눌러 심볼 배치 모드에서 나가자.

8. 접지 심볼 아이콘을 클릭하고 도면에 클릭하는 과정을 반복한다. 단 이번에는 심볼 리스트를 스크롤해 '+3.3V' 이름의 심볼을 선택한다. 심볼을 도면에 추가하고 배치 모드에서 나가기 위해 **ESC**를 누른다.

9. +3.3V를 전력망으로 정의하기 위해(이는 +3.3V 심볼을 사용해 회로도의 어디에서든 전원에 연결할 수 있음을 나타낸다), 각 심볼에 플래그를 추가해야 한다. 플래그는 단순히 KiCad 구성요소(실제 회로 부품이 아니다)이며 심볼과 연관된 전원 연결을 회로 전체에서 사용가능하도록 KiCad에게 알려준다. 그림 6.6과 같이 **Place Symbol**를 클릭한 뒤 도면 안에서 클릭해 과정을 시작한다.

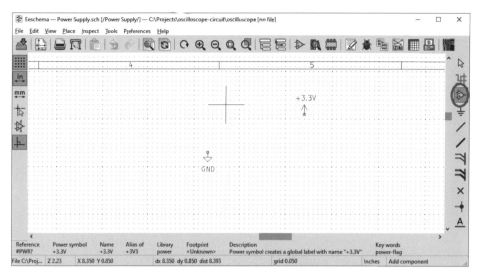

그림 6.6 KiCad 도구바에서 심볼 배치 도구

10. **Choose Symbol** 창이 나타난다. **Filter**에 'pwr'를 입력한다. **PWR_FLAG** 심볼이 리스트에 나타난다. 심볼을 클릭해 선택하고 **OK**를 클릭한다. 도면에서 두 번 클릭해해당 부품을 두 번 배치한다. **ESC**를 눌러 배치 모드에서 나간다.

11. 생성한 다이어그램은 그림 6.7과 같다.

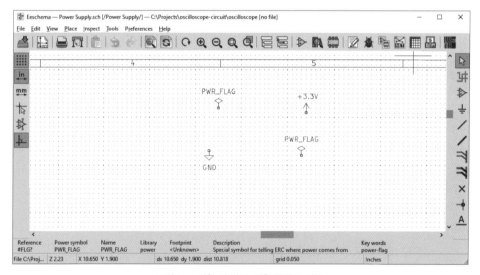

그림 6.7 전원 및 접지, 전원 플래그 심볼

12. 다이어그램에서 한 개 이상의 심볼을 옮기는 방법은 해당 심볼들 위로 마우스를 드래그해 박스를 만들면 선택되고, 마우스를 움직여 위치를 변경하고 마우스를 클릭해 새로운 위치에 설정한다. **PWR_FLAG** 심볼 바로 아래 **GND** 심볼을 놓고 **+3.3V** 심볼 아래 다른 **PWR_FLAG** 심볼을 놓자.

13. 한 심볼 위에 커서를 올리고 **R** 키를 누르면 해당 심볼을 90도로 회전시킬 수 있다. **+3.3V** 밑에 있는 **PWR_FLAG** 심볼을 두 번 회전시킨다. 이제 심볼들을 그림 6.8처럼 잘 정렬시키자.

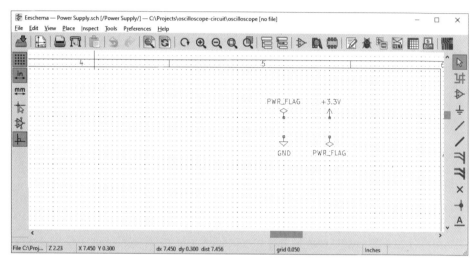

그림 6.8 위치 조정 및 회전 후 심볼

14. 연결 회선을 그려본다. 그림 6.9처럼 **Place wire** 아이콘을 클릭하고, 연결을 완성하기 위해 각 회선 연결의 시작과 끝에서 클릭한다.

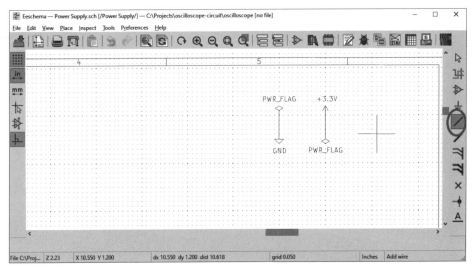

그림 6.9 부품 간 회선 연결

회로에 전압 조정기를 추가해 ADC에 +1.8V VDC를 제공한다. Texas Instruments TLV757P는 3.3V 입력 전압에서 조정된 1.8V 출력을 만들 수 있는 5핀 집적회로다.

집적회로를 포함하는 회로도를 개발할 때 디바이스 데이터 시트를 구해 해당 내용에 친숙해 지는 것이 중요하다. 집적회로의 데이터 시트는 디바이스 기능 및 작동 제약, 성공적인 구현을 위한 추천 사항을 설명한다. TLV757P 데이터 시트는 https://www.ti.com/lit/ds/symlink/tlv757p.pdf에서 받을 수 있다. 데이터 시트로부터 TLV757P는 두 개의 1μF 커패시터가 필요하고, 이 중 하나는 소스 전압과 접지 간 연결, 다른 하나는 출력 전압과 접지 간 연결이 되는 것을 알 수 있다.

다음 단계를 통해 회로도에 +1.8V 전원을 추가한다.

1. 그림 6.6처럼 'Place Symbol' 아이콘을 클릭하고, 해당 심볼을 배치하려는 도면 안 위치에서 클릭한다. 해당 심볼 라이브러리가 로딩될 것이다.

2. **Choose Symbol** 창의 **Filter**란에 'tlv757'를 입력하고 나타난 디바이스 리스트를 살펴보자.

3. 나열된 부품들은 다른 고정 출력 전압 및 패키지 유형을 갖는 TLV757P의 변형들이다. 출력 전압이 +1.8V이고 패키지 유형이 SOT-23-5인 부품을 찾기 위해 리스트에서 검색한다. 해당 엔트리를 선택하고 **OK**를 클릭한다.

4. 디바이스를 배치하려는 도면 내 위치에서 클릭하고, **ESC**를 눌러 배치 모드에서 나가자.

5. 이제 다이어그램에 두 개의 무극성 커패시터를 추가할 것이다. 무극성 커패시터 Unpolarized capacitor 는 양극 또는 음극 단자가 없다. 반대로 극성 커패시터는 높은 쪽 전압에 양극 단자가 연결돼야 한다. **Place Symbol**를 다시 클릭하고 도면에서 클릭한 뒤 **Filter**란에서 'capacitor'를 입력한다.

6. 스크롤해 'C'라는 디바이스 이름을 갖는 커패시터를 찾는다. 도면에 두 개의 커패시터를 배치하는데 하나는 TLV757의 왼쪽에, 하나는 오른쪽에 배치한다.

7. 커패시터의 정전 용량을 표시하기 위해 커패시터의 레이블을 붙여야 한다. 한 개의 커패시터 옆의 'C' 레이블을 더블클릭하고 'C_1u'를 입력하자('C?' 레이블을 클릭하지 않는다). 다른 커패시터에도 똑같이 반복한다.

8. TLV757P의 2번 핀을 GND로 연결한다. 이전에 추가했던 접지 심볼에 회선을 그리지 않고 TLV757P 밑에 새로 GND 심볼을 추가하고 접지 심볼에 회선을 연결한다. 두 커패시터의 아래쪽 단자를 GND에 연결한다.

9. 그림 6.5처럼 접지 아이콘을 클릭하고 도면에서 클릭한 뒤 **Filter** 란에 1.8을 입력하자. +1V8 이름의 심볼을 선택하고 **OK**를 클릭한 뒤 심볼을 TLV757P의 오른쪽 커패시터 위에 배치하자.

NOTE

회로도 다이어그램의 전원 전압

V는 종종 전기 회로도 다이어그램에서 전원 전압을 나타낼 때 소수점 대신에 사용된다. +1V8 심볼은 이 규칙을 사용한다.

그림 6.10처럼 TLV757P 핀과 커패시터 단자를 연결했다.

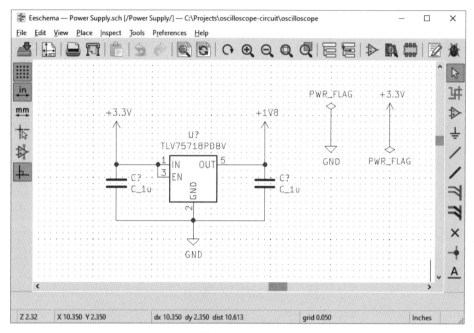

그림 6.10 +1.8V 전원

다음 사항들은 KiCad 및 KiCad 회로도 편집기를 더 잘 사용하도록 도움을 준다.

- 계층적 시트를 놔두고 오른쪽 마우스를 클릭해 컨텍스트 메뉴에서 **Leave Sheet**를 선택해 더 상위 수준 시트로 돌아갈 수 있다.

- KiCad는 일반적 동작들에 대한 다양한 단축키를 지원한다. 예를 들어, 관심있는 모든 부품을 닿는 박스를 드래그하면서 시프트 키를 누르면 한 개 혹은 여러 개의 부품들의 복사본을 생성할 수 있다. 마우스 버튼을 놓은 뒤 배치하려는 위치로 이동한 다음 왼쪽 버튼을 클릭한다. 모든 단축키 리스트를 보려면 **Ctrl+F1**을 누른다.

- 마우스 휠로 창의 도면을 확대 및 축소, 재배치를 할 수 있다. 중앙이 되길 원하는 도면의 위치에 마우스 커서를 옮기고 앞으로 휠을 굴리면 확대가 되고, 휠을 뒤로 굴리면 축소된다.

- 한 개 이상의 부품을 선택하기 위해 사각형을 드래그하면(시프트 키를 누르지 않은 채로), 기본 동작은 부품들로부터 회선을 끊고 이 부품들만 이동한다. 부품들을 선택한 뒤 탭 키를 누르면, 부품들의 연결은 이동 중 남아있게 된다. 위에서 생성한 전원 회로도에서 동작을 연습해 보자.

이제 KiCad에서 회로도 다이어그램을 그리기 위해 필요한 많은 부분을 살펴봤다. 회로 그리기는 주로 부품 선택 및 부품을 도면에 배치, 연결 회선 그리기, 회로도가 더 복잡해질수록 명확성을 위해 도면 요소 재배치 등으로 구성된다.

회로도 다이어그램을 만들 때 도면을 구성하는 데 시간을 할애해 기능적 영역이 분리돼 있는지, 부품들이 너무 가까이 배치되지는 않았는지, 회선 연결이 따라가기 쉬운지 등을 살펴보는 것이 좋다. 반드시 필요한 경우가 아니라면 회선은 다른 회선이나 다른 부품과 겹치면 절대 안 된다.

KiCad는 회로도 다이어그램에 직접 사용할 수 있는 미리 정의된 부품들의 많은 라이브러리를 포함한다. 불행히도 이 라이브러리가 모든 가능한 회로 부품을 포함하지 않는다. 이때는 새로운 심볼을 만들어야 한다. 회로 부품의 회로도 심볼을 만드는 과정을 설명한다.

부품 심볼 생성

여기서 만드는 회로는 신호 입력에 정전기ESD, ElectroStatic Discharge 보호가 필요하다. 예를 들어 사용자가 합성 카펫 위를 걷다가 신호 입력을 만질 때 회로 부품들이 손상되는 것을 막기 위해서다.

기체 방전관GDT, Gas Discharge Tube라고 하는 부품이 이때 필요하다. GDT는 보통 열린 회로로 동작하지만, GDT를 통과하는 전압이 특정 기준(여기서 사용할 부품은 75V)이 넘어갈 때 디바이스 내 기체는 전도성이 되고 전기 에너지를 접지로 단락시켜 민감한 회로 부품을 보호한다.

프로젝트를 위해 Littelfuse CG7 시리즈 GDT를 사용한다. GDT는 KiCad 라이브러리에 없으므로 이 디바이스를 위한 회로도 심볼을 구성할 것이다. 이 심볼은 회로도 다이어그램에서 사용된다. Littelfuse CG7 시리즈 데이터 시트는 https://www.littelfuse.com/~/media/electronics/datasheets/gas_discharge_tubes/littelfuse_gdt_cg7_datasheet.pdf.pdf 에서 받을 수 있다. 회로도 심볼을 구성하기 위해 필요한 모든 디바이스 정보를 포함한 문서다.

그림 6.11처럼 위쪽 도구바에서 **Symbol Editor**를 클릭해 새 심볼을 만들어본다.

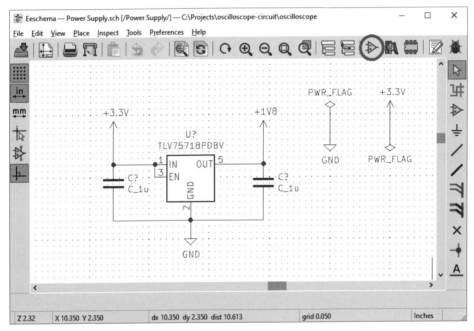

그림 6.11 심볼 편집기 시작

Symbol Editor기가 열리면 사용 가능한 리스트가 보일 것이다.

다음 단계들을 수행해 CG7 GDT 심볼을 만들어보자.

1. 심볼을 만들기 전에 먼저 해당 심볼을 포함하는 라이브러리를 만들어야 한다. 추후 프로젝트에서 사용하기 위해 적절한 위치에 생성한 심볼 라이브러리를 저장하는 것이 좋다. C:\Projects\kicadsymbol-library 디렉토리에 새 라이브러리를 만들자.

2. **Symbol Editor**의 **File** 메뉴에서 **New Library**…를 선택한다. My-symbols.lib 이름의 라이브러리를 C:\Projects\kicad-symbol-library에 만들자.

3. **Global**이나 **Project Library**를 선택할 때 **Global**을 선택하고 **OK**를 클릭한다. 그러면 추후 프로젝트에서도 지금 생성한 심볼을 사용할 수 있다.

4. 도구바 아이콘을 클릭해 그림 6.12처럼 새로운 심볼을 만든다.

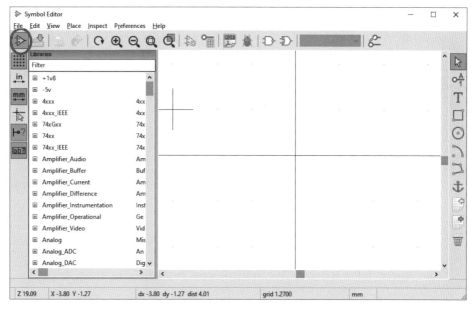

그림 6.12 새로운 심볼 만들기

5. 새 심볼을 보관할 라이브러리를 묻는 창이 나온다. **Filter** 상자에 'my-symbols'를 입력하고 새로운 라이브러리를 선택한 뒤 **OK**를 클릭한다.

6. 새로운 심볼의 속성에 관한 정보를 요청하는 창이 나타날 것이다. 심볼 이름에 'CG7_GDT'를 입력하고 **OK**를 클릭한다. 이때 **Symbol Editor**는 그림 6.13과 같을 것이다.

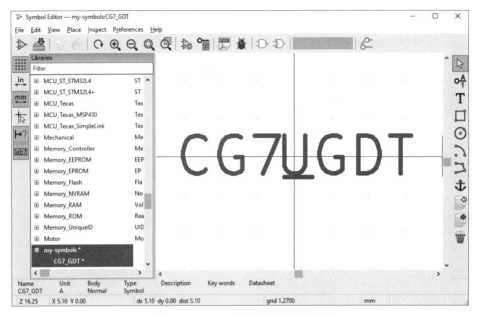

그림 6.13 CG7 GDT 정의 시작 후 심볼 편집기

7. **Pin** 도구를 선택하고(그림 6.12의 오른쪽 위에 화살표 바로 밑 아이콘) 도면에서 클릭한다.

8. **Pin Properties** 창이 나타난다. 첫 번째 핀에 대한 다음 정보를 입력하고 **OK**를 클릭한다.

   'Pin name: ~, Pin number: 1, Electrical type: Input'

9. 필요에 따라 마우스 휠을 사용해 확대나 축소를 하면서 **Symbol Editor** 아래쪽 상태줄에 표시되는 X −6.35 와 Y 0.00 위치에 핀을 배치하도록 마우스 커서를 조심히 움직인다. 적당한 위치에서 마우스를 클릭해 핀을 배치한다.

10. Pin 2에 대해 위 과정을 반복하고 핀 이름은 '~', 핀 번호는 '2', 전기 유형은 'Input'을 입력한다. **Pin Properties** 창에서 **OK**를 클릭하고 **R** 키를 두 번 눌러 핀을 180도 회전시킨다. 그리고 핀을 X 6.35 와 Y 0.00 위치에 배치한다.

11. 오른쪽 도구바에서 원 아이콘을 클릭하고 핀1과 핀2 사이의 십자선 중앙을 클릭한다. 마우스를 이동해 원 반지름을 늘리고 원이 핀1과 핀2의 작은 원들을 통과할 때 마우스를 클릭한다.

12. 이제 그래픽 모양을 심볼에 추가할 것이다. 먼저 격자 크기를 조정해야 한다. 심볼 편집기의 바탕화면에서 오른쪽 클릭해 **Grid**를 선택한 뒤 격자 크기를 10 mils로 선택한다.

13. 다이어그램에 원과 두 개의 삼각형을 추가해 CG7 시리즈 데이터 시트에 표시된 CDT의 회로 심볼을 만든다. 데이터 시트에 표시된 GDT 심볼과 유사한 모양을 그리기 위해 오른쪽 도구바의 원과 다각형 도구를 사용한다.

14. 원과 삼각형을 그린 뒤, 모양에서 오른쪽을 클릭하고 모양에 대한 옵션을 수정한다. **Fill with body outline color**를 선택하고 **OK**를 클릭한다.

15. 각 텍스트 영역을 오른쪽 클릭하고 해당 영역을 옮기기 위한 옵션을 선택해 심볼 이름(CG7_GDT)와 참조 표시자(U)를 적당한 위치로 이동시킨다. 완성된 심볼은 그림 6.14와 비슷해야 한다.

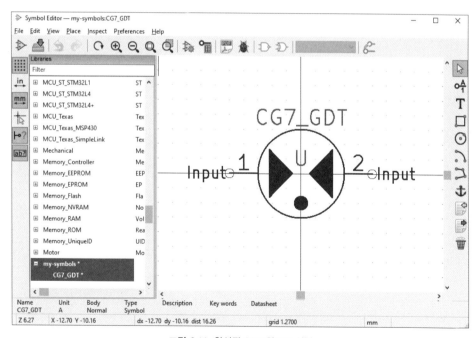

그림 6.14 완성된 GDT 회로도 심볼

16. **File** 메뉴에서 **Save All**을 선택하고 **Symbol Editor**에서 나간다.

17. **Eeschema** 편집기 창으로 돌아간다. **Preferences** 메뉴에서 **Manage Symbol Libraries**⋯를 선택한다. 아래로 스크롤해서 **Global Libraries** 탭에 my-symbols가 있는지 확인한다. 편집기 창으로 돌아가기 위해 **Cancel**을 클릭한다.

18. **Place Symbol** 아이콘을 선택한 뒤 도면창에서 클릭한다. **Filter** 상자에서 'GDT'를 입력한다. 새 심볼이 My-symbols 밑에 보여야 한다. 심볼을 선택하고 **OK**를 클릭한다. 주위에 공간이 약간 있는 위치에 심볼을 배치한다.

19. 잠깐 동안 GDT를 연결하지 않은 채 놓아둘 것이다. 전기 규칙 체크 중 경고를 피하기 위해 핀들을 연결되지 않은 것으로 설정할 수 있다. 오른쪽 도구바에서 파란색 X 아이콘을 선택하고, GDT의 각 핀을 클릭하면 파란색 X가 각 핀 위에 배치되며 이는 핀들이 연결되지 않도록 설정한다.

앞의 단계를 마치면 새로운 부품 심볼이 생성된 후 회로도 다이어그램에 해당 심볼이 추가된다. 여기서 설명한 기법은 프로젝트 회로를 위한 회로도 다이어그램을 완성하기 위해 필요한 지식 대부분이다. 이어서 오실로스코프 회로도 다이어그램을 개발할 때 사용하는 다른 KiCad 기능을 소개한다.

⋙ 프로젝트 회로도 다이어그램 개발

오실로스코프 프로젝트를 위한 전체 회로 다이어그램은 그림 6.15와 같이 6개의 계층적 KiCad 시트로 구성된다.

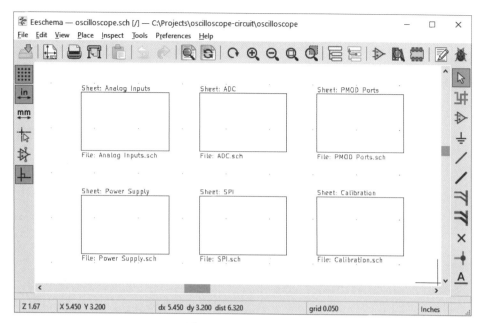

그림 6.15 프로젝트 회로도 시트

각 시트의 내용은 다음과 같다.

- **아날로그 입력**: 회로에서 아날로그 입력 부분은 표준 오실로스코프 프로브로부터 ±10V 범위의 아날로그 입력을 수신하고, 입력을 ADC의 입력으로 사용하기 위해 ±1.0V 범위의 차동 신호로 변환한다.

- **ADC**: 회로에서 ADC 부분은 ±1.0V 아날로그 신호를 ADC의 입력 핀으로 연결한다. 또한 이 다이어그램은 Arty 보드의 100 MHz 디지털 클럭 신호를 ADC에 연결한다. ADC는 Arty 보드 입력에 연결된 두 레인(OUT1A 와 OUT1B)과 데이터 클럭(DCO)에 관한 고속 LVDS 차동 출력을 제공한다. 프로젝트에 사용된 ADC는 Linear Technology의 LTC2267-14이고, 초당 105 백만 샘플이 가능한 이중 채널 14비트 ADC다. 프로젝트에서는 채널 하나만 사용한다. ADC의 데이터 시트는 https://www.analog.com/media/en/technical-documentation/datasheets/22687614fa.pdf에서 받을 수 있다.

- **Pmod 포트**: Pmod 시트는 Arty 보드 Pmod B와 C 커넥터에 붙는 두 개의 2×6 핀 커넥터의 연결을 나타낸다.

- **전원**: 전원 시트는 6장 처음에 개발했던 +1.8V 전원을 위한 회로와 아날로그 회로 부품을 구동하는 +2.5V와 -2.5V 전원을 위한 회로를 나타낸다.

- **SPI**: 회로 기판상의 SPI 연결을 위한 회로 연결을 포함한다. 짧은 리본 케이블을 사용해 Arty SPI 커넥터와 연결되는 인터페이스다.

- **보정**: 보정 시트는 테스트 포인트에서 +2.5V와 -2.5V가 번갈아 나타나는 1KHz 출력 신호를 제공하는 회로를 포함한다. +2.5VDC와 -2.5VDC 테스트 포인트와 GND를 위한 추가적인 연결이 제공된다.

6개의 다이어그램에 관한 모든 자세한 사항을 6장에서 다루지는 않지만 다음 절은 지금까지 다루지 않았던 다이어그램을 개발할 때 사용하는 추가적인 KiCad 기능들을 설명한다. 책 웹사이트에서 파일들을 다운로드한 뒤 이 정보를 사용하면 회로 전체 신호들의 흐름을 추적하고 다이어그램이 어떻게 구성됐는지 이해할 수 있다.

텍스트 주석 추가

그림 6.16의 왼쪽에 있는 Input range ±10V와 같은 설명을 위한 메모를 다이어그램에 추가할 수 있다.

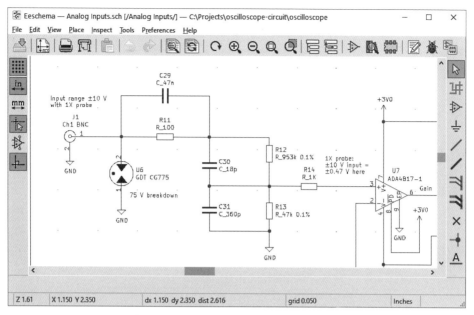

그림 6.16 텍스트 주석을 갖는 아날로그 입력 다이어그램

Eeschema 메인창 오른쪽에 있는 도구바의 아래쪽 큰 **T** 아이콘을 클릭해 텍스트 주석 모드에 진입하자. 도구바의 모든 아이콘을 보려면 6장의 그림보다 창을 더 크게 해야 한다.

신호 레이블 추가

신호의 기능을 표시하기 위해 신호에 레이블을 추가할 수 있다. 신호 레이블 모드에 진입하기 위해 오른쪽 도구바에서 녹색 밑줄이 있는 **A** 아이콘을 클릭한다. 신호 회선을 클릭하면 신호 이름을 입력할 수 있다.

전역 레이블 추가

위에서 설명한 신호 레이블은 단일 도면 시트의 연결을 나타낸다. **Global label**을 사용해 시트 간 연결을 만들 수 있다. 전역 레이블 도구 아이콘은 오른쪽 도구바에서 신호 레이블 도구 밑에 있고 깃발 안에 A가 있는 모양이다.

그림 6.17에서 오른쪽 **Ain1+**와 **Ain1-**신호는 전역 레이블로 종료된다.

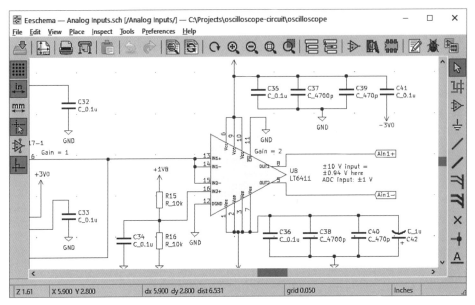

그림 6.17 아날로그 입력 다이어그램의 전역 레이블

이 신호들은 ADC에 아날로그 입력을 제공하는 차동 쌍을 구성한다.

차동 신호 쌍 생성

KiCad는 회로도 개발 및 PCB 레이아웃에서 고속 차동 신호를 훌륭하게 지원한다. 회로도에서 차동 신호 쌍을 나타내기 위해 같은 이름을 가진 두 신호를 만들기만 하면 되는데, 그림 6.17의 **Ain1+**와 **Ain1-** 처럼 신호 이름에 한 신호는 +를, 다른 하나는 -로 끝나야 한다.

차동 쌍 신호 이름은 신호 레이블이나 전역 레이블을 사용해 회로도 심볼 핀 이름으로 정의될 수 있다.

외장 연결 생성

회로 설계 대부분은 전원을 제공하거나 데이터를 전송하기 위해 외부 부품들에 관한 인터페이스가 필요하다. KiCad에서는 회로 부품과 같은 방식으로 이런 연결을 지정한다. 다양한 표준 커넥터 유형 라이브러리에서 검색할 수 있고, 필요하다면 새로운 커넥터를 만들 수 있다.

그림 6.18은 Arty 보드에 연결하기 위한 2개의 2×6 핀 커넥터를 보여준다.

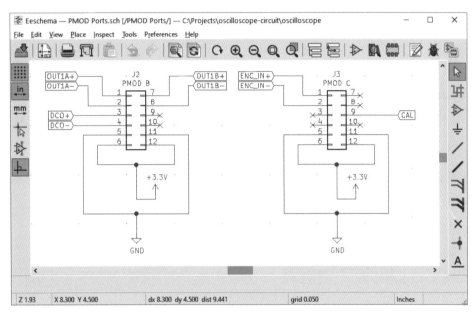

그림 6.18 Arty 보드로 연결하기 위한 커넥터

다이어그램의 +3.3V와 GND 연결은 회로 기판의 전원 소스 입력이다.

심볼 주석 및 전기 규칙 확인

KiCad에서 회로 그리기를 마치면, 다음 단계는 심볼 이름의 물음표를 고유의 숫자 값으로 치환함으로써 회로도 심볼에 주석을 입력하는 것이다. KiCad는 주석 도구를 사용해 자동으로 작업을 수행할 것이다. 위쪽 도구바의 종이에 연필이 있는 아이콘으로 작업을 수행한다. 주석 도구 아이콘을 클릭해 **Annotate Schematic** 창을 띄운다. **Annotate**을 클릭해 부품 번호를 할당하고 **Close**를 클릭한다.

다음으로 도면에 전기 규칙 체크를 수행해야 한다. 연결되지 않은 부품 핀같은 잠재적 오류를 확인하는 다이어그램 검토 단계다.

전기 규칙 체크를 수행하기 위해 위쪽 도구바의 무당벌레 아이콘을 클릭한다. **Electrical Rules Checker** 창이 나타날 것이다. **Run** 버튼을 클릭해 분석을 실행하자. 문제가 발견되면 관련 링크를 클릭할 수 있고, KiCad는 문제가 있는 회로 부품을 보여줄 것이다. PCB 레이아웃을 수행하기 전에 모든 문제를 수정하자.

KiCad에서 회로도 회로 개발하는 법을 알아봤다. 이어서 회로 설계를 제조에 적합한 PCB 레이아웃으로 변경하는 법을 설명한다.

::: PCB 레이아웃 만들기

회로도 다이어그램 규칙 검사까지 끝내면 다음 단계는 PCB 레이아웃을 시작하는 것이다. 회로 기판 자체를 레이아웃하기 전에 먼저 각 회로 부품들에 풋프린트를 할당해야 한다. KiCad는 회로도 심볼과 디바이스 PCB 풋프린트를 별도의 항목으로 관리하며 사용자가 올바른 풋프린트를 각 디바이스에 연결할 수 있다.

이전에 생성했던 +1.8V 전원과 GDT를 포함하는 회로도 다이어그램을 계속 사용할 것이다. 전기 규칙 검사 아이콘 오른쪽의 **Assign PCB footprints to schematic symbols** 아이콘을 클릭하면 **Assign Footprints** 창이 열리고 그림 6.19처럼 회로의 부품들이 나열될 것이다.

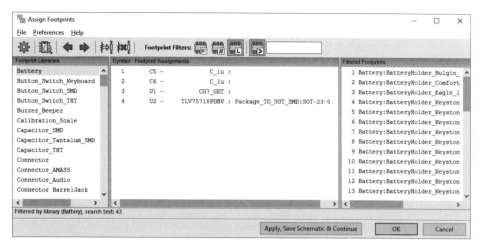

그림 6.19 풋프린트 할당 창

회로 안에 4개 부품 중 TLV757 전압 조정기만 풋프린트가 할당돼 있다. 단계를 수행해 나머지 부품들도 할당하자.

1. 왼쪽 열의 **Capacitor_SMD** 라이브러리 이름을 클릭해 오른쪽 열에 미리 정의된 표면 실장 커패시터 풋프린트를 나열한다. 풋프린트를 할당하기 위해 먼저 가운데 열의 부품을 선택하고 오른쪽 열에서 풋프린트를 더블클릭한다. 가운데 열에서 부품을 선택하면 심볼이 **Eeschema** 회로 다이어그램에 강조 표시돼 각 부품이 회로의 어디에 위치하는지 알 수 있게 한다.

2. 1μF 커패시터를 위해 Capacitor_SMD:C_0402_1005Metric를 사용할 것이다. 가운데 열에서 커패시터 심볼 이름 중 하나를 클릭한다. 0402를 검색 상자에 입력해 풋프린트 리스트를 필터링한다. 해당 풋프린트를 두 커패시터에 할당한다.

3. 이제 GDT만 풋프린트가 없다. GDT 데이터 시트에서 솔더 패드 크기는 1.2×4.0 mm이며 2.5mm가 떨어지도록 추천한다. KiCad는 풋프린트 편집기를 제공해 SMT나 THT 부품에 대한 임의의 솔더 패드와 홀^{hole} 구성을 생성할 수 있도록 한다. 다른 KiCad 애플리케이션처럼 풋프린트 편집기는 직관적이며 사용하기 쉽다. 처음부터 풋프린트를 구성하지 않고 풋프린트 편집기를 사용해 CG7 GDT와 비슷한 크기와 공간이 있는 패드를 가진 기존 풋프린트(예: Fuseholder_Littelfuse_Nano2_157x 같음)를 수정할 수 있다. 수정된 풋프린트를 심볼 라이브러리에 저장하고 **Assign Footprints** 창에서 심볼을 GDT에 할당하자.

4. 창 아래쪽의 **Apply, Save Schematic & Continue** 버튼을 클릭하고 **OK**를 클릭하자.

이제 PCB 레이아웃을 시작할 준비가 됐다. KiCad 프로젝트 관리 창에서 KiCad PCB 편집기를 열자. 그림 6.20에서 프로젝트 관리자에서 클릭할 아이콘을 보여준다.

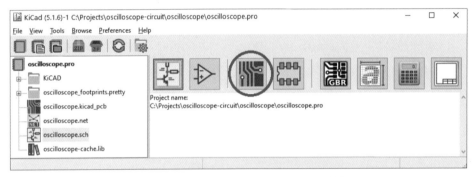

그림 6.20 KiCad PCB 레이아웃 애플리케이션 열기

KiCad PCB 레이아웃 편집기는 빈 도면과 함께 열릴 것이다. 그림 6.21과 같이 **Update PCB from schematic** 도구바 아이콘을 클릭해 회로도에서 회로 부품과 연결 정보를 불러온다.

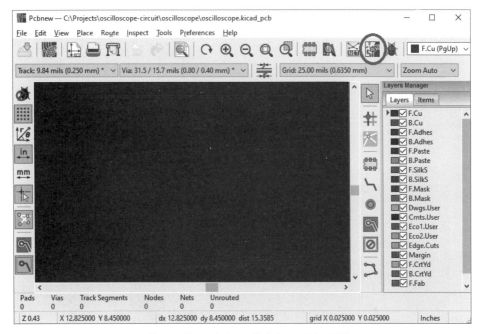

그림 6.21 회로도에서 PCB 업데이트 도구바 아이콘

Update PCB from schematic 창에서 Update PCB 버튼을 클릭하고 Close를 클릭한다. 커서에 모든 회로 부품들이 붙어있을 것이다. 커서를 회로 기판 그릴 위치로 옮긴 뒤 왼쪽을 클릭해 해당 부품을 배치한다.

이제 회로 기판의 윤곽을 그려본다. Grid 드롭다운 메뉴에서 그리드 크기를 100mils로 설정한다. 그림 6.22처럼 Edge.Cuts PCB 계층을 선택하고 회선 그리기 도구를 클릭해 각 면이 2.5인치인 사각형을 그린다. 상태바에서 Length와 Angle를 보면서 각 회선이 직선인지, 올바른 길이인지를 확인한다.

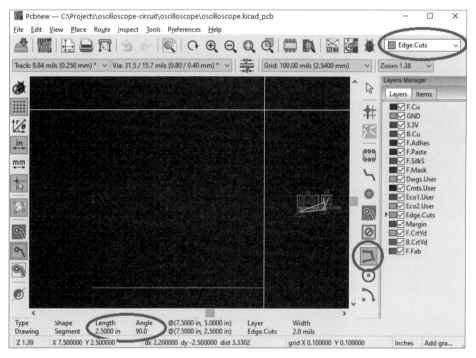

그림 6.22 회로 기판 윤곽 그리기

회로 기판의 부품을 배치해본다. 부품 배치 과정에 다음 규칙을 참고한다.

- 회로도 구성을 잘 했다면, 다이어그램 내 부품의 위치는 기판의 부품을 배치하기 위한 좋은 시작점이 된다. 일반적으로 다른 부품들과 직접 연결되는 부품들이 서로 가까이에 배치된다.

- 큰 집적회로를 먼저 배치한다. 커패시터와 같이 디바이스에 연결되는 부품들을 위해 큰 집적회로 근처에 약간의 공간을 남겨둔다.

- 아날로그 신호를 처리하는 부품은 디지털 부품으로부터 가능한 멀리 배치해야 한다.

- 고속 차동 신호 회선은 가능한 짧게 유지해야 한다. 이 신호를 사용하는 디바이스는 통신 경로의 반대쪽에 있는 커넥터나 회로 부품에 가까이 위치해야 한다.

여기서 오실로스코프 프로젝트를 위한 모든 회로의 레이아웃을 다루지 않지만, Arty 보드에 관한 커넥터는 화면으로 보이므로 PCB 레이아웃의 아래쪽 가장자리에 위치하고, 아날로그 입력 신호를 수신하는 BNC 커넥터는 PCB 레이아웃의 위쪽 중앙에 위치하는 것을 아는 것이 좋다.

다음 단계를 수행해 +1.8V 전원 회로와 GDT를 레이아웃 시켜 본다.

1. 그리드를 25mils로 변경한다.

2. U1과 U2 집적회로를 PCB 가장자리 내 적절한 위치로 옮긴다. 여기서 적절한 위치는 해당 부품 주위에 필요한 저항기나 커패시터와 같은 다른 항목을 배치하기에 충분한 공간을 제공하며, 해당 부품의 입력 신호를 만들거나 해당 부품의 출력 신호를 수신하는 다른 부품들과는 가깝게 배치되는 곳이다.

3. 각 부품과 연결되는 커패시터를 디바이스 근처 위치로 옮긴다. 선택하기 위해 각 부품을 클릭한 뒤 커서를 사용해 다른 위치로 옮길 수 있고, R 키를 눌러 회전할 수 있다. 옮기기 전에 단일 패드만이 아닌 완전한 부품을 선택해야 한다. 완전한 부품을 강조 표시하려면 다른 위치를 몇 번 클릭해야 할 수 있다.

단계를 마치면, PCB 레이아웃은 그림 6.23과 비슷할 것이다.

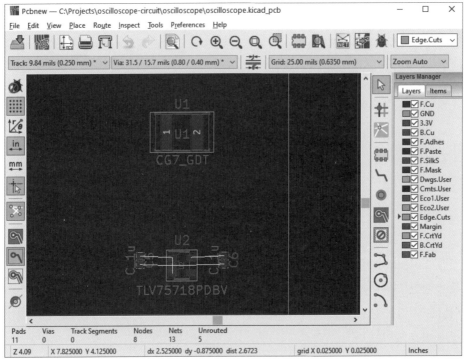

그림 6.23 초기 부품 배치

기판 계층 집합을 정의한다. 지금까지 작업한 예제 회로는 매우 간단하고 2계층 PCB로 동작했지만, 오실로스코프 프로젝트는 4계층 기판을 사용할 것이다. 두 개의 내부 계층은 전원(+3.3V)와 GND 평면이다. 이 배열은 저임피던스 전원과 PCB상의 모든 위치에서 접지 연결을 제공하며, 더 중요한 부분인 신호 무결성을 유지하는 데 필수인 고속 차동 신호 트레이스 밑의 GND 평면을 제공한다.

부품이 실장될 최상위 계층 및 2번째 계층인 GND 평면, 3번째 계층인 3.3V 전원 평면, 마지막으로 비아를 사용해 트레이스를 라우팅하기 위한 마지막 계층으로 구성된 4개의 계층을 정의한다. 각 비아는 구멍을 뚫어 만든 계층간 전기적 연결이며, 계층 간 전도성 금속으로 연결시킨다.

PCB 편집기 **File** 메뉴에서 **Board Setup**…을 선택한다. **Board Setup** 창 위쪽의 드롭다운 리스트에서 **Four layers, parts on front**을 선택한다. 그림 6.24처럼 안쪽 두 계층의 이름을 GND와 3.3V로 변경하고 계층 타입을 **power plane**으로 설정한다.

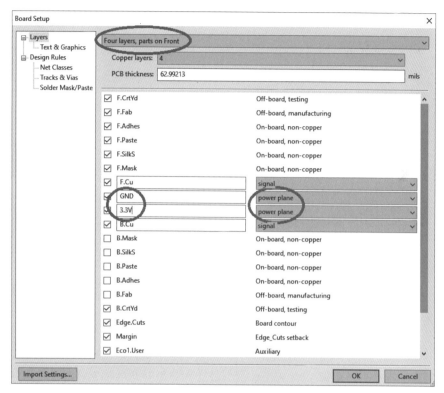

그림 6.24 보드 설정 창

1, 2, 4번째 계층에 GND로 채우고, 3번째 계층에 +3.3V로 채운다. 채우기 계층은 트레이스, 비아, 다른 회로 소자가 배치를 방지하는 곳을 제외한 모든 곳에 구리를 배치한다. 최상위 계층의 GND 채우기를 사용해 부품들의 모든 GND 연결이 GND 채우기 쪽으로 자동 연결되므로, 이런 연결을 위한 별도의 트레이스가 없어도 된다.

다음 단계로 채우기 영역을 만든다.

1. **Grid** 드롭다운을 100mils로 설정한다.

2. 도구바의 드롭다운에서 **F.Cu**(front copper(전면 구리))를 선택하거나, 최상위 계층을 선택하기 위해 **Page up** 키를 누른다.

3. 오른쪽 도구바에서 **Add filled zones** 아이콘을 선택한다. **Add filled zones** 아이콘은 녹색 바탕에 PCB 트레이스처럼 보인다.

4. PCB 윤곽의 왼쪽 아래 모서리를 클릭한다. 채우기 영역을 위해 사용할 네트 선택을 요청하는 창이 나타나는데, **GND**를 선택하고 **OK**를 클릭한다.

5. 기판의 각 모서리를 클릭하고 사각형을 완성하기 위해 왼쪽 아래 모서리를 다시 클릭한다.

6. 나머지 계층에 관해 위 과정을 반복하고 2번째와 4번째 계층은 네트로 **GND**를, 3번째 계층은 **+3.3V**를 선택한다.

7. **Page up** 키를 눌러 최상위 계층으로 돌아오고 그리드 크기를 25mils로 재설정한다.

회로 트레이스를 그릴 준비가 끝났다. 오른쪽 도구바에서 **Route tracks**을 선택한다. Route tracks 아이콘은 3개로 분할된 녹색 선이다.

라우팅이 필요한 각 트레이스는 연결할 양 끝단 사이에 하얀 줄로 표시된다. 경로 라우팅 모드에서 연결할 한쪽 끝의 패드를 클릭하고 반대쪽 패드까지 트레이스를 그린다. 모서리를 만들어야 한다면 모서리 위치에서 클릭하고 그리기를 계속하자. KiCad는 충분한 공간이 있고 다른 설계 규칙이 만족되는 곳으로만 트레이스를 그릴 수 있도록 한다. 반대쪽 패드에서 클릭해 트레이스 그리기를 끝내자. **ESC**를 눌러 경로 라우팅 모드를 나가자.

+3.3V 평면으로 연결하기 위해 패드 위치 근처에 비아를 배치하자. 비아 아이콘은 오른쪽 도구바에 노란색으로 채워진 원안에 녹색 원이 있다. 비아를 배치한 뒤 비아를 더블 클릭하고 +3V3 네트를 선택한다.

모든 연결을 만든 뒤 **B** 키를 눌러 모든 영역을 채운다. 이렇게 하면 최상위 계층의 GND 평면에 회로 연결이 완료된다.

TLV757P의 2번 핀은 연결되지 않음을 의미하는 하얀 줄로 표시된다. 왼쪽 도구바에서 **Show filled areas in zones** 아이콘(오른쪽 도구바의 'Add filled zones(채우기 영역 추가)'와 비슷하게 생김)을 클릭해 채우기 구역을 표시한다. 2번 핀과 접지 평면 사이에 연결이 있지만 설계 규칙상 너무 좁다. 그림 6.25에서 이를 나타낸다.

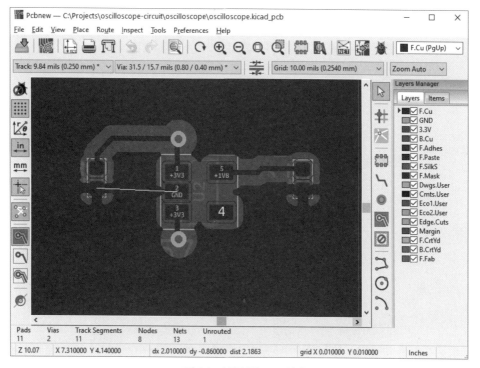

그림 6.25 불충분한 GND 연결

핀과 접지 평면 사이가 좁은 문제를 수정하기 위해 2번 핀에서 GND 평면으로 가는 짧은 거리의 트레이스를 그린다. 트레이스를 추가하면 상태바는 연결되지 않은 트레이스가 없다고 나타낼 것이다.

도구바의 무당벌레 표시가 있는 **Perform design rules check** 아이콘을 클릭한다. 검사를 수행하기 위해 확인창에서 **Run DRC**를 클릭한다. 검사 결과는 문제가 없고 연결되지 않은 항목이 없다고 나와야 한다. 다른 문제가 있다면 리스트는 문제가 있는 영역을 나타낼 것이다.

KiCad는 PCB 레이아웃을 기반으로 부품들이 채워진 제조된 PCB를 나타내는 3D 뷰어가 있다.

기판의 3D 이미지를 표시하기 위해 **View** 메뉴에서 **3D Viewer**를 선택하면 별도의 창에서 3D 이미지의 PCB가 표시된다. 이 창을 제어해 기판을 회전하고 다른 각도에서 볼 수 있다. 예제 회로의 3D 이미지는 그림 6.26과 같다.

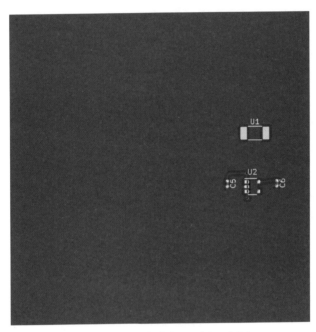

그림 6.26 부품들을 가진 PCB의 3D 이미지

KiCad 소개가 마무리됐다. 6장의 예제는 오실로스코프 프로젝트를 위한 회로도 다이어그램과 PCB 레이아웃을 이해하기 위해 반드시 알아야 하는 KiCad 필수 기능을 다뤘다.

오실로스코프 프로젝트에서 필요하지만 6장 예제에서 다루지 않은 중요한 PCB 레이아웃 기능은 차동 쌍 트레이스의 사용법이다. 적합한 이름(한 신호는 '+'로 끝나고 다른 신호는 '-'로 끝남)을 가진 트레이스 쌍은 **Route › Differential Pair**에서 선택할 수 있다. 차동 쌍을 라우팅하는 동안 KiCad는 지속적으로 설계 규칙을 적용하며 트레이스 쌍 라우팅을 위한 규칙을 만족하는 경로로만 차동 쌍을 라우팅할 수 있게 한다. 차동 쌍 라우팅이 끝난 후 **Route** 메뉴에서 **Tune Differential Pair Skew/Phase**를 선택해 쌍에서 짧은 트레이스의 길이를 늘려 더 긴 트레이스와 일치하게 할 수 있다. 이는 두 신호가 트레이스를 통해 이동할 때 같은 시간이 걸리게 만들어 동시에 목적지에 도착하게 한다.

설계 규칙 검사를 통과한 완전한 PCB 레이아웃이 완성됐으므로 이제 회로 설계를 PCB 제조사에 넘겨 프로토타입 회로 기판을 만들 준비가 됐다.

회로기판 프로토타입 만들기

애호가들이나 소규모 고객들에게 서비스하는 저가 PCB 프로토타입 기판 벤더가 많다. 생산을 위해 업계 표준 포맷인 거버 파일을 요구하거나 사소한 몇 단계를 줄이도록 KiCad 프로젝트 자체를 입력으로 받는 벤더도 있다.

6장의 예제는 OSH Park 벤더를 사용한다. https://oshpark.com/에서 주문을 넣을 수 있다. OSH Park는 KiCad 프로젝트 파일에서 바로 독특한 자주색 프로토타입 PCB를 만든다. 그림 6.27은 오실로스코프 프로젝트 PCB의 5번째 수정안 기판 상단을 보여 준다.

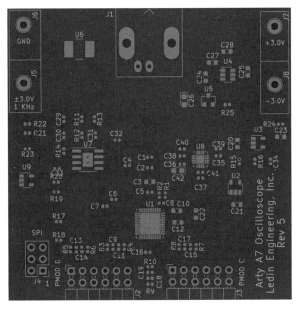

그림 6.27 오실로스코프 프로젝트를 위한 OSH Park의 PCB 렌더링

이 책을 쓰는 시점에 OSH Park는 4계층 PCB 3개를 만드는 데 평방 인치당 10.00달러를 청구한다. 예제 기판이 2.5"×2.5"이므로 세 기판에 대한 비용은 62.50달러에 판매 세금을 더한 값이며 무료로 배송옵션을 제공한다.

새 PCB를 주문할 때 일치하는 솔더 페이스트 스텐실solder paste stencil를 구매하는 것이 좋다. 솔더 페이스트 스텐실은 한 번의 작업으로 PCB의 모든 금속 패드에 솔더 페이스트를 적용하는 데 사용된다. 솔더 스텐실은 보통 스테인리스 스틸stainless steel이나 폴리이미드 필름polyimide film으로 구성된다. 강철steel은 대량 생산 시 더 내구성이 있지만 비용이 더든다. 이 책의 목적에 따라 3 mils(0.003")두께의 폴리이미드 필름이 적당하다. OSH Park에 PCB 주문 시, PCB 정보를 OSH 스텐실 사이트인 https://www.oshstencils.com에 제공해 스텐실을 주문할 수 있다. 오실로스코프 PCB용 폴리이미드 스텐실은 판매 세금과 배송 비용을 포함해 15.62달러다.

요약

예제를 통해 오픈소스 KiCad 전자 설계 및 자동화 도구와 그 사용법을 소개했다. 합리적인 가격으로 회로 기판 설계를 PCB 프로토타입으로 변환하는 방법을 배웠고, 뒤에서 조립할 오실로스코프 프로젝트를 위한 회로도 엔트리와 PCB 레이아웃 예제들을 살펴봤다.

KiCad를 다운로드 및 설치했고 KiCad의 기본 절차 및 KiCad에서 회로도를 그리는 법, KiCad에서 회로 기판 레이아웃 개발하는 법 등을 알아봤다. 디지털 오실로스코프 프로젝트를 위한 회로 기판 설계 예제를 살펴봤다.

7장에서는 표면 실장과 관통 구멍 전자 부품을 사용해 고성능 디지털 디바이스 조립과 관련된 장비와 기법을 알아본다.

07

고성능 디지털 회로 만들기

표면 실장과 스루홀 전자 부품을 사용해 프로토타입 고성능 디지털 회로 조립 관련된 과정과 기법을 설명한다. 또한 솔더링 스테이션(납땜 스테이션)이나 확대경 혹은 현미경, 작은 부품을 다루기 위한 핀셋 등을 포함한 추천 도구를 알아본다. 그리고 리플로우 솔더링 과정과 소규모 리플로우 기능 구현을 위한 저가 옵션을 살펴본다.

회로 조립 준비 및 수작업이나 리플로우 과정으로 솔더링(납땜) 하는 기법을 다양한 프로 젝트에 적용 가능한 방식으로 설명한다. 납땜을 마치면 기판은 반드시 깨끗하게 세척하고 모든 연결이 정상인지, 의도하지 않은 납땜 연결이 존재하는지 전원을 넣기 전에 완벽히 검사해야 한다.

7장을 마치면 디지털 회로 기판 조립 방법을 이해하게 된다. 회로 기판 조립에 필요한 도구와 기법 및 납땜 준비에 관련된 단계를 알게 된다. 그리고 표면 실장 및 스루홀 부품 들을 수작업 혹은 리플로우 시스템을 사용해 회로에 납땜하는 법을 배우며, 조립된 기판을 세척하고 완벽히 검사하는 법을 알게 된다.

7장은 다음 주제를 다룬다.

- 회로 기판 조립 도구 및 과정
- 부품 조립 및 배치를 위한 준비
- 리플로우 솔더링과 수작업 솔더링
- 조립 후 보드 세척 및 검사

⠿ 기술 요구사항

7장에서 사용하는 파일은 https://github.com/PacktPublishing/Architecting-High-Performance-Embedded-Systems에서 받을 수 있다.

⠿ 회로 기판 조립 도구 및 과정

프로토타입 디지털 디바이스 개발자는 적합한 도구와 약간의 노력을 통해 표면 실장 기법을 사용한 전문가 수준의 고성능 회로 기판을 구성할 수 있다. 여기서는 한 번에 작은 개수의 회로 기판을 조립하는 개별 개발자의 요구사항을 다룬다. 수십 개에서 수백 개 이상의 많은 개수의 기판을 다루는 제조사들은 비용이 들더라도 이 작업을 PCB 조립 전문 회사에 작업을 맡기는 편이 적합하다.

광학 확대

앞으로 PCB 위의 매우 작은 부품을 조립할 것이다. 프로젝트 회로 기판의 많은 저항기와 커패시터들은 1.0mm×0.5mm 크기의 0402 패키지를 사용한다. 부품들의 크기를 설명하기 위해 다음 그림은 0402 패키지 저항기와 쟈스민 쌀 한 톨을 비교한다.

그림 7.1 쌀 한 톨 옆의 표면 실장 저항기

약간의 인내와 노력이 있다면 사람들 대부분 부품들을 포함한 회로 기판을 동작시킬 수 있다. 시력이 보통이고 부품을 들 때 손이 약간 흔들리더라도 이런 한계는 보통 극복할 수 있다.

확대경이나 현미경을 사용하면 원하는 만큼 가까이 볼 수 있지만 너무 큰 배율을 사용해 과용하지 않아야 한다. 일반적인 시력을 가진 많은 개발자들은 작은 부품 회로 조립을 위해 비싸지 않은 확대 렌즈를 사용하거나 혹은 확대를 하지 않고도 PCB를 조립할 수 있지만, 저자는 저배율의 입체 현미경 세트 사용을 선호한다. 저배율 현미경은 그림 7.2와 같다.

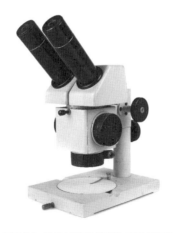

그림 7.2 SMT 납땜에 적합한 입체 현미경

현미경을 사용할 때 그림 7.1에 표시된 저항기 크기 부품을 명확히 볼 수 있는 수준으로 배율을 조정해야 하며, 동시에 주변 기판의 충분한 시야를 제공해야 한다. 이렇게 하면 핀셋을 사용해 부품을 배치할 때 PCB의 위치에 관한 방향을 유지할 수 있다.

부품을 배치할 때 안정된 공간에 손을 놓으면 핀셋을 사용할 때 발생하는 흔들림을 줄일 수 있다. 손을 둘 곳은 편안하면서 딱딱한 표면을 가진 책 혹은 빈 가방 같은 것이 좋다. 일부 회로 개발자들은 작은 부품을 배치할 때 핀셋 잡은 손을 다른 손으로 잡는 것이 도움이 된다고 한다.

첫 번째 시도에 정확한 위치에 정렬해 부품을 배치할 필요는 없다. 처음에는 적당히 정확한 위치에 부품을 배치하는 것으로 충분하다. 부품은 핀셋이나 다른 작은 도구를 사용해 옮기거나 회전시키면 된다. 수작업 납땜을 할 때도 부품이 완벽하게 정렬될 필요는 없다. PCB의 신호들 사이에 의도하지 않은 연결이 만들어지는 솔더 브릿지^{solder bridge}와 같은 문제들만 피하고 부품의 각 연결 지점을 기판에 단단히 납땜할 수 있다면 충분하다. 보통 연결을 만들 때 너무 많은 땜납을 사용하면 솔더 브릿지가 발생한다. 7장 끝에서 솔더 브릿지 수정법을 배운다.

핀셋

회로 기판에 부품을 배치하거나 수작업 납땜 시 첫 번째 연결을 납땜하면서 배치할 부품을 들기 위해 최소 한 개의 정밀 핀셋이 필요하다. 몇 달러 정도면 다양한 팁 방향을 가진 정밀 핀셋 세트를 구할 수 있다. 그림 7.3은 전자 조립에 적합한 핀셋을 나타낸 것이다.

그림 7.3 전자 조립에 적합한 핀셋

핀셋 몸체와 팁의 각도가 약 30°~45°정도 휘어진 핀셋이 현미경 밑의 부품을 배치하는데 적합하다. 핀셋 팁의 각도 덕분에 부품을 아래쪽으로 향하게 배치하며 손을 옆으로 유지할 수 있게 해서 손이 현미경 하드웨어 밖에 있게 하며 시선에서 멀어지게 할 수 있다.

플럭스

산화는 납땜 접합부의 적이다. 산화는 납땜 인두기나 회로 부품 위 전도성이 낮은 물질의 계층을 만든다는 점에서 철의 부식과 유사한 화학적 과정이다. 납땜할 때 산화 형성 및 납땜 접합 품질 저하 방지를 위한 조치를 취하는 것이 중요하다. 다행히 조치는 쉽게 할 수 있다.

납땜 중 산화 관련 문제를 방지하기 위해 납땜 인두기 팁을 깨끗이 세척하고 납땜 중 적당한 플럭스를 사용하는 것이 중요하다. 플럭스Flux는 상온에서 비전도성이며 비활성인 화합물이다. 납땜 중 열을 가하면 플럭스는 다음의 세 가지 기능을 한다.

- 납땜하는 금속 표면의 산화된 침전물을 제거한다.

- 보호막을 형성해 녹은 땜납과 납땜하는 표면에 공기가 닿아 산화되는 것을 방지한다.

- 습윤 기능을 수행해 액체 땜납이 금속 표면 위를 자유롭게 흐를 수 있도록 한다. 습윤wetting은 액체 땜납이 접합부의 모든 부분에 흐르는 것을 뜻한다.

플럭스 없이 SMT 부품을 납땜했었다면 부품과 기판을 견고하게 연결하기 쉽지 않았을 것이다. 플럭스 없이는 땜납이 산화된 금속 표면에 접착되기 어렵고 녹은 땜납이 잘 흐르지 않기 때문이다.

속이 비어있는 땜납 와이어도 있는데, 이 속은 플럭스로 채워져 있다. 플럭스로 채워진 땜납을 사용할 때는 인두기로 부품과 PCB를 뜨겁게 하고, 뜨거워진 금속 위에 땜납이 녹아서 접합될 때까지 납땜을 해야 한다. 인두기 팁 위에 땜납을 녹여 접합하려고 하면, 땜납이 인두기 팁 위에 올라가는 순간 플럭스가 타는 연기가 난다. 이렇게 납땜을 하려면 플럭스가 채워진 땜납이 아닌 플럭스가 없는 땜납을 사용해야 하는데, 이때는 접합이 잘 되지 않을 것이다.

플럭스를 가진 땜납을 사용하는 대신 펠트 팁 플럭스 펜 혹은 직접 병에 든 액체 플럭스를 PCB에 바를 수 있다. 미리 플럭스 코팅된 PCB를 납땜할 때 접합이 잘 된다. 기판에 많은 양의 플럭스를 바르는 것은 문제가 되지 않는다. 오히려 플럭스가 적은 것보다 많은 것이 훨씬 좋다.

납땜이 끝난 후 부식성을 유지하므로 세척 과정을 통해 제거해야 하는 플럭스도 있다. **무세척 플럭스**도 있는데, 조립이 완료된 후 플럭스 잔류물이 남아 있을 수 있다는 의미다. 플럭스 잔류물은 보기에 좋지 않다. 다행히 남은 플럭스를 제거할 수 있고 7장에서 관련 내용을 살펴본다.

땜납

전자 조립을 위한 땜납은 두 가지 일반적 유형인 주석/납 혹은 무연으로 나뉜다. 전자 조립에서 일반적으로 사용되는 주석/납 형태는 63% 주석과 37% 납으로 구성되며 361℉ (183℃)의 녹는점을 갖는다. 주석/납 땜납은 상대적으로 낮은 녹는점을 갖고 높은 품질의 납땜 접합을 만들 수 있지만, 적은 납에도 유독 성분이 들어있다.

유연 땜납을 사용하더라도 적합한 작업 환경을 갖추고 납땜이나 세척 시 주의한다면 안전히 작업할 수 있다. 납을 포함한 땜납 작업 시 납땜 중 연기를 흡입하지 말고 땜납을 다룬 후에는 손을 철저하게 씻어야 한다.

연기 추출기나 팬을 사용하면 납땜 중 연기를 흡입하지 않을 수 있다. 연기 추출기는 공기를 빨아들이기 위해 납땜 장소 근처에 배치하는 흡입구가 있어 디바이스에 납땜 중 발생하는 연기를 빨아들인다. 연기를 포함한 공기는 연기 잔류물을 흡수하는 필터를 지나 깨끗한 공기로 바뀌어 방이나 환기 시스템을 통해 밖으로 배출된다. 반면 팬은 단순히 연기를 방으로 날려보낸다. 따라서 연기 추출기가 연기 잔류물을 제거하므로 더 좋지만 팬보다 비싸다. 팬은 얼굴로 직접 올라오는 연기를 막아줄 수 있으므로 없는 것보다 낫다.

무연 땜납은 몇 가지 다른 배합으로 구성될 수 있다. 전자 조립에서 쉽게 사용할 수 있는 배합은 99.3% 주석과 0.7% 구리다. 주석/구리 합금의 녹는점은 주석/납 땜납의 녹는점보다 훨씬 높은 441℉(227℃)라서 작업하기 더 어려운 면이 있다. 무연 땜납의 높은 녹는점은 높은 납땜 온도 때문에 더 많은 양의 플럭스 연기를 만들 수 있다. 무연 땜납으로 납의 유독 성분을 피할 수 있지만 땜납이 만드는 연기는 여전히 해로우므로, 납땜할 때는 적절한 환기 장치가 반드시 필요하다. 상업용 판매를 위한 전자제품을 만들고 있다면 무연 땜납을 반드시 사용해야 할 수 있다.

땜납 와이어는 적당한 두께를 선택하는 것이 중요하다. 이 책의 예제는 매우 작은 SMT 부품을 사용하므로 얇은 땜납 와이어를 사용해야 한다. 와이어가 너무 두꺼우면 원하는 위치에 적당량의 땜납을 녹이기 어렵다. 예제에서 사용하는 부품의 크기에는 와이어 두께가 0.032"(0.81 mm)를 넘지 않는 것이 좋다. 저자는 SMT 부품 수작업 납땜을 위해 0.020"(0.51 mm) 두께의 로진이 포함된 땜납을 선호한다. 로진은 나무 수액으로 만들어진 특별한 유형의 플럭스로 속이 빈 땜납 와이어에 흔히 사용된다. 그림 7.4는 0.020" 로진 코어 땜납이다.

그림 7.4 0.020" 로진 코어 땜납

땜납 와이어를 사용할 때 실타래에서 30.48cm(1피트) 정도 뽑아서 뜨거운 인두기 팁으로 끊어 사용하는 것이 좋다. 그리고 납땜하기 어려울 정도로 짧아질 때까지 사용하면 된다. 사용하지 않은 땜납 와이어와 납땜된 물건은 유해 폐기물로 취급하고 적절히 처리돼야 한다.

정전기 보호

앞으로 조립할 많은 집적회로와 다른 전자 부품들은 정전기(ESD, ElectroStatic Discharge)에 민감하다. 정전기는 전기적으로 충전된 두 개의 물체가 접촉하거나 서로 충분히 가까이 이동하면 발생하며, 스파크가 둘 사이의 공간에 발생한다. 정전기가 발생하면 큰 전류가 짧은 시간 동안 흐르며 민감한 전자 부품들이 망가질 수 있다.

정전기는 회로 설계 프로젝트의 성공에 해를 끼칠 수 있으므로 미리 예방하는 것이 좋다. 회로를 조립할 때 부품의 정전기 피해를 최소화하기 위해 조치를 취해야 한다.

회로 조립 시 정전기 보호를 위해 일반적으로 회로 조립하는 사람과 조립하는 부품에 전하 축적을 방지해야 한다. 정전기 보호를 위해 다음 단계를 거쳐야 한다.

1. 정전기 보호를 위한 첫번째 단계는 작업대에 정전기 안전 매트를 사용하는 것이다. 정전기 매트는 높은 전기 저항을 갖지만, 절연체는 아니다. 정전기 매트를 접지(표준 전기 콘센트의 중앙 나사를 사용할 수 있음)에 연결해서 사용하는 부품과 도구들이 매트에 닿을 때 전하들이 없어질 수 있다. 정전기 매트는 보통 합리적인 가격에 구매할 수 있다.

2. 정전기 보호를 위한 두 번째 단계는 작업자 몸의 전하 축적을 방지하는 것이다. 접지와 연결된 선을 가진 정전기 손목 밴드는 작업자 몸의 전하를 없애고 작업자가 부품을 만질 때 부품이 망가지는 것을 방지한다.

작업장이 정전기 전하 축적과 관련된 합성 카펫이거나 다른 바닥재이면 정전기 방지 매트를 깔아 작업장에서 움직일 때 전하 축적을 줄일 수 있다.

주문한 전자 부품을 받을 때 정전기 방지 포장을 볼 수 있을 것이다. 정전기 방지 스트랩을 착용하고 정전기 방지 환경에서 포장을 열고 부품을 빼내야 한다. 부품들을 보드에 조립할 준비가 될 때까지 포장에 넣어 놓는 것이 좋다.

수작업 납땜

프로토타입 회로 기판 구성을 위한 두 가지 기본 방식인 수작업 납땜과 리플로우 납땜reflow soldering을 다룬다. 먼저 수작업 납땜을 알아본 후 리플로우 납땜을 살핀다. 대량의 SMT 부품을 작업해야 할 때는 보통 리플로우 납땜을 선호한다. 가능하면 리플로우 납땜 사용을 추천하지만 대부분 회로 프로젝트들에서 전원이나 외부 부품과의 통신 경로를 위한 커넥터 같은 부품을 추가하기 위해 수작업 납땜이 필요할 때가 있다. 수작업 납땜은 리플로우 납땜 중 부품 배치나 연결 시 발생하는 문제를 고치기 위한 방법이기도 하다. 리플로우 납땜을 위한 필요 도구가 부족한 경우 대안으로 수작업 납땜을 할 수 있다.

수작업 납땜은 휴대용 인두기와 열풍기나 땜납, 핀셋같은 휴대용 도구들을 사용한다. 이 책 예제를 위해 휴대용 열풍기와 휴대용 인두기가 포함된 납땜 스테이션을 사용하는 것이 좋다. 납땜 스테이션은 종종 재작업 스테이션rework station이라고 하며 회로 조립 외에도 회로 기판을 분해한 뒤 고칠 때 사용하기 때문이다. 그림 7.5는 재작업 스테이션의 예다.

그림 7.5 인두기와 열풍기가 있는 납땜 스테이션

그림 7.5의 재작업 스테이션은 인두기와 열풍기의 온도를 표시하는 디지털 표시 장치가 있다. 열풍기의 공기 흐름을 조정할 수도 있다. 이런 유형의 납땜 스테이션은 대부분 다양한 인두기 팁 모양과 노즐 모양, 열풍기 크기 등을 선택할 수 있다. 이 책은 매우 작은 부품을 다루므로 가장 좋은 인두기 팁은 가장 작은 지점에 사용할 수 있는 팁이다. 팁을 선택해 회로의 다른 부품들에 열을 가하거나 손상없이 의도한 지점에 정확히 열을 가할 수 있다.

표면 실장 부품을 납땜할 때 정확한 온도 제어는 매우 중요하다. 싼 인두기는 온도를 감시하거나 조정할 수 없기 때문에 PCB 조립에는 적합하지 않다.

처음 납땜할 때는 인두기 온도를 사용하는 땜납의 녹는점보다 30~50℉ (20-30℃) 정도 높게 설정해야 한다. 납땜 기술이 늘면 인두기 온도를 올려 더 빠르게 땜납을 녹일 수 있다. 높은 온도에서는 빠르게 접합하고 인두기를 제거해 부품에 너무 많은 열을 가하거나 손상시키지 않도록 해야 한다.

납땜 시 스폰지나 꼬인 전선 덩어리인 팁 청소 패드를 자주 사용해야 한다. 그림 7.5와 같이 스폰지가 있다면 반드시 젖어 있어야 한다. 그렇지 않다면 뜨거운 인두기가 스폰지를 태울 것이다. 스폰지는 상당히 축축해야 하지만 물에 완전히 적시면 안된다. 스폰지를 사용해 인두기 팁을 청소하기 위해 인두기는 완전히 뜨거워야 한다. 팁의 모든 둘레를 청소하기 위해 인두기를 비틀면서 스폰지에 팁을 문지르자. 꼬인 전선 팁 청소기를 사용한다면 뜨거운 인두기 팁을 몇 차례 전선에 넣어서 꼬인 전선이 남은 땜납과 산화물을 제거하자.

납땜 스테이션의 열풍기는 인두기에 비해 넓은 면적을 가열하는 데 유용하다. 면적을 가열하면 동시에 여러 패드 위에 있는 땜납을 녹일 수 있어 기판에서 SMT 집적회로를 제거할 때 사용할 수 있다. 열풍기는 기판 위에 집적회로를 납땜할 때도 사용할 수 있다.

일부 IC 패키지 유형은 인두기를 사용해 납땜하기 어렵고 리플로우 납땜 과정을 사용할 수 없는 경우 열풍기로만 납땜을 할 수 있다. 이런 부품들은 패드에 IC를 배치하고 열풍기를 사용해 동시에 모든 패드를 납땜하기 전에 기판에 가볍게 플럭스를 도포한 뒤 인두기를 사용해 얇은 땜납 층을 패드에 만든다(티닝(tinning)). 이런 방식으로 열풍기로 부품을 납땜할 때 부품이 중앙에서 벗어나지 않도록 해야 하고, 의도치 않게 납땜이 제거나 주위의 다른 부품이 날아가지 않도록 해야 한다. 따라서 열풍기를 사용해 납땜해야 하는 모든 부품을 PCB에 먼저 설치해야 한다.

솔더 윅

수작업 납땜을 할 때 실수로 너무 많은 땜납을 접합부에 바르게 되고, IC의 핀들 사이나 가까이 있는 부품들 사이에 솔더 브릿지를 만들 수 있다. 이때 솔더 윅*solder wick*을 사용해 너무 많이 바른 땜납을 쉽게 제거할 수 있다. 솔더 윅은 녹은 땜납을 흡수하는 꼬인 구리 와이어다. 부품을 조립할 때 마찬가지로 윅과 많은 땜납을 포함하는 지점에 플럭스가 있을 때 땜납이 잘 제거된다.

솔더 윅을 사용하려면 먼저 윅과 많은 땜납이 포함하는 지점에 플럭스가 있는지 확인해야 한다. 많은 땜납 위에 깨끗하고 사용하지 않은 윅의 끝부분을 배치하고, 뜨거운 인두기로 윅을 누르자. 몇 초 후 녹은 땜납이 윅으로 흘러 들어갈 것이다. 땜납이 흡수되면 기판에서 윅과 인두기를 동시에 뗀다. 인두기를 먼저 떼면 녹은 땜납이 딱딱해지고 윅은 기판에 붙게 된다.

그림 7.6은 땜납을 제거한 뒤의 솔더 윅의 모습이다.

그림 7.6 흡수한 땜납을 가진 솔더 윅

솔더 윅을 사용한 뒤 제거된 땜납을 가진 윅 부분은 잘라내 다음에 사용할 때 깨끗한 윅을 사용하도록 한다.

솔더 페이스트 애플리케이션

솔더 페이스트solder paste는 끈적한 플럭스와 미세한 솔더 볼의 혼합물이다. 리플로우 납땜은 솔더 페이스트를 사용해 잠재적으로 많은 수의 회로 부품을 PCB의 패드 위치에 느슨하게 붙인다. 모든 부품이 솔더 페이스트로 덮인 패드에 배치되면 전체 PCB 조립은 땜납을 녹이는 가열 프로파일에 적용돼 각 패드 위치에 접합부를 만든다. 리플로우 납땜이라는 용어는 땜납 온도가 녹는점 이상 올라갈 때마다 땜납이 액체가 돼 흐를 수 있다는 사실을 나타낸다.

프로토타입 회로 기판 개발자를 위해 수작업 납땜과 비교해 리플로우 납땜의 한 가지 확실한 장점은 부품과 PCB 간 모든 연결을 납땜할 필요가 없는 것이다. 대신 솔더 페이스트를 부품 패드에 바르고 기판에 열을 가하기 전 정확한 부품 배치가 필요하다.

이를 위한 한 가지 방법은 주사기를 사용해 솔더 페이스트를 개별 패드에 분배해 수동으로 솔더 페이스트를 바르는 것이다. 각 PCB 패드 위치에 적합한 크기의 구멍을 가진 스텐실을 사용해 솔더 페이스트를 PCB의 모든 패드에 한번에 바를 수도 있다. 솔더 페이스트 스텐실은 6장, 'KiCad를 사용한 회로 설계하기'의 '회로 기판 프로토타입 만들기' 절에서 살펴본 PCB 레이아웃 과정에서 생성된 데이터 파일을 사용해 만들어 진다.

스텐실을 사용해 솔더 페이스트를 PCB에 바를 때 그림 7.7처럼 스텐실을 PCB 상단의 제자리에 고정하는 프레임을 준비해야 한다. 프레임을 통해 스텐실의 구멍들이 PCB 패드에 위치시킬 수 있고 스텐실을 들어올릴 때 옆이 아닌 위로 이동하게 해 솔더 페이스트를 바를 수 있다. 채워지지 않은 회로 기판과 같은 적당한 재료를 사용해 프레임을 직접 만들 수 있지만 보통 스텐실을 살 때 프레임을 살 수 있다.

그림 7.7 프레임에 부착된 솔더 스텐실

솔더 스텐실로 작업하기 위해 항아리 용기에 든 솔더 페이스트를 이용하는 것이 최상이다. 이 방법을 사용해 스텐실 구멍에 실제로 채워져야 하는 것보다 훨씬 더 많은 솔더 페이스트를 스프레더에 바를 수 있다. 스텐실 작업이 끝난 뒤 스텐실에서 너무 많이 바른 페이스트를 긁어내 나중에 다시 사용할 수 있게 항아리 용기에 다시 넣을 수 있다. 주사기를 사용해 페이스트를 바른다면 많이 바른 페이스트를 버려야 할 것이다.

페이스트를 스텐실에 넓게 바르려면 직선이고 유연한 모서리가 있는 도구가 필요하다. 회로 기판 크기에 따라 신용카드부터 퍼티용 칼 혹은 석고용 테이핑 칼 등을 도구로 사용할 수 있다. 프로젝트 회로 기판을 위해 OSH 스텐실에서 제공하는 신용카드 크기의 페이스트 스프레더를 사용할 수 있다.

솔더 페이스트를 프레임 내 PCB 위에 있는 스텐실에 빠르게 바를 수 있지만, 약간의 섬세함이 필요하다. 특히 첫 번째 시도에서 스텐실 구멍에 놓친 영역이 있거나 골고루 발라지지 않아서 페이스트를 다시 바를 때 스텐실 밑에 페이스트가 너무 많을 수 있다. 첫 번째 시도 후 PCB와 스텐실을 청소하고 다시 시작해야 한다고 낙심하지 말자. 이소프로필 알코올[IPA]과 보푸라기 없는 천으로 스텐실과 기판의 솔더 페이스트를 청소할 수 있다.

다음 단계로 솔더 페이스트를 스텐실에 발라본다.

1. PCB와 프레임, 스텐실을 딱딱한 표면에 완벽하게 평형으로 놓자. 프레임은 PCB와 같은 두께여야 하며 스텐실 구멍은 PCB 패드와 정렬되도록 주의해야 한다. 스텐실 위치를 고정하기 위해 일회용 테이프를 사용할 수 있다.

2. 스프레더는 표면을 직선으로 지나가며 PCB의 모든 구멍을 덮을 수 있도록 충분히 넓어야 한다.

3. 솔더 페이스트 항아리 용기를 열고 작은 드라이버 같은 도구로 완전히 페이스트를 저어준다.

4. 저어주는 도구를 사용해 직선 가장자리를 따라 스프레더의 한쪽에 약간의 솔더 페이스트를 바른다.

5. 솔더 페이스트를 바른 쪽이 스텐실 영역쪽으로 향하게 스텐실에 스프레더를 위치시킨다.

6. 스프레더 위쪽을 움직일 방향으로 약 45°정도 기울인다.

7. 스프레더를 지속적으로 아래쪽으로 누르면서 한 번에 부드럽게 모든 스텐실의 구멍을 바른다. 이 작업을 통해 모든 구멍들을 페이스트로 덮어야 한다.

8. 스프레더를 돌려서 반대 방향으로 긁을 준비를 한다. 이번에는 스텐실의 표면에서 솔더 페이스트 잔여물을 긁어낼 것이다.

9. 스프레더가 움직이는 방향으로 거의 수직이 되도록 기울인다. 첫 번째 긁기 때와 반대 방향으로 긁어낸다.

10. 스프레더의 솔더 페이스트 잔여물을 긁어내 항아리 용기에 넣고 용기를 닫는다.

11. PCB에서 스텐실을 조심히 들어올린다.

12. PCB를 확인해 스텐실로 땜납해야 하는 모든 패드들에 페이스트가 발라졌는지 검사한다. 전체 모든 패드에 솔더 페이스트를 바르지는 않아야 한다. 스루홀through-hole 커넥터용 패드와 같은 패드들은 이 과정에서 납땜하지 않는다.

앞의 과정을 잘 마치면 모든 SMT 부품 패드 위치에 적당량의 솔더 페이스트가 발라진 PCB를 얻게 된다. 지금부터 서둘러 다음 작업을 처리해야 한다.

솔더 페이스트는 점착성(점성(tack))이 있어 부품들이 배치된 후 부품들을 제자리에 유지시킨다. 페이스트가 공기에 노출되면 일부 화학 성분이 증발하고 점착성이 떨어진다. 경험적으로 보드에 스텐실로 솔더 페이스트를 바른 뒤 리플로우 과정 완료까지 최대 8시간을 넘기지 않아야 한다. 즉, 보드를 스텐실 처리 후 하룻밤이 지나기 전 리플로우를 수행해야 한다.

솔더 페이스트를 바르면 PCB는 극도로 섬세한 아이템으로 변형된다. 페이스트가 덮인 패드와 이미 배치된 부품을 닦아내지 않도록 스텐실 처리된 PCB를 다룰 때나 PCB상의 부품을 배치하는 동안 각별한 주의가 필요하다. 손이나 핀셋이 페이스트에 약간만 접촉되더라도 엄청난 결과를 초래할 수 있다.

솔더 페이스트가 덮인 패드에 부품을 배치할 때 기판의 가운데부터 바깥쪽으로 작업하는 것이 좋다. 현미경이나 확대경 사용 혹은 이들을 사용하지 않더라도 각 부품의 목표 위치를 제외하고 다른 지점의 기판 접촉을 반드시 피해야 한다. PCB를 부품으로 채워가면서 부품들을 배치할 때 먼 쪽에 닿을 필요가 없도록 기판을 돌리면 된다.

리플로우 납땜

모든 부품들이 배치되면 기판은 리플로우 납땜을 할 준비가 됐다. 리플로우 과정은 SMT 기판과 회로 부품에 관한 업계 표준이다. 공장에서 많은 양의 PCB들이 큰 리플로우 오븐에서 연속적으로 납땜된다. 리플로우 오븐은 의도한 가열 프로파일에 기반한 다양한 온도를 갖는 구간들에 기판들을 옮긴다.

취미나 소규모 프로토 타입 PCB 개발자들을 위해 한번에 하나씩 보드를 만들기 위해 전자 디바이스 공장에서 사용하는 이런 과정 및 장비를 이용하는 것은 현실적이지 않다. 리플로우 과정 장비의 핵심 기능은 PCB와 솔더 페이스트를 가열해 땜납이 녹아 흐를 수 있는 온도로 만드는 것이며 과열이나 회로 부품에 손상이 없도록 해야 한다.

전형적인 리플로우 온도 프로파일은 그림 7.8에 표시했다. 예열, 흡수, 리플로우 및 냉각 등의 네 가지 주요 과정을 포함한 프로파일이다.

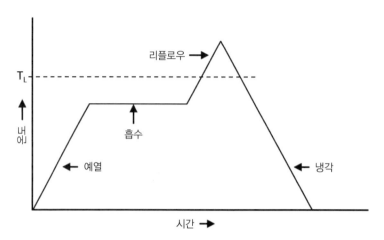

그림 7.8 리플로우 납땜 온도 프로파일

네 가지 과정의 목적은 다음과 같다.

- **예열**: 기판이 흡수 온도에 빠르게 도달해 플럭스 용제가 증발하기 시작한다.

- **흡수**: 플럭스 용제가 증발을 끝내고 플럭스가 납땜할 표면의 산화물을 제거한다. 큰 회로 부품은 흡수 온도에 도달할 시간이 필요하고, 이는 리플로우 과정에서 온도 스트레스를 최소화한다.

- **리플로우**: 온도가 땜납의 녹는점인 액상온도$^{TL, liquidus temperature}$이상으로 증가한다. 이 온도는 TL 이상에서 1~2분정도 머무르며 기판 위 모든 땜납이 흐를 수 있는 충분한 시간을 준다.

- **냉각**: 기판을 실온으로 빠르게 원복한다. 빠른 냉각은 이 과정의 시간을 줄일 수 있고 느린 냉각에 비해 더 강한 땜납 접합부를 만들어 준다.

리플로우 과정은 시작부터 끝까지 약 10분에서 15분 정도 걸린다. 여기서 설명한 리플로우 가열 프로파일은 정교한 제작 장비를 사용해 수행하는 전형적이며 이상적인 과정이다. 예산이 적다면 전기 핫 플레이트나 프라이팬과 같은 주방기기 또는 토스터 오븐을 사용해 리플로우 납땜해도 된다.

배치된 부품이 있는 PCB를 핫 플레이트 위의 프라이팬에 올려놓고 열을 가할 수 있다. 기판이 데워지면 솔더 페이스트를 유심히 지켜보다가 땜납이 녹을 때 기판을 프라이팬에서 빼내면 된다. 이 방법이 항상 성공한다고 하는 개발자도 있지만 제어가 잘된 프로세스는 아니다.

토스터 오븐과 온도 표시기를 사용해 리플로우 납땜을 하는 사람도 있다. 온도 표시기는 의도한 온도가 되면 색이 변하는 물질을 PCB에 배치한다. 토스트 오븐 방법은 표시기가 색이 변하는 것을 오븐 밖에서 보다가 적절한 온도가 되면 기판을 오븐에서 빼낸다.

리플로우 처리 기능을 개선하기 위한 즉, 핫 플레이트와 토스트 오븐를 사용하는 다양한 변형이 개발됐다. 온도 감시 및 제어 시스템으로 개조된 주방 가전들은 그림 7.8의 도구와 유사한 온도 프로파일을 구현할 수 있다. 'toaster oven reflow'나 'hot plate reflow'를 인터넷에서 검색하면 관련된 많은 정보를 구할 수 있다.

독자들은 스스로 핫플레이트나 토스트 오븐을 개조하거나 여러 사이트에서 300달러 이하의 전용 리플로우 오븐을 구매할 수 있다. 리플로우 납땜을 위한 토스트 오븐을 사용하면 그 오븐은 조리용으로 사용하면 절대 안 된다. 오븐은 플럭스 잔여물로 오염되고, 유연 땜납을 사용하면 납도 남아 있기 때문이다.

어떤 유형의 리플로우 시스템을 사용하더라도 목표는 기판의 모든 땜납 접합부에 양질의 연결을 만드는 것이다. 그림 7.9는 스텐실 적용 솔더 페이스트를 사용해 손으로 배치한 0402와 0603 커패시터를 사용해 저가 전용 리플로우 오븐으로 만들어 낸 땜납 접합부를 보여준다.

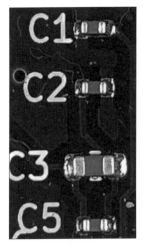

그림 7.9 리플로우 납땜한 0402 패키지 커패시터

리플로우 오븐을 사용할 수 없다면 오실로스코프 프로젝트용 회로 기판은 U1과 U8 집적회로만 제외하고 모두 수작업으로 납땜할 수 있다. 두 부품은 칩 주위의 핀과 더불어 부품 후면이 기판 접지와 연결돼야 한다. 7장 앞에서 설명한 열풍기를 사용해 이 부품들을 납땜할 수 있을 것이다.

다른 주제로 넘어가기 전에 납땜 관련 안전 수칙을 참고하자.

납땜을 위한 안전 규칙

다음 사항을 주의하면서 납땜을 하자.

- 납땜 중 안전용 안경을 착용해야 한다. 뜨거운 땜납이 습기와 만나면 튈 수 있다.

- 납땜 인두나 열풍기 등이 사람이나 전기 코드, 녹거나 타지 않아야 하는 것들에 닿지 않도록 해야 한다.

- 인두를 켜기 전에 납땜 인두 청소 스폰지는 충분히 젖게 해야 한다.

- 납땜 인두와 열품기는 작업이 끝나는 즉시 꺼야 한다.

- 납땜 인두와 열풍기는 끈 뒤 얼마 동안 뜨거운 상태이며 회로 기판과 부품은 납땜 직후 매우 뜨겁다는 사실을 기억해야 한다.

- 납땜 인두와 열풍기는 적합한 받침대에 내려놓자. 뜨거운 도구를 작업대 표면에 놓지 않아야 한다.

- 얼굴로 연기가 가지 않도록 연기 추출기 혹은 팬을 사용해야 한다.

- 납땜 인두나 회로 부품에 접촉할 수 있는 헐렁한 옷이나 귀금속을 착용하지 않아야 한다.

- 유연 땜납을 사용한 뒤 비누와 물로 완전하게 손을 씻어내야 한다.

- 리플로우 납땜을 위해 사용한 토스트 오븐은 조리용으로 사용할 수 없다.

- 어린이나 애완동물이 뜨거운 도구나 유연 땜납이 있는 작업장에 접근하지 않도록 해야 한다.

- 구급상자를 항상 비치해야 한다. 납땜 인두기를 안전하게 다루기 전까지 최소 한 번은 데일 수 있다.

오실로스코프 프로젝트 회로 기판을 조립하기 위한 추천 방법은 독자가 선택하는 가열 시스템을 이용한 리플로우 납땜이다. 기판을 준비하고 조립하는 단계는 다음 절에서 설명한다.

조립 준비 및 부품 배치

회로 기판을 조립할 때 작업 완료를 위한 모든 것이 있는지 먼저 확인해야 한다. 이 시점이 되면 아무것도 없는 회로 기판 및 필요한 모든 회로 부품, 솔더 페이스트를 바르고 리플로우 납땜을 수행하는 데 필요한 도구와 소모품들을 갖고 있을 것이다.

조립 중에 회로 부품을 잃어버리거나 훼손할 경우를 대비해 여분의 회로 부품을 준비하는 것도 도움이 된다. SMT 저항기나 커패시터와 같은 값싼 부품들은 쉽게 구매가능하지만 보통 집적회로 같은 비싼 부품들은 예산에 따라 몇 개의 여분 부품을 구매할 지 결정해야 한다.

다량의 부품들을 기판에 배치하는 작업은 상당히 지루하고 에러가 발생하기 쉬운 작업이다. 작업장의 장애물을 제거하고 보드에 부품을 성공적으로 채우는 데 방해하는 산만한 것들을 없애야 한다.

올바른 부품을 PCB의 정확한 위치에 배치하는 것이 가장 중요하다. 당연한 일처럼 생각되겠지만 SMT 저항기와 커패시터는 저항이나 커패시턴스를 나타내는 표시가 없으므로 다른 값을 가진 디바이스가 섞여 있다면 어떤 것이 올바른 부품인지 알기 위해 저항이나 커패시턴스를 측정하는 수밖에 없다. 처음부터 문제가 발생하지 않도록 예방해야 한다. 이 작업은 이미 충분히 어렵다.

PCB 실크스크린 층은 각 레지스터나 커패시터의 주석이 달린 번호를 보여주지만 부품의 저항이나 커패시턴스를 식별하지 않는다. 회로의 회로도를 검사해 각 부품의 저항이나 커패시턴스를 식별할 수는 있지만 부품을 기판에 배치하면서 부품 정보를 찾는 것이 가장 쉬운 방법은 아니다.

KiCad는 회로 부품들과 저항이나 커패시턴스 값을 나타내는 레이블 정보, 주석이 달린 참조 번호 등을 나열하는 자재 명세서^{BOM, Bill Of Materials}라고 하는 텍스트 파일을 생성한다. 이 기능은 'Pcbnew' 애플리케이션의 **File** 메뉴에서 사용할 수 있다. **Fabrication Outputs**에서 **BOM File…**을 선택한다. 출력 파일은 세미콜론 구분자를 가진 CSV 포맷이다. BOM 파일을 스프레드시트 애플리케이션으로 읽은 뒤 부품을 배치할 때 가이드로 사용할 수 있다. 이때 BOM을 종이에 프린트한 뒤 각 부품이 배치될 때 해당 부품을 'X' 표를 하면 배치할 때 순차적인 부품 번호 순서에서 벗어날 수 있다. 예를 들어 다른 부품 타입으로 이동하기 전에 모든 0.1 µF 커패시터를 배치할 수 있다.

BOM을 종이에 프린트하더라도 각 부품이 기판의 어디로 가야하는지 빠르게 찾는 것은 쉽지 않다. 부품을 배치할 때 'Pcbnew' 애플리케이션의 PCB 레이아웃을 여는 것이 도움이 된다. **Edit** 메뉴에서 **Find…** 혹은 **Ctrl+F**를 눌러 부품 식별자를 찾을 수 있다. 예를 들어 **Ctrl+F**로 띄운 창에서 r20을 입력하면 기판 레이아웃에서 R20 저항기가 강조되며 커서가 이동해 조립하려는 기판 위의 부품 위치를 알려준다.

다음 체크리스트는 기판 조립 시 준비사항을 알려준다.

1. PCB는 조립할 준비가 돼야 한다. PCB 제조 과정의 의도하지 않은 탭이나 돌출부는 모두 제거돼야 하고 기판은 완전하게 세척되고 말라 있어야 한다.

2. 모든 회로 부품들은 사용가능하고 쉽게 찾을 수 있도록 정렬돼야 한다. 필요한 모든 값을 가진 충분한 양의 저항기와 커패시터도 있어야 한다. 정전기에 민감한 부품들은 배치 준비가 완료되기 전까지 보호 패키지를 제거하지 않아야 한다. 이 과정에서는 표면 실장 부품들만 설치한다. 스루홀 커넥터와 같은 다른 보드 부품들은 리플로우 납땜이 끝난 뒤 설치될 것이다.

3. 패키지에서 부품들을 빼낸 뒤 보관할 준비 장소가 필요하다. 이 장소는 작은 부품을 쉽게 볼 수 있도록 밝은 색이어야 한다. 이를 위해 하얀 인쇄용지를 사용할 수 있다.

4. 필요하다면 현미경이나 확대경이 편안하게 사용될 적합한 위치에 있어야 한다. 정밀 핀셋은 부품을 배치하기 위해 필요하다.

5. 리플로우 오븐이나 핫 플레이트가 준비돼야 한다. 기판이 가열 준비되기 전까지 이 도구를 예열할 필요는 없다.

6. 솔더 스텐실은 PCB와 정렬되고 땜납을 바를 준비가 돼야 한다.

단계를 모두 마치면 솔더 페이스트를 기판에 바를 수 있다. 7장의 '솔더 페이스트 애플리케이션' 절의 단계를 따라 페이스트를 바르고 결과물을 검사하자.

이전에 설명했지만, 솔더 페이스트를 바른 뒤에 시간 제약이 있다. 바로 부품 배치 작업에 돌입해야 한다는 의미는 아니다. 다음 작업에 집중할 수 있도록 편하게 휴식을 취하자.

PCB근처에 있을 때 손과 도구들의 위치를 지속적으로 인식하도록 노력하자. 보드를 닦거나 솔더 페이스트나 이전에 배치한 부품을 제거하는 일들이 의도하지 않게 자주 발생한다. 이럴 경우 멈추고 상황을 살펴보자. 훼손이 적다면 도구를 사용해 페이스트와 부품을 적합한 패드에 다시 붙일 수 있다. 어떤 부품이 어디에 있는지 모른다면 해당 저항기나 커패시터를 무시하고 다시 새로운 부품들로 대체해야 한다.

손상이 심하다면 기판에 채우기를 계속할지 아니면 다시 시작할 지를 결정할 수 있다. 기판이 한 개 이상이면 솔더 페이스트를 두 번째 보드에 바르고 첫 번째 보드의 부품들을 두 번째 보드로 옮길 수 있다.

다른 방법으로는 기판의 일부가 부품 배치에 더 이상 적합하지 않고 나머지 부분은 훼손되지 않았다면 훼손되지 않은 부분의 부품 배치를 마치고 리플로우 납땜을 수행하길 원할 수 있다. 리플로우 납땜이 완료되면 남은 부품들을 수작업으로 기판에 납땜할 수 있다. 물론 부품 배치 작업 중에도 각별한 주의가 있어야 첫 번째 실패를 다시 하지 않는다.

모든 부품 배치가 끝나면 스스로 축하하고 짧은 휴식을 취하자. 이제 시각적 검사를 수행해 모든 부품들이 배치됐는지와 정확한 위치와 방향에 있는지 검사한다. 특히 집적회로나 극성 커패시터처럼 한쪽의 올바른 방향을 가진 모든 부품들이 적절하게 정렬돼 있는지 검사하자.

기판은 리플로우 납땜할 준비가 됐다. 리플로우 납땜 절차는 다음 절에서 설명한다.

⠿ 리플로우 납땜과 수작업 납땜

SMT 부품들로 채워진 PCB가 조립대에 놓여있을 텐데, 리플로우 오븐이나 핫 플레이트를 켜본다.

리플로우 납땜

사용하는 리플로우 시스템 유형과 상관없이 작업대의 PCB를 오븐이나 핫 플레이트로 옮길 때 각별히 주의해야 한다. 다른 물체에 기판을 부딪히거나 혹은 더 불행하게 기판을 떨어뜨리면 부품을 배치했던 모든 노력은 헛수고가 된다.

리플로우 납땜 중 독자가 관여할 일은 전적으로 사용하는 리플로우 시스템의 기술적 능력에 달렸다. 핫 플레이트나 토스터 오븐을 사용한다면 땜납이 가열돼 녹는 동안 PCB의 상태를 전적으로 독자가 감시해야 한다. 기판을 오븐에서 너무 빨리 빼면 녹지 않은 땜납들이 있을 것이다. 전기적 접촉이 불량하거나 부품은 기판에서 떨어질 수도 있다.

기판을 오븐에서 너무 늦게 빼면 기판의 부품이 과열되고 훼손된다.

전용 리플로우 오븐이나 온도 감시 및 제어 기능이 있는 개선된 토스터 오븐과 같은 자동화된 오븐이 있다면 작업이 훨씬 쉽다. 기판을 간단히 오븐에 옮기고 최소한의 버튼을 눌러 이 과정을 시작하면 된다. 오븐은 그림 7.8과 유사한 가열 프로파일처럼 동작할 것이다. 냉각 과정이 끝나면 기판은 실온과 비슷한 온도일 것이다. 기판이 충분히 차가워지면 각 부품이 리플로우 중 정상 위치 및 방향에 있는지 확인하고 모든 땜납 연결이 매끄럽고 반짝이는지 확인한다. 밀접하게 배치된 집적회로 패드들처럼 트레이스나 패드들이 서로 가까이 있는 위치에 솔더 브릿지가 있는지 확인해야 한다. 플라스틱 케이스 아래에 닿는 핀들이 있는 IC 패키지라면 연결이 잘 됐는지 시각적으로 결정하기 어려울 수 있다. 최적의 뷰를 찾기 위해 여러 각도로 접합부를 검사하자.

솔더 브릿지를 발견하면 솔더 윅으로 과도한 납땜을 제거하자. 어떤 부품이 이상하게 누락되거나 적합하지 않은 방향으로 옮겨가거나 혹은 땜납 연결이 좋지 않아 보이면 메모를 해 수작업 납땜 과정에 각 문제를 수정하자.

수작업 납땜

수작업 납땜은 두 가지 목적이 있다. 첫 번째는 리플로우 납땜 중 발생한 문제를 수정하는 것이고 두 번째는 남은 스루홀 부품을 PCB에 부착하는 것이다.

남은 기판 부품을 설치하기 전에 리플로우 납땜 중 발생한 문제를 수정하는 것이 좋다. 스루홀 부품들이 설치되기 전에 기판의 다른 부품을 접근하기 쉽기 때문이다.

리플로우 후 수정

어떤 부품이 리플로우 중 부적절한 위치나 방향으로 옮겨졌다면 수작업 납땜으로 고칠 수 있다. 항상 그렇듯 플럭스를 사용해 납땜 결과물을 개선해야 한다.

부품이 들리거나 기울어졌다면 인두기로 땜납을 녹이면서 부품을 핀셋이나 다른 날카로운 도구를 사용해 눌러 고칠 수 있다. 이후 모든 부품 패드가 좋은 연결을 갖는지 확인하자. 더 작은 SMT 저항기나 커패시터 접합부를 다시 납땜할 때 뜨거운 인두기에 1~2초 정도 접촉해 땜납이 녹게 해야 한다.

기판의 부품들을 올바르게 배치하기 전 부품 몇 개를 제거해야 할 수도 있다. 더 작은 저항기나 커패시터인 경우 특히 한쪽 끝만 붙어있다면 핀셋으로 그 부품을 들면서 땜납을 녹인다. 집적회로 같은 큰 부품이 잘못된 위치에 있다면 뜨거운 공기를 사용해 제거해야 할 것이다. 부품을 핀셋으로 잡고 들어 올리면서 동시에 뜨거운 공기를 부품 바로 아래로 향하게 하자. 기판에서 해당 부품을 떨어뜨리고, 기판 주위 부품들을 붙이고 있는 땜납은 녹이지 않게 하는 것이 목적이다. 열풍기의 공기는 기판의 다른 부품들을 날려 버릴 수 있기 때문이다.

기판에서 제거된 부품을 다시 붙일 때 연결해야 할 패드에 얇게 플럭스를 먼저 발라야 한다. 부품을 정렬하고 한쪽 패드에 붙이자. 플럭스가 패드에 이미 있기 때문에 적은 양의 땜납을 인두기 팁에 올린 뒤 해당 부품과 패드에 닿도록 한다. 1~2초 정도 접촉이면 충분하다.

첫 번째 패드에 붙인 뒤 다시 붙인 부품의 정렬이 좋아 보이면 기판을 회전시키고 반대 방향의 패드에 붙이자. 추가적인 핀들이 있다면 같은 방식으로 각 핀을 납땜하자.

스루홀 부품 설치하기

리플로우 후 수정이 완료되면 이제 스루홀 부품을 PCB에 납땜할 차례다. 오실로스코프 프로젝트는 오실로스코프 프로브용 BNC 커넥터와 Arty 보드 Pmod 커넥터에 연결되는 2×6 기판 에지 커넥터, SPI 인터페이스용 2×3 핀 커넥터, 네 개의 테스트 포인트 루프를 포함한다.

SMT 납땜과 비교해 스루홀 부품을 붙이는 것은 덜 섬세한 작업이다. SMT 부품 납땜에서 사용한 인두기보다 더 높은 와트를 가진 인두기가 있다면 인두기를 사용해도 된다. 뾰족한 팁을 가진 인두기가 땜납 녹는 점까지 부품과 기판을 가열하는 데 몇 초가 걸리기도 한다.

각 부품을 기판에 붙이기 위해 먼저 부품을 제자리에 배치하고 필요하다면 클립을 사용해 제자리에 고정시키자. 플라스틱 클립을 사용할 때 플라스틱이 첫 번째로 납땜할 부품의 금속 부분에 접촉하지 않도록 주의한다.

부품의 한 핀을 기판에 납땜한다. 클립으로 제자리에 부품을 고정했다면 첫 번째 핀을 납땜한 후 클립을 제거한다.

부품을 검사해 방향과 정렬이 맞는지 확인한다. 필요하다면 땜납을 다시 가열해 부품을 정렬하자. 이는 첫 번째 과정에서 하나의 핀만 납땜할 때의 이점이다.

부품이 올바르게 정렬됐다면 남은 핀들도 납땜을 완료하자. 시간을 갖고 충분한 땜납을 사용해 구멍을 메꾸고 기판의 반대편까지 흐르도록 한다. 이는 부품과 보드 사이에 강한 전기적/기계적 접합부를 만들어준다. 강한 접합은 커넥터같이 실제 사용 시 강한 압력을 견디는 부품들에 필수다.

BNC 커넥터 밑의 두 개의 큰 기둥은 기판의 가장 큰 땜납 접합부다. 각 기둥을 가열하기 위해 충분한 시간을 갖고 많은 땜납을 사용해 기판 뒷면의 패드를 채우자.

스루홀 부품들이 보드 뒷면에서 크게 튀어 나온 리드가 있으면 플러시 절단 대각선 커터를 사용해 땜납 접합부 바로 위에서 리드를 잘라내자.

모든 스루홀 부품들이 설치되면 기판을 다시 한번 살펴본다. 모든 부품들이 올바르게 설치되고 방향이 맞는지 확인하자. 모든 것들이 좋아 보이면 전원을 넣기 전 보드를 세척하고 마지막 검사를 할 준비가 됐다.

⠿ 조립 후 보드 세척 및 검사

납땜이 끝난 후 바로 기판에서 여분의 플럭스를 세척하는 것이 가장 좋다. 플럭스가 마르면 잔여물을 제거하기가 어렵거나 불가능하기 때문이다.

솔더 페이스트가 무세척이라면 잔여물을 세척하지 않아도 된다. 무세척 솔더 페이스트는 제한된 양의 플럭스 잔여물만 남고, 잔여물은 부식성이 아니기 때문이다. 로진 플럭스 제거보다 이런 유형의 플럭스의 잔여물 제거가 어렵기는 하다.

로진 플럭스는 납땜 후 기판에서 반드시 세척해야 한다. 여기에는 로진 코어 땜납 와이어와 액체 또는 펜 적용 플럭스를 사용한 작업이 포함된다. 세척이 필요한 이유는 다음과 같다.

- 플럭스 잔여물은 시각적으로 좋지 않다. 로진 플럭스 잔여물은 장치 사용자들이 알 수 있는 노란색의 투명하고 반짝이는 물질이다. 제품을 구매한 고객이 잔여물을 보고 시공 품질을 우려할 수 있다.

- 잔여물은 끈적거린다. 이는 단순히 기판을 접촉하는 손만의 문제가 아니다. 만약 금속 물체가 끈적한 물질에 접촉하면 부품에 붙어 기판에 해를 주는 단락이 발생하기도 한다.

- 플럭스 잔여물은 검사를 더 어렵게 한다. 잔여물이 접합부를 덮고 있다면 납땜 수준을 검사하기 어렵다.

- 로진 플럭스 잔여물은 산성이다. 제거하지 않으면 잔여물은 부식을 일으키고 결국 기판을 훼손한다.

일반적으로 로진 플럭스를 사용해 기판에 납땜을 수행한 뒤 기판을 반드시 세척해야 한다. 무세척 플럭스를 사용한 리플로우 납땜을 했을 때 기판 세척은 선택사항이다.

플럭스 제거

기판에서 플럭스를 세척하기는 쉽다. 전용 세척 기계를 사용하는 방법도 있으나 칫솔과 91% IPA를 사용하는 방법이 간단하다.

IPA보다 성능 좋은 플럭스 세척 화학품이 다양하다. 기판 프로토타이핑을 위해 기판이 깨끗해 보일 정도로 플럭스를 제거하는 것이 프로젝트의 목적이다. 상업용 애플리케이션 특히 안전 및 장기간 안정성이 필요한 상황은 더 엄격한 세척 작업이 필요하다.

플럭스 잔여물 세척을 위한 IPA 작업 시 고무장갑과 안전 안경을 착용해야 하며, 환기가 잘되는 곳에서 작업해야 한다. IPA가 가연성이므로 열이나 불꽃, 스파크를 만들 수 있는 물체 근처에서 작업하지 않아야 한다.

약간의 IPA를 작은 접시에 붓고 **뻣뻣한** 칫솔을 접시에 담그자. 기판의 플럭스로 덮인 부분을 원 방향으로 문지르자. 먼저 IPA를 모든 플럭스에 바르자. 기판을 1분정도 그 상태로 놔두고 IPA가 잔여물을 녹이면 잔여물을 없애기 위해 다시 한번 문지르자. 기판이 세척될 때까지 필요한 만큼 이 과정을 반복하자.

세척이 끝나면 압축공기를 사용해 기판에 남은 IPA를 날려보내거나 종이휴지를 사용해 기판을 말린다. 모든 플럭스가 제거되었는지 기판을 검사하고 필요하다면 플럭스 제거 과정을 반복해 남은 부분을 세척하자.

부품 밑의 플럭스와 밀접한 IC 핀들 사이의 플럭스를 제거하지 않는 세척 방법인데, 프로젝트에서 약간 남은 플럭스까지는 고려하지 않으려고 한다.

조립 후 시각적 검사

기판 조립 후 세척까지 완료되면 마지막 상세 검사를 수행할 차례다. 플럭스 잔여물 제거로 땜납 접합부를 더 자세히 검사하고 수정이 필요한지 식별이 더 쉬울 것이다. 기판 부품을 훼손시킬 수 있는 단락이 발생할 문제가 있는지 확인하는 것이 검사의 핵심 목표다. 단락은 이 프로젝트에서 사용하는 Arty 보드같은 외부 부품을 훼손할 수 있으므로 문제의 가능성을 최소화하는 것이 좋다.

검사를 수행하기 위해 현미경이나 확대경을 사용해 각 접합부를 꼼꼼하게 살펴보자. 그리고 조립이 올바른지와 충분한 양의 매끄럽고 반짝이는 땜납이 모든 접합 표면에 있는지 확인하자. SMT 부품에서 흔히 발생하는 납땜 문제는 다음과 같다.

- **솔더 브릿지**: 솔더 브릿지는 회로의 부품들 간 의도하지 않은 연결이다. 솔더 브릿지는 밀접한 부품들 사이나 PCB 트레이스들, 집적회로들의 핀들 사이에 형성될 수 있다. 밀접한 IC 핀들이 부적절하게 연결됐는지 눈으로 확인하기가 어려운데 멀티미터로 두 지점 간 저항을 주의 깊게 테스트해 브릿지가 존재하는지 결정하는 것이 도움이 될 수 있다.

- **불충분한 습윤**: 액체 땜납이 적정하게 흐르지 못해 패드와 부품의 충분한 영역을 덮지 못하는 경우 수작업 납땜을 통해 접합부를 다시 수정해야 한다.

- **냉납**: 땜납 접합부가 매끄럽지 않거나 반짝이지 않고 둔하고 울퉁불퉁하면 이는 냉납을 나타낸다. 냉납cold joint이란 땜납이 접합부를 형성하기 위해 적절하게 흐를

수 있는 온도에 도달하지 못했음을 나타낸다. 냉납은 올바른 접합부 형성을 위해 플럭스가 있는 상태에서 다시 가열해야 한다.

- **돌비석**Tombstoning: 돌비석은 저항기나 커패시터같은 작은 SMT 부품이 위쪽으로 기울어 두 패드를 접촉하지 않고 이 부품이 패드 중 하나에 똑바로 서있는 경향을 나타낸다. 부품과 패드 중 하나 사이에 불충분한 접촉이 있고 액체 땜납의 표면 장력이 다른 쪽 패드에서 이 부품을 똑바로 당길 때 발생하는 현상이다. 이 문제를 나타내는 부품은 수작업 납땜을 해야 한다.

검사 중 기판을 다룰 때 정전기 방지 프로토콜을 계속 지켜야 한다. 정전기 방지 매트에서 작업하고 접지 손목 스트랩을 착용하자.

시각적 검사 및 검사 중 발견된 문제들을 수정했다면 단락에 대한 전기적 검사를 수행할 차례다.

전기적 단락 검사

기판에 전원을 넣기 전 마지막 검사로서 멀티미터를 사용해 전원과 접지 연결을 테스트할 수 있다. 이 검사는 기판의 전원 입력과 접지 사이에 단락 발생 같은 심각한 전기적이슈가 남아있지 않음을 확인한다.

프로젝트 보드의 전원은 Arty 보드 쪽의 Pmod 커넥터를 통해 제공된다. 그림 7.10은 기판 쪽으로 향해서 본 네 개의 +3.3V 전원 핀과 네 개의 접지 핀의 위치를 보여준다.

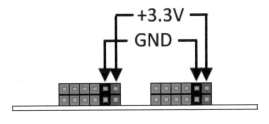

그림 7.10 오실로스코프 보드 전원 연결

전원 연결이 적절한지 확인하려면 GND 핀들 사이에 연결이 존재하는지 확인해야 한다. 멀티미터의 검정색 프로브를 회로 기판의 GND 테스트 포인트에 연결한다. 멀티미터를 보통 200옴인 가장 낮은 저항 측정 범위로 설정한다. 빨간 프로브를 Pmod 커넥터의 네 개의 각 접지 핀에 접촉하고 멀티미터가 매우 낮은 저항 판독값(1옴 이하)으로 떨어지는지 확인하자.

다음으로 빨간 프로브로 +3.3V 핀들을 테스트하자. 접지 저항은 예측하기 어렵지만 몇 백에서 몇 천 옴^{Ohm}의 범위에 있어야 한다. 저항이 매우 작다면(50옴 이하)회로에 의도하지 않은 단락이 있을 수 있다. 저항이 매우 크다면(수백 KOhm 이상) 전원 입력과 회로 부품 간 의도하지 않은 개방 연결이 있을 수 있다. 어떤 문제라도 발견되면 문제되는 영역을 유심히 시각적으로 검사해 이슈를 식별하자. 이 과정이 실패하면 회로의 중간지점에 멀티미터로 프로빙을 해 문제를 분리하자.

전기적 검사 중 식별된 문제가 수정되면 회로는 이제 Arty 보드에 연결할 준비가 됐다. 초기 전원 애플리케이션은 8장, '처음으로 보드 브링업하기'에서 다룬다.

⁞⁞ 요약

7장은 고성능 표면 실장 부품과 스루홀 전자 부품을 사용하는 디지털 회로 조립과 관련된 과정과 기법을 소개했다. 솔더링 스테이션$^{soldering station}$이나 현미경, 확대경, 작은 부품을 다루는 핀셋과 같은 추천도구 모음을 알아봤다. 솔더 스텐실을 다루는 과정과 조립을 위한 부품 준비를 다양한 프로젝트에서 사용 가능한 단계적 방식으로 설명했다. 납땜 후 기판 세척 및 완전 검사 수행, 수리하는 법과 관련된 과정을 소개했다.

8장을 끝내면 솔더 스텐실 처리에 필요한 도구 및 과정과 회로 기판 조립 준비에 필요한 과정을 이해할 수 있어야 한다. 회로 보드에 표면 실장 부품 및 스루홀 부품을 수작업 혹은 리플로우 시스템을 사용해 납땜하는 방법과 조립 기판을 세척하고 전기적 단락 회로를 검사하는 방법을 포함해 완전하게 기판 검사하는 법을 배웠다.

8장은 완성된 회로 기판에 처음으로 전원을 넣고 모든 하위 시스템이 올바르게 동작하는지 검사하며 FPGA 로직 내 남은 시스템 기능을 구현하고 FPGA 내 MicroBlaze에서 동작하는 펌웨어 구현 준비를 한다.

3부

실시간 펌웨어 구현 및 테스트

프로토타입 하드웨어가 사용 가능하면 펌웨어 구현 및 테스트 과정을 시작할 수 있다. 3부는 펌웨어 개발 및 테스트, 검증 과정을 설명한다.

3부는 다음 내용으로 구성된다.

- 8장, 처음으로 보드 브링업하기

- 9장, 펌웨어 개발 과정

- 10장, 임베디드 시스템 테스트 및 디버깅하기

08

처음으로 보드 브링업하기

인쇄 회로 기판을 설계하고 구성, 세척, 검사까지 완료했다면 이제 전원을 공급할 차례다. 즉 악명 높은 기초 안정성 검사를 수행해야 한다. 8장은 전원을 기판에 처음으로 공급하는 과정 및 기본 회로 수준 기능 검사 과정을 설명한다. 문제가 발견되면 8장에서 이를 수정할 수 있는 방법을 제시한다. 보드가 테스트를 통과하면 FPGA 로직 작업을 수행하고 오실로스코프 보드의 디지털 인터페이스를 검사할 것이다.

8장이 끝나면 초기 전원 애플리케이션을 위한 회로 준비 방법과 적절한 동작을 위한 회로 부품 테스트 법을 배울 것이다. 그리고 조립된 회로의 문제점을 식별하고 수정하는 법을 이해하며 회로 기판의 디지털 인터페이스를 검사할 것이다.

8장은 다음 주제들을 다룬다.

- 전원 공급 준비
- 회로의 기본 기능 검사
- 문제 발생 시 회로 수정
- FPGA 로직 추가 및 I/O 신호 검사

⁞ 기술 요구사항

8장을 위한 파일들은 https://github.com/PacktPublishing/Architecting-High-Performance-Embedded-Systems에서 찾을 수 있다.

디지털 오실로스코프 회로 기판 검사 과정을 수행하기 위해 DC 전압을 측정할 멀티미터, 클럭과 데이터 신호 검사를 위한 최소 40 MHz 대역폭을 가진 오실로스코프가 필요하다.

⁞ 전원 켜기 준비

7장, '고성능 디지털 회로 만들기'에서 디지털 오실로스코프 회로 기판의 구성과 세척, 검사, 기본적 전기적 검사 수행 과정을 설명했다. 기판에 전원을 공급해 기판이 올바르게 동작하는지 테스트할 준비가 됐다.

기판에 전원을 공급하기 전 기판을 다루고 동작시키는 중 각별한 주의가 필요하다는 점을 명심하자. 기판의 집적회로들은 정전기^{ESD}로 손상되기 쉽고 회로 부품들은 금속 멀티미터나 오실로스코프 프로브로 프로빙할 때 손상되기 쉽다. 따라서 이런 작업은 납땜할 때처럼 매트 위에서 손목 스트랩을 착용하는 정전기가 제어되는 환경에서 수행하는 것이 최적이다.

정전기가 제어 되지 않은 환경에서 기판 작업을 해야 한다면 보드 가장자리를 잡고 기판을 조심히 다뤄야 하며, 기판 상단의 부품들과 커넥터 핀들, 기판 하단의 노출된 핀이나 트레이스 등을 만지지 않아야 한다.

기판 전원 공급

기판은 입력 소스로 +3.3VDC가 필요하다. 전원을 제공하는 독립형 전원 공급장치가 있다면 초기 전원 애플리케이션으로 기판 전원을 사용을 원할 수 있다. 독립형 전원 공급장치가 없다면 Arty 보드로 전원을 공급할 수 있다. 7장, '고성능 디지털 회로 만들기'

후반부의 기판 전기적 검사에서 +3.3V 전원 핀과 기판 접지 사이에 큰 저항이 있음을 언급했다. 이는 Arty 보드 전원 공급 장치를 접지로 단락시킬 위험을 최소화한다.

초기 기능 검사에서는 Arty보드가 기판에 전원을 공급하는 것 외에 다른 동작을 요구하지 않는다. 독립형 전원 공급장치를 사용하면(가능한 경우) 전압은 +3.3 VDC로, 전류 제한은 300mA로 설정한다. 7장의 그림 7.10에 나온 것처럼 전원 공급 장치의 +3.3V와 접지 회선을 기판 가장자리 핀들에 연결한다. 전원을 공급하도록 어떤 +3.3V 핀이나 선택해도 되고 어떤 GND 핀이나 사용해 전원 공급장치 접지에 연결해도 된다. 각 커넥터들이 올바른 핀에 있는지 다시 한번 확인하자.

초기 테스트의 전원 공급을 위해 Arty보드를 사용한다면 디지털 오실로스코프 보드를 Arty보드에 연결하기 전 USB 케이블이 연결돼 있지 않고 Arty보드가 꺼져 있는지 확인하자. 오실로스코프 기판을 Arty 보드의 가운데 두 개의 중앙 Pmod 커넥터에 꽂자. 핀들의 열이 올바르게 삽입됐는지, 커넥터들이 완전히 장착됐는지 확인하자. 디지털 오실로스코프 PCB의 가장자리와 Arty보드의 가장자리는 같은 높이로 평평해야 한다.

이제 진실의 시간이 다가왔다. 바로 기초 안전성 검사(스모크 테스트) 차례다. 기초 안전성 검사란 새 회로가 전원을 처음 공급받을 때 가끔 연기(스모크)를 내뿜는 상황을 확인하는 것이다. 연기는 당연히 매우 나쁜 신호이며 연기가 나면 즉시 전원을 제거하고 가능한 기판에 접촉을 피해야 한다. 기판이 계속 연기를 내뿜으면 기판 위의 일부 부품들이 매우 뜨겁고 심지어 일부 부품이 폭발해 파편처럼 조각을 뿌리기도 한다. 이런 '흥분되는' 일은 프로젝트의 3.3V 회로에서 거의 발생하지 않지만 새로 제작하는 전자 디바이스 초기 테스트 중에는 항상 안전 안경을 쓰는 것이 좋다.

전원 공급 장치의 출력을 활성화 하거나(먼저 전압이 +3.3V인지 다시 확인하자) USB 케이블을 사용해 전원을 Arty 보드에 연결, 혹은 보드의 전원 커넥터를 사용해 기판에 전원을 공급하자.

잠시 오실로스코프 기판을 관찰한다. 아무 것도 발생하지 않아야 한다(즉 연기가 나지 않아야 한다). 전원 공급을 위해 Arty보드를 사용한다면 Arty보드의 빨간색과 녹색 LED가 평소와 같이 켜져야 한다. 제공되는 전류를 표시하는 독립형 전원 공급장치를 사용하면 100mA에서 200mA사이의 값이 보여야 한다.

온보드 전원 공급장치 전압부터 회로의 주요 하위시스템들을 검사할 준비가 됐다. 검사 단계를 알아본다.

⋮⋮▸ 회로 기본 기능 검사

기판에 전원이 흐르면 회로의 DC 동작을 검사할 수 있다. -4.0V에서 +3.3V 범위를 측정하기 위해 표준 멀티미터를 사용해 검사할 수 있으며, 일반적으로 20V 범위를 갖는다.

클립 리드를 멀티미터의 접지 연결에 부착하자. 접지 클립을 디지털 오실로스코프 회로 기판의 GND 테스트 포인트에 연결하자.

프로브 형태 리드를 멀티미터의 DC 전압 입력에 부착하자. 프로브 형태 리드는 한 지점에 연결돼야 하며, PCB의 작은 목표 지점에 정확하게 접촉할 수 있게 한다.

그림 8.1은 프로브 형태 멀티미터 리드를 보여준다.

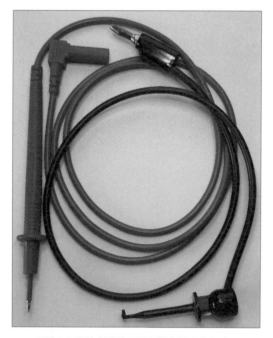

그림 8.1 클립 형태와 프로브 형태 멀티미터 리드

KiCad 회로도와 PCB 레이아웃 다이어그램을 사용해 멀티미터로 테스트할 특정 회로 지점을 알아낼 것이다. 회로도는 검사하고자 하는 회로의 기능들을 쉽게 찾을 수 있게 해준다. PCB 다이어그램을 통해 기판의 이런 지점들을 찾을 수 있다.

기판의 지점들을 멀티미터 프로브로 테스트할 때 검사하려는 영역만 매우 주의 깊게 접촉해야 한다. 일반적으로 프로브로 기판의 잘못된 위치를 접촉하는 것은 문제가 되지 않는다. 이는 프로브가 회로 동작에 최소의 영향만 주는 높은 임피던스를 갖기 때문이다. 그러나 프로브로 동시에 회로의 두 위치를 접촉하면 문제가 발생한다. 이때 밀접한 리드를 가진 IC상의 단일 핀을 접촉할 때 쉽게 발생한다. 단락 회로가 발생하면 회로 부품들이 즉시 손상될 수 있다.

IC 핀의 전압을 검사할 때 저항이나 커패시터, 커넥터 같이 핀에 직접 연결된 다른 부품을 검사해야 한다. 다른 회로 부품들에 단락을 발생시키는 위험을 없애려면 SMT 저항기나 커패시터의 종단을 접촉하는 것이 쉽다.

IC의 한 핀을 검사해야 한다면 IC 측면의 한쪽 끝에 있는 핀을 검사해야 한다. 다른 핀 주위에 있는 핀을 반드시 검사할 때 밝은 곳에서 현미경을 사용하고 조심스럽게 프로브를 밀어올려 프로브가 핀에 접촉하도록 한다. 멀티미터를 보는 중간에 손이 미끄러지지 않도록 하자. 이후 핀에서 프로브를 조심스럽게 빼내자.

기판에서 제공되는 전원 공급 전압을 수집하는 것이 검사의 첫 번째 목표인데 이를 알아본다.

기판 전원 공급 검사

먼저 기판에서 생성되는 전원 공급 전압인 +2.5V, −2.5V, +1.8V를 검사할 것이다. 먼저 +1.8V부터 검사하자. 그림 8.2는 +1.8V 전원 공급을 위한 회로도다.

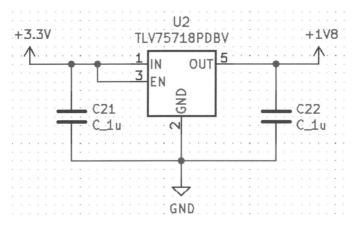

그림 8.2 +1.8V 전원 공급

전원 공급 출력 전압 +1.8V는 집적회로 U2의 5번 핀과 U2에 연결된 커패시터 C22의 측면에서 사용할 수 있다.

다음 그림은 커패시터 C22의 위치와 U2를 포함한 주위의 부품들을 보여준다.

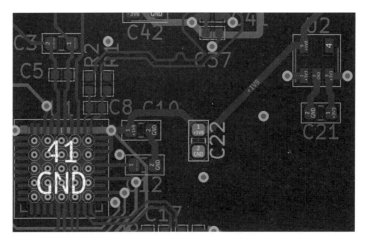

그림 8.3 PCB의 C22 위치

+1.8V 공급 전원을 검사하려면 다음 단계를 수행한다.

1. 디지털 오실로스코프 기판의 전원을 끄고 정전기 방지 환경에서 멀티미터 접지 클립을 기판의 GND 테스트 포인트에 연결한다.

2. 멀티미터를 켜고 20V DC 범위로 설정한다.

3. 기판에 전원을 공급한다.

4. 멀티미터 프로브로 C22 상단을 조심히 접촉하고(그림 8.3 참고) 프로브를 제자리에 고정한 뒤 멀티미터의 측정 전압을 살펴본다.

측정 전압은 1.8V의 몇 밀리보트 사이에 있어야 한다. 저자는 멀티미터에서 1.793V를 지속적으로 읽을 수 있다.

+2.5V와 −2.5V 전원 공급에서 비슷한 검사를 수행하면 저자의 기판에서는 +2.501V와 −2.506V을 읽을 수 있다. 표준 부품 변동에 따라 측정값은 약간 다를 수 있다. 그러나 측정 전압은 목표 전압에서 몇 밀리볼트 안에 있어야 한다.

측정값이 위와 비슷한 값이면 훌륭하다! 이제 기판 검사의 다음 단계로 넘어갈 준비가 됐다.

전원 공급 판독값이 기대 전압과 큰 차이가 있다면(10밀리볼트 이상) 하려던 것을 멈추고 문제를 해결해야 한다. 다음 단계는 문제 해결을 도와준다.

1. 시각적 검사를 한 번 더 한다. 이번에는 전원 공급과 관련된 부품들에 집중하자. 이 부품들이 땜납 패드에 접촉됐는지 확인하자. 전원 공급 IC가 올바른 방향으로 설치됐는지 검사한다. 솔더 브릿지가 존재하는지 혹은 부품 설치가 잘못된 부분이 있는지 확인한다.

2. 전원 공급 장치 입력이 기대한 전압인지 확인한다. 예를 들어 +2.5V와 +1.8V 전원 공급은 전압 조정기 IC의 입력으로 +3.3V가 필요하다. 전압이 칩으로 들어가는지 확인한다.

3. 잘못된 부품들이 어떤 위치에 설치됐는지 확인한다. 각 저항기가 의도한 색인지(일반적으로 검정)와 각 커패시터가 의도한 색(보통 황갈색 혹은 갈색)인지 확인한다.

4. 잘못된 값의 저항기나 커패시터가 설치됐다면 열풍기로 해당 부품을 제거하고 패키지를 제거한 새로운 부품을 납땜해야 한다.

앞 단계들로 전원 공급 장치 전압 문제를 해결하지 못한다면 조립 오류가 아닌 다른 문제가 있을 수 있다. 부품에 필요한 전류가 전원 공급 장치의 한도를 넘어선다면 출력 전압은 약해질 것이다. 이때 제도판으로 돌아가 회로를 재설계해야 한다. 회로 재설계는 전원 공급 장치가 충분한 출력 전류를 공급하도록 하거나 회로 설계를 수정해 부품들이 전원 공급 장치의 한도보다 적은 전류를 사용해야 한다.

수용할 수 있는 성능을 얻기 위해 회로를 수정해야 하는 경우 작은 수정은 PCB에 직접 수행해 회로 기판 수정과 관련된 비용이나 지연을 줄일 수 있다. 이런 유형의 수정은 8장의 나중에 다룬다.

모든 전원 공급 장치 전압이 올바르다면 디지털 오실로스코프의 다른 기능적 하위 시스템을 검사할 준비가 됐다. 아날로그 증폭기를 검사해본다.

아날로그 증폭기 검사

그림 8.4와 같이 오실로스코프 입력 신호는 BNC 커넥터에서 보드 회로로 들어온다.

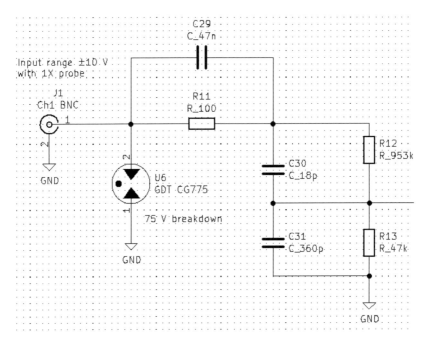

그림 8.4 디지털 오실로스코프 입력 회로

먼저 +2.5V DC 입력 신호를 사용해 회로가 정상적으로 동작하는지 검사할 것이다. 커패시터와 가스 방전 튜브(그림 8.4에서 GDT로 표시)는 안정적인 DC 입력 신호에 연결될 때 회로 다른 지점들의 전압에 영향을 주지 않아야 한다. 각 지점의 전압은 일정하게 유지돼야 한다.

R11 저항은 R12와 R13과 비교할 때 무시할 수 있다. 오실로스코프 프로브의 저항을 1X 범위(보통 100 ~ 300옴)로 설정하면 두 저항기에 비해 무시할 수 있다.

일정한 +2.5V 입력 전압이 제공되고 R11과 스코프 프로브 저항을 무시하는 경우에 R12와 R13의 연결 지점의 예상 전압은 다음과 같이 결정된다.

$$v = 2.5\frac{47k}{953k + 47k} = 0.118\,V$$

8장 앞에서 설명한 과정들로 회로 위치에서 전압을 측정해본다. 저자는 0.121V가 나왔다. 측정값이 예상 전압과 몇 밀리볼트 차이 안에 없다면 문제를 찾아 수정해보자.

측정 전압이 수용가능 하다면 다음 단계는 연산증폭기op amp, operational amplifier U7의 출력을 측정하는 것이다. U7은 증폭기의 출력 전압이 입력 전압과 동일함을 나타내는 단위 이득unity-gain op amp로 설정된다. U7의 목적은 R12 / R13 저항 분배기 네트워크에서 사용할 수 있는 것보다 차동 증폭기(U8) 입력에 더 큰 구동 전류 한도를 제공하는 것이다.

그림 8.5는 U7의 입력과 출력 연결을 보여준다. 저항기 R14는 입력 신호가 범위를 넘어선 전압에 연결되면 U7에 전류 제한 보호를 제공한다. 정상 동작 중 U7은 매우 높은 입력 임피던스를 제공한다. 이는 R14를 통과하는 무시할 수 있는 전합강하가 있다는 것을 의미한다.

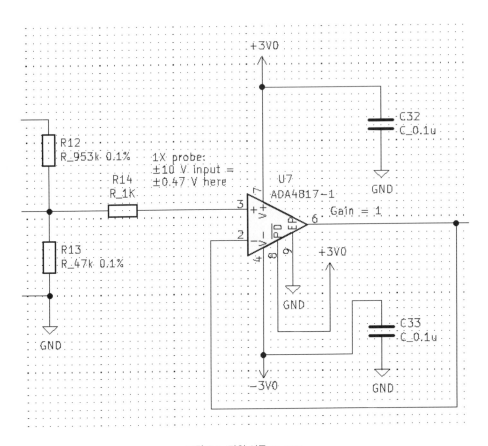

그림 8.5 단위 이득 op amp

측정해야 할 신호는 U7의 6번 핀이며 이 핀은 핀들의 끝에 있지 않다. 6번 핀은 2번 핀에 바로 연결되며 6번 핀 역시 핀들의 끝에 있지 않다. KiCad PCB 레이아웃을 사용해 핀들과 관련된 연결 지점의 네트워크를 검사할 수 있다.

Pcbnew KiCad 애플리케이션에서 회로 트레이스 위에서 **Ctrl** 키를 누른 채 마우스를 클릭하면 선택된 트레이스는 강조 표시되고 트레이스와 연결된 모든 지점을 보여준다. 그림 8.6은 U7의 2번과 6번 핀에 연결된 트레이스 및 U8의 입력 핀과의 연결을 보여준다. 회로에서 여러 지점을 연결하는 트레이스들의 모음을 네트[net]라고 한다.

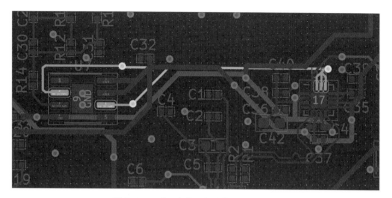

그림 8.6 U7의 2번과 6번 핀을 연결하는 네트

U7의 핀들은 꽤 넓기 때문에 해당 IC의 6번핀에서 직접 측정할 수 있다. 그리고 네트의 상단과 하단 트레이스를 연결하는 비아^{via}중 하나를 검사할 수 있다. 그림 8.6에서 비아는 빨간 상단 레이어 트레이스와 녹색 하단 레이어 트레이스 사이의 연결 지점에 있는 원들이다. U7 6번 핀의 전압은 R12와 R13 사이의 연결 지점의 전압과 일치해야 하며, 약 0.118V다.

U7의 출력 전압이 올바르다면 다음은 ADC 입력까지의 경로에 있는 남은 증폭기들(U8과 U9)의 출력을 검사하는 단계로 넘어간다. 위와 유사한 방식으로 입력 전압에 따른 각 증폭기의 예상 전압을 계산하고 각 증폭기의 출력을 측정해야 한다. U9는 0.9V의 ADC 입력 공통 모드 전압이 중심이 되는 출력 전압을 가진 차동 증폭기다.

지금까지 증폭기들이 ADC의 입력으로 제공되는 차동 신호를 생성하는 지점까지 정상적으로 동작함을 회로 검사를 통해 알아냈다. 다음 단계는 ADC 자체를 검사한다.

ADC 검사

LTC2267-14 이중 채널 ADC는 +1.8V 전원 공급 장치로 동작한다. ADC가 입력 채널이 두 개지만 예제 프로젝트는 둘 중 하나만 사용한다. 이 방식은 추후 두 개의 오실로스코프 입력 채널을 지원할 때 쉽게 설계를 확장할 수 있다. 직렬 주변 장치 인터페이스^{SPI,} ^{Serial Peripheral Interface} 구성 설정을 사용해 두 번째 ADC 채널은 전력 소모를 최소화하도록 nap 모드로 설정한다.

ADC는 다른 회로 부품들에 관해 다음과 같은 세 가지 주요 인터페이스가 있다.

- **아날로그 입력**: LTC2267-14의 아날로그 입력은 ±1V 범위로 설정된 입력을 갖는 차동 신호 쌍이다.

- **고속 디지털 인터페이스**: 아날로그 입력의 디지털화 된 샘플들은 2 레인 LVDS 인터페이스를 사용해 FPGA로 출력된다. 신호를 구동하기 위해 사용한 클럭은 FPGA에서 제공된다.

- **SPI 구성 포트**: ADC의 SPI 포트는 다양한 옵션의 구성을 지원한다. 옵션에는 출력 데이터 포맷(오프셋 바이너리나 2의 보수, 12-,14-,16 비트 출력 워드 크기)과 채널 nap 모드 설정, 출력 드라이버 전류 설정, 출력 테스트 패턴 제어 등이 있다.

차동 증폭기의 아날로그 출력이 의도대로 동작함을 검증했다면 당분간 ADC가 해당 입력을 받는다고 가정할 것이다. 8장 후반부에는 FPGA 코드를 추가해 ADC와 Arty보드 간 고속 디지털 인터페이스를 구동해야 한다.

이제 ADC의 SPI 구성 포트와 상호작용을 시작할 수 있다. 이를 위해 6핀 리본 케이블을 사용해 Arty보드의 SPI 포트와 오실로스코프 보드의 SPI 포트를 연결해야 한다. 각 케이블의 1번 핀이 커넥터의 올바른 쪽에 연결되는지 확인한다. 두 보드는 1번 핀의 위치를 나타내는 숫자 1을 갖는다. SPI 연결을 위해 필요한 케이블은 그림 8.7과 같다.

그림 8.7 SPI 연결 케이블

SPI를 사용해 ADC와 통신하기 위해 5장, 'FPGA로 시스템 구현하기'의 '오실로스코프 FPGA 프로젝트 시작'절에서 다뤘던 애플리케이션을 수정할 것이다.

SPI 연결을 위한 첫 번째 단계로 SPI가 적절한 클럭 속도로 동작하는지 확인해야 한다. LTC2267 데이터 시트(https://www.analog.com/media/en/technical-documentation/data-sheets/22687614fa.pdf 에서 확인 가능)를 통해 쓰기 모드에서 SPI는 40ns(25MHz)의 클럭 주기를 지원하고 리드백 readback 모드에서 SPI는 250ns(4MHz)의 최소 클럭 주기를 지원한다. 예제 FPGA 설계를 위한 블록 다이어그램을 보면 **AXI Quad SPI** 블록의 ext_spi_clk 입력은 **Clocking Wizard** 블록의 166.66667 MHz 출력으로 구동된다.

SPI를 사용하기 전 다음 단계를 수행해 FPGA SPI의 클럭 속도를 조정하고 SPI 핀 할당 문제를 해결해야 한다.

1. **AXI Quad SPI** 블록을 더블클릭하고 **IP Configuration** 탭을 선택한다.

2. **Frequency Ratio** 16 값은 'ext_spi_clk' 입력이 16으로 나뉘며 10.4 MHz의 SPI 클럭 속도를 만들어 낸다는 의미다. 이 속도는 ADC 리드백 모드에 너무 높다. (X 오른쪽의) **Frequency Ratio**의 오른쪽 상자에서 승수를 1에서 10으로 변경하면 SPI 클럭 속도는 1.04 MHz로 줄어든다.

3. **OK**를 클릭한다.

4. 블록 다이어그램을 저장한다.

5. 저자는 SPI 핀 할당에 문제가 있었다. SPI SS 신호가 잘못된 핀(V17)으로 할당돼 인터페이스가 정상동작하지 않았다. 문제를 해결하려면 다음 줄을 arty.xdc의 끝에 추가하고 해당 파일을 저장하자.

```
set_property PACKAGE_PIN C1 [get_ports spi_ss_io]
```

6. 비트스트림을 생성한다.

7. **File ＞ Export ＞ Export Hardware**…로 하드웨어 내보내기를 수행한다.

8. 5장, 'FPGA로 시스템 구현하기'에서 생성한 Vitis 프로젝트를 연다.

9. Vitis 프로젝트 하드웨어를 방금 Vivado에서 내보내기한 새로운 정의로 업데이트한다.

Vitis 프로젝트에서 제공되는 보드 지원 패키지^{BSP, Board Support Package} 소프트웨어는 Arty SPI 인터페이스용 드라이버를 포함한다. 드라이버를 사용해 SPI 통한 애플리케이션 소프트웨어와 ADC 간 통신을 수행할 것이다.

LTC2267-14 ADC는 0~4번까지 5개의 8비트 내부 레지스터에 대한 읽기/쓰기 접근을 제공한다. 레지스터들에 관한 자세한 사항은 LTC2267-14 데이터 시트에서 확인할 수 있다.

레지스터 0번은 소프트웨어 리셋을 수행하기 위해 전용으로 사용되며 레지스터 7번째 비트에 1을 쓰면 리셋이 수행된다. 리셋은 설정 단계의 첫 번째 단계에서 수행돼야 한다.

레지스터 1번~4번은 다양한 구성 설정 정보를 포함한다. 각 레지스터는 항상 읽고 쓰기 가능하다. 다음 코드는 레지스터 0번을 통해 소프트웨어 리셋을 수행하고 구성 데이터를 나머지 네 개의 레지스터들에 쓴다. 각 레지스터에 쓰기가 완료되면 다시 읽어 쓴 값과 비교한다. 값이 일치하지 않으면 구성 단계에서 실패 반환 상태를 만든다.

SPI를 통해 LTC2267-14를 설정하려면 다음 단계를 수행하자.

1. Vitis 소프트웨어 프로젝트에서 'spi.h' 이름의 새로운 소스 파일을 생성하고 다음 코드를 해당 파일에 삽입하자.

```
// SPI interface to LTC2267 ADC
// SPI clock is 166.66667 MHz / (16 * 10) = 1.042 MHz
// LTC2267 max SPI clock speed (readback) is 4.0 MHz


// Configure SPI interface; Return TRUE if successful
int InitSpi(void);


// Returns TRUE if the value was successfully written
// to and read back from the register at reg_addr
int SpiWriteAndVerify(u8 reg_addr, u8 value);


// Pass hard-coded configuration data to the ADC via
```

```
// SPI and return TRUE if successful
int ConfigureAdc(void);
```

2. 'spi.c'이름의 소스 파일을 생성하고 다음 코드를 삽입한다.

```
#include <xspi.h>
#include "spi.h"

static XSpi SpiInstance;

// Configure SPI interface; Return TRUE if successful
int InitSpi(void) {
  int result;

  result = XSpi_Initialize(&SpiInstance,
  XPAR_SPI_0_DEVICE_ID);
  if (result != XST_SUCCESS)
    return FALSE;

  result = XSpi_SelfTest(&SpiInstance);
  if (result != XST_SUCCESS)
    return FALSE;

  result = XSpi_SetOptions(&SpiInstance,
  XSP_MASTER_OPTION | XSP_MANUAL_SSELECT_OPTION);
  if (result != XST_SUCCESS)
    return FALSE;

  result = XSpi_Start(&SpiInstance);
  if (result != XST_SUCCESS)
    return FALSE;

  XSpi_IntrGlobalDisable(&SpiInstance);

  return TRUE;
}
```

InitSpi 함수는 XSpi 드라이버를 초기화하고 FPGA SPI 하드웨어의 자가진단을 수행하며, 수동으로 SS 신호를 보내도록 인터페이스를 구성한다. SS 모드는 인터페이스가 ADC SPI 요구사항을 지원하기 위해 필요하다. 마지막 단계는 SPI를 시작하고 SPI 디바이스에서 인터럽트를 비활성화한다.

3. 해당 파일에 다음 함수를 추가한다.

```
// Send one byte to, or read one byte from the ADC
// Valid values for cmd: 0x00 = write, 0x80 = read
static int do_transfer(u8 cmd, u8 reg_addr,
    u8 output_value, u8 *input_value) {
  u8 out_buf[2] = { cmd | reg_addr, output_value };
  u8 in_buf[2] = { 0 };
  const int buf_len = 2;
  u32 select_mask = 1;

  // Valid commands: 0x00 = write, 0x80 = read
  int result = XSpi_SetSlaveSelect(&SpiInstance,
    select_mask);

  if (result == XST_SUCCESS) {
    result = XSpi_Transfer(&SpiInstance, out_buf,
      in_buf, buf_len);
    *input_value = in_buf[1];
  }

  return (result == XST_SUCCESS) ? TRUE : FALSE;
}
```

do_transfer 함수는 cmd 변수 값에 따라 한 바이트를 ADC 레지스터로 전송하거나 한 바이트를 레지스터에서 읽는다.

4. 다음 함수는 값을 ADC 레지스터에 쓰고 해당 레지스터에서 값을 다시 읽은 후, 모든 단계가 성공적이고 쓴 값과 읽은 값이 일치하면 TRUE 상태 값을 반환한다. 다음 코드를 'spi.c' 파일에 추가한다.

```
// Returns TRUE if the value was successfully written
// to and read back from the register at reg_addr
int SpiWriteAndVerify(u8 reg_addr, u8 value) {
  const u8 write_cmd = 0;
  const u8 read_cmd = 0x80;
  u8 input_value;
  int result;

  switch (reg_addr) {
  case 0:
    // The only valid value for reg 0 is 0x80
```

```
      result = (value == 0x80) ? TRUE : FALSE;

    if (result == TRUE)
      result = do_transfer(write_cmd, reg_addr,
        value, &input_value);

    break;

  case 1:
  case 2:
  case 3:
  case 4: {
    result = do_transfer(write_cmd, reg_addr,
      value, &input_value);

    if (result == TRUE) {
      result = do_transfer(read_cmd, reg_addr, 0,
        &input_value);
      xil_printf("Value read back %02X\n",
        input_value);
      if (value != input_value)
        result = FALSE;
    }

    break;
  }

  default:
    result = FALSE;
  }

  return result;
}
```

SpiWriteAndVerify 함수에서 레지스터 0번은 특별한 경우로 다룬다. 레지스터 1~4
번에 관한 코드는 값을 레지스터로 전송하고 레지스터를 읽은 뒤 비교 결과를 반
환한다.

5. 설명 주석이 제거된 ConfigureAdc 함수가 다음에 나와 있다. ConfigureAdc 함수는
모든 5개의 ADC 설정 레지스터를 하드코딩된 값으로 쓰고 모든 동작이 성공인지
나타내는 상태 값을 반환한다.

```
// Pass hard-coded configuration data to the ADC via
// SPI and return TRUE if successful
int ConfigureAdc(void) {
  const u8 reg0 = 0x80;
  const u8 reg1 = 0x28;
  const u8 reg2 = 0x00;
  const u8 reg3 = 0xB3;
  const u8 reg4 = 0x33;

  xil_printf("Register 0: Writing %02X\n", reg0);
  int result = SpiWriteAndVerify(0, reg0);

  if (result == TRUE) {
    xil_printf("Register 1: Writing %02X\n", reg1);
    result = SpiWriteAndVerify(1, reg1);
  }

  if (result == TRUE) {
    xil_printf("Register 2: Writing %02X\n", reg2);
    result = SpiWriteAndVerify(2, reg2);
  }

  if (result == TRUE) {
    xil_printf("Register 3: Writing %02X\n", reg3);
    result = SpiWriteAndVerify(3, reg3);
  }

  if (result == TRUE) {
    xil_printf("Register 4: Writing %02X\n", reg4);
    result = SpiWriteAndVerify(4, reg4);
  }

  return result;
}
```

6. 'main.c' 파일에 다른 #include 구문들 뒷쪽에 다음 줄을 추가한다.

```
#include "spi.h"
```

7. 'main.c' 파일에서 main 함수의 가장 첫 부분에 다음 코드를 추가한다.

```
    if (InitSpi() == TRUE) {
      xil_printf("InitSpi success\n");

      if (ConfigureAdc() == TRUE)
        xil_printf("ConfigureAdc success\n");
      else
        xil_printf("ConfigureAdc failed\n");
    } else
      xil_printf("InitSpi failed\n");
```

8. 수정한 모든 파일을 저장한다. 'spi.h'와 'spi.c' 파일이 Vitis 탐색기 창의 'src'폴더 안에 나타나는지 확인한다.

9. **Ctrl**키와 **B**를 눌러 애플리케이션을 빌드해 에러가 없는지 확인한다.

10. 디버거를 시작해 애플리케이션을 실행한다.

11. SPI가 예상한 대로 동작하면 다음과 같이 출력된 내용을 볼 수 있다.

```
InitSpi success
Register 0: Writing 80
Register 1: Writing 28
Value read back 28
Register 2: Writing 00
Value read back 00
Register 3: Writing B3
Value read back B3
Register 4: Writing 33
Value read back 33
ConfigureAdc success
```

테스트가 성공적으로 끝나는 것은 ADC 집적회로는 전원이 들어오고 IC와 Arty를 연결하는 SPI 인터페이스가 정상적으로 동작함을 의미한다.

새로운 회로 설계를 검사할 때 조립 중 발견된 오류를 수정해도 해결되지 않는 이슈를 경험한다면 더 높은 수준의 회로 설계 문제일 수 있다. 회로가 부품 연결과 관련된 수정이 필요하다면 보드에서 직접 수정해 PCB 리비전을 만들지 않을 수 있다. 문제를 해결하는 회로 수정법에 관해서 알아본다.

⁞⁝ 문제 발생 시 회로 수정

7장, '고성능 디지털 회로 만들기'에서 회로 기판의 잘못된 조립에서 발생하는 문제들을 수정하기 위한 다양한 기법을 알아봤다. 문제 해결 과정에서 회로 설계는 올바르지만 조립과정에서 문제가 발생한다는 점을 기본으로 가정한다.

테스트 중 회로 설계 자체의 문제를 발견할 수도 있다. 설계 문제로 확인되면 회로도를 다시 살펴보고 필요한 수정을 하는 것이 쉬울 수 있으나 작업 중인 PCB를 쉽게 고칠 수 없다는 점이 문제다. 수정된 기판을 주문하려면 돈과 시간이 든다. 즉각적인 설계 변경을 구현하기 위해 PCB 수정 가능성을 탐색해 보는 것이 도움이 될 수 있다.

문제에 따라 기판의 나머지 기능들을 계속 검사할 수 있도록 회로 기판을 수정할 수도 있을 것이다. 앞으로 설명할 수정은 시스템 개발자가 사용하는 보드에서만 수행돼야 한다. 보통, 이런 변경의 취약성 때문에 변경이 있는 기판은 최종 사용자가 사용할 수 없도록 배포되지 않아야 한다.

다음 설명할 수정은 PCB 트레이스 절단과 납땜 점퍼와 점퍼 와이어 설치, 부품 제거, 부품 추가 등을 포함한다.

PCB 트레이스 절단

회로의 두 지점을 연결하는 트레이스를 제거해야 한다면 두 지점의 연결을 끊기 위해 구리 레이어를 자를 수 있다.

면도칼이나 취미용 칼을 사용해 절단할 수 있다. 적당한 압력을 가해 트레이스를 여러 번 그어 절단한다. 주변 부품이나 트레이스를 절단하면 절대 안 된다. 절단이 끝나면 멀티미터를 사용해 두 지점간 저항을 측정해 트레이스가 완전히 절단됐는지 확인한다. 트레이스들의 절단 면들이 다른 회로 부품들과 간접적으로 연결된다면 트레이스가 완전히 절단됐더라도 측정된 저항은 무한하지 않을 수 있다.

날카로운 칼을 사용할 때 조심해야 한다. PCB 트레이스를 절단할 때 PCB가 흔들거리지 않고 단단한 표면에 있는지 확인한다. 칼에 베이거나 작업장 표면이 잘리지 않도록 매우 조심해야 한다. 만약을 대비해 구급상자도 비치하자.

필요한 수정이 트레이스 절단만 있다면 두 지점을 더 이상 연결하지 않는 트레이스를 가진 회로로 다시 테스트할 수 있다.

보통 설계 오류를 수정하기 위해 트레이스 절단한 후 회로 기판의 다른 지점들을 연결해야 할 수 있다. 수정에 관해 다음 절에서 설명한다.

솔더 점퍼와 점퍼 와이어 설치

PCB 상에서 현재 연결되지 않은 두 지점을 연결해야 한다면 먼저 기판을 검사해 각 트레이스와 디바이스 핀이 직접 접근 가능한 지점을 찾아야 한다.

연결해야 하는 지점들이 너무 근접해 있다면(한 IC상의 인접합 두 핀이거나 서로 근접한 두 개의 레지스터처럼), 솔더 점퍼solder jumper로 해당 지점들을 연결할 수 있다. 솔더 점퍼는 연결되는 지점 사이 거리를 채울 수 있는 큰 땜납 덩어리일 뿐이다. 솔더 점퍼는 이전에 설명한 솔더 브릿지와 같지만 솔더 점퍼는 의도한 것이고 솔더 브릿지는 의도하지 않은 것이다.

항상 충분한 양의 플럭스를 사용해 패드의 금속과 부품에 땜납이 잘 흘러가고 접착할 수 있게 한다. 솔더 점퍼의 좋은 점 중 하나는 추후에 이 점퍼를 원치 않을 때 납땜 인두기와 플럭스, 솔더 윅을 사용해 쉽게 제거할 수 있다는 점이다.

연결해야 할 지점들 사이의 거리가 일반적인 크기의 솔더 점퍼가 연결할 수 있는 것보다 길다면 와이어를 사용해 연결해야 한다. 점퍼 와이어는 연결할 지점들 사이의 연결에 노출된 패드들이나 부품들이 없다면 절연이 없는 와이어를 사용하는 것이 합리적이다. 와이어가 금속 패드를 가로지르고 부품들 주위를 감싼다면 절연 와이어를 반드시 사용해야 한다.

연결 종단과 전류 흐름 요구사항에 적합한 두께의 와이어를 사용한다. 가장 작은 SMT 부품들에 붙는 점퍼 와이어는 이런 작은 지점을 연결하기 위해 적절히 가늘어야 한다. 와이어가 너무 두꺼우면 회로의 다른 부품들의 접촉 없이 의도한 지점에 붙이기 어렵다.

그림 8.8은 이전 버전의 디지털 오실로스코프 PCB안의 U4의 3번과 4번 핀을 연결하는 점퍼 와이어(스루홀 저항기에서 잘린 일부 와이어로 구성)를 보여준다.

그림 8.8 IC 핀들에 연결된 점퍼 와이어

가능한 기판 가장자리 커넥터 같은 스루홀 부품의 위치를 점퍼 와이어를 위한 연결지점으로 사용한다. PCB를 통과하는 이런 부품들에 와이어를 납땜하기가 상대적으로 쉽다.

가장 두꺼운 유형의 점퍼 와이어 연결은 와이어를 직접 PCB 트레이스에 납땜하는 것이다. 좋은 납땜 연결을 만들기에 충분한 영역을 노출하기 위해 트레이스에서 충분한 양의 땜납 마스크^{solder mask}를 긁어 모으자. 플럭스를 사용해 점퍼 와이어를 트레이스에 직접 납땜한다.

여기서 설명한 방법을 사용해 만든 점퍼 와이어 연결이 매우 취약할 수 있다. 기판을 조심히 다뤄 연결에서 와이어가 끊어지거나 PCB 표면에서 부품이나 트레이스가 들리는 등 더 심각한 문제가 발생하지 않도록 해야 한다.

부품 제거

IC가 기대한 것보다 더 많은 전류를 끌어오고 있어 연결된 전원 공급 전압이 약해진다면 이를 테스트하기 위한 빠른 방법은 기판에서 부품을 제거하고 공급 전압을 다시 검사하는 것이다. 재검사 시 공급 전압이 기대한 값이라면 문제에 대한 답을 찾은 것이다.

혹은 한 부품이 회로의 다른 부품의 동작을 다른 방식으로 방해하는 경우도 있다. 저항기나 커패시터, IC등을 선택적으로 제거해 발견한 영역을 제외한 정상적으로 동작하지 않는 회로 부분을 계속 검사할 수 있다.

부품 추가

회로에 필요한 부품이 빠진 것을 발견하면 빠진 부품을 설치하고 회로 검사를 계속 할 수 있다. 빠진 부품이 레지스터나 커패시터면 SMT 부품보다 스루홀 부품을 설치하기가 더 쉽다.

이전 버전의 디지털 오실로스코프 PCB에서 저자는 2.7KOhm 풀업 저항기가 빠져 SPI 인터페이스가 동작하지 않음을 발견했다. 저항기에 대한 요구사항은 LTC2267-14 데이터 시트에 명확히 나와 있으나 저자가 간과했다.

SPI 인터페이스가 정상 동작하고 다른 보드 기능을 계속 검사하기 위해 그림 8.9처럼 스루홀 저항기를 보드 커넥터에 납땜했다.

그림 8.9 PCB에 납땜된 풀업 레지스터

PCB 문제들이 임시라도 해결됐다면 다음 단계는 FPGA에서 출력 신호를 생성해 오실로스코프 보드에 입력을 구동할 수 있게 하는 것이다. 이 부분은 다음 절에서 설명한다.

⁑ FPGA 로직 추가 및 I/O 신호 검사

FPGA 로직의 일부분을 추가해 디지털 오실로스코프 보드 기능을 구동하는 신호를 생성한다. 구동 신호들은 보드의 테스트 포인트 중 하나와 ADC 인코더 클럭에서 사용 가능한 1 KHz 보정 신호를 포함하며 ADC를 구동한다.

ADC 인코더 클럭과 1KHz 보정 신호 생성

5장, 'FPGA로 시스템 구현하기'에서 생성하고 8장의 앞에서 작업했던 디지털 오실로스코프를 위한 Vivado 블록 다이어그램 프로젝트를 계속 진행하기 위해 지금부터 회로 기판의 해당 테스트 포인트에서 ADC 인코더 클럭과 1 KHz 출력 신호를 생성하는 로직을 FPGA 설계에 추가할 것이다.

기판을 오실로스코프로 검사하기 위한 대역폭 요구사항을 최소화 하기 위해 100 MHz인 ADC 인코더 클럭 주파수를 임시로 줄일 것이다. ADC는 5 MHz의 낮은 주파수를 허용하고(LTC2267-14 데이터 시트 참고) 낮은 속도에서 ADC는 동작한다. 하지만 **Clocking Wizard**에서 쉽게 설정할 수 있는 최저 주파수는 10 MHz다. 따라서 당분간 ADC 인코더 클럭 주파수를 10 MHz로 설정할 것이다.

다음 단계를 수행해 주파수를 변경하고 신호를 프로젝트에 추가한다.

1. Vivado에서 오실로스코프 FPGA 프로젝트를 연다.

2. 프로젝트 블록 다이어그램을 열고 **Clocking Wizard** 블록을 더블클릭한다.

3. **Output Clocks** 탭을 선택하고 'clk_out4' 옆의 상자를 체크한다.

4. 'clk_out4'의 주파수를 10 MHz로 설정하고 **OK**를 클릭한다.

5. 'adc_interface.vhd' 이름의 새로운 설계 소스 파일을 생성한다.

6. 새 파일의 기본 내용을 다음 코드로 변경하고 파일을 저장한다.

```vhdl
library IEEE;
use IEEE.STD_LOGIC_1164.ALL;
use IEEE.NUMERIC_STD.ALL;

library UNISIM;
use UNISIM.vcomponents.all;

entity adc_interface is
  port (
    adc_enc : in std_logic;
    enc_p : out std_logic;
    enc_n : out std_logic;
    clk_1khz_out : out std_logic
  );
end entity;

architecture Behavioral of adc_interface is
  signal clk_1khz : std_logic;
begin

  process(adc_enc) is
    variable count : integer := 0;
    constant clk_1khz_period : integer := 10 * 1000;
  begin
    if (rising_edge(adc_enc)) then
      count := count + 1;

      if (count >= (clk_1khz_period / 2)) then
        clk_1khz <= NOT clk_1khz;
        count := 0;
      end if;
    end if;
  end process;

  CAL_1KHZ_OBUF : OBUF
    generic map (IOSTANDARD => "LVCMOS33")
  port map (
    I => clk_1khz,
    O => clk_1khz_out
  );
```

```
ADC_ENC_OBUFDS : OBUFDS
  generic map (IOSTANDARD => "TMDS_33")
port map (
  O => enc_p,
  OB => enc_n,
  I => adc_enc
);
end Behavioral;
```

코드는 클럭 마법사(현재 10 MHz로 설정)로 생성된 ADC 인코더 클럭(adc_enc)을 수신하고, 클럭을 분할해 1.0 KHz를 신호를 생성한다. 1.0 KHz 신호는 3.3V CMOS 신호를 구동하는 출력 버퍼(OBUF)를 사용해 'clk_1khz_out' 출력으로 전달된다. ADC 인코더의 출력은 3.3V TDMS I/O 표준(OBUFDS)을 사용해 차동 신호 쌍(enc_p, enc_n)을 구동한다.

Arty 보드의 I/O 신호 구성은 Pmod 커넥터에서 LVDS(ADC 직렬 인터페이스 표준)를 지원하지 않고, 핀들에서 변화 최소화 차동 신호(TMDS, Transition-Minimized Differential Signaling) 표준을 지원한다. TMDS는 LVDS와 유사한 고속 직렬 데이터 전송 표준이다.

예제에서 LVDS와 TMDS의 주요 차이점은 TDMS는 +3.3V에서 전압을 수백 밀리볼트 낮춰서 디지털 펄스를 생성하고 LVDS는 더 낮은 공통 모드 전압(common mode voltage)를 사용해 비슷한 진폭의 전압 펄스를 생성한다. LVDS와 TMDS간 인터페이스를 위해 두 표준 간 공통 모드 전압의 차이를 조정해야 한다.

예제의 설계는 Pmod 커넥터로 연결되는 각 4개의 차동 신호들에서 DC 차단 커패시터를 사용하며, 커패시터의 양쪽에서 공통 모드 전압을 분리한다. 신호들의 Pmod 커넥터 쪽은 50옴 풀업 레지스터를 각 회선마다 가지며 이는 TMDS 표준의 요구사항이다. 이 설정은 TDMS와 LVDS I/O 표준을 연결해준다.

7. 'Arty.xdc' 파일에 다음 코드를 추가한다.

```
# Pmod Header JC
set_property IOSTANDARD TMDS_33 [get_ports enc_p]
set_property PACKAGE_PIN U12 [get_ports enc_p]
```

```
set_property IOSTANDARD LVCMOS33 [get_ports clk_1khz_out]
set_property PACKAGE_PIN T13 [get_ports clk_1khz_out]
```

구문들은 'enc_p' 신호에 관한 제약사항 정보를 포함하며 'enc_n' 신호는 다루지 않는다. Viavdo는 'adc_interface.vhd'의 코드에서 'enc_n' 신호의 필요성을 추론해서 자동으로 해당 신호를 적절한 속성을 가진 올바른 핀으로 설정하기 때문이다.

8. 블록 다이어그램의 배경에서 오른쪽 클릭하고 **Add Module**…를 선택한다.

9. 나타난 창에서 'adc_interface'를 선택하고 **OK**를 클릭한다.

10. 클럭 마법사의 'clk_out4' 출력을 새로 추가된 **adc_interface_v1_0** 블록의 'adc_enc' 입력으로 연결한다.

11. 모든 **Adc_interface_v1_0** 블록의 출력들에서 오른쪽 클릭해 외부로 설정한다.

12. 새로 추가된 세개의 각 출력 포트에서 오른쪽 클릭해 속성을 수정한다. 각 포트 이름의 끝에 있는 '_0'을 제거한다.

13. 비트스트림을 생성하고 하드웨어를 내보내고 Vitis 프로젝트로 해당 하드웨어 구성을 가져온다.

14. 프로젝트를 재빌드하고 애플리케이션을 실행한다.

위 단계들을 마치면 오실로스코프로 오실로스코프 기판과 Arty 사이의 데이터 전송에 관련된 차동 신호 쌍을 검사할 수 있다. KiCad의 PCB 레이아웃을 참고해서 아래의 신호 쌍을 검사할 수 있는 적절한 커넥터 핀이나 다른 회로 위치들을 찾아야 한다.

- J3의 **ENC_IN+** 핀과 **ENC_IN-** 핀은 현재 10 MHz로 설정된 ADC 인코더 클럭을 전송한다. 그림 8.10은 오실로스코프로 사용한 차동 쌍을 보여준다.

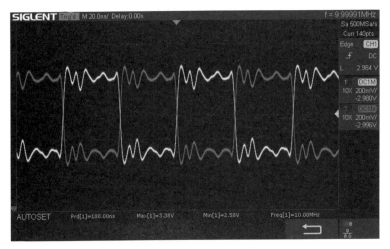

그림 8.10 ADC 인코더 클럭 신호

- **DCO+**와 **DCO-** 차동 쌍은 ADC의 출력 데이터 클럭을 포함한다. 출력 데이터 클럭의 주파수는 ADC 인코더 클럭에 4를 곱한 40 MHz 이며 그림 8.11과 같다.

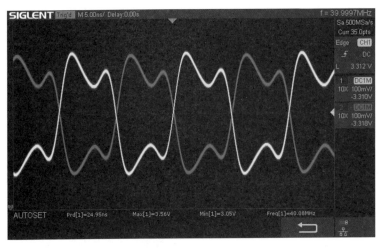

그림 8.11 DCO 비트 클럭 신호

- ADC 레지스터 3번과 4번으로 로드한 값(reg3=0xB3, reg4=0x33)은 ADC 테스트 패턴 출력 모드를 활성화하고 두 차동 신호 쌍 **OUT1A**와 **OUT1B**에 비트 패턴을 생성한다. 오실로스코프를 연결하면 신호들은 그림 8.11의 DCO 출력과 똑같이 나타나야 한다.

- 오실로스코프 기판의 1 KHz 테스트 포인트는 정확히 1 KHz로 +2.5V와 -2.5V사이를 진동하는 구형파를 생성해야 한다.

모든 검사들이 만족스러운 결과를 보인다면 디지털 오실로스코프 기판의 모든 아날로그와 디지털 하위 시스템들이 정상적으로 동작함을 나타낸다. 테스트하지 않은 기능은 아날로그 입력을 디지털 출력으로 ADC 변환하는 것이다. 오실로스코프 기판의 이 기능은 9장에서 설명한다.

⁝⁝ 요약

8장은 기판에 처음으로 전원을 제공하고 기본 회로 수준 기능 검사 과정을 살펴봤다. 이런 테스트를 통과한 뒤 FPGA 코드를 추가해 오실로스코프 기판을 구동하는 출력 신호를 생성했다. 또한 기능이 의도한 대로 동작하지 않으면 회로를 수정하는 방법을 알아봤다.

8장을 마치면 초기 전원 애플리케이션을 위해 회로를 어떻게 준비해야 하는지와 회로 부품과 하위 시스템이 올바르게 동작하는지 테스트 하는 법을 알아야 한다. FPGA 출력 신호를 구동하는 법을 배우고 설계 문제가 있는 경우 회로를 어떻게 수정하는지를 이해해야 한다.

9장에서는 남은 FPGA 구현 및 MicroBlaze 프로세서에서 동작하는 펌웨어, 호스트 컴퓨터에서 동작하는 소프트웨어들을 포함해 디지털 오실로스코프 실행 알고리듬을 확장해본다.

09

펌웨어 개발 과정

회로 기판이 정상적으로 동작하므로 아날로그-디지털 변환기^{ADC}와의 통신을 포함한 필드 프로그래머블 게이트 어레이^{FPGA} 알고리듬의 주요 부분을 구체화해보고 MicroBlaze 프로세서 펌웨어를 이어가보자. 펌웨어를 개발할 때 적절한 도구를 사용해 소스코드 정적 분석을 수행해 디버깅하기 어려운 많은 에러를 방지하는 것이 중요하다. 또한 버전 제어 시스템을 구현해 프로젝트 수명주기 동안 코드의 변화를 추적해야 한다. 코드가 변경될 때마다 코드의 질을 유지하기 위해 완전 혹은 부분적으로 자동화된 테스트 도구 모음 개발의 중요성을 논의할 것이다. 9장은 이런 기능들을 수행하는 무료 및 상업용 도구들을 추천한다.

9장을 마치면 효과적인 FPGA 알고리듬 설계하는 방법 및 유지보수가능한 방식으로 임베디드 C 코드 개발하는 방법을 배울 수 있다. 그리고 임베디드 시스템 소스코드로 정적 소스코드 분석하는 기초를 이해하고 깃^{Git} 버전 제어의 기초에 익숙해질 것이다. 마지막으로 임베디드 시스템에 적용되는 테스트 기반 개발의 기본을 배워본다.

9장은 다음 주제를 다룬다.

- FPGA 알고리듬 설계 및 구현
- 코딩 스타일
- 소스코드 정적 분석
- 소스코드 버전 제어
- 테스트 기반 개발

⸬ 기술 요구사항

9장에서 사용하는 파일은 https://github.com/PacktPublishing/Architecting-High-Performance-Embedded-Systems에서 찾을 수 있다.

⸬ FPGA 알고리듬 설계 및 구현

지금까지 아날로그 신호를 수신하고 아날로그-디지털 변환을 수행하기 위한 디지털 회로의 세부사항을 살펴봤고, ADC 샘플이 수집된 후 이 샘플에 어떤 일이 발생하는지 들여다보지 않았다. 디지털 오실로스코프 시스템의 기능적 요소의 개요를 알아본다.

디지털 오실로스코프 시스템 개요

8장까지는 Arty보드에 꽂는 디지털 오실로스코프 애드온^{add-on}보드의 하드웨어 기능들을 설계하고 구성하는 데 집중했다. 이제 상위 수준에서 전체 시스템을 살펴본다.

그림 9.1에서 상위 수준 관점의 디지털 오실로스코프 시스템 기능적 요소를 소개한다.

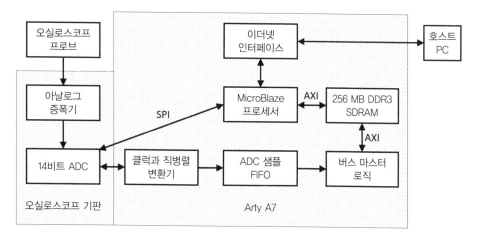

그림 9.1 디지털 오실로스코프 시스템 다이어그램

그림 9.1은 오실로스코프 기판의 시스템 부분과 Arty A7상의 시스템 부분, Arty와 호스트 PC와의 연결을 보여준다. 호스트 PC는 MQTT^{Message Queuing and Telemetry Transport} 프로토콜을 사용해 Arty 보드상의 MicroBlaze 프로세서와 통신하는 소프트웨어 애플리케이션을 실행한다. MQTT는 이 책의 예제인 디지털 오실로스코프와 같은 작은 크기의 코드가 필요한 애플리케이션용의 안정적인 메시지 기반 통신을 제공한다. MQTT는 IoT 애플리케이션에서 많이 사용된다. MQTT관한 자세한 사항은 프로젝트 웹사이트인 https://mqtt.org/에서 배울 수 있다.

사용자 제어 하에 호스트 PC에서 동작하는 애플리케이션은 다음 정보를 구성해 Arty 보드로 전송한다.

- **트리거 전압이나 에지(상승 혹은 하강)트리거 정보**: 트리거 조건에 대해 들어오는 ADC 샘플 모니터링을 시작하거나 중지하는 명령과 트리거 에지 전에 발생해야 하는 상위 혹은 하위 최소 펄스폭 같은 더 복잡한 트리거 조건과 관계된 정보를 포함한다.

- **트리거 조건이 만족됐을 때 수집할 샘플의 개수**: 트리거 에지 전의 선택적 샘플의 개수를 포함한다.

- **테스트 모드 선택이나 'bitslip' 명령과 같은 구성 정보**: bitslip 명령은 9장의 '직병렬 변환기 추가' 절에서 다룬다.

연결된 호스트 애플리케이션의 명령에 대한 응답으로 Arty보드는 ADC 샘플들의 시퀀스들과 샘플들의 스트림 내 트리거 에지 위치와 같은 관련 정보를 수집하고 전송한다. 호스트 애플리케이션은 Arty로부터 각 샘플 시퀀스를 받아 해당 신호의 그래픽 디스플레이를 표시한다.

시스템에서 강조할 만한 측면은 ADC가 엄청난 양의 데이터를 생성한다는 것이다. 각 샘플은 14비트 샘플과 두 패딩 비트로 구성된 16비트 데이터를 포함한다. 이 샘플들은 100 MHz 속도로 생성된다. 많은 컴퓨터 사용자들은 기가비트 이더넷 카드가 빠르다고 생각한다. 사실 이더넷 카드는 지속적인 시간 동안 최대 속도로 거의 동작하지 않는다. 그러나 한 개의 입력 채널을 가진 예제 디지털 오실로스코프는 지속적으로 초당 1.6기가비트를 생성한다.

가장 빠른 최신 마이크로프로세서라도 이 속도의 데이터를 수신하고 처리하기는 어렵다. 이에 비해 FPGA 구조는 이런 유형의 작업에 이상적이다. FPGA 로직 게이트의 자연적인 병렬 동작은 들어오는 데이터 스트림을 수신하고 처리하려고 전용 하드웨어를 사용할 수 있게 한다.

트리거 조건을 찾기 시작하는 명령이 내려지면 FPGA 로직은 트리거를 찾으면서 ADC 샘플들을 지속적으로 모니터링할 것이다. 트리거되기 전 몇 개의 샘플들이 수집돼야 하므로 트리거 이벤트를 탐색하는 동안 모든 ADC 샘플들은 256MB DDR3에 쓰여야 한다.

MicroBlaze 프로세서는 같은 DDR3 메모리를 사용해 프로세서에서 동작하는 펌웨어를 위한 코드와 데이터를 보관한다. Vitis 링커는 메모리 영역들을 전체 DDR3 주소 영역의 하단에 배치하며, 기본 MicroBlaze 메모리 맵에서 16진수 주소 `80000000-8FFFFFFF`에 위치한다.

Vitis로 FPGA 비트스트림과 MicroBlaze 펌웨어를 로드할 때마다 자일링스 소프트웨어 명령어 라인 도구^{XSCT, Xilinx Software Command-Line Tool} 콘솔창은 로드된 메모리 섹션의 리스트를 표시하고 각 섹션의 시작과 끝 주소를 나타낸다. '.stack'으로 레이블된 프로세서 스택 메모리 세그먼트는 애플리케이션이 사용하는 최상위 메모리 주소에 로드된다. 스택 세그먼트 끝보다 더 위쪽의 DDR3 메모리 주소들은 오실로스코프 샘플들을 저장하는 데 사용할 수 있다.

MicroBlaze 펌웨어 개발을 진행하면서 애플리케이션 코드와 데이터가 소비하는 메모리 사용량 증가로 오실로스코프 데이터 샘플 저장에 사용되는 메모리가 침범되지 않는 것은 매우 중요하다. 문제의 가능성을 최소화하기 위해 코드와 데이터를 위한 충분한 메모리를 따로 떼어놓을 수 있다. 지금 개발 상태에서 스택 세그먼트를 포함해 전체 애플리케이션 코드와 데이터는 200KB 이하의 DDR3 메모리를 소비한다. MicroBlaze 펌웨어가 사용하는 코드와 데이터의 증가를 위해 8MB를 떼어 놓는다면 오실로스코프 샘플용으로 248MB가 남는다.

248MB 저장 공간은 각 샘플이 2 바이트인 130,023,424 ADC 샘플들을 저장할 수 있다. 샘플의 개수는 100 MHz 속도로 1.3초동안 연속적으로 생성되는 데이터 샘플 개수다.

FPGA 로직이 유효한 트리거 조건을 감지할 때 로직은 요청된 샘플의 전체 개수가 DDR3 메모리에 저장될 때까지 ADC 샘플들을 수집할 것이다. 이후 DDR3에 쓰기를 멈추고 MicroBlaze펌웨어에 데이터 수집이 끝났음을 알릴 것이다. MicroBlaze펌웨어는 DDR3에서 데이터를 읽고 네트워크를 통해 호스트 애플리케이션에 이 데이터를 전송할 수 있다.

그림 9.1의 3개의 Arty 블록들 즉, 직병렬 변환기와 샘플 FIFO, 버스 마스터를 설명한다.

직병렬 변환기 추가

ADC가 수집한 샘플 데이터는 두 직렬 데이터 스트림(IN1A와 IN1B)과 한 개의 클럭DCO으로 Arty 보드 가장자리 커넥터에 도착한다. 세 신호는 각각 차동 신호로 구성된다. DCO 주파수는 ADC가 생성하는 400MHz이며, Arty 보드가 제공하는 100MHz 신호인 ADC 인코더 클럭의 주파수에 4를 곱한 값이다. 검사 및 문제를 쉽게 해결하기 위해 임시로 ADC 인코드 클럭 주파수를 10MHz로 줄였지만 정상적인 오실로스코프 동작을 위해 100MHz로 다시 올릴 예정이다. 현재는 이 변경에 의해 DCO 신호는 40MHz다.

두 개의 샘플 데이터 신호인 IN1A와 IN1B는 각각 DCO와 동기화된 일련의 데이터 비트들로 구성된다. 새로운 데이터 비트들은 DCO의 연속적인 상승과 하강 에지에서 전송되며 이를 2배속^{DDR, Double Data Rate}이라고 한다. DDR을 사용해 데이터는 IN1A 과 IN1B 각각에서 800Mbit/s의 속도로 전송돼 총 1.6 Gb/s 데이터 속도를 낼 수 있다.

ADC는 프레임 클럭이라는 추가적인 클럭 신호를 생성하는데, 이 클럭은 ADC가 생성하는 각 16비트 샘플의 시작을 지정한다. 불행히도 직병렬 변환기^{deserializer}로 불리는 Artix FPGA가 제공하는 직렬-병렬 변환 하드웨어는 프레임 클럭을 사용하지 않는다. 이는 FPGA 직병렬 변환기가 수집하는 각 샘플이 한 샘플의 시작으로 자연적으로 정렬되지 않는다는 의미다. ADC 샘플들이 직병렬 변환기 출력 샘플들과 정렬될 수도 있지만, ADC 샘플들이 직병렬 변환기 샘플들과 정렬되기 위해 샘플들을 몇 비트 시프트해야 할 가능성이 크다.

직별 주변장치 인터페이스^{SPI}를 사용해 ADC가 출력할 테스트 패턴을 지정함으로써 직병렬 변환기의 출력을 검사하고 샘플들이 적절히 정렬되었는지 결정할 수 있다. 샘플들이 잘못 정렬됐다면 한 번 이상의 bitslip 동작을 수행해 정렬할 수 있다.

FPGA 직병렬 변환기 하드웨어는 bitslip을 요청하는 인터페이스를 제공한다. Bitslip은 한 번 수행할 때마다 수신 비트스트림에 대해 직병렬 변환기 출력을 한 비트 시프트시킨다. 일반적으로 0에서 7 bitslips를 수행해 직병렬 변환기 출력을 ADC 샘플 스트림과 정렬할 수 있다. 사용자가 오실로스코프에 트리거 찾기를 요청할 때마다 샘플 정렬 동작은 MicroBlaze 프로세서의 제어 하에 발생하며 몇 밀리 초 안에 수행돼야 한다. 정렬 과정이 완료된 후 MicroBlaze 펌웨어는 SPI 명령을 ADC로 보내 직렬 인터페이스를 통해 아날로그 입력의 디지털화된 샘플들을 전송하도록 요청한다.

이제 직병렬 변환기를 FPGA 설계에 추가한다. 8장, '처음으로 보드 브링업하기'에서 변경했던 사항을 포함하는 Oscilloscope-fpga 프로젝트를 계속 사용하며, 다음 단계는 인터페이스 신호들을 추가해 디지털 오실로스코프 기판으로부터 데이터 입력들을 수신한 뒤 FPGA로 넣고 다시 입력을 직병렬 변환기로 공급하고, 다음 단계에서는 이 동작을 설계에 추가한다.

1. Vivado에서 oscilloscope-fpga 프로젝트를 연다. 이 프로젝트는 8장, '처음으로 기판 브링업하기'에서 만든 변경사항을 포함해야 한다.

2. 블록 설계를 연다.

3. 마우스 오른쪽 버튼을 클릭한 후 **Add IP**…를 선택한다.

4. 검색 상자에 'selectio'를 입력하고 **SelectIO Interface Wizard** 블록을 다이어그램에 추가한다.

5. 다이어그램의 새로운 **SelectIO Interface Wizard** 블록을 더블클릭해 구성 창을 연다.

6. **SelectIO Interface Wizard** 블록의 **Data Bus Setup** 탭에서 **Data Rate**를 'DDR'로 설정한다. **Serialization Factor** 옆의 상자를 체크하고 직렬화 요소를 8로 설정하자. **External Data Width**을 2로 설정한다. **I/O Signaling**에서 **Type**을 'Differential'으로 설정하고 **Standard**을 'TMDS 33'로 설정한다. **Serialization Factor**가 아직 8인지 확인한다(다른 값으로 바뀌어 있다면 8로 재설정하자). **OK**를 클릭한다.

7. **SelectIO Interface Wizard** 블록에서 'diff_clk_in' 옆의 +를 클릭해 클럭 입력 핀을 표시한다. **Ctrl**키와 **K**를 눌러 외부 입력을 만든다. 나타난 창에서 포트 이름을 'dco_p'로 설정하고 **Type**을 'Clock', **Frequency (MHz)**를 400으로 설정한다. 핀을 **SelectIO Interface Wizard** 블록의 'clk_in_p'으로 연결한다. 이 단계를 반복해 'dco_n' 입력을 만들고 'clk_in_n' 핀에 연결한다.

8. 각 두 개의 입력을 갖는 'Concat' 블록 두 개를 추가하고 블록들의 출력을 **SelectIO Interface Wizard** 블록의 'data_in_from_pins_p[1:0]'와 'data_in_from_pins_n[1:0]'에 연결한다. 'Concat' 블록 입력에 연결되는 'Data' 유형의 네 개의 외부 입력을 생성한다. 그림 9.2와 같이 각 포트들의 이름을 할당한다.

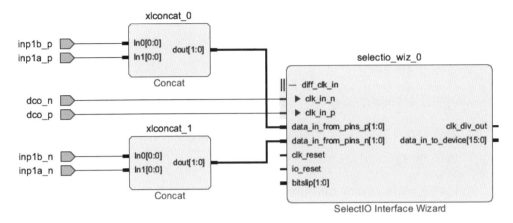

그림 9.2 차동 입력 신호

9. 다음 줄을 arty.xdc 제약사항 파일에 추가해 입력 신호에 대한 핀 연결을 정의한다.

```
# Pmod Header JB
set_property PACKAGE_PIN E15 [get_ports in1a_p]
set_property IOSTANDARD TMDS_33 [get_ports in1a_p]
set_property PACKAGE_PIN D15 [get_ports dco_p]
set_property IOSTANDARD TMDS_33 [get_ports dco_p]
set_property PACKAGE_PIN J17 [get_ports in1b_p]
set_property IOSTANDARD TMDS_33 [get_ports in1b_p]
```

10. Adc_interface.vhd를 수정해 수신 데이터 신호와 **SelectIO Interface Wizard** 블록에 필요한 리셋 출력 신호들을 포트 목록에 추가한다.

```
entity adc_interface is
  port (
    adc_enc : in std_logic;
    clk_div : in std_logic;
    adc_data : in std_logic_vector(15 downto 0);

    enc_p : out std_logic;
    enc_n : out std_logic;
    clk_1khz_out : out std_logic;
    clk_r : out std_logic;
    io_r : out std_logic
  );
end entity;
```

11. 다음 줄을 설계 정의의 첫 부분에 추가하자.

```
architecture Behavioral of adc_interface is
  signal clk_1khz : std_logic;
begin
  process(adc_enc)
    variable clk_count : integer := 0;
  begin
    if rising_edge(adc_enc) then
      clk_r <= '0';
      io_r <= '0';

      if clk_count < 200 then
        if clk_count < 10 then
          null;
        elsif clk_count < 50 then
          clk_r <= '1';
        elsif clk_count < 100 then
          null;
        elsif clk_count < 150 then
          io_r <= '1';
        else
          null;
        end if;

        clk_count := clk_count + 1;
      end if;
    end if;
  end process;
```

코드는 **SelectIO Interface Wizard** 블록에 필요한 리셋 신호를 생성한다.

12. Adc_interface.vhd의 변경사항을 저장한다. 변경된 모듈을 새로고침하라고 표시될 것이다. 표시된 곳을 클릭해 새로고침을 수행하고 그림 9.3처럼 입력과 출력을 연결한다. 폭이 2이고 Const Val이 00인 **Constant** 블록을 생성하고, 이 블록의 출력을 **SelectIO Interface Wizard** 블록의 bitslip[1:0] 입력으로 연결한다. 이는 bitflip 인터페이스를 구현할 때까지 경고를 회피하기 위한 임시 입력이다.

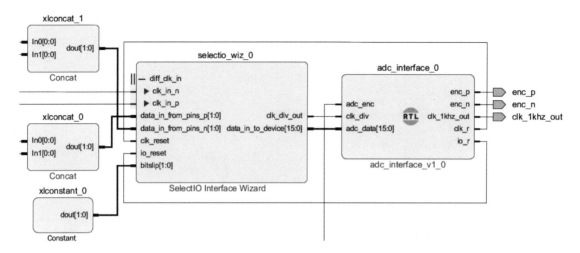

그림 9.3 'SelectIO Interface Wizard(SelectIO 인터페이스 마법사)' 연결

앞 단계들은 adc_interface_v1_0 블록의 코드에 100MHz 속도로 16비트 ADC 샘플들을 출력하는 직병렬 변환기를 추가한다.

샘플들을 항상 이 데이터 속도로 DDR3 메모리에 전송하기 어렵기 때문에 다음 단계는 샘플들을 임시로 선입선출FIFO에 저장하는 것이다. DDR3로 데이터 전송은 MicroBlaze 프로세서와 같은 버스를 사용하기 때문에 여러 마스터들이 동시에 버스에 접근하려 시도할 때 지연이 발생할 수 있으므로 이 단계가 필요하다. DDR3 메모리가 잠시 접근할 수 없더라도 FIFO 버퍼를 사용하면 샘플들은 방해없이 도착할 수 있다.

FIFO 버퍼 추가

다음 단계들로 FIFO 버퍼를 추가하자.

1. 블록 다이어그램 배경에서 마우스 오른쪽을 클릭하고 **Add IP...**를 선택한다.

2. 검색 상자에서 FIFO를 입력하고, 목록에서 **FIFO Generator**를 선택해 다이어그램에 추가한다.

3. 새로 추가된 **FIFO Generator**를 더블클릭한다. **Basic** 탭에서 **FIFO Implementation**을 **Independant Clocks Block RAM**으로 설정한다. **Native Ports**에서 **First Word Fall Through**를 선택하고, **Write Width**를 32, **Write Depth**를 32768로 설정한다. ~~W~~**Reset pin** 옆의 상자는 선택하지 않는다. **Status Flags** 탭에서 **Programmable Full Type**를 'Single Programmable Full Threshold Constant'로 설정하고 **Full Threshold Assert Value**를 '8192'로 설정한 뒤 **OK**를 클릭한다.

4. adc_interface 엔티티의 포트 리스트에 다음과 같이 세 개의 FIFO 출력을 추가한다.

```
entity adc_interface is
  port (
    adc_enc : in std_logic;
    clk_div : in std_logic;
    adc_data : in std_logic_vector(15 downto 0);

    enc_p : out std_logic;
    enc_n : out std_logic;
    clk_1khz_out : out std_logic;
    clk_r : out std_logic;
    io_r : out std_logic;
    adc_fifo_wr_en : out std_logic;
    adc_fifo_wr_ck : out std_logic;
    adc_fifo_din : out std_logic_vector(31 downto 0)
  );
end entity;
```

5. 다음 코드 블록을 adc_interface 구조에 추가한다.

```
process(clk_div)
  variable adc_data_bits : std_logic_vector(15 downto 0);
  variable half : integer := 0;
  variable fifo_stage : std_logic_vector(31 downto 0);
  variable test_counter : integer := 0;

  constant half_offset : integer := 16;
  constant write_test_data : std_logic := '1';
begin
  -- The a channel contains odd bits (1,3,5,7,9,11,13)
  -- The b channel contains even bits (0,2,4,6,8,10,12)
```

```
if falling_edge(clk_div) then
  adc_data_bits( 0) := adc_data(12);
  adc_data_bits( 1) := adc_data(13);
  adc_data_bits( 2) := adc_data(10);
  adc_data_bits( 3) := adc_data(11);
  adc_data_bits( 4) := adc_data( 8);
  adc_data_bits( 5) := adc_data( 9);
  adc_data_bits( 6) := adc_data( 6);
  adc_data_bits( 7) := adc_data( 7);
  adc_data_bits( 8) := adc_data( 4);
  adc_data_bits( 9) := adc_data( 5);
  adc_data_bits(10) := adc_data( 2);
  adc_data_bits(11) := adc_data( 3);
  adc_data_bits(12) := adc_data( 0);
  adc_data_bits(13) := adc_data( 1);
  adc_data_bits(14) := adc_data(14);
  adc_data_bits(15) := adc_data(15);

  -- Copy the ADC readings into the 32-bit FIFO buffer
  adc_fifo_wr_en <= '1';

  case half is
  when 0=>
    if write_test_data = '1' then
      adc_fifo_din <= std_logic_vector(
        to_unsigned(test_counter, 32));
      test_counter := test_counter + 1;
    else
      adc_fifo_din <= fifo_stage;
    end if;
    fifo_stage((1*half_offset - 1)
      downto (0*half_offset)) := adc_data_bits;
    adc_fifo_wr_ck <= '0';
    half := 1;
  when 1=>
    fifo_stage((2*half_offset - 1)
      downto (1*half_offset)) := adc_data_bits;
    adc_fifo_wr_ck <= '1';
    half := 0;
  when others =>
      null;
  end case;
end if;
end process;
```

직병렬 변환된 샘플들을 수신하고, 두 개의 연속된 샘플을 32 비트 워드에 넣은 뒤 이 워드를 FIFO 버퍼에 쓰는 코드다. 테스트 모드('write_test_data'이 1로 설정)의 경우 코드는 1씩 증가하는 32비트 숫자를 쓴다. 테스트 모드는 FIFO 버퍼 이후 데이터 전송 관련 모든 단계가 정상적으로 동작하는지 검증하고 샘플들이 분실되거나 중복되는지 검증한다.

FIFO 버퍼에서 데이터를 읽어 DDR3 메모리로 전송하는 인터페이스를 이 FIFO의 다른 쪽에 추가해보자.

AXI 버스 인터페이스 추가

자일링스 FPGA 구조와 MicroBlaze 소프트 프로세서는 고급 확장 가능 인터페이스^{AXI}라고 하는 버스 구조를 지원한다. AXI는 FPGA 칩 안에서 작동하도록 설계된 고속 병렬 다중 마스터 통신 인터페이스를 제공한다. 개발자들은 AXI를 사용해 DDR3 메모리 같이 MicroBlaze 소프트 프로세서나 다른 시스템 컴포넌트들과 연결되는 주변 장치 디바이스를 정의할 수 있다. 이 책 예제에서 AXI의 기본 기능은 FIFO 버퍼에서 추출된 ADC 샘플들을 DDR3 메모리로 전송하는 것이다. MicroBlaze 프로세서는 코드와 데이터 작업을 위해 DDR3에 동시에 접근하므로, AXI 중재 기능을 이용해 ADC 샘플들을 안정적으로 DDR3로 전송한다.

다음 단계들을 수행해 DDR3 메모리에 데이터 쓰기를 지원하는 주변장치를 AXI 버스에 추가한다.

1. 아직 열려있는 블록 다이어그램을 사용해 Vivado **Tools** 메뉴에서 **Create and Package New IP**⋯를 선택하고 Next을 클릭한 뒤 **Create AXI4 Peripheral**을 선택한다. **Next**를 클릭한다. **Peripheral Details** 페이지에서 이름으로 'adc_bus_interface'를 입력하고 **Next**를 클릭한다. **Interface Type**을 'Full', **Interface Mode**를 'Master'로 설정하고 **Next**를 클릭한 뒤 **Finish**를 클릭한다.

2. 다이어그램 배경에서 오른쪽을 클릭하고 **Add IP**⋯를 선택한다. 검색 상자에서 'adc_bus'를 입력한 뒤 'adc_bus_interface_v1.0'를 선택해 다이어그램에 추가한다.

3. **Run Connection Automation**을 클릭한다. **All Automation** 상자를 체크한다. 왼쪽의 'rd_clk'를 클릭하고 **Clock Source**를 '/mig_7series_0/ui_clk(83 MHz)'로 변경한다. **OK**를 클릭한다.

4. 'Adc_bus_interface_0' 블록에서 오른쪽을 클릭한 뒤 **Edit in IP Packager**을 선택하면 Vivado 새로운 복사본이 열린다.

5. 새로 열린 Vivado에서 **Design Sources**를 확장하고 마스터 파일(파일 이름이 M00인 파일)을 연다.

6. **C_M_TARGET_SLAVE_BASE_ADDR**를 x '80000000'로 변경하고 **C_M_AXI_BURST_LEN**를 256으로 설정한다. 포트 목록에서 **INIT_AXI_TXN**와 **TXN_DONE**, **ERROR**를 제거한 뒤 제거한 포트들을 'architecture' 절에 신호 정의에 추가한 뒤 파일을 저장한다.

7. Adc_bus_interface_v1_0.vhd 파일을 수정한다. 이전 단계에서 제거한 세 신호에 대한 모든 참조를 삭제하고 파일을 저장하자.

8. **Package IP - adc_bus_interface** 탭을 클릭한다. **Packaging Steps**에서 위에서부터 아래로 내려가며 녹색 체크 마크가 없는 항목들을 클릭하고 노란 바의 액션을 클릭해서 해당 변경사항을 통합한다. 마지막 단계로 **Packaging Steps** 밑의 **Review and Package**를 클릭한다. **Re-Package IP** 버튼을 누르고 창이 나타나면 **Yes**를 클릭해 프로젝트를 닫는다.

9. 원래 Vivado 프로젝트로 돌아가 노란 바에 **Show IP Status**를 클릭한다(만약 'Report IP Status(IP 상태 리포트)'가 있다면 해당 글자를 클릭한다). 필요하다면 **Rerun**을 클릭하고 하단의 **Upgrade Selected**를 클릭한다. 창이 나타나면 **Generate**을 클릭해 출력물을 생성한다.

이 단계에서 일련의 숫자 값들을 특정 메모리 범위에 쓰는 예제코드를 포함한 AXI 버스 마스터 컴포넌트를 추가했다. 컴포넌트는 메모리에서 데이터를 다시 읽은 뒤 읽은 값과 쓴 값이 일치하는지 검증한다.

오실로스코프 애플리케이션은 9장 앞에서 생성한 FIFO 버퍼에서 데이터를 읽어서 DDR3 메모리의 적합한 주소에 해당 데이터를 쓰기 위해 예제 코드를 많이 수정해야 한다. 컴포넌트는 트리거 구성 데이터 수신 및 데이터 수집 시작 혹은 중지 명령 수신을 위해 MicroBlaze 프로세서에 대한 인터페이스 역할도 한다.

디지털 오실로스코프 기능을 구현하는 FPGA 코드를 더 깊게 다루지 않는다. 광범위한 내용의 코드이며 고성능 임베디드 시스템 개발과 관련된 새로운 기본적 개념을 소개하지 않기 때문이다. 추가적인 부분은 9장의 처음에 소개한 책 웹사이트의 코드를 참고하자. 이제 Vivado와 VHDL 배경지식이 충분하므로 나머지 오실로스코프 기능을 구현하는 코드를 이해할 수 있을 것이다.

MicroBlaze 펌웨어에 포함돼야 할 중요한 나머지 한가지 기능은 네트워크를 거쳐 원격 컴퓨터에서 동작하는 호스트 애플리케이션과 Arty 보드 간 통신을 가능하게 하는 네트워크 통신 프로토콜이다. 이 기능 추가와 관련해서는 다음 절에서 다룬다.

MQTT 프로토콜 추가

5장, 'FPGA로 시스템 구현하기'의 기본 Vivado project 절에서 개발한 초기 버전의 애플리케이션은 로컬 네트워크 환경에서 시연한 TCP/IP 에코 서버를 포함했다. 코드를 기반으로 MQTT 프로토콜을 사용해 통신을 지원해본다.

MQTT는 발행-구독 패러다임을 기반으로 한 통신 프로토콜이며 사물 간 통신을 지원하기 위해 설계됐다. MQTT 발행-구독 통신 시스템에서, 한 개 이상의 정보 발행자는 데이터를 메시지로 패키징하고 연관된 주제로 메시지를 발행한다. 주제topic는 메시지 카테고리를 식별하는 문자열이다. 구독자는 브로커에 주제 이름을 제공해 관심있는 카테고리를 식별한다. MQTT 브로커는 모든 발행자와 구독자가 통신하는 중앙 집중 서버 애플리케이션이다. 모든 MQTT 통신은 브로커를 통해 일어난다. 구독자와 발행자는 서로 직접 통신하지 않는다.

그림 9.4는 네트워크 기반 디지털 오실로스코프 구현 시 MQTT가 사용되는 것을 보여준다.

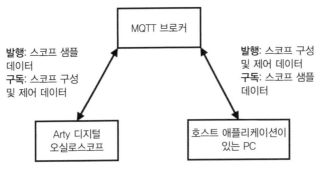

그림 9.4 디지털 오실로스코프 통신 구조

MQTT는 동시에 발행자와 구독자가 여럿일 수 있고, 모두 같은 MQTT 브로커에 접속되며 공통의 주제들을 발행하고 구독한다. MQTT 인터페이스를 사용하는 디지털 오실로스코프 시스템에서는 동시에 여러 PC 호스트 애플리케이션들이 하나의 오실로스코프 보드에서 수집된 데이터를 수신하고 표시할 수 있다.

그림 9.4의 간단한 구성에서 각 PC 호스트 애플리케이션은 구성 및 제어 명령을 오실로스코프에 발행할 수 있는데, 여러 사용자가 동시에 하나의 오실로스코프를 제어하려고 할 때 혼선을 발생시킬 수 있다. 이런 유형의 통신 문제는 네트워크 환경에서 동작하는 디바이스의 강인하며 제어가 잘 된 작동을 위해 반드시 해결해야 한다. 이런 정도의 분산 시스템 관리를 포함하는 것은 확실히 실현가능하고 IoT에 일반적이지만 9장 범위를 넘어선다. 이 책에서는 한 명의 사용자가 그림 9.4에 나타난 방식으로 디지털 오실로스코프와 상호작용하는 것을 목표로 한다. 여러 사용자가 동시에 오실로스코프를 제어한다면 제어 동작 조정은 사용자들이 스스로 해야 한다.

여기서 사용할 MQTT 라이브러리는 TCP/IP 네트워크에서 동작한다. 이는 그림 9.4의 세 시스템 부분(오실로스코프와 호스트 PC, MQTT 브로커)들이 동일한 근거리 통신망에 위치할 수 있거나(단 하나의 PC를 사용할 수도 있고) 인터넷으로 연결돼 모두 다른 위치에 있을 수도 있음을 의미한다.

간단한 구성에서 동작할 경우 MQTT는 네트워크의 적대적 액터에 관한 어떤 보안도 제공하지 않는다. 통신의 기본 방식은 어떤 유형의 암호화나 사용자 인증을 사용하지 않는다. MQTT는 TCP/IP에서 사용 가능한 표준 확장을 지원해 사용자 인증 및 통신을 암호화 한다. 예제의 MQTT는 통신 보안을 다루지 않는다. 보안 문제를 피하기 위해 여기에서 소개한 코드는 외부 접근에서 보호하기 위해 내부 네트워크에서만 실행해야 한다. 통신 보안은 MQTT 프로젝트 홈페이지인 https://mqtt.org/에 문서화 돼있다.

기본적으로 예제 프로젝트를 위해 Vitis가 생성한 라이브러리 소스코드는 MQTT 프로토콜 구현을 포함한다. FreeRTOS 배포판에 포함된 MQTT 구현에 관한 자세한 정보는 https://www.freertos.org/mqtt 에서 찾을 수 있다.

메시지 발행과 구독을 활성화 하기 위해 MQTT 라이브러리 함수를 적절히 호출할 것이다. MQTT 기능의 초기 구현은 통신 메커니즘 동작 시연을 위한 간단한 문자열 전송이다. 9장은 오실로스코프 데이터 전송 구현에 관한 세부사항을 다루지 않을 것이다. 해당 내용은 책 웹사이트의 소스코드를 참고하자.

다음 내용은 MQTT를 기존 애플리케이션 코드에 추가하기 위해 다뤄야 하는 주요 이슈를 요약한 것이다.

- **lightweight IP (lwIP)와 FreeRTOS_IP**: 자동 생성된 에코 서버 애플리케이션은 lwIP TCP/IP 구현을 사용한다. lwIP는 자원 제약적인 임베디드 시스템에서 사용하도록 설계된 오래된 버전의 TCP/IP 프로토콜 구현이다. FreeRTOS는 FreeRTOS 환경에 최적화된 최신 버전 TCP/IP 구현을 개발하고 있다. 네트워크 통신을 구현하기 위해 예제에서 사용하는 MQTT 예제 코드는 FreeRTOS_IP를 사용한다. 에코 서버 코드의 lwIP를 FreeRTOS_IP로 바꾸는 것보다 MQTT 예제 코드를 lwIP로 포팅하는 것이 더 쉽다. lwIP는 강력하고 완전한 기능을 가진 라이브러리이므로 어떤 문제도 발생시키지 않는다. 그러나 처음부터 시작하는 개발에는 FreeRTOS와의 통합 때문에 FreeRTOS_IP를 사용하는 것이 lwIP를 사용하는 것보다 더 좋다.

- **LWIP_DNS**: 에코 서버 애플리케이션은 동적 호스트 구성 프로토콜[DHCP]을 사용해 Arty보드에 IP 주소와 다른 네트워크 세부내용을 할당한다. 이는 로컬 네트워크에서는 잘 동작할 것이다. 하지만 애플리케이션이 인터넷에서 동작해야 한다면 TCP/IP 스택은 서버의 이름에 대한 IP 주소를 찾기 위해 도메인 네임 시스템[DNS]를

지원해야 한다. 예를 들어 http://test.mosquitto.org/에 있는 공개적으로 접근 가능한 MQTT 브로커는 IP주소로 5.196.95.208를 갖는다. DNS 서비스는 test.mosquitto.org를 5.196.95.208로 번역해 준다. lwIP에 DNS를 포함하기 위해 lwIP가 컴파일될 때 전처리기 심볼 LWIP_DNS를 선언해야 한다. design_1_wrapper/microblaze_0/domain_microblaze_0/bsp 프로젝트에 있는 Makefile을 수정해 해당 심볼을 선언할 수 있다. Makefile에서 EXTRA_COMPILER_FLAGS를 찾고 해당 문자열이 있는 두 위치에 –DLWIP_DNS를 추가하자. 추가한 뒤 문자열은 다음과 같다.

```
EXTRA_COMPILER_FLAGS=-DLWIP_DNS -g -ffunction-sections
```

다음으로 예제에서 사용되는 MQTT API 호출을 알아본다.

에코 서버 애플리케이션의 main.c에서 main() 함수는 main_thrd 이름을 가진 스레드를 시작한다. 스레드는 lwIP 라이브러리를 초기화하고 네트워크 스레드의 줄임말인 NW_THRD 이름의 스레드를 생성한다. 네트워크 스레드는 Arty 이더넷 인터페이스를 설정하고 한 스레드를 시작해 (lwIP에 의해 필요한)들어오는 패킷을 수신하며 DHCP 요청을 발행한다. 메인 스레드는 0.5초마다 DHCP 동작이 완료됐는지 확인한다. DHCP 동작이 완료되면 메인 스레드는 또 다른 스레드를 시작해 echod 이름의 에코 애플리케이션을 실행한다.

에코 서버 기능은 그대로 두고 MQTT 기능을 추가할 것이다. 메인 스레드가 에코 서버를 시작한 뒤 바로 MQTT 스레드를 시작할 것이다. 이를 위한 코드는 MQTT 데모를 시작하는 함수를 호출한다.

```
vStartSimpleMQTTDemo();
```

vStartSimpleMQTTDemo() 함수는 MQTT 데모를 수행하는 MQTTLWDemo 이름의 스레드를 시작한다.

vStartSimpleMQTTDemo() 함수의 완전한 코드는 다음과 같다.

```
static void prvMQTTDemoTask(void * pvParameters)
{
  (void) pvParameters;

  int xMQTTSocket;
  const uint32_t ulMaxPublishCount = 5UL;

  for(;;)
  {
    xMQTTSocket = prvCreateTCPConnectionToBroker();
    prvCreateMQTTConnectionWithBroker(xMQTTSocket);
    prvMQTTSubscribeToTopic(xMQTTSocket);
    prvMQTTProcessIncomingPacket(xMQTTSocket);

    for(uint32_t ulPublishCount = 0;
        ulPublishCount < ulMaxPublishCount;
        ulPublishCount++)
    {
      prvMQTTPublishToTopic(xMQTTSocket);
      prvMQTTProcessIncomingPacket(xMQTTSocket);
      vTaskDelay(pdMS_TO_TICKS(
          mqttexampleKEEP_ALIVE_DELAY));
      prvMQTTKeepAlive(xMQTTSocket);
      prvMQTTProcessIncomingPacket(xMQTTSocket);
    }

    prvMQTTUnsubscribeFromTopic(xMQTTSocket);
    prvMQTTProcessIncomingPacket(xMQTTSocket);
    prvMQTTDisconnect(xMQTTSocket);
    prvGracefulShutDown(xMQTTSocket);

    vTaskDelay(pdMS_TO_TICKS(
        mqttexampleDELAY_BETWEEN_DEMO_ITERATIONS));
  }
}
```

mqtt_task.c에 포함돼 있는 코드로, 다음 순서의 동작을 무한 루프로 수행한다.

1. Mqtt_task.c에 정의된 prvCreateTCPConnectionToBroker() 호출: 이 함수는 lwIP 함수들을 호출해 TCP 소켓을 생성하고 mqttexampleMQTT_BROKER_ENDPOINT 전처리기

심볼로 정의된 브로커에 TCP 연결을 맺는다. 엔드포인트는 192.168.1.177처럼 텍스트 형태의 IP 주소나 test.mosquitto.org와 같은 도메인 이름으로 정의될 수 있다.

2. `prvCreateMQTTConnectionWithBroker()` 호출: 브로커의 MQTT 연결을 생성하며, `mqtt_task.c`에 정의돼 있다.

3. `prvMQTTSubscribeToTopic()` 호출은 mqttclient/example/topic 주제 이름을 구독한다. 주제 이름은 '/' 문자로 구분된 레벨을 갖는 다중 레벨 문법을 사용한 문자열이다. 주제 이름은 최소 한 클라이언트(구독자나 발행자)가 해당 이름을 생성할 때까지 브로커에 존재하지 않는다. 이후 `prvMQTTProcessIncomingPacket()` 호출은 브로커로부터 구독 요청에 대한 응답을 받는다.

4. 뒤이어 나오는 루프는 5번의 발행 동작을 수행하며, 각 동작은 `Hello Light Weight MQTT World!` 메시지를 브로커에게 보내며, 메시지는 해당 주제 구독자들에게 전달된다.

5. 5번의 발생 동작이 완료된 후 `prvMQTTUnsubscribeFromTopic()` 호출은 해당 주제 구독을 끊는다. 이어지는 구문들은 MQTT 브로커에서 연결을 끊고 TCP 소켓을 닫는다. 약간의 지연 뒤 이 실행은 1단계로 돌아가서 위 순서를 무한히 반복한다.

`(void) pvParameters;` 구문이 익숙치 않을 것이다. FreeRTOS task를 구현하는 함수는 반드시 `void *pvParameters` 형태의 인자를 받아야 한다. `void *pvParameters` 형태의 인자를 통해 내부 사용을 위한 어떤 유형의 데이터라도 task로 전달될 수 있다. task로 어떤 데이터라도 보낼 필요가 없다면 코드를 보는 개발자에게 `(void) pvParameters;` 구문을 사용해 이 인자가 사용되지 않음을 알릴 수 있다. `void *pvParameters` 구문은 인자 값을 읽지만 아무것도 하지 않는다.

코드를 시연하려면 로컬 머신에 브로커를 설치해야 한다. 훌륭한 오픈소스 MQTT 브로커가 이클립스 프로젝트에 있다. http://mosquitto.org/download/에서 윈도우 혹은 리눅스, 맥용 배포판을 다운로드한다. 설치 완료 후 윈도우를 사용한다면 다음 명령을 사용해 기본 TCP 포트 번호 1883에서 동작하는 브로커를 실행할 수 있다.

```
C:\>"C:\Program Files\mosquitto\mosquitto.exe"
```

Vitis 프로젝트의 mqtt_profile.h는 브로커 엔드포인트 정의를 포함한다. MQTT 브로커를 실행하는 시스템의 IP주소를 결정하고, 애플리케이션이 다음과 같이 해당 주소를 사용하도록 구성하자. 다음에 나온 IP주소를 MQTT 브로커가 동작하는 시스템의 IP 주소로 바꾸자.

```
#define mqttdemoprofileBROKER_ENDPOINT "192.168.1.177"
```

코드를 다시 빌드하고 Arty에 다운로드한 뒤 애플리케이션을 실행하고 Vitis 시리얼 터미널 창에서 연결 및 메시지 발행이 성공함을 나타내는 메시지들을 확인한다.

독자의 PC(혹은 로컬 네트워크의 다른 시스템)에 MQTT 구독자를 실행하고 Arty 보드가 발행하는 메시지를 표시할 수 있다. 다음과 같은 명령을 실행해 구독하고 메시지를 표시하자.

```
"C:\Program Files\mosquitto\mosquitto_sub" -h 192.168.1.177 -t
mqttclient/example/topic
```

디지털 오실로스코프 애플리케이션에 필요한 완전한 양방향 통신 기능을 개발하기 전에 시작점으로써 예제는 간단한 MQTT 기능을 보여준다.

다음 절에서 코드가 의도한 것처럼 수행되고 유지보수 가능한지 검증하는 데 도움을 줄 수 있도록 펌웨어 소스코드의 일관된 작성 규칙을 개발하고 적용할 필요를 알아본다.

⫶ 코딩 스타일

C나 C++ 프로그래밍 언어는 많은 강력한 기능이 있지만 개발자가 의도하지 않은 동작을 만들어 나중에 심각한 버그로 나타날 수 있는 많은 기회도 제공한다. 코딩 스타일 규칙을 따름으로써 코드가 의도대로 수행되고 더 중요하게 추후 코드 유지 보수자들이 코드를 더 쉽게 읽고 이해하도록 할 수 있다.

물론 간단히 코딩 스타일 가이드라인을 따르는 것만으로 코드에 버그가 없다고 장담할 수 없다. 코딩 스타일 규칙을 따르는 것은 완전한 테스트 및 엄격한 버전 관리들을 포함하는 효과적인 펌웨어 개발 과정의 단지 한 부분이다.

C나 C++에서 적용할 수 있는 기본적인 코딩 스타일 가이드라인을 소개한다. 유사한 규칙들을 VHDL이나 C#과 같은 다른 프로그래밍 언어에도 적용할 수 있다. 여러 개발자가 한 프로젝트에서 작업할 때 모든 개발자는 동일한 스타일 가이드라인을 따라야 한다. 이는 각 개발자가 다른 개발자의 작성 혹은 수정 코드를 쉽게 이해할 수 있게 한다.

이름 규칙

코드의 소스 파일이나 함수, 데이터 유형, 변수 등의 이름을 선택할 때 설명을 잘 나타내는 이름을 선택하는 것이 가장 좋다. 정확하고 명확한 이름이라면 이름이 길어도 괜찮다.

함수 이름은 능동형으로 이 함수가 어떤 일을 하는지 나타내야 한다. 불리언(참/거짓) 조건을 나타내는 변수 이름은 변수가 참일 때 어떤 의미인지 나타내야 한다. 전역 변수는 지역 변수와 구별하기 위해 대문자 형식으로 작성돼야 한다. 예를 들어 CamelCase은 전역 변수에 사용되고 지역변수는 snake_case를 사용한다.

BatteryCharge나 TimeSinceLastByteRcvd, input_data_valid들은 변수를 잘 설명하는 이름들이다. 마지막 변수는 참인 경우 입력 데이터가 유효함을 나타낸다.

ComputeBatteryCharge나 SetDisplayBrightness, ReadTemperatureAdc는 함수를 잘 설명하는 이름들이다.

코드 내 주석

소스코드 안의 설명 주석은 최소화하는 것이 가장 좋다. 함수가 간결하며 단일 논리 동작을 수행하고, 구문들이 명확하며 구문이 포함하는 정보의 유형이나 구현하는 기능이 명확하게 이름들을 할당하도록 코드를 작성하면, 코드가 어떤 역할을 하는지 설명하는 주석의 필요성을 줄이는 데 큰 도움이 된다.

이는 코드 주석을 모두 금지하라는 의미가 아니다. 특히 자명하지 않은 방식으로 하드웨어 디바이스와 상호작용이 필요한 경우가 존재한다. 주석은 코드에서 함수를 명확히 하기 위해 필요하다.

방대한 코드는 버그 수정이나 새로운 기능 추가를 거치면서 주석으로 제공된 코드의 설명이 실제 구현과 동떨어지는 것이 일반적이다. 이때 주석은 부정적 즉, 코드에 대한 부정확한 정보를 제공한다. 이런 상황을 피하기 위해 개발자는 코드 자체를 유지보수하는 것만큼 주석도 활발히 유지보수해야 한다.

리터럴 숫자 값 피하기

코드 전체에서 리터럴 숫자값(210 같은)을 피해야 한다. 대신 의미있는 이름을 만들어 해당 값을 나타내도록 상수를 생성하자.

괄호와 들여쓰기, 세로 간격

C나 C++는 올바른 엘리먼트들이 공백으로 분리만 되면 소스코드의 특정 레이아웃 제약이 없다. 이해가 쉽도록 논리적 구조에 관한 가능한 많은 시각 정보를 제공하는 형태로 코드를 정렬하는 것은 개발자에게 달렸다.

C나 C++은 함수나 if/else, for 루프와 같은 구문의 블록으로 코드 섹션을 캡슐화한다. 이들 블록의 여는 괄호(()를 정렬하는 다른 접근법이 있다. 이 괄호를 놓는 가장 좋은 위치는 함수 정의나 구문 유형 다음 행에 해당 문자 있는 것을 일반적으로 권장한다. 'MQTT 프로토콜 추가하기' 절의 예제인 다음 코드는 권장사항을 잘 보여준다.

```
static void prvMQTTDemoTask(void * pvParameters)
{
  (void) pvParameters;

  int xMQTTSocket;
  const uint32_t ulMaxPublishCount = 5UL;

  for(;;)
```

```
    {
        …
    }
}
```

일관적인 들여쓰기는 각 레벨의 코드 블록에서 적용돼야 한다. 이 책의 C 예제는 각 블럭 레벨마다 4 공백을 들여쓰기로 사용한다. 들여쓰기에 탭을 사용할지 공백을 사용할지에 대한 보편적 합의는 없다. 다른 편집 애플리케이션에서 코드를 열었을 때 코드가 일관적으로 보이게 하기 위해 저자는 공백을 선호한다.

함수에 코드 단락을 구분하기 위해 빈 행을 사용해야 한다. 코드 단락은 공통 목적으로 동작하는 일련의 구문들을 나타낸다. 'MQTT 프로토콜 추가하기' 절의 예제 코드는 몇 개의 코드 단락들을 포함한다. 연속으로 몇 개의 빈 행을 넣지 말자. 과도한 세로 공백은 한 화면에 표시되는 코드의 양을 줄인다.

가독성과 정확도에 우선순위 두기

소스코드의 가장 중요한 속성은 코드를 읽는 사람에게 명확성을 제공하는 것이다. 코드가 무슨 동작을 하는지 이해할 수 없다면 코드가 올바르게 동작하는지는 상관없게 된다. 해당 코드는 더는 유지보수가 불가능하다. 코드를 수정하고 개선하기 전 해당 코드를 읽고 이해할 수 있어야 한다. 실행 효율성이나 자원 소모 최소화와 같은 다른 고려 사항들은 더 낮은 우선순위로 다뤄져야 한다.

코드가 명확히 이해가능하다면 이제 코드가 개발자의 의도대로 구현됐는지 결정할 수 있다. 버그를 수정하거나 기능을 개선하기 위한 변경사항을 만든 뒤 해당 변경사항의 명확성을 지속적으로 평가하는 것이 중요하다.

일련의 변경을 마친 후 새 버전 릴리즈의 준비과정으로 전제적으로 수정해야 한다. 이 단계를 '우아한 통과elegance pass'라고 생각하자. 이 과정은 변경된 모든 코드가 명확하고 읽기 쉬운지, 일관적인지 등을 검토한다. 생성한 모든 이름이 정확하고 명확한지 검증하자. 코드 단락의 분리 등을 포함해 세로 공백이 적당한지 확인하자. 변경사항에 영향을 받는 주석들이 모두 업데이트됐는지 확인해야 한다. 각 코드 블록이 올바른 위치에 있는지 검증하기 위해 들여쓰기도 확인하자. 리뷰 과정을 모두 마친 뒤 다른 리뷰나 테스트를 위해 코드를 사용해야 한다.

어설픈 최적화 피하기

최신 최적화 프로그래밍 언어 컴파일러는 성능이 매우 좋다. 따라서 대부분 개발자가 도움이 될 것이라 생각하는 최적화 기법을 통해 코드의 지역적 효율성을 개선하려는 노력을 기울일 필요가 없다.

정수를 4로 나눠야 할 때 프로그래머는 가끔 나눗셈 연산자 대신 2비트 오른쪽 시프트를 수행한다. 프로그래머는 프로세서가 정수 나눗셈 명령보다 훨씬 적은 클럭 사이클을 사용해 오른쪽 시프트 명령을 수행할 수 있음을 알기 때문에 이런 행동을 한다.

문제는 컴파일러가 이미 이런 동작을 알고 있고 최적화가 활성화 되면 컴파일러는 프로그래머 대신 이런 동작을 수행하며, 프로그래머가 생각하지도 못한 10가지 다른 성능 향상을 동시에 수행한다는 점이다.

나눗셈을 대신해 오른쪽 시프트를 수행하는 것은 시프트 돼야 하는 값이 음수이면 버그를 만들 수 있다. 나눗셈이 필요하다면 코드는 그냥 나눗셈이 필요하다고 쓰면 된다.

물론 개발자가 코드에 사용되는 알고리듬의 성능에 관해 전혀 생각하지 않아야 한다는 것은 아니다. 특히 길이가 N인 배열에서 한 값을 찾는 알고리듬을 선택할 때 N번 수행되는 알고리듬 되신 $\log(N)$번 수행되는 알고리듬을 선택하는 것은 개발자가 만드는 제품의 성패를 좌우할 수 있다.

구현 정의된 동작 피하기

C나 C++의 많은 특징들은 완전히 표준화되지 않았고 구현 정의 동작 혹은 정의되지 않은 동작으로 문서화돼 있다. 프로그래밍 언어의 구현 정의된 동작은 컴파일러 개발자에 의해 결정된다. 정의되지 않은 프로그래밍 언어 특징은 표준에 의해 다뤄지지 않고 컴파일러가 선택한 임의의 방식으로 정의되지 않은 기능의 사용에 대해 반응할 수 있다.

이식 가능하고 유지보수 가능하도록 코드를 작성할 때 가능한 구현 정의 동작이나 정의되지 않은 동작을 피하는 것이 중요하다.

한 바이트의 비트 수가 C 언어에 정의되지 않았다는 것을 알면 여러분은 깜짝 놀랄 것이다. 프로세서와 컴파일러 대부분 표준 8비트 바이트를 사용하지만 다른 시스템으로 코드를 옮길 때 이는 항상 사실이라고 가정할 수 없다.

피해야 할 가장 흔한 구현 종속성은 아마도 int나 short, long같은 미리 정의된 데이터 유형의 크기일 것이다. 이식성을 위해 특정 폭을 가진 정수형 데이터 유형을 정의하기 위해 C의 stdint.h 헤더 파일(C++에서는 cstdint)를 포함하는 것이 가장 좋다. 이 파일은 부호 없는 8비트 정수형으로 uint8_t나 부호형 16비트 정수형으로 int16_t같은 유형을 정의한다. 부호 있거나 없는 8,16,32,64비트 폭을 가진 정수형들이 헤더 파일에 정의돼 있다.

그 밖에도 C와 C++에는 많은 다른 유형의 구현 정의된 동작과 정의되지 않은 동작들이 있다. 9장의 마지막인 '소스코드 정적 분석하기'절에서 설명하듯이, 정적 코드 분석을 사용하면 컴파일러가 불평없이 코드를 받아들이더라도 작성된 코드에서 이런 문제들의 발생을 알려준다.

무조건 점프 피하기

실행 제어를 넘기기 위해 goto 구문을 사용하는 것은 전적으로 피해야 한다. goto 구문을 사용하거나 혹은 과다하게 적용하면 이론적 근거 없이 여기저기로 점프하는 스파게티 코드가 된다.

무조건 점프의 사용 없이도 필요한 순서의 동작을 수행하는 명확한 구조적 코드를 일반적으로 작성할 수 있다. 이와 유사하게 루프의 break나 continue 구문의 부적합한 사용에도 적용된다.

식별자 범위 최소화

식별자의 범위는 식별자를 접근할 필요가 있는 코드로 제한돼야 한다. 이는 변수 정의나 유형 정의, 함수 정의 등에 적용된다. 여기서 전역 변수는 모든 함수의 밖에서 정의되는 변수를 의미한다.

함수나 전역 변수가 소스 파일에 정의될 때(특히 static 키워드를 포함하지 않고), 이 함수나 변수는 자동으로 전역이 되므로 같은 애플리케이션으로 컴파일되는 모든 코드에서 접근 가능하다. 다른 애플리케이션 소스 파일이 명시적으로 전역 항목을 선언하지 않더라도 함수나 변수는 접근 가능하다.

변수나 함수를 애플리케이션의 전역 주소 공간에 배치하는 것을 피하기 위해 static 키워드를 사용해 해당 변수나 함수의 범위를 현재 소스 파일로 제한할 수 있다.

현재 파일로 범위를 제한하는 전역 변수와 함수의 예를 보여주는 다음 코드를 살펴보자.

```
static int32_t BatteryCharge;

static void ComputeBatteryCharge()
{
    …
}
```

함수 안에 static 변수를 선언하면 해당 변수는 해당 함수가 호출될 때마다 변수 값을 유지한다는 점을 기억하자. 함수 내 static 변수는 함수 내 정의되는 자동 변수와 같이 해당 함수로 범위가 제한된다.

상수 항목은 상수로 표현하기

함수의 포인터 인자가 포인터가 참조하는 데이터 읽기를 위해서만 사용된다면 이 인자는 const 포인터로 선언돼야 한다. 이는 해당 데이터가 이 함수에 의해 수정되지 않음을 함수의 사용자에게 명확히 알려준다. 또한 함수의 코드가 해당 데이터를 수정하려고 할 때 컴파일러가 오류 메시지를 생성하도록 해준다.

예를 들어 다음 함수는 list 배열이 함수에 의해 변경되지 않음을 나타낸다.

```
uint16_t BinarySearch(const uint16_t list[], uint16_t size,
                      uint16_t key);
```

모든 변수 정의로 같은 기법을 적용해 확장될 수 있다. 변수가 생성될 때 값이 선언되고 해당 값이 변하지 않는다면 이 변수는 const로 선언돼야 한다.

코드 자동 포맷팅

괄호나 들여쓰기 구문과 관련된 대부분의 작업은 소스 드 포맷팅 소프트웨어가 자동으로 처리해 준다. 많은 최신 코드 편집기는 소스코드 자동 포맷팅을 수행하는 기능을 포함한다. 예를 들어 Vitis는 포맷팅하고자 하는 코드를 선택해 **Ctrl+Shift+F** 키를 누르면 된다. 포맷팅 소프트웨어가 사용하는 규칙이 마음에 들지 않으면 **Window/ Preferences**…를 선택 후 **Additional ➤ C/C++ ➤ Code Style** 선택해 포맷팅 규칙을 수정할 수 있다.

코드 자동 포맷팅은 유용하지만 코드 내 공백을 교체해주는 정도다. 이름 규칙이나 static/const와 같은 항목 선언 등의 적절한 기법을 사용하는 것들은 여전히 개발자에게 의존한다.

소스코드를 실행하지 않더라도 소스코드 안에서 발생할 수 있는 미묘한 이슈를 식별하는 기능을 제공하는 소스코드 정적 분석을 알아본다.

⁑ 소스코드 정적 분석

이름에서 알 수 있듯이 소스코드 정적 분석은 컴퓨터 프로그램용 소스코드를 검사하고 코드에서 발견된 이슈를 리포트한다.

소스코드 정적 분석의 의미

소스코드 정적 분석기는 프로그래밍 언어 컴파일러와 어떤 면에서 비슷하다. 두 도구들은 프로그램을 위한 소스코드를 읽어 C나 C++같은 연관된 프로그래밍 언어 규칙을 사용해 처리한다.

컴파일러가 규칙에 맞는 소스코드에 정의된 로직을 구현하는 실행가능한 코드를 생성하기 위해 설계됐다는 점에서 소스코드 정적 분석기가 차이가 있다. 반면 소스코드 분석기는 컴파일러가 수행하는 것보다 훨씬 많이 코드를 광범위하게 평가해 다양한 종류의 규칙을 준수하는지 코드를 분석한다.

소스코드 분석기의 결과물은 코드에서 발견된 발생 가능한 이슈들을 나타내는 메시지들의 집합이다. 이후 이 메시지와 연관된 소스코드를 검사해 분석기 규칙에 준수하는 코드로 변경할 지 결정하는 것은 개발자의 몫이다.

정적 소스 분석 도구

lint의 원래 버전은 다른 프로세서 구조 간 소스코드 이식 가능성과 관련된 이슈를 강조하기 위해 1978년에 유닉스 운영체제제용 정적 C 소스코드 분석기로 개발됐다.

오늘날에는 lint와 유사한 다양한 상업용 도구들이 C나 C++코드에서 미묘하거나 중요한 문제들을 감지할 수 있는 탁월한 기능을 제공한다. 이런 도구들은 다음과 같다.

- LDRA rules(https://ldra.com/automotive/products/ldrarules/): 자립형 규칙 기반 소스코드 분석기다. MISRA같은 산업 표준 규칙과 사용자 정의 규칙을 검사할 수 있다.

- PC-lint Plus(https://www.gimpel.com/): C와 C++ 소스코드의 포괄적인 정적 분석을 수행한다. MISRA같은 산업 표준 규칙을 준수하는지 검사할 수 있다.

- Clang-Tidy(http://clang.llvm.org/extra/clang-tidy/): C++ 소스코드 분석도구이며 광범위한 검사를 수행하며 이슈를 해결하기 위한 수정도 제안한다.

- RSM(http://msquaredtechnologies.com/)은 소스코드 품질 분석 도구이며 C나 C++, 다른 언어들을 분석한다. RSM은 코드의 라인 수나 코드 복잡도 같은 소프트웨어 메트릭metric을 측정한다.

- ECLAIR(https://www.bugseng.com/)은 정적 소스코드 분석기로 규칙 기반 분석을 수행하며 분석된 코드에 대한 테스트 케이스를 구현하는 코드를 자동으로 생성할 수 있다.

앞의 도구들이 각자의 기능과 학습 곡선을 갖지만 예제로 소개하기 위해 나머지 절에서는 PC-lint Plus를 사용한다.

> **NOTE**
>
> 자동차 산업 소프트웨어 신뢰성 협회(MISRA: https://www.misra.org.uk)는 도로 차량에서 사용되는 전자 시스템 개발을 위한 모범 사례를 제공하는 자동차 산업 협력체다. MISRA는 차량용 전자 시스템에서 C나 C++ 사용을 위한 표준들을 제공한다. 각 표준들은 규칙 집합을 포함하고 규칙 집합들은 지켜지지 않으면 대부분의 정적 소스 분석 도구에 의해 오류 메시지로 표시될 수 있다.

다음 절은 소스코드 분석 도구를 효과적으로 사용하기 위한 추천 사항을 나열한다.

정적 코드 분석을 효과적으로 사용하기

상당히 많은 기존 코드를 체계적으로 수행하지 않으면 정적 소스코드 분석 도구를 처음 사용하는 것은 매우 힘들 수 있다. 적당한 수의 소스 파일에 관해 소스코드 분석기를 돌리더라도 여러 레벨의 위험도를 가진 수백 혹은 수천 개의 메시지들을 생성할 수 있다. 어떻게 시작하는 것이 좋을까?

기존 코드 분석

일반적으로 코드 분석을 수행하기 전에 설정 작업을 해야 한다. 이 작업들은 보통 사용하는 컴파일러에 대한 도구 설정 및 컴파일러가 라이브러리 헤더 파일을 검색하기 위한 #include 경로를 지정하는 것이다. 그리고 컴파일 동안 사용하는 전처리기 심볼에 관한 정의를 분석기에 제공해야 한다.

일부 소스코드 분석 도구는 이 과정의 일부분을 자동화 한다. PC-lint Plus는 파이썬 Python과 regex와 pyyaml 모듈 설치가 필요한 파이썬 설정 프로그램을 포함한다. 이런 도구들은 설치가 매우 쉽다.

설정을 수행하려면 컴파일러 실행파일의 디렉토리 위치를 결정해야 한다. 컴파일 중 Vitis에서 생성한 콘솔 메시지에서 컴파일러 파일 이름이 mb-gcc.exe임을 볼 수 있다. 자일링스 설치 위치에서 디렉토리 검색을 통해 이 파일이 C:\Xilinx\Vitis\2020.1\

gnu\microblaze\nt\bin에 있음을 알 수 있다.

파이썬을 설치하고 윈도우 PATH 변수에 PC-lint Plus 실행 파일의 경로를 추가한 뒤 다음 단계는 독자의 컴파일러에 가장 적합한 컴파일러 종류를 결정하는 것이다. 다음 명령은 PC-lint Plus가 지원하는 컴파일러 종류를 나열한다.

```
pclp_config.py --list-compilers
```

나타난 리스트에서 Vitis 컴파일러에 적합한 종류인 **gcc**를 선택하자.

다음 명령은 PC-lint Plus가 Vitis에 의해 사용되는 **gcc** 컴파일러와 함께 작업하기 위해 필요한 설정 파일을 생성한다.

```
pclp_config.py --compiler=gcc --compiler-bin="C:\Xilinx\Vitis\2020.1\gnu\
microblaze\nt\bin\mb-gcc.exe" --config-outputlnt-file=co-gcc.lnt --config-
output-header-file=co-gcc.h --generate-compiler-config
```

이 명령은 두 개의 파일을 생성한다. C 헤더파일(co-gcc.h)은 컴파일러가 사용하는 전처리 정의들의 목록을 포함하고 PC-lint Plus 설정파일(co-gcc.lnt)은 소스코드 분석을 컴파일러 와 타겟 프로세서에 맞추는 구성 설정 집합을 포함한다. 이 파일을 Vitis 애플리케이션 용 소스코드를 포함하는 디렉토리에 놓을 것이다.

시스템 라이브러리 디렉토리외에도 추가적인 include 디렉토리 위치 및 출력 메시지 수 준 제어를 위한 옵션 설정 같은 프로젝트 종속적인 설정 정보를 포함하는 PC-lint Plus 설정 파일을 생성해야 한다. 이 파일은 다음 코드 블록에 나열된다.

```
co-gcc.lnt // 컴파일러 설정 포함

-max_threads=4 // 병렬 처리 활성화

// 프로젝트 #include 파일 경로
-IC:/Projects/oscilloscope-software/design_1_wrapper/export/design_1_
wrapper/sw/design_1_wrapper/domain_microblaze_0/bspinclude/include
-I"C:\Projects\oscilloscope-software\oscilloscope-software\src"
-I"C:\Projects\oscilloscope-software\oscilloscope-software\src\standard\
```

```
common\include"
-I"C:\Projects\oscilloscope-software\oscilloscope-software\src\platform"
-I"C:\Projects\oscilloscope-software\oscilloscope-software\src\standard\
mqtt\include"
-IC:/Projects/oscilloscope-software/design_1_wrapper/export/design_1_
wrapper/sw/design_1_wrapper/domain_microblaze_0/bspinclude/include

-w1 // 에러만 활성화

+e900 // 에러 횟수 출력
```

다음 명령을 실행해 분석을 수행하자.

```
pclp64 pclp_config.lnt *.c
```

이 명령은 현재 디렉토리의 모든 C 파일들에 대해 정적 분석을 수행한다.

다음 절은 위 명령의 결과물인 많은 수의 메시지들을 처리할 것이다.

가장 중요한 메시지부터 시작하기

PC-lint Plus 설정 파일의 -w1 옵션 설정은 가장 심각한 에러 메시지를 제외하고 모든 메시지가 표시되지 않음을 의미한다. 이 옵션은 많은 메시지를 제거하고 소스코드 분석기가 코드를 해석할 수 없는 곳에 집중하게 한다.

에코 서버와 MQTT 기능을 포함하는 예제 Vitis 애플리케이션의 경우 한 개의 에러 메시지만 나타난다.

```
--- Module: mqtt_task.c (C)
mqtt_task.c 401 error 115: struct/union not defined
  xBrokerAddress.sin_addr.s_addr = *(long *)
(ulBrokerIPAddress->h_addr_list[0]);

~~~~~~~~~~~~~~~~~~~^
mqtt_task.c 386 supplemental 891: forward declaration of 'struct hostent'
struct hostent *ulBrokerIPAddress;
        ^
```

이 메시지는 `mqtt_task.c`의 401 라인에서 에러가 발생함을 나타낸다. 분석기는 코드에서 `struct hostent`가 정의되지 않았음을 알려준다. 그러나 코드는 컴파일되고 정상적으로 실행하기 때문에 메시지가 코드의 실제 상태를 반영하지 못하고 있다.

이 차이는 9장의 'MQTT 프로토콜 추가하기'에서 필요했던 `LWIP_DNS` 심볼이 정의되지 않아 발생한다. 다음 코드를 PC-lint Plus 구성 파일에 추가하면 해당 심볼이 정의되고 메시지는 사라질 것이다.

```
-DLWIP_DNS
```

분석기가 사용하는 전처리기 심볼로서 `LWIP_DNS`를 정의하는 코드로, 이 내용을 추가하고 분석기를 다시 수행하면 어떤 메시지도 표시되지 않는다.

다음 단계는 error 메시지와 더불어 warning⁽경고⁾ 수준의 메시지가 표시되도록 하는 것이다. 이를 위해 -w1 설정을 -w2로 바꾸기만 하면 된다. 이 변경으로 분석기가 총 90개의 메시지를 만들어 낸다. PC-lint Plus는 information 수준의 메시지 표시하는 -w3과 모든 메시지를 표시하는 -w4까지 있다. -w4를 사용해 PC-lint Plus를 수행하면 총 2,440개의 메시지가 표시된다. 개수에서 알 수 있듯이 이 책에서는 -w4 수준의 분석을 원치 않는다.

분석기 출력 메시지 해결하기

소스코드 분석기가 생성한 각 메시지를 처리하는 기본적인 두 가지 방법이 있다. 메시지가 나타내는 문제를 해결하거나 해당 메시지를 나오지 않도록 하는 것이다.

에러 메시지가 실제 관계없는 것이거나 에러 메시지를 고치는 데 필요한 시간과 노력이 낭비라고 생각한다면 해당 메시지를 나오지 않도록 할 수 있다. 그러나 이 과정을 가볍게 생각하면 안된다. 메시지의 원인을 이해하고 PC-link Plus 매뉴얼에 있는 메시지 설명을 읽는 시간을 갖자. 올바른 환경에서 위험한 문제를 야기할 수 있는 프로그래밍 언어에서 아주 드물게 발생할 수 있는 미묘한 차이의 결과를 깨닫게 하는 메시지도 있다.

소스코드 분석기 메시지에 대한 원인과 해결책을 이해하는 데 사용하는 시간을 C나 C++ 프로그래밍 언어의 숙련자 과정이라고 생각할 수 있다. 코드의 문제를 피할 수 있는 훌륭한 대처법을 배울 수 있고 앞으로 작성할 코드는 문제를 잘 대처하게 될 것이다.

일반적인 소스코드 분석기 메시지

소스코드 분석기가 생성하는 일반적인 유형의 메시지를 살펴보고 다음과 같은 문제를 수정하는 방법을 제시한다.

- **할당 시 정확도 손실**: int32_t 값을 int16_6로 할당할 때 메시지가 발생한다. 이 메시지를 해결하려면 (할당 시 상위 16비트가 손실돼도 괜찮을 때) 할당을 수행하기 전 더 작은 크기로 캐스팅을 하자. int16_t shorter = (int16_t) longer;

- **Int에서 unsigned int 로 변경 시 부호 손실**: 부호가 있는 값을 같은 크기의 부호가 없는 값으로 할당하면 할당된 값이 음수이면 문제가 발생한다. 부호가 손실돼도 괜찮으면 캐스팅을 사용하자.

- **사용하지 않는 include 파일**: 해결하기 쉬운 메시지다. 필요 없는 #include 파일은 소스코드 파일들의 상단 부분을 어지럽히고 복잡하게 보이게 한다. 필요 없는 라인은 지우자.

- **함수 반환 값 무시**: 많은 표준 라이브러리와 프로젝트 전용 함수들은 다음 처리에 중요할 수도 있고 그렇지 않을 수도 있는 값을 반환한다. 오류를 반환할 수 있는 함수를 호출하는 코드는 반드시 오류를 체크해야 한다. 어떤 함수들은 데이터에 대한 불필요한 포인터를 반환할 수 있다. 소스코드 분석기는 특정 함수에 대한 이런 유형의 메시지를 보이지 않도록 할 수 있다. 예를 들어 많은 개발자는 표준 라이브러리 printf 함수의 반환값을 무시한다.

- **const 포인터로 선언 가능**: 포인터를 통해 절대 수정되지 않는 포인터 참조 데이터를 나타내는 메시지다. 이 포인터는 const 포인터로 선언돼야 한다.

- **참조되지 않는 심볼**: 함수로 전달된 인자가 함수 안에서 사용되지 않을 때 발생하는 메시지다. 'MQTT 프로토콜 추가'절에서 살펴본 것처럼 (void) pvParameters; 같은 구문은 독자나 소스코드 분석기에게 인자가 사용되지 않음을 알려준다. 메시지는 변수나 함수가 선언됐지만 사용되지 않는 경우에도 나타난다.

- **외부 변수가 static으로 선언 가능**: 전역으로 선언된 변수나 함수가 static 키워드를 사용해 특정 파일 범위로 제한될 수 있음을 나타내는 메시지다.

- **심볼 선언이 다른 심볼을 숨김**: C나 C++에서는 전역으로 선언된 변수와 같은 이름의 변수를 함수에서 지역 변수로 선언할 수 있도록 한다. 일반적으로 이 방식은 좋지 않고 메시지를 제거하려면 이름을 수정해야 한다.

- **범위를 넘어선 포인터 접근**: 최신 소스코드 분석기는 코드의 전체 경로의 실행을 시뮬레이션할 수 있다. 실행 경로가 배열의 범위를 넘어선 배열 인덱스를 사용한다면 할당되지 않은 메모리 접근 관련 C/C++ 버그가 발생할 것이다. 소스코드 수준에서 이런 유형의 오류를 감지할 수 있는 기능은 소스코드 분석기의 매우 유용한 부분이다.

일반적인 코드들에서 위의 나열된 메시지나 다른 유형의 메시지들이 다수 발생할 것이다. 보통 최소 한 개 이상의 실제 버그를 발견할 것이고, 이 버그는 전통적인 디버깅 방식으로는 식별 및 추적, 수정이 매우 어렵고 까다롭다. 소스코드 수준에서 이런 이슈들을 해결하면 전체적인 문제들을 제거할 수 있다.

소스코드 파일들의 버전 히스토리를 관리하는 도구와 프로세스를 살펴본다.

소스코드 버전 제어

단일 파일 프로그램보다 큰 모든 소프트웨어 프로젝트에서 엄격하게 관리된 파일 버전 히스토리를 유지시켜야 한다. 버전을 제어를 위해 존재하고 이들은 무료 혹은 유료로 배포되는 도구들이 많다.

여기서는 도구를 사용할 때 가능한 옵션을 나열하기보다 많이 사용하는 버전 제어 시스템인 깃에 집중한다. 깃은 리눅스 운영체제 소스코드에서 사용하는 버전 제어 시스템이다. 깃허브^{GitHub: https://github.com}와 같은 많은 온라인 깃 리포지토리들을 사용할 수 있다. 깃은 무료이고 https://git-scm.com/downloads에서 다운로드할 수 있다.

깃을 사용한 버전 제어

Vitis는 애플리케이션 소스코드의 버전 제어를 위해 깃을 사용한 통합 기능을 포함한다. 그리고 깃허브나 단체에서 제공하는 깃 서버 등에 존재하는 원격 리포지토리와 작업할 수 있는 기능도 포함한다.

깃은 여러 개발자가 같은 코드 기반에서 작업할 수 있고 각 개발자의 수정사항을 공통 리포지토리에 올릴 수 있도록 한다.

깃은 분석 버전 제어 시스템이므로 한 사용자가 특정 파일을 작업하기 위해 해당 파일을 체크아웃하는 개념이 없다. 각 개발자는 항상 해당 리포지토리의 완전한 복사본을 가지며 항상 다른 개발자들의 변경사항을 통합하기 위해 해당 리포지토리의 로컬 복사본을 업데이트할 수 있다.

Vitis의 **Explorer**창의 애플리케이션 프로젝트에서 오른쪽 클릭하고 **Team**을 선택하면 Vitis에서 깃 기능을 이용할 수 있다. 9장에서 깃에 대한 자세한 사항을 살펴보는 것보다 깃을 사용하는 강의 인터넷을 참고하자. 깃 강의의 한 예는 https://dzone.com/articles/tutorial-git-with-eclipse다.

임베디스 시스템을 위한 테스트 주도 개발을 알아보자.

테스트 주도 개발

테스트 주도 개발^{TDD, Test-Driven Development}은 가능한 가장 빠른 단계에서 광범위한 테스팅을 소프트웨어 개발 단계로 통합하는 철학이자 프로세스다. 테스트 주도 개발 접근법은 기본적으로 완전히 테스트된 개별 컴포넌트 집합으로 시작해서 테스트를 계속해 이 컴포넌트들이 기능적 시스템으로 통합된다는 관점이다. 이 방식을 사용해 코드에 남아 있는 심각한 버그 가능성을 획기적으로 줄일 수 있다.

개발 프로세스를 테스트 주도로 만들기 위해 시스템에 아직 존재하지 않은 기능에 관한 테스트를 먼저 작성하고 테스트를 실행하자. 테스트는 실패할 것이다. 심지어 호출되는 함수가 아직 존재하지 않는다면 컴파일도 되지 않을 것이다. 이후 테스트가 실행하려는 함수를 구현해서 테스트가 통과하도록 하자. 테스트 집합들은 구현된 시스템 코드가 올바르게 수행되는지 최대한 완전히 검증해야 한다.

개념적으로 간단하지만 TDD가 어떤 프로젝트(특히 해당 프로젝트가 임베디드 시스템이라면)에 적용되기 전 해결해야 과제가 있다.

임베디드 시스템에 적용되는 TDD

임베디드 프로세서나 주변 장치 하드웨어 기능에 많이 의존하는 임베디드 시스템의 독특한 특성 때문에 TDD는 임베디드 시스템용 펌웨어 개발에 제한적으로 사용됐다.

하드웨어적인 특성을 시뮬레이션하거나 모방하는 구현을 제공한다면 호스트 컴퓨터에서 테스트 집합들을 빌드하고 수행할 수 있다. 호스트 컴퓨터에서 컴파일된 코드가 임베디드 프로세서에서 컴파일된 코드와 똑같이 동작한다고 가정하면(특히 호스트 컴파일러로 gcc를 사용한다면), 호스트에서 수행하는 테스트는 타겟 프로세서상의 코드 동작을 검증할 수 있다. 이 방식은 코드를 디바이스에 다운로드할 필요를 없애주고 기능 수준에서 동작 테스트하는 방식을 알아낸다.

C용 테스트 프레임워크인 Ceedling(http://www.throwtheswitch.org/ceedling)은 임베디드 하드웨어 모방 인터페이스 생성을 포함해 임베디드 C 코드를 위한 테스트 환경을 구성 및 수행 관련 많은 성가신 작업들을 단순화하고 자동화 한다.

Ceedling은 Ruby(https://rubyinstaller.org/)와 Cygwin(https://www.cygwin.com/install.html) 설치가 필요하며 이는 호스트 기반 테스트를 위한 gcc 컴파일러를 제공한다.

정적 소스코드 분석기 초기 구성과 유사하게 TDD 기능 설정은 여러 작업과 학습 곡선이 있다. 그럼에도 불구하고 초기 문제 발견 관점에서 TDD의 이점은 엄청나며, 한 프로젝트를 일정 안에 끝낼 수 있도록 도와준다. TDD 프로세스의 사용은 복잡한 임베디드 시스템 개발에 일반적으로 발생하는 끊임없는 문제 발생 및 디버깅 과정을 피할 수 있게 해준다.

᠁ 요약

9장은 직렬병렬 변환기와 FIFO 버퍼, AXI 버스 인터페이스 등 FPGA 설계의 남은 몇 가지 중요한 부분의 구현을 다뤘다. 적절한 코드 스타일 가이드라인을 다뤘고 디버깅하기 어려운 많은 문제를 예방하는 강력한 도구인 정적 소스코드 분석의 사용을 논의했다.

소프트웨어 프로젝트 버전 제어 시스템으로 깃의 사용을 다뤘다. TDD의 장점 및 C 언어 프로젝트를 위한 Ceedling TDD 도구를 소개했다.

9장을 마치면 FPGA 알고리듬 설계의 기본과 유지보수 가능하고 좋은 테스트 스타일을 가진 임베디드 C 코드를 개발하는 법을 이해할 수 있다. 기본적인 깃 버전 제어에 친숙해지며 TDD의 기본적인 단계를 이해할 수 있다.

10장에서는 전체 임베디드 디바이스의 완전한 테스트를 수행하는 모범 사례를 논의하고 개발 사이클의 마지막 단계에서 알아낸 문제를 디버깅하는 효과적인 접근법을 제공한다.

10

임베디드 시스템 테스트 및 디버깅하기

예제 임베디드 시스템 개발이 거의 끝났으므로 예제 시스템이 동작할 환경에서 철저한 테스트를 수행해야 한다. 모든 조건에서 적절한 동작을 수행하려면 테스트는 예상되는 환경적인 조건들과 유효하지 않은 입력을 포함한 전체적인 사용자 입력들을 다뤄야 한다.

시스템 구성 및 테스트를 실행하는 절차 중에는 각 테스트를 주의 깊게 기록하고 최종적으로 발생하는 모든 이상 동작을 상세히 기록해야 한다. 테스트를 안정적으로 반복할 정보가 부족하면 근본적인 문제를 수정하기 어렵거나 불가능할 수 있다. 10장은 고성능 임베디드 시스템 개발을 위한 디버깅 절차 추천 및 모범사례 요약을 설명하며 마무리한다.

10장을 마치면 복잡한 임베디드 시스템을 효과적으로 철저하게 테스트하는 방법을 이해하게 된다. 테스트를 수행하고 테스트 결과 정보를 기록하는 적절한 절차를 배우게 되며 프로그램 버그를 효과적으로 추적하는 기법을 배운다. 모든 중요한 시스템 특징을 평가하는 테스트 집합 개발 방법과 성공적인 임베디드 시스템 개발의 모범사례를 이해하게 될 것이다.

10장은 다음 주제를 다룬다.

- 시스템 수준 테스트 설계
- 테스트 수행 및 결과 기록
- 포괄적인 테스트 범위 보장
- 효과적인 디버깅 기법
- 고성능 임베디드 시스템 개발의 모범사례 요약

기술 요구사항

10장의 파일은 https://github.com/PacktPublishing/Architecting-High-Performance-Embedded-Systems에서 받을 수 있다.

시스템 수준 테스트 설계

고성능 임베디드 디바이스 설계 및 구축 과정이 끝났다. 디바이스의 기본 기능에 관한 초기 검증을 통해 모든 부분들이 정상적으로 동작한다고 가정할 수 있다. 이제 모든 동작 조건에서 디바이스가 의도한 대로 동작하는지 확인하고 사용자의 유효한 혹은 무효한 입력에 관한 반응을 확인하기 위해 시스템 프로토타입을 포괄적인 테스트 집합에 적용할 시점이다.

쉬워 보이나 사실 엄청난 과제다. 간단한 예로 사용자가 입력한 문자열을 입력으로 받아들이는 시스템을 생각해보자. 문자열의 길이 제약이 없다면 입력 가능한 입력은 실제 무한이 된다. 시스템이 처리해야 할 모든 가능한 입력을 테스트하는 것은 불가능하다. 이런 간단한 시스템에서도 어떤 종류의 테스트가 필요하고 어느 정도의 테스트가 충분한지 주의 깊게 결정해야 한다.

정교한 사용자 인터페이스를 가지며 다양한 인터페이스로부터 동시에 입력 받을 수 있는 시스템에서 문제는 더 복잡해진다. 복잡한 시스템에서 입력할 수 있는 모든 것을 테스트하기는 불가능하므로 시스템 개발자가 적절한 테스트 체계를 구축해야 한다. 테스트 집합은 개발 사이클 안에서 수행할 수 있어야 하고 테스트는 시스템에 있는 모든 중요한 문제를 높은 비율로 감지해야 한다.

시스템 테스트가 개발 사이클의 마지막에 수행되므로 테스트 과정은 사용 가능한 시간과 자원 측면에서 일반적으로 제약이 많다. 압박이 있는 상태에서 테스터는 가능한 효율적으로 테스트를 설계하고 실행하는 작업을 수행해야 한다. 또한 계획한 시간을 넘어 개발 기간을 연장할지라도 충분한 테스트를 보장하는 것이 중요하다.

충분히 테스트되지 않은 제품이 시장에 나가는 것은 어느 누구에게도 좋지 않다. 이런 압력에 굴복해 불량 제품이 사용자나 다른 사람들에게 해를 끼친다면 제품 리콜 및 제품이나 회사에 대한 나쁜 평판, 법적 문제등을 일으킬 수 있다.

효율적으로 테스트를 설계하고 수행하며 이런 테스트들의 결과를 문서화하는 방식을 알아본다.

요구사항 주도 테스트

10장에서 모든 요구사항 주도 시스템 공학 과정을 자세히 살펴볼 수 없지만 시스템 테스트 측면에서 요구사항 생성 과정을 간단히 살펴보는 것이 도움이 된다. 여러분의 임베디드 시스템이 형식적 요구사항 사양 문서를 갖고 있는지 여부와 상관없이 시스템이 해야할 일들과 하지 않아야 할 일을 명확히 서술할 수 있어야 한다.

가장 높은 수준에서 시스템 요구사항은 시스템이 구현하는 기본 기능을 서술하며 시스템이 평가될 수 있는 측정 가능한 기준 성능 값을 제공한다. 예를 들어 디바이스가 충전 가능한 배터리로 전원을 사용한다면 최상위 요구사항은 디바이스의 배터리가 완전히 닳기 전에 얼마나 오래 지속될 수 있는지 명시해야 한다.

최상위 요구사항들의 완전한 집합은 사용자가 시스템에 기대하는 모든 기본적인 기능 등을 정량화한다. 요구사항을 정리했다.

- 특정 작업들과 각 작업의 실행 시간 제약 측면에서 특정 작업들이 수행될 때 처리 속도

- 실 동작 조건에서 유지가능한 데이터 전송 처리량

- 화면 해상도 및 밝기, 업데이트 비율

- 온도 같은 측정된 입력 정확도

디바이스가 어떤 일을 하는지 나타내는 가장 명확한 요구사항들 외에 비기능적 요구사항도 존재한다. 비기능적 요구사항Non functional requirement은 시스템이 반드시 갖춰야 할 속성이나 시스템의 동작과 관계 없지만 필수적인 기능 등을 나타낸다. 대부분 이런 요구사항은 언급될 때 명확하지만 문서화 되기 전까지는 무언의 가정으로만 존재한다. 예를 들어 '불에 태우지 마십시오'는 충전 가능한 배터리를 포함하는 디바이스들에 일반적으로 가정하는 요구사항을 나타낸다.

요구사항은 유효하거나 무효한 입력에 상관없이 시스템이 유지해야 할 변하지 않은 조건을 정의할 수 있는데, 예를 들면 다음과 같다.

- 운영체제와 애플리케이션 코드는 고장나지 않는다.

- 시스템은 항상 사용자 입력에 반응해야 한다.

- 시스템은 유효하지 않은 입력을 거절하고 적절히 지속적으로 동작해야 한다.

시스템이 위와 같은 완전한 요구사항들의 정의가 부족하다면 브레인스토밍을 통해 테스트 과정의 입력으로 사용될 수 있는 목록을 만들어야 한다. 시스템 요구사항은 연관된 테스트 집합을 정의하는 데 필요한 정보를 제공해 시스템이 해당 테스트들의 통과 혹은 실패를 결정한다.

시스템 요구사항 개발 시 각 요구사항이 다음 기준을 만족하는지 검증하기 위해 분석이 수행돼야 한다.

- **완전성**: 요구사항은 필요한 시스템 동작들의 모든 측면과 시스템이 만족해야 하는 연관된 모든 비기능적 조건을 다룬다.

- **명확성**: 요구사항은 모든 연관된 조직들이 이해하고 동의할 수 있는 용어로 정의돼야 한다.

- **테스트 가능성**: 각 요구사항은 시스템의 적합성을 쉽게 평가할 수 있는 용어로 서술돼야 한다. 시스템이 특정 요구사항을 만족하는지 확인하는 테스트 방법을 알 수 없다면 요구사항은 테스트 가능한 용어로 다시 쓰여야 한다.

다음 표는 예제 프로젝트로 지금까지 작업한 네트워크 기반 디지털 오실로스코프 기본 요구사항 집합을 포함한다. 각 요구사항은 전체 요구사항 문장의 약식 참조를 나타내는 고유의 식별자를 갖는다.

요구사항 ID	설명
R-1	오실로스코프는 표준 오실로스코프 프로브 사용을 위해 한 개의 BNC 커넥터로 구성된 단일 입력 채널을 가져야 한다.
R-2	오실로스코프는 100MHz 속도로 입력 신호를 샘플링해야 한다.
R-3	오실로스코프는 1X 오실로스코프 프로브를 사용할 때 ±10V 범위의 입력 신호를 지원해야 한다.
R-4	오실로스코프는 10X 오실로스코프 프로브를 사용할 때 ±70V 범위의 입력 신호를 지원해야 한다.
R-5	오실로스코프 샘플들은 14비트 해상도를 가져야 한다.
R-6	오실로스코프는 최대 1.3초의 연속적인 측정값을 수집하고 저장해야 한다.
R-7	오실로스코프는 수집된 데이터를 TCP/IP 기반 네트워크를 통해 호스트 애플리케이션으로 전송해야 한다.
R-8	오실로스코프는 상승 및 하강 에지 기반 트리거를 지원해야 한다.
R-9	오실로스코프는 펄스 폭 기반 트리거를 지원해야 한다.
R-10	오실로스코프는 트리거 전 사용자가 선택한 개수의 샘플들을 저장해야 한다.
R-11	오실로스코프는 트리거 후 사용자가 선택한 개수의 샘플들을 저장해야 한다.
R-12	오실로스코프는 네트워크를 통해 수신된 사용자 명령 정보를 수신하고 반응해야 한다.
R-13	오실로스코프는 정전기 방지를 포함한 신호 입력 연결의 정상적인 처리를 수행해야 한다.
R-14	오실로스코프는 0에서 70℃ 범위의 온도에서 동작해야 한다.
R-15	오실로스코프는 8에서 80% 범위의 상대습도에서 동작해야 한다.

요구사항 ID	설명
R-16	오실로스코프는 상태 정보들을 유지하고 요청에 따라 이 데이터를 호스트 애플리케이션에 제공해야 한다.
R-17	오실로스코프는 유효하지 않거나 범위를 벗어난 명령 데이터를 무시하고 데이터가 허용되지 않음을 나타내는 상태를 설정해야 한다.
R-18	오실로스코프 호스트 애플리케이션은 수집된 연속적인 오실로스코프 샘플들을 사용자가 CSV 문자 포맷으로 디스크 파일에 저장할 수 있도록 해야 한다.

아직 불완전한 요구사항 집합이지만 포괄적인 시스템 테스트 집합 개발을 위한 좋은 시작점이 될 것이다.

시스템 요구사항들이 상세히 기술되면 시스템이 각 요구사항을 적절히 구현했는지 결정하기 위해 사용되는 방식을 결정해야 한다. 시스템이 특정 요구사항을 준수하는지 평가하기 위한 4가지 근본적인 방법이 있다.

- **검사**: 일부 요구사항들은 시스템을 간단히 검사하는 것으로 검증될 수 있다. 예를 들어 디바이스가 노란색이어야 한다는 요구사항은 검사를 통해 검증될 수 있다.

- **시연**: 시스템을 동작시켜 관찰할 수 있는 시스템 기능들은 연관 요구사항 측면에서 성능의 시연으로 여겨진다.

- **분석**: 분석을 통한 요구사항 검증은 검사나 시연, 테스트를 통해 검증된 특정 사실 집합이 주어질 때 주어진 요구사항이 충족했다는 논리적 추론 과정에 의존한다.

- **테스트**: 테스트를 통한 요구사항 검증은 제어된 환경에서 정해진 일련의 단계들의 시스템 동작과 관련 있다. 이런 절차 실행 동안 시스템이 연관된 요구사항 등을 준수하는 정도를 나타내기 위한 충분한 데이터가 수집돼야 한다.

10장은 테스트를 사용해 시스템 요구사항 측면에서 임베디드 시스템 성능 검증에 초점을 맞춘다. 다음 절에서 논의하듯이, 시스템 요구사항에 대한 테스트는 수용 가능한 조건과 수용 가능하지 않은 조건에서 수행돼야 한다.

수행 가능한 조건과 수행 가능하지 않은 조건에서의 테스트

수행 가능한 조건에서 테스트는 시스템이 일반적인 조건에서 동작하면서 올바른 입력이 주어졌을 때 기대한 것처럼 수행되는지 검증하는 것이다. 시스템 테스트들은 각 입력에 대한 최솟값과 최댓값이 올바른 동작을 만들어 내는지 확인하기 위해 각 입력에 대한 전체 허용 범위를 다뤄야 한다. 각 입력에 대한 최솟값과 최댓값을 제공하는 것과 더불어 극 값 사이에 있는 값들과 0같은 특별한 처리가 필요할 수 있는 값을 선택해 테스트돼야 한다.

테스트 중 얼마나 많은 입력의 범위 내 값들을 평가할지 결정할 때 추가적인 테스트 수행의 비용과 더 완전하게 파라미터를 테스트하는 것의 가치를 비교하는 것이 중요하다. 이는 테스트를 개발하는 시간과 테스트 실행 시간(수동 혹은 자동으로 수행할지 결정), 시스템이 정상적으로 동작하는지 결정하기 위해 테스트 결과에 접근하는 데 필요한 시간 등이 포함된다.

수행 가능한 조건을 테스트할 때 시스템 운영 중 의도하지 않은 변형을 도입하기 위해 상호작용할 수 있는 입력의 조합을 고려하는 것도 중요하다. 모든 이런 파라미터 상호작용을 고려하고 우선순위를 지정해 각 조합의 테스트가 타당한지 결정해야 한다.

수행 가능하지 않은 조건 테스트는 시스템의 반응을 이해하기 위해 의도한 조건 밖에서 시스템 동작하는 것을 포함한다. 예를 들어 예제 오실로스코프 요구사항의 경우 의도한 범위를 벗어난 입력 전압에 대한 시스템 반응을 테스트한다. 허용 범위보다 약간 벗어난 입력 전압의 경우 ADC 입력 범위 초과로 인해 잘못된 측정값을 갖지만 시스템이 정상적으로 동작하기를 기대한다. 허용 범위를 많이 벗어난 전압은 회로에 스트레스를 주고 결국 회로 설계의 제한된 전기 보호 능력을 초과하게 될 것이다.

시스템의 안전성을 평가하려면 디바이스의 사용자가 고의 혹은 실수로 과전압에 시스템을 연결할 수 있기 때문에 기대한 범위 밖의 입력 전압을 제공하는 것이 필요하다. 이런 전압은 가정과 사무실의 콘센트에서 대부분 사용가능한 110V와 220V 교류전류^{AC} 전압을 포함한다. 입력으로 이런 전압을 디바이스에 제공하는 것은 디바이스에 심각한 손상을 유발하더라도 높은 전압을 사용자가 접근할 수 있는 영역(회로 보드가 보호 케이스에 설치된 것으로 가정)으로 전달하거나 불이 나거나 독성 연기를 방출해 사용자를 위험에 빠뜨리지 않아야 한다.

전기 안전성 인증 기관의 승인을 위한 전자 디바이스 테스트는 복잡하며 10장의 범위를 벗어난다. 10장에서 논의하는 테스트 과정의 목적은 시스템이 수행 가능한 조건에서 의도된 기능을 수행하며 합리적으로 수행 가능하지 않은 조건에서 동작할 때 적절한 방식으로 시스템이 동작하는지 보장하는 것이다. 이런 테스트가 적합하게 진행된다면 제품 리콜이나 급하게 소프트웨어 패치를 제공해야 하는 등의 사용자 불만에 대한 극약 처방이 필요하지 않을 것이다.

단위 테스트와 기능 테스트의 차이를 알아본다.

단위 테스트와 기능 테스트

9장 펌웨어 개발 과정의 '테스트 주도 개발'절에서 코드를 개발하며 소스코드 테스트를 개발하고 실행하는 것과 관련된 펌웨어 개발 방식을 소개했다. 반드시 코드의 가장 낮은 수준 단위(C나 C++에서는 함수들로 구성됨)에서 테스트를 시작한다.

가장 낮은 수준의 단위에서 시작하는 테스트를 단위 테스트라고 한다. 단위 테스트^{Unit} ^{testing}는 각 함수나 함수의 각 코드 라인이 주어진 모든 가능한 조합의 입력에 대해 의도하지 않은 영향 없이 의도한 대로 수행하는지 검증하려 한다. TDD에 의존하는 개발 방법은 일반적으로 코드의 라인 수 측면에서 애플리케이션 코드와 비교될 정도의 단위 테스트 집합을 만들어 낸다.

9장, '펌웨어 개발 과정'에서 소개한 Ceedling 같은 테스트 프레임워크를 사용해 단위 테스트 과정은 높은 수준으로 자동화 될 수 있고 이는 빈번한 테스트 실행을 가능하게 한다. 테스트를 자주 재실행해 개발자는 코드 변경이 잘못된 동작을 유발하는 시점을 알 수 있고 해당 문제를 즉시 수정할 수 있다. 이런 빈번한 테스트 재실행은 기존 개발방식에서는 눈에 띄지 않았을 많은 버그들이 애플리케이션 코드에 들어가는 것을 막아준다.

그러나 단위 테스트는 여기까지만 가능하다. 낮은 수준의 코드 컴포넌트들을 하위 시스템으로 결합함에 따라 더 높은 수준의 기능에 대한 자동화 테스트를 수행하는 것은 어려워진다. 예제 디지털 오실로스코프의 경우 시스템의 동작이 정교한 하드웨어와

FPGA 펌웨어에 의존하므로 자동화된 소프트웨어 기반 테스트에서 시뮬레이션하기 어렵다.

애플리케이션 기본 기능을 평가할 수 있는 수준의 테스트를 기능 테스트라고 한다. 기능 테스트Functional testing에서 사용자는 시스템과 상호작용해 시스템의 기본 기능을 검사한다. 기능 테스트는 시스템의 요구사항과 관련된 시스템 성능을 평가하기 위해 사용하는 테스트 유형이다.

단위 테스트는 화이트 박스 테스트 방식이며 테스터는 코드의 모든 측면을 접근할 수 있다. 기능 테스트는 일반적으로 시스템의 내부 구현 사항을 무시하며 테스트 입력에 대한 반응으로 시스템의 동작만 본다. 이런 방식을 블랙박스 테스트라고 한다.

단위 테스트와 기본 기능 테스트의 차이를 표로 정리했다.

속성	단위 테스트	기능 테스트
테스트 목적	개별적 코드 컴포넌트 테스트	시스템 기능 테스트
테스트 초점	개별적 기능	전체 시스템
테스트 방식	화이트 박스 테스트	블랙 박스 테스트
자동화 수준	높은 수준의 자동화	제한된 자동화 혹은 자동화 안 됨
검출된 문제 유형	코드 논리 에러, 반복문에서 한번 더 혹은 적게 수행 (off-by-one), 잘못된 분기 조건 등	기능적 문제
적용범위 측정	테스트된 코드 라인 수	테스트된 요구사항 수
테스트 수	많음	제한됨
비용 및 일정 할당	낮음	높음

단위 테스트와 기본 테스트를 구분하려는 것은 두 테스트 중 한 테스트를 실행하기 위해 결정하는 과정이 아니다. 시스템 설계와 개발 과정의 필요한 수준에서 두 형태의 테스트를 결합시키는 것이 중요하다.

단위 테스트는 제품 개발 사이클의 코드 개발 과정 전반에 걸쳐 적용돼야 한다. 시스템의 최종 의도한 대부분 기능이 테스트 가능한 상태에 도달했을 때 기능 테스트는 가능하다.

음성 테스트와 침투 테스트의 개념을 알아본다.

음성 테스트와 침투 테스트

논의에서 수행 가능하지 않은 조건에서 시스템 테스트의 수행 필요성에 대해 다뤘다. 의도적으로 유효하지 않은 입력을 시스템에 넣는 테스트를 음성 테스트negative test라고 한다. 음성 테스트의 목적은 시스템이 올바르게 유효하지 않은 입력을 거부하고 적절한 에러 메시지나 다른 피드백을 사용자에게 제공하는지 평가하는 것이다.

음성 테스트는 시스템 사용자가 생성하는 오류 있는 입력과 더불어 시스템 동작에 문제를 일으킬 수 있는 고의적 시도를 포함하며, 권한이 없는 사용자가 시스템에 접근하거나 자신의 목적을 위해 시스템 이용 시도를 나타낸다.

예제 시스템은 네트워크가 활성화돼 있으므로 여러 사용자가 공유하거나 인터넷과 같이 더 넓은 네트워크에 연결된 네트워크상에서 이런 유형의 공격에 열려있다.

권한이 없는 사용자가 시스템에 접근해 시스템의 적절한 동작을 고장내거나 민감한 정보를 빼가는 시도를 하는 음성 테스트를 침투 테스트penetration test라고 한다. 연결이 USB 같은 미디엄이나 와이파이wifi등을 통해 인터넷에 직접 연결돼 있는 디지털 인터페이스를 제공하는 모든 시스템은 실제적인 해커 위협이 존재하는 상황에서 시스템 보안을 평가하기 위해 포괄적인 침투 테스트를 거쳐야 한다.

매우 복잡한 하드웨어 문맥에서 동작하는 시스템도 있는데, 의도한 운영 환경 밖에서 시스템을 동작시키려면 시뮬레이션된 환경에서 동작시키면 된다.

시뮬레이션된 환경에서 테스트

지구 궤도를 도는 통신 위성이 사용하는 비행 자세 제어 시스템 개발 과정을 생각해보자. 시스템은 복잡한 실시간 임베디드 시스템이며 위성의 통신 안테나를 지구쪽으로 적절히 위치시키고 태양쪽으로 태양광 패널을 정렬해야 한다. 시간이 지남에 따라 추진기 추진체 소비를 최소화 하기 위해 다양한 정교한 동작을 수행해야 한다.

당연히 이 시스템은 의도한 운영 환경(지구 궤도를 도는)에서 초기 테스트를 진행할 수 없다. 땅에서 기능 테스트를 수행하기 위해 비행 자세 제어 시스템이 동작하게 될 환경을 나타내는 시뮬레이션된 입력을 만들어주는 것이 필요하다. 제어기의 출력(예: 특정 시간 동안 추진기를 동작시키는 명령)은 제어기 출력의 응답을 나타내기 위해 시스템의 수학적 모델을 만들어야 한다.

이런 유형의 시뮬레이션에서 역학 시스템을 표현하기 위해 사용하는 모델은 일반적으로 연립 미분 방정식으로 나타내며, 이 부분은 10장의 범위를 벗어난다. 그렇더라도 시뮬레이션 기반 시스템 테스트는 자동차나 비행기, 우주선 같은 복잡한 시스템을 위한 제어 시스템의 개발에 널리 사용되고 있음을 알아야 한다.

반복 가능한 테스트 절차 개발에 유용한 사항을 알아본다.

반복 가능한 테스트 결과 얻기

유효한 시스템 테스트의 중요한 속성은 반복가능성이다. 테스트를 반복적으로 수행해 같은 결과가 나오지 않으면 그 테스트는 지속적인 값을 갖지 않는 것인데, 테스트를 반복해도 같은 결과를 얻을 수 없다면 시스템에 구현된 의도한 수정이 실제로 문제를 해결했는지 결정할 수 없다.

테스트 반복가능성을 보장하기 위해 테스트 결과를 결정하는 모든 요소를 이해하고 테스트 중 이런 각 요인을 제어하는 것이 중요하다.

예를 들어 특정 테스트가 특정 유형의 처리 활동이 발생하는 작업을 수행하는 시스템 프로세서에 의존한다면 각 테스트가 수행될 때마다 유사한 처리 작업이 수행돼야 한다.

물론 테스트를 수행할 때 각각의 연관된 요소를 제어하는 것이 항상 가능한 것은 아니다. 개발하는 시스템의 유형에 따라 시스템 수준 테스트는 날씨 같은 변수가 있는 환경에서 수행될 수 있다. 이런 환경에서 통계적 기법으로 통제할 수 없는 요인에 관한 시스템의 반응을 이해해야 한다.

매우 특정한 상황에서만 드러나는 버그가 있는데, 이런 문제가 발생하면 안타깝다. 문제를 반복되게 하는 유일한 방법은 가능한 많은 제어와 문제를 재현하기 위해 테스트를 반복적으로 실행하는 것뿐이다.

버그를 밝혀내기 위한 시도로 반복적인 테스트 수행을 끝낸다면 각 테스트마다 문제의 근원을 추적하는 데 도움을 주는 모든 데이터를 수집하고 있는지 확인하자. 어려운 시험을 성공적으로 완료했지만 해당 테스트를 시작할 때 데이터 수집 도구를 실행하지 않았음을 나중에 알게 된 것 만큼 실망스러운 일이 없다.

이제 포괄적인 테스트 계획 개발의 중요성을 알아본다.

테스트 계획 개발

요구사항에 대한 시스템 성능을 평가하기 위한 일련의 테스트를 수행하려 할 때 수행할 테스트를 계획할 때 약간의 시간을 소비하는 것이 중요하다. 계획 단계는 수행할 테스트와 데이터가 어떻게 수집되고 분석될지, 분석을 통해 요구사항을 시스템이 준수하고 있는지 결정하는 방법을 설명하는 테스트 계획으로 문서화돼야 한다.

테스트 계획은 크고 정형화된 문서일 필요는 없다. 수행될 테스트와 시스템 요구사항에 대해 성능 검증 정도가 명확히 정의되는 데 초점이 맞춰져야 한다. 또한 테스트 계획은 테스트 중 발생할 수 있는 안전 문제를 식별해야 하고 개인의 부상이나 값비싼 장비 손상에 대한 위험을 허용가능한 수준으로 만들 수 있는지 명확하게 설명해야 한다.

시스템의 성공에 연관된 이해 관계자들에게 테스트 시작 전 해당 테스트 계획에 대한 검토와 의견을 받는 것이 필요하다. 테스트 계획 과정의 목적은 일련의 테스트들이 허용가능한 범위에 테스트 비용과 기간을 갖도록 하며 요구사항에 관련된 시스템 성능을 평가하는 절대적인 값을 제공하는 모든 관련자들의 합의를 도출하는 것이다.

일반적인 테스트 계획에 포함된 내용을 표로 정리했다.

섹션	내용
소개	테스트되는 시스템과 테스트의 목적을 간단히 설명한다.
테스트 범위	어떤 부분의 시스템 요구사항이 테스트에서 다뤄져야 하고 어떤 부분이 배제되는지 나타낸다.
시스템 요구사항	테스트 중 평가될 시스템 요구사항을 나열한다.
테스트 환경	테스트가 발생할 장소를 식별하고 테스트와 관련된 장소의 특징을 설명한다.
테스트 일정	테스트의 계획인 시작일과 종료일을 식별한다. 테스트가 여러 단계로 실행된다면 각 단계의 시작일과 종료일을 식별한다.
테스트 자원	테스트에 필요한 장비와 인원을 식별한다.
위험요소	장비에 손상이 가거나 인원에 해가 갈 위험을 식별한다. 각 위험 발생 가능성과 위험이 실제 발생했을 때의 결과를 추측한다.
테스트 팀 구성원	테스트에 참여할 테스트 구성원을 식별하고 테스트 활동의 리더를 지정한다.
테스트 설명	실행할 각 테스트의 개요를 제공한다. 상세한 테스트 절차가 부록이나 다른 문서로 주어질 수 있다.
데이터 수집 계획	수집할 데이터 유형과 데이터 수집 도구를 나타낸다. 테스트 중 데이터 수집도구 운영 절차와 테스트 완료 시점에 데이터 수집 방법을 설명한다.
결과물	테스트 완료 후 생성할 테스트 리포트의 내용을 나타낸다.
서명	적절한 기술 및 관리 리더의 서명 블록을 제공한다.

다시 말하지만 테스트 계획은 크고 복잡한 문서일 필요가 없다. 작은 시스템은 표에 나열된 정보는 두 페이지 문서이거나 심지어 이메일로 표현될 수 있다. 테스트 계획을 수행하는 목적은 중요한 부분이 빠진 것이 있는지 확인하기 위해 테스트 계획에서 각 주제를 생각해보는 것이며 모든 참여자와 이해관계자가 테스트 절차에 대해 잘 이해했음을 확인하는 것이다.

테스트 수행과 테스트 결과 기록을 위한 추천사항을 알아본다.

⁝⁝ 테스트 수행 및 결과 기록

복잡한 테스트의 세부내용을 미리 계획하고 여러 참여자가 관련된 테스트를 수행하기 위한 서면 절차를 준비하는 것이 좋다. 복잡한 시스템을 성공적으로 테스트 하기 위한 추천사항을 제공한다.

수집할 데이터 식별

테스트 구조가 명확히 명세됐다면 테스터는 테스트 결과를 분석할 때 발생할 수 있는 질문에 답하기 위해 테스트 중이나 테스트 후 어떤 정보가 수집돼야 하는지 결정해야 한다. 이 정보는 시스템 동작을 나타내는 시스템 자체로부터 나온 데이터를 포함하며 사용자에게 표시되는 정보나 정상 시스템 동작의 일부분으로 기록된 정보를 포함한다.

임베디드 시스템은 일부 테스트 시나리오의 결과를 평가하기 위해 추가적인 정보가 수집돼야 할 수 있다. 데이터는 다양한 기법을 사용해 수집될 수 있다. 데이터 수집 도구 및 임베디드 테스트 전략의 일부 예제가 다음과 같다.

- **네트워크 패킷 캡처**: 와이어샤크^{Wireshark}(https://www.wireshark.org/)와 같은 도구는 네트워크상의 모든 패킷을 캡처할 수 있다. 데이터는 시스템이 어떤 데이터를 언제 네트워크를 통해 주고 받았는지 정확하게 결정하기 위해 사용된다.

- **아날로그 전압 측정**: 아날로그 시스템 입출력은 이런 신호에 대한 시스템의 응답을 이해하기 위한 원시 데이터를 제공한다. 아날로그 신호는 오디오 입력이나 출력과 함께 테스트 중 지속적으로 기록돼야 할 수 있다. 혹은 오실로스코프를 사용해 특정 트리거 이벤트에 대한 응답으로 아날로그 신호 동작을 캡처해야 할 수 있다.

- **디지털 신호 캡처**: 테스트 중 시스템 내 혹은 외부 커넥터에서 접근 가능한 한 개 이상의 디지털 신호들은 시스템 동작에 관한 중요한 정보를 제공할 수 있다. 로직 분석기는 많은 디지털 신호를 동시에 감시할 수 있고 높은 샘플 비율로 이 신호들을 캡처할 수 있는 도구다. 로직 분석기는 시스템 데이터 버스와 디지털 통신 프로토콜 감시를 가능하게 한다.

- **비디오 녹화**: 테스트 중 시스템 동작을 수집하는 가장 쉬운 방법은 영상 기록을 만들기 위해 한 개 이상의 카메라를 사용하는 것이다. 테스트 중 비디오 녹화를 사용할 때 다른 소스에서 수집된 데이터와 비디오 내 관찰하는 시간을 동기화하는 방법을 제공하는 것이 필수적이다. 간단히 비디오 카메라 시간을 동기화해서 비디오에 시간이 나타나도록 할 수 있다. 혹은 테스트 중 시스템과 함께 비디오 화면 내 정확한 시간 표시장치를 나타나게 할 수 있다.

포괄적인 데이터 수집을 보장하고 빠진 데이터로 인한 테스트 반복을 피하기 위해 각 테스트에 계획된 모든 데이터 수집 방법은 각 테스트 시작부터 기록해야 한다.

각 테스트 시작 시점에 시스템이 적절히 구성됐는지 확인해야 할 필요성을 알아본다.

테스트할 시스템 구성

테스트 결과에 영향을 줄 수 있는 시스템 구성의 모든 특징은 테스트 절차의 일부분으로 정의돼야 한다. 또한 테스트 시작 전에 의도대로 설정됐는지 확인해야 한다.

특정 형태의 비정상 동작이 테스트 결과에서 관찰되고 관찰된 동작을 생성하는 시스템의 구성 설정에 관해 테스터가 답할 수 없으면 안 된다.

테스트 절차는 각 테스트의 시작 시점에 시스템 구성을 수행하기 위한 단계 리스트를 포함해야 한다. 리스트는 기본값에서 벗어난 모든 설정과 이전 테스트 수행 중 변경됐던 모든 값들을 포함한다.

시스템이 올바르게 구성되고 모든 데이터 수집 시스템이 활성화 됐다면 이제 테스트 절차 수행을 시작할 시간이다.

테스트 절차 수행

비행기나 우주선과 같은 복잡한 시스템의 고비용 고위험 테스트를 수행하는 전문적인 테스터들은 보통 각 테스트 참여자에 관한 상세한 지시사항을 포함하는 한 개 이상의 카드에 테스트 절차의 상세한 단계들을 문서화한다.

테스트의 유형이나 복잡도에 따라 미리 서면 테스트 단계들을 준비해야 한다. 여러 참여자가 협력하며 수행해야 하는 테스트를 위해 따라하기 쉬운 형태로 단계들을 준비하는 것이 도움을 준다.

서면 테스트 과정을 사용하면, 예를 들어 입력 값을 결정하기 위해 암기 연산이 필요하거나 어떤 파일을 거의 접근하지 않은 디렉토리에서 찾아야 하는 경우 테스트 중 발생할 수 있는 지연이나 혼동을 피할 수 있다.

카드에 있는 각 단계는 번호를 매기고 테스트 리더는 번호로 단계를 나타내어 모든 참여자가 동기화되도록 해야 한다. 테스트 시작 전 테스트 리더는 테스트와 관련된 모든 안전 기준이 만족됐는지 확인해야 한다. 테스트 리더는 데이터 수집 시스템이 시작할 시점과 테스트 수행 시작 시점, 테스트 끝난 시점, 데이터 수집 중지 시점을 언급해야 한다. 각 테스트가 완료된 후 테스트 중 수집된 데이터는 저장 및 라벨을 붙여 분석을 위해 사용될 수 있어야 한다.

 각 테스트 중 시스템의 상세 동작은 데이터 분석이 완료될 때까지 알 수 없지만 테스트에 의한 실시간 관찰을 기반으로 한 테스트 중 시스템 성능에 관한 간단한 분석은 가능할 수 있다. 이를 빠른 평가quick look assessment라고 한다.

테스트 결과에 관한 빠른 평가

테스트 직후 시스템 성능에 관한 느낌을 시스템 개발 과정의 이해 관계자들에게 제공하는 것이 빠른 평가다. 빠른 평가란 각 테스트 참여자가 테스트 중 관찰한 것을 언급하거나 시스템이 관련된 시스템 요구사항들에 맞춰 동작했는지 나타내는 정도를 말한다.

테스터는 테스트 중 발견한 비정상 동작을 설명해야 한다. 결론을 설명할 데이터가 없다면 관찰된 데이터의 근본 원인을 추정하는 것은 도움이 되지 않는다.

빠른 평가에서 모든 참여자는 제공된 관찰이 임시적이며 테스트 중 수집된 데이터 분석후 변경될 수 있음을 반드시 이해해야 한다. 빠른 평가를 통해 해당 테스트를 다시 수행해야 하는지 결정해야 한다.

필요 시 테스트 반복

빠른 평가를 통해 테스트가 올바르게 수행됐는지와 필요한 데이터가 수집됐는지 결정해야 한다. 수행한 테스트에서 중요한 오류가 발견되거나 일부 데이터가 수집되지 않았다면 테스트를 반복하는 것이 합당하다.

같은 테스트를 수행하기 위해 잘못된 시도를 마친 직후 테스트를 반복할 수 있는지 여부는 테스트 자원의 사용가능성 및 테스트 인력, 다른 테스트를 준비하고 수행하기 위한 필요 시간에 따라 다르다.

모든 테스트 자원이 그대로 있고 테스트 수행 인력이 가용하다면 실패했던 테스트 시도를 따라하는 것이 유리할 수 있다. 추가 테스트 수행이 쉽다고 필요하지 않은 테스트를 반복하기로 결정하면 안 된다.

테스트를 반복하는 것은 쉬운 작업이 아니며 테스트를 다시 준비하고 수행하는 것은 테스트 일정을 허용하지 않은 수준까지 늘릴 수 있기 때문에 테스트 팀은 테스트 실행 오류나 데이터에 차이가 있더라도 초기 테스트 데이터가 시스템 성능을 평가하기에 적절한지 평가를 해야 한다.

시스템 수준 테스트에 초점을 맞춰 전체 시스템의 테스트 계획 및 수행 시 발생하는 복잡도에 집중했다. 코드를 변경한 후 이전 테스트된 코드에 관한 회귀 테스트의 필요성을 살펴보자.

기존 코드의 회귀 테스트

컴퓨터 소프트웨어 코딩의 기초를 배운 사람들은 모두 알 수 있듯이, 코드는 극도로 다루기 힘들다. 컴퓨터 코드 파일에 임의로 주석이 아닌 글자를 선택해 다른 글자로 바꾸면 프로그램이 정상적으로 동작하지 않거나 아예 동작하지 않을 수 있다.

의도한 하드웨어에서 동작한 컴퓨터 소프트웨어를 철저히 테스트하는 행위는 많은 가치를 코드에 부여한다. 소프트웨어가 올바르게 동작하는 것과 더불어 테스트된 환경에서는 해당 소프트웨어가 올바르게 동작하는 것을 알 수 있다.

초기 테스트 프로그램이 완료되고 제품이 출시된 후, 테스트 후 남아있는 문제를 수정하거나 새로운 기능을 추가하는 등 코드를 수정할 이유는 많다.

이전에 개발하고 테스트된 코드의 가치를 유지하기 위해 유지보수 중 발생한 변경사항들과 개선된 기능들이 이전 기능적 코드가 오동작하는 오류를 만들지 않아야 한다. 코드를 다루기 힘든 한 가지 측면은 특정 부분의 코드에 영향을 주기 힘든 변경사항들이 예상치 않은 방식으로 나타나는 오류를 유발할 수 있다는 점이다.

회귀 테스트의 목적은 기존 동작 코드를 정기적으로 테스트해 코드 안 다른 부분들의 변경사항이 있음에도 정상적으로 동작하는지 보장해야 한다. 회귀 테스트를 수행하는 기본 방식은 코드 개발 중 생성한 단위 테스트를 재사용하는 것이다. 단위 테스트의 전체 모음은 시스템 코드 기반에 변경사항과 추가가 일어나는 동안 반드시 유지보수 및 버전 제어, 업데이트돼야 한다.

시스템 코드의 각 변경사항은 이 변경사항의 정확한 동작을 검증하는 테스트와 함께 발생해야 한다. 코드에 추가된 변경사항들과 관련된 새로 생성된 테스트들과 더불어 수정되거나 새로운 코드와 어떤 방식으로든 상호작용하는 코드에 대한 모든 테스트를 자주 재 실행해야 한다.

상당한 코드 크기를 가지며 테스트 모음이 많은 시스템은 전체 테스트 모음 실행에 상당한 시간이 걸릴 것이다. 전체 테스트 모음을 자주 재실행하는 계획 및 중재는 테스트와 진행 중인 개발 작업 사이의 지연 및 방해를 최소화하는 방식으로 소프트웨어 개발 과정에 병합돼야 한다.

전체 테스트 모음을 자주 실행해야 하는 것은 야간에 테스트하거나 개발자가 사용하는 시스템이 아닌 별도의 컴퓨터 시스템을 사용하면 된다. 테스트 모음을 설계할 때 테스트 해야 하는 모든 것들이 테스트돼야 함을 보장해야 한다.

⁞⁞ 포괄적인 테스트 범위 보장

시스템에 대한 테스트 모음을 설계할 때 중요한 부분이 넘어가지 않도록 보장하기 위해 체계적인 방식으로 테스트 설계에 접근해야 한다. 적절한 기준을 사용하면 테스트해야 하는 시스템의 측면을 테스트들이 어떻게 다루는지 알 수 있다.

중요한 기준은 테스트 과정이 각 요구사항에 대한 시스템 성능을 평가하는 정도다. 시스템 설계의 소프트웨어와 펌웨어 부분에 초점을 맞추는 다른 기준은 테스트 모음이 코드의 다양한 실행 흐름을 다루는 정도를 평가한다. 다음으로 테스트 중 시스템 요구사항을 다룬다.

요구사항 추적성 매트릭스

요구사항 추적성 매트릭스^{RTM, Requirements Traceability Matrix}는 각 시스템 요구사항을 다루는 테스트 케이스들을 문서화한 표다. 테스트 설계 과정 중 RTM을 개발하면 어떤 요구사항이 테스트 케이스들에 의해 검증되는지 혹은 검증되지 않는지 결정할 수 있다.

예제 오실로스코프의 요구사항에 대한 시스템 프로토타입을 평가하기 위해 개발할 수 있는 테스트들의 작은 부분 집합을 살펴본다. 테스트에 관해 표로 정리했다.

테스트 ID	설명
T-1	신호 발생기를 사용해 +10V의 일정한 출력 전압을 생성하자. 1.0초 길이의 샘플들을 디스크 파일에 저장하자. 오실로스코프가 0.05V 및 총 시간의 95% 내로 +10V를 측정하는지 검증하자.
T-2	신호 발생기를 사용해 −10V의 일정한 출력 전압을 생성하자. 1.0초 길이의 샘플들을 디스크 파일에 저장하자. 오실로스코프가 0.05V 및 총 시간의 95% 내로 −10V를 측정하는지 검증하자.
T-3	신호 발생기를 사용해 10V 진폭을 가진 10KHz 사인 곡선을 생성하자. 1.0초 길이의 샘플들을 디스크 파일에 저장하자. 오실로스코프가 이상적인 10KHz 사인 곡선의 0.05V 및 총 시간의 95% 내로 측정하는지 검증하자.
T-4	신호 발생기를 사용해 10V 진폭을 가진 1KHz 사인 곡선을 생성하자. 1.0초의 길이의 샘플들을 디스크 파일에 저장하자. 오실로스코프가 이상적인 1KHz 사인 곡선의 0.05V 및 총 시간의 95% 내로 측정하는지 검증하자.
T-5	상승 에지 트리거를 +5V로 설정하자. 신호 발생기를 사용해 10V 진폭을 가진 1KHz 사인 곡선을 생성하자. 1.0초 길이의 샘플들을 디스크 파일에 저장하자. 오실로스코프가 사인 곡선의 상승 구간 내 +5V 지점과 같거나 큰 지점의 첫 번째 샘플에서 트리거를 발생하는지 검증한다.
T-6	하강 에지 트리거를 +5V로 설정하자. 신호 발생기를 사용해 10V 진폭을 가진 1KHz 사인 곡선을 생성하자. 1.0초 길이의 샘플들을 디스크 파일에 저장하자. 오실로스코프가 사인 곡선의 하강 구간 내 +5V 지점과 같거나 적은 지점의 첫번째 샘플에서 트리거를 발생하는지 검증한다.
T-7	T-5를 반복하자. 이번에는 오실로스코프를 트리거 전 0.65초 간의 데이터를 저장하고 트리거 후 0.65초 간의 데이터를 저장하도록 설정하자. 1.3초 길이의 샘플들을 디스크 파일에 저장하자. 트리거가 T-5 테스트에서 정의한 정확한 위치에서 발생했는지와 정확한 숫자의 샘플들이 트리거 전후로 저장됐는지 검증한다.
T-8	신호 발생기를 사용해 100Hz 주파수를 가진 ±5V 구형파를 생성하자. 최소 펄스폭 10.1ms를 가지며 0V에서 상승 에지 트리거를 설정하자. 오실로스코프가 구형파 신호에서 트리거를 발생하지 않음을 검증하자.
T-9	신호 발생기를 사용해 100Hz 주파수를 가진 ±5V 구형파를 생성하자. 최소 펄스폭 9.9ms를 가지며 0V에서 상승 에지 트리거를 설정하자. 오슬로스코프가 구형파 신호에서 적절히 트리거거를 발생시킴을 검증하자.

간단한 RTM은 두 줄이 추가된 시스템 요구사항 목록으로 구성된다. 검증방법 열은 어떤 검증 방법(검사나 시연, 분석, 테스트)이 해당 요구사항의 시스템 구현을 평가하는 데 적절한지 나타낸다. 테스트 검증 방법을 갖는 각 요구사항의 경우 테스트 케이스 열은 요구사항을 평가할 테스트 목록을 포함한다.

'요구사항 주도 개발'절의 표에 나열된 시스템 요구사항 정보와 이전 표에 나온 테스트 케이스 집합 정보를 사용해, 각 케이스가 평가하는 시스템 요구사항과 테스트 케이스들을 연관짓는 RTM을 생성한다. 다음 표는 이 정보를 기반으로 작성된 예제 RTM을 포함한다.

요구사항 ID	설명	검증방법	테스트 케이스
R-1	오실로스코프는 표준 오실로스코프 프로브 사용을 위해 한 개의 BNC 커넥터로 구성된 단일 입력 채널을 가져야 한다.	검사	
R-2	오실로스코프는 100MHz 속도로 입력 신호를 샘플링해야 한다.	테스트	T-3 T-4
R-3	오실로스코프는 1X 오실로스코프 프로브를 사용할 때 ±10V 범위의 입력 신호를 지원해야 한다.	테스트	T-1 T-2
R-4	오실로스코프는 10X 오실로스코프 프로브를 사용할 때 ±70V 범위의 입력 신호를 지원해야 한다.	테스트	
R-5	오실로스코프 샘플들은 14비트 해상도를 가져야 한다.	테스트	T-3
R-6	오실로스코프는 최대 1.3초의 연속적인 측정값을 수집하고 저장해야 한다.	테스트	T-6
R-7	오실로스코프는 수집된 데이터를 TCP/IP 기반 네트워크를 통해 호스트 애플리케이션으로 전송해야 한다.	테스트	T-3 T-4 T-5 T-6
R-8	오실로스코프는 상승 및 하강 에지 기반 트리거를 지원해야 한다.	테스트	T-5 T-6
R-9	오실로스코프는 펄스 폭 기반 트리거를 지원해야 한다.	테스트	T-8 T-9
R-10	오실로스코프는 트리거 전 사용자가 선택한 개수의 샘플들을 저장해야 한다.	테스트	T-7
R-11	오실로스코프는 트리거 후 사용자가 선택한 개수의 샘플들을 저장해야 한다.	테스트	T-7

요구사항 ID	설명	검증방법	테스트 케이스
R-12	오실로스코프는 네트워크를 통해 수신된 사용자 명령 정보를 수신하고 반응해야 한다.	테스트	T-1 T-5 T-8
R-13	오실로스코프는 정전기 방지를 포함한 신호 입력 연결의 정상적인 처리를 수행해야 한다.	테스트	T-1 T-5 T-8
R-14	오실로스코프는 0에서 70℃ 범위의 온도에서 동작해야 한다.	테스트	
R-15	오실로스코프는 8에서 80% 범위의 상대습도에서 동작해야 한다.	테스트	
R-16	오실로스코프는 상태 정보들을 유지하고 요청에 따라 이 데이터를 호스트 애플리케이션에 제공해야 한다.	테스트	T-5 T-6 T-8
R-17	오실로스코프는 유효하지 않거나 범위를 벗어난 명령 데이터를 무시하고 데이터가 허용되지 못했음을 나타내는 상태를 설정해야 한다.	테스트	
R-18	오실로스코프 호스트 애플리케이션은 수집된 연속적인 오실로스코프 샘플들을 사용자가 CSV 문자 포맷으로 디스크 파일로 저장할 수 있도록 해야 한다.	테스트	T-1 T-3 T-5

여러 테스트 케이스들이 특정 요구사항에 똑같이 적용할 수 있을 때, 모든 가능한 연관 요구사항에 관해 각 테스트 케이스 분석을 수행할 필요는 없다. 최소 테스트 케이스 개수를 각 요구사항에 연관시켜 시스템 성능이 해당 요구사항을 충족하는지 평가하면 된다.

위 표는 이전 표에 나열된 테스트 집합이 모든 요구사항을 다루지 않음을 나타낸다. 요구사항 R-4과 R-14, R-15, R-17은 테스트되지 않는다. 이는 RTM 구성 시 장점을 보여준다. 즉 정의된 테스트 집합이 주어질 때 어떤 요구사항이 테스트되고 어떤 요구사항이 테스트되지 않는지 보여준다. 이를 통해 모든 시스템 요구사항을 다루어야 한다면 추가적인 테스트들이 개발돼야 하는 분야를 알게 됐다.

시스템 펌웨어와 소프트웨어에 관한 철저한 테스트 코드를 위한 접근방식에 집중한다.

코드 적용 범위 추적

시스템 코드 개발 중 작성된 단위 테스트와 요구사항 측면에서 성능을 평가하는 시스템 테스트를 통해 대부분의 코드를 다뤄야 한다. 그러나 코드를 통한 각 가능한 경로가 테스트를 통해 어느 정도 검사되는지 알 수 없다.

코드 적용 범위^{Code coverage}란 어떤 프로그램 소스코드가 한 개 이상의 테스트를 통해 검사되는 정도를 나타낸다. 테스트의 완전성을 평가하는 여러 카테고리의 코드 적용 범위 기준이 있다. 다음 목록은 가장 철저하지 않은 것부터 철저한 순서로 코드 적용 범위 테스트의 주요 유형을 나타낸다.

- **구문 적용 범위**: 구문 적용 범위는 테스트 모음들이 실행한 소스코드 구문들의 비율이다. 많은 단위 테스트 프레임워크와 다른 유형의 소프트웨어 테스트 도구들은 테스트 집합을 완료한 뒤 구문 적용 범위의 리포트를 작성하는 기능이 있다. 코드 적용 범위 기준으로서 구문 적용 범위를 사용하면 프로그램 내 모든 구문이 테스트 중 실행되더라도 코드 내 모든 경로가 테스트 되지는 않는다는 단점이 있다.

- **분기 적용 범위**: 분기 적용 범위 테스트는 코드 내 모든 분기가 실행되도록 시도한다. 구문 적용 범위와 분기 적용 범위의 차이를 보기 위해 다음 C 코드를 살펴보자.

```
if (AdcReading > MaxReading)
{
  HandleReadingOutOfRange(AdcReading);
}
```

MaxReading보다 큰 AdcReading를 설정하는 테스트 케이스를 생성하면 단일 테스트 케이스는 코드의 구문 적용 범위는 100%지만 분기 적용 범위는 50%다. MaxReading와 같거나 작은 AdcReading을 사용하는 추가적인 테스트 케이스로 나머지 분기 경로를 처리할 수 있다.

- **조건 적용 범위**: 조건 적용 범위 테스트는 모든 분기가 다뤄지는 것과 함께 분기 조건들의 각 구성요소도 평가되도록 한다. 평가는 참이나 거짓인 불리언 값이 되는 여러 요소들을 포함한 조건식에 적용된다.

다음 C 코드를 살펴보자.

```c
if ((AdcReading > MaxReading) || (AdcReading < MinReading))
{
  HandleReadingOutOfRange(AdcReading);
}
```

코드의 모든 조건 적용 범위를 다루기 위해 조건식의 각 불리언 하위식은 참과 거짓 결과를 모두 반환하도록 테스트돼야 한다. 코드의 100% 조건 적용 범위를 얻기 위해 세 가지 테스트 케이스가 필요하다. 먼저 MaxReading보다 큰 AdcReading를 설정하는 케이스와 MinReading보다 적은 AdcReading를 설정하는 케이스, 마지막으로 MinReading과 MaxReading 사이에 있는 AdcReading를 설정하는 케이스다.

여기에 나열된 코드 적용 범위 분석의 유형은 일반적으로 단위 테스트 중 자동으로 실행된다. 수동 분석 기법 단독으로 사용해 테스트 케이스 적용 범위를 검증하는 것은 일반적으로 불가능하다. 이는 단위 테스트 사용에 사용할 테스트 도구 집합을 선택할 때 여기서 설명하는 다양한 형태의 코드 적용 범위 평가에 대한 도구 지원을 고려해야 한다는 의미다.

또한 시스템 수준 테스트의 일부로서 특정 수준의 코드 적용 범위 테스트를 수행해야 한다. 시스템 테스트 중 코드 적용 범위를 평가하는 것은 코드가 임베디드 시스템에서 실시간으로 실행돼야 하는 필요성 때문에 매우 어려울 수 있다. 테스트 중 시스템에 부착된 디버거를 사용해 시스템 테스트를 실행할 수 있다. 디버거는 실시간으로 코드 실행을 감시하도록 해준다. 시스템에 부착된 디버거를 사용해 테스트를 수행하는 것은 실행 흐름에 관한 상세한 정보를 제공하지만 테스트 중 디버거로 인한 인위적인 요소들이 시스템의 동작에 영향을 끼쳐서는 안 된다.

어느 수준의 시스템 테스트가 적당한지 결정하는 데 사용하는 접근방식을 알아본다.

어느 수준의 테스트가 충분한지 정의하는 기준 설정

RTM을 개발하고 수행될 테스트와 각 테스트가 검증하는 요구사항들을 연관시킨 뒤, 다음 단계는 어떤 테스트가 수행돼야 하는지 결정하는 것이다. 특정 테스트는 매우 비용이 많이 들고 시간 소비가 심하며 쉽게 충족될 수 없는 자원 요구사항이 있을 수도 있다. 이런 테스트는 테스트 수행과 이런 비용들의 가치를 비교해야 한다.

예를 들어 이전 표의 R-15 요구사항의 경우 제어된 습도의 다양한 조건 하에 오실로스코프를 테스트하는 것은 불가능할 수 있다. 테스트를 수행하는 것은 평가를 수행하기 위해 테스트 연구소에 비용을 지불해야 하기 때문이다. 테스트의 비용이 프로젝트 예산에 없다면 R-15를 위한 검증 방식을 테스트에서 분석으로 바꾸는 것이 가능하다.

변경을 지원하기 위해 필요한 분석은 해당 디바이스의 모든 구성요소들의 습도 명세서를 살펴보고 이 정보를 디바이스 케이스의 밀봉 정도와 같은 다른 요소들과 결합해 조립 제품이 습도 요구사항을 충족하는지 증거로 제공할 수 있다. 분석은 요구사항 준수에 대한 정식 인증서가 필요하느냐에 따라 허용될 수도 있고 아닐 수도 있다. 인증 과정은 때로는 제품이 모든 요구사항을 준수하는지 시연하는 테스트를 요청한다.

수행돼야 할 테스트 집합을 선택하고 비용이나 일정, 프로젝트의 자원 제약에서 수행할 수 있는 테스트를 결정했다면 이제 테스트를 수행해 최종 데이터를 수집하고 결과를 분석한 뒤 요구사항에 관한 시스템의 성능을 평가한다.

모든 테스트를 통과했다면 축하한다! 그러나 보통 테스트 과정 중 시스템의 문제들을 식별하게 된다. 이런 이슈들은 식별되고 문서화되면서 알려진 문제가 있는 상태로 테스트를 진행할 것인지 아니면 테스트 더 진행하기 전 문제를 수정할 것인지 결정하는 과정이 필요하다.

테스트 프로그램이 심각한 테스트 실패에 관한 응답으로 잠시 멈추거나 방해받지 않고 진행하더라도 특정 시점에는 문제의 원인을 찾아서 수정해야 한다. 식별된 시스템 문제를 다루기 위한 작업이 진행된다면 첫 번째 단계는 문제의 전체 범위를 이해하고 문제의 근본 원인을 추적한 뒤 문제를 수정하거나 문제를 피하는 방법을 찾는 것이다.

⠿ 효과적인 디버깅 기법

시스템 내 하드웨어나 소프트웨어의 설계나 구현의 오류를 보통 버그라고 하며, 오류를 찾아서 없애는 작업을 디버깅이라고 한다. 버그들은 사용자에게 표시하는 도움말의 스펠링 오류와 같이 거의 무시할 수 있는 것부터 특정 비행 조건에서 비행기 제어가 불가능해 비행기가 추락하는 비행 자동 시스템의 오류와 같이 아주 심각한 것까지 다양하다.

버그들은 복잡한 시스템의 설계나 개발, 테스트 과정 어디서나 발견되고 수정될 수 있다. 다음 절은 하드웨어나 소프트웨어의 버그를 찾아내 제거하는 데 도움이 되는 접근 방식을 살펴본다.

문법 혹은 컴파일 에러 및 경고 처리

소프트웨어 개발 전문가는 보통 프로그래밍 언어 컴파일러가 문법이나 다른 유형의 오류를 리포트할 때 문제의 원인을 빠르게 찾아낼 수 있지만 일반적인 개발자들은 문제의 원인을 이해하고 이슈가 발생했을 때 적절한 해결책을 구현하는 데 어려움을 겪는다. 개발자는 반드시 해결책이 전체 시스템 구현 측면에서 정확하며 컴파일러 오류만을 해결하기 위한 빠른 해결책이 아님을 보장해야 한다.

예를 들어 컴파일러가 정의되지 않은 변수가 사용됐음을 리포트 한다면 개발자는 먼저 참조 변수가 실제로 필요한 지 혹은 기존 변수 이름을 참조하려 했으나 잘못 표기됐는지 확인해야 한다.

새로운 변수가 정의돼야 한다면 데이터 유형은 정수 혹은 플로팅 포인트인지, 몇 비트인지, 정수형의 경우 부호가 있는지 등을 결정해야 한다. 마지막으로 변수는 적절한 범위에서 정의돼야 한다. 괄호 안에 포함된 구문은 블록 안에 지역 변수로 선언돼야 하는지 혹은 함수 안의 지역 변수로 선언돼야 하는지, 현재 소스 파일의 범위에 static 전역 변수로 선언돼야 하는지, 프로그램의 어떤 코드에서도 접근 가능한 전역 변수로 선언돼야 하는지 등을 결정해야 한다.

수정하기 어려운 구문 오류도 있다. 예를 들어 한 블록에서 여러 블록을 포함하는 코드에서 닫는 괄호가 빠지면 빠진 괄호를 넣을 올바른 위치를 결정하는 것은 근처 코드 전체를 검사해야 할 수도 있다. 잘못된 위치에 괄호를 넣는 것은 컴파일 에러를 없앨 수도 있지만 코드의 동작을 완전히 바꿀 수도 있다.

따라서 개발자는 컴파일러가 생성하는 오류 메시지에 깊은 주의를 기울이고 이 문제들을 해결하기 위한 해결책을 주의 깊게 구현해야 한다.

개발자는 컴파일러가 생성하는 경고 메시지도 제거하려고 노력해야 한다. 애플리케이션 컴파일 시 일련의 경고들이 발생시 하찮은 것이라고 생각하는 메시지 중 중요한 경고를 놓치기 쉽다. 특정 메시지가 생성된 원인을 이해하는 시간을 갖는다면 메시지를 발생시키는 이슈를 수정하는 것이 노력할 가치가 있다고 깨달을 수도 있다.

정말 관계 없는 메시지라고 결정한 경고 메시지는 컴파일러 구성 설정이나 명령어 라인 옵션을 사용해 각 메시지 유형들을 보이지 않게 할 수 있는 방법이 있다. 이렇게 설정하면 코드에서는 컴파일 중 해당 오류나 경고가 생성되지 않는다.

정적 코드 분석을 사용하면 단순히 프로그램 언어 컴파일러의 코드 파싱 기능 이상으로 확장해 코드에 대한 심화 분석을 수행하고 컴파일러가 무시하는 많은 유형의 발생 가능한 문제들을 식별할 수 있다. 다음 절에서 이 주제를 논의한다.

정적 코드 분석과 단위 테스트 사용

9장, '펌웨어 개발 과정'의 '소스코드 정적 분석'에서 정적 소스코드 분석 도구의 목적과 사용에 관해 자세히 다뤘다. 정적 코드 분석이 소프트웨어 개발 과정에 완전히 통합되면 코드 분석 도구는 컴파일러가 소스 파일을 처리할 때마다 자주 실행된다.

자동화된 정적 코드 분석 실행을 소프트웨어 빌드 과정에 통합함으로써 수정-컴파일-테스트 사이클에 더 많은 단계를 추가할 필요없이 정적 분석의 장점을 얻게 된다.

코드 분석을 더 자주 실행하면 작업 중인 코드를 기억하면서 이전 분석으로부터 변경사항이 적을 때 이슈들을 식별할 수 있다. 만약 정적 분석을 수행하기 전 애플리케이션 코드에 많은 변경사항들을 구현했다면 이해하고 해결하기 위해 상당한 코드 리뷰가 필요한 많은 수의 메시지를 보게 될 수 있다.

빈번한 정적 코드 분석 실행의 단점은 분석 과정에 시간이 걸린다는 것이다. 많은 정적 코드 분석 도구는 개별적인 소스코드를 세분화해 파일 분석 결과를 생성하고 저장하는 방식을 제공한다. 이런 도구를 사용하면 분석 속도는 상당히 빨라질 수 있는데 이는 이전 분석이 생성된 이후 변경된 파일들만 분석하기 때문이다. 변경되지 않은 파일에 대한 분석 결과는 저장된 데이터에서 바로 사용가능하다.

앞에서 알아본 컴파일러 경고 메시지와 유사하게 정적 분석 메시지가 없도록 코드를 작성해야 한다. 필요하다면 정적 분석 도구의 구성 옵션을 사용해 실제 코드에 관계없는 메시지들을 보이지 않게 할 수 있다.

컴파일러 경고가 없고 정적 분석 경고가 없는 코드도 아직 많은 버그를 가질 수 있다. 디버깅 과정의 초기 단계를 다음 절에서 논의한다.

문제를 명확히 정의하고 재현하기

컴파일러 경고나 정적 분석 경고가 없고 코드가 의도한 알고리듬을 정확히 구현하는 것처럼 보일지라도 테스트 결과가 시스템이 비정상적으로 동작하고 있음을 나타낼 때 디버깅 과정을 시작해야 한다.

기대하는 동작과 실제 관찰된 동작의 차이 측면에서 문제를 정의하는 것부터 시작하자. 잘못된 것을 알려줄 수 있는 단서를 제공하는 정확한 지시자를 알아내야 한다. 관찰된 방식으로 시스템이 동작하도록 영향을 줬을 테스트 조건의 모든 측면을 기록한다.

가능하다면 테스트를 반복해 에러가 있는 동작을 재현해본다. 안정적으로 에러가 있는 동작을 반복할 수 있다면 이미 문제를 해결해 가는 중이다.

문제가 재현이 되지 않거나 가끔만 발생된다면 더 어려운 상황이다. 문제가 특정 상황에서만 발생한다면 시스템 동작에 영향을 줄 수 있는 요인을 찾아보자.

가령, 시스템 전원을 켜는 시점과 테스트의 시작 시점의 차이가 어떤 방식으로 문제를 일으킬 수도 있다. 시간이 지남에 따라 시스템에서 변하는 것들을 생각해보자. 타이머가 더 큰 수로 증가하고 IC들이 뜨거워질 것이다. 이런 비슷한 우려들이 간헐적으로 관찰되는 문제들에 영향을 줄 수 있다면, 테스트 실행 과정에 이런 우려들을 포함시키고 어떤 것들이 관련 있는지 결정하자.

문제가 테스트 실행 중 한 번만 발생하고 재현할 수 없다면, 테스트 실행 중 수집된 데이터를 사용해 원인을 찾을 수도 있다. 이것이 모든 데이터 수집 도구가 각 테스트의 시작에 동작하는지 다시 확인해야 하는 이유다. 재현된 그 한 번이 심각한 시스템 문제를 수정하기 위해 필요한 데이터를 얻기 위한 유일한 기회일 수도 있다.

문제를 안정적으로 재현할 수 있다면 순차적인 디버깅 과정을 시작해 문제 원인을 추적할 수 있다. 첫 번째 단계는 시스템 입력이 의도된 테스트 환경을 올바르게 설정됐는지 검증하는 것이다. 다음 절에서 이 주제를 다룬다.

입력이 올바른지 결정하기

코드를 깊이 분석하고 문제를 파악하려고 시도하기 전에 먼저 해당 테스트가 올바르게 설정됐는지와 테스트 과정이 의도된 테스트 조건에 관해 시스템에 적합한 입력을 제공했는지 검증하자.

시스템이 테스트 중 잘못된 구성 설정으로 동작한다면(예: 이전 테스트의 구성 변경이 그대로 남아있어서), 오류처럼 보이는 테스트 결과를 쉽게 생성할 수 있다. 각 테스트 수행 전에 모든 관련된 시스템 구성 설정을 검사해 잘못된 값을 가질 수 있는 구성 항목이 적절히 설정됐는지 확인하자.

시스템의 잘못된 설정을 알았다면 테스트를 시작할 때 연관된 구성 설정이 정확한지 확인하는 단계를 테스트 과정에 추가하자.

테스트 절차가 사람에 의한 입력을 포함한다면 테스트 실행 중 사람이 시스템과 상호작용하는 것을 관찰해 각 단계가 올바른지 검증하자. 가끔 한 시스템에 매우 친숙한 사용자들은 특정 작업을 수행할 때 근육 기억muscle memory 방식으로 수행할 때가 있다. 즉 사람들이 테스트 카드에 적힌 방식을 엄격히 따르지 않고 무의식적으로 수행하는 것이다.

테스트에 사용할 입력 데이터가 데이터 파일에 정리돼 있다면, 의도한 테스트 데이터의 각 요소들이 테스트 중 시스템과 상호작용할 때 올바르게 사용되고 있는지 검증할 수 있는 방법을 찾자. 예를 들어 자동화된 테스트 절차가 데이터 파일에 정의된 사용자 이름과 암호를 사용해 테스트하는 시스템에 로그인하려고 시도한다면, 테스트 중 시스템의 로그 파일을 살펴봄으로써 로그인이 발생했고 사용자 이름이 올바른지 검증하자.

모든 테스트 입력 데이터가 올바르게 보이고 테스트 절차의 단계들을 적절히 수행되고 있다면 다음 단계는 입력 데이터에 대한 시스템의 내부 동작을 더 자세히 이해하는 것이다.

시스템에 대한 가시성 확보 방법 찾기

시스템이 테스트 절차 중에 오동작하고 있음을 알고 테스트 실행과 테스트 입력 데이터가 올바르다고 믿을 수 있다. 의심하는 기능과 연관된 시스템의 내부 동작을 더 잘 이해해야 한다.

임베디드 시스템을 다루기 때문에 전통적인 PC애플리케이션 소프트웨어를 디버깅하는 것보다 이 작업은 더 어렵다. 임베디드 프로세서용 많은 개발 도구 모음들은 완전히 기능적인 디버거를 포함한다. 디버거^{debugger}는 실행 중 애플리케이션을 조정하고 감시할 수 있는 소프트웨어 애플리케이션이며, 보통 임베디드 시스템에 케이블로 연결된다.

디버거는 일반적으로 다음 기능을 제공한다.

- **소스 레벨 디버깅**: 소스 레벨 디버깅을 지원하는 디버거는 상위 수준 소스코드 구문과 변수 이름 측면에서 시스템과 상호작용할 수 있게 한다. 그리고 디버거는 프로세서 명령어와 프로세서 레지스터, 메모리 주소 수준에서 프로그램 코드와 데이터와 상호작용할 수 있게 해준다.

- **브레이크 포인트**: 브레이크 포인트는 실행 흐름이 특정 위치에 도달하면 코드 실행이 멈추는 프로그램의 소스코드나 특정 프로세서 명령어의 위치다. 실행이 중지되

시만 다른 디버거 기능은 시스템 메모리나 프로세서 레지스터 내의 데이터를 표시하고 수정할 수 있게 한다. 임베디드 시스템용 디버거는 제한된 수의 동시 활성 가능 브레이크 포인트를 지원한다.

- **단일 스텝 코드 실행**: 프로그램 실행이 브레이크 포인트에서 멈춘 후 디버거는 프로그램 실행이 사용자 제어에 따라 한 번에 한 소스코드 구문씩 재개할 수 있게 한다. 각 단계마다 표시된 프로그램 변수나 프로세서 레지스터 값들은 각 구문의 실행에 따라 변경된 내용들을 반영해 업데이트될 것이다.

- **변수와 메모리 표시**: 일반적으로 코드 실행이 브레이크 포인트에 도달할 때 프로그램 실행이 멈추지만 디버거는 사용자가 선택한 변수와 메모리 영역의 값들을 표시한다. 사용자는 변수나 메모리의 다른 위치의 내용을 수정하고 프로그램 실행을 재개할 수 있다.

- **워치포인트**: 브레이크 포인트와 유사하지만 워치 포인트는 코드 구문의 실행보다 데이터 메모리 위치 접근을 감시한다. 워치포인트는 변수나 메모리 주소에 연결돼 해당 위치가 접근될 때 트리거된다. 워치포인트는 보통 특정 조건을 묶을 수 있는데 특정 위치에 읽기 혹은 쓰기일 때만 트리거할 수 있다.

정교한 디버거를 사용하면 임베디드 시스템에서 동작하는 코드와 상호작용이 쉬워지지만 이런 수준의 기능이 개발자에게 항상 가능하지는 않다. 때로는 디버깅해야 하는 임베디드 시스템의 유일한 인터페이스가 개발자의 데스크톱 컴퓨터에서 동작하는 터미널 프로그램에 연결된 직렬 포트일 수도 있다.

이때는 코드의 내부 동작을 관찰하기 위해 코드 안에 전략적으로 print 구문을 삽입해 직렬 포트로 출력을 보내는 방법이 사용하기에 가장 쉽다. 개발자가 코드를 실행할 때 임의로 선택한 정보를 표시하지만 테스트 중 시스템 코드를 바꿔야 한다. print 구문과 관련된 실행 시간이나 자원 사용에 따라 시스템 동작에 큰 영향을 줄 수 있는 수정이다.

테스트 중 시스템에서 일어나는 일련의 동작을 이해하기 위해 코드 실행 중 필요한 정보를 뽑는 것은 결국 개발자의 현명함에 달렸다. 디버거를 사용할 수 없고 직렬 포트에 print 구문의 사용할 수도 없다면 임시로 디바이스의 LED를 사용해 코드가 수행되는 분기 경로를 나타내도록 유용한 디버깅 정보를 제공할 수도 있을 것이다.

문제의 원인을 찾기 위해 이진 탐색 과정을 사용하는 것이 효과적인 디버깅 방법이 될 수 있음을 설명한다.

이진 탐색 디버깅 과정 사용

이진 탐색은 정렬된 배열에 값을 배치하는 효율적이며 고전적인 방법이다. 유사한 방식이 소프트웨어 애플리케이션이 사용하는 많은 양의 코드에서 문제의 원인을 찾기 위해 사용될 수 있다.

문제가 어디에 있는지 모르는 상태에서 디버깅 과정을 시작하면 먼저 문제의 위치를 좁혀가는 것부터 시작해야 한다. 문제가 존재하는 공간의 중간 지점을 찾아보고 테스트를 수행해 중간 지점에서 어느 쪽이 문제를 포함하고 있는지 결정해본다.

임베디드 시스템에서 문제가 존재하는 영역을 나누는 명확한 선은 문제가 소프트웨어에서 혹은 하드웨어에서 유발됐는지를 결정하는 것이다. 테스트 중인 시스템의 여러 하드웨어 세트를 사용할 수 있다면 같은 테스트를 다른 하드웨어에서 수행하는 것도 가치가 있다. 테스트는 초기에 테스트된 시스템 하드웨어의 부품 불량이나 잘못된 조립을 찾아 낼 수 있지만 모든 하드웨어 세트에 존재하는 하드웨어 설계 오류를 찾을 수는 없다.

문제가 소프트웨어와 연관된 것으로 보인다면 이진 탐색의 다음 단계는 소프트웨어의 어떤 대규모 구성요소가 오류를 포함하는지 결정하는 것이다. 테스트를 수행하려면 디버거를 사용하거나 직렬 포트에 print 구문을 삽입해 코드 실행 동작을 검사한다.

문제가 소스코드의 특정 영역에서 발생함을 알아 낼 때까지 코드를 더 작은 영역들로 나누는 여러 단계들을 거치는 것이 사용할 수 있는 쉬운 방법이다. 이때 관찰된 행동을 분석하고 코드의 문제 영역을 찾는 것은 개발자에게 달렸다. 문제를 찾고 수정한 뒤 디버깅 과정 중 코드에 넣었던 임시 수정사항을 원래대로 되돌리고 제거하는 것이 필수다.

문제의 원인을 좁히기 위해 시스템 기능의 일부를 임시로 비활성화하는 디버깅 방식을 알아본다.

기능의 일부를 임시로 제거하기

시스템에서 동시에 발생하는 동작들로 인해 관찰된 문제와 연관된 코드에서 어떤 일이 발생했는지 결정하기 너무 어렵다면 관련 없는 동작들을 수행하는 코드를 임시로 비활성화 해서 문제가 있는 영역에 집중할 수도 있다.

C나 C++에서 코드의 연속적인 영역을 비활성화하려면 코드 블록의 시작점에서 #if 0 을 추가하고 해당 블록의 마지막에 #endif를 추가하는 방법이 있다. 두 전처리 구문은 효과적으로 해당 블럭의 모든 코드들을 컴파일 단계에서 제거한다.

문제와 연관 있어 보이는 코드와 관련 없는 동작을 제거하면 더 쉽게 문제 원인에 집중할 수 있다.

코드 내 하나 이상의 부분에 주석처리를 했음을 반드시 기억해야 한다. 디버깅이 끝나면 코드 영역의 주석처리를 위해 넣었던 전처리 구문을 제거해 이전 주석처리된 코드가 동작하는 상태에서도 수정사항이 여전히 효과적인지 검증해야 한다.

코드의 일부를 주석처리해도 버그의 원인을 찾을 수 없다면 다음 단계의 디버깅은 버그를 나타내는 가장 작은 프로그램으로 전체 프로그램을 잘라 내야한다.

문제를 나타내는 가장 작은 프로그램 만들기

지금까지의 모든 디버깅 노력이 아직 성공하지 못했다면 문제를 나타내는 가장 작은 프로그램으로 코드를 줄일 수 있다. 이 방식은 프로그램을 제품 개발 공급업체에 제공하거나 도움을 위한 공개 메시지 게시판에 올릴 때 바람직하다.

이 과정을 수행하려면 메인 개발 디렉토리 구조와 다른 위치에 프로그램 코드를 복사해야 한다. 그리고 관찰된 문제에 영향을 주지 않는 프로그램의 모든 부분을 잘라내자. 이상적으로 코드를 프린트하면 한 장에서 두 장 정도의 크기로 코드를 줄일 수 있을 것이다.

개발 업체에 프로그램 코드를 공유하거나 도움을 요청할 공개 게시판에 올려놓는다면 코드의 민감한 정보 및 연관된 데이터 파일들을 주의 깊게 제거해야 한다.

문제가 나오는 프로그램 코드 크기를 몇 십 줄로 줄일 수 있다면 이슈를 스스로 해결할 수도 있을 것이다. 그렇지 않다면 해당 코드를 다른 사람들에게 공유하고 이슈 해결을 위한 다른 사람들의 제안을 요청해보자.

복잡한 임베디드 시스템의 테스트 중 발견된 문제를 디버깅하는 접근 방식을 전반적으로 다뤘다. 다음으로 고성능 임베디드 시스템 개발과 관련된 프로젝트의 성공적 실행을 위한 추천 사항을 알아본다.

⁝⁝⁝ 고성능 임베디드 시스템 개발의 모범사례 요약

고성능 임베디드 시스템 개발자가 성공에 도달할 수 있는 추천사항을 소개한다. 완전한 목록은 아니지만 앞으로의 개발 노력에 좋은 시작점이 될 것이다.

테스트를 위한 설계

복잡한 임베디드 시스템 설계할 때 모든 단계에서 시스템의 쉬운 테스트를 가능하게 하는 기능을 포함하는 것이 좋다. 이를 통해 시스템 설계자는 시스템 성능의 효과적인 평가와 빠른 시스템 테스트 완료가 가능하다.

테스트를 위한 설계에는 인쇄 회로에 테스트 포인트를 추가하거나 향상된 디버깅 기능을 지원하는 FPGA 칩이나 프로세서를 사용할 수 있다. 테스트를 위한 설계 과정에 연관된 특정 기술과 관계없이 목표는 테스트 중 시스템 내부 동작을 가능한 가시적으로 만드는 것이다.

포괄적인 테스트를 위한 설계 접근 방식에 관한 한 가지 단점은 시스템의 공개 배포 버전이 테스트를 위한 설계 기능을 포함할 수 있고 이는 적대적 공격자가 의도하지 않은 방식으로 시스템의 내부 기능을 사용할 수 있는 것이다. 이런 고민들은 최신 프로세서와 FPGA의 향상된 기능(시스템의 디버깅 포트를 사용하려면 복잡한 암호 입력을 요구)을 이용해 줄일 수 있다.

개선을 위한 여지 남기기

시스템 하드웨어 설계에서 고정된 자원을 결정할 때 미래의 개선 요구사항을 고려해야 한다. 이는 초기 설계에 필요한 것보다 시스템에 더 많은 처리 능력에 관한 설계와 관련되며 필요한 것보다 많은 휘발성 혹은 비휘발성 메모리 영역을 요구할 수 있다. FPGA 설계에서 현재 설계를 구현하기 충분한 기능을 갖는 FPGA보다 더 많은 자원을 가진 FPGA를 사용하기로 결정할 수 있다.

앞으로의 확장을 위한 많은 여지를 남김으로써 제품의 수명을 연장할 수 있고 원래 의도한 사용보다 더 많은 사용자에게 매력적인 방식으로 제품을 만들 수 있다.

물론 설계에 필요한 최소한 보다 더 많은 하드웨어 기능을 포함하면 비용이 더 들고 회로 보드의 더 많은 영역을 차지하며 전력 소모도 증가한다. 따라서 미래의 확장을 위한 여지를 남겼을 때의 장점과 비용에 대한 가치를 잘 평가해야 한다.

미래의 기능을 고려한 하드웨어 설계

처리 능력이나 메모리 공간의 확장을 위한 여지를 포함하는 것을 넘어서 하드웨어 설계는 초기 설계에서 요구하지 않았지만 앞으로의 시스템 업그레이드 시 유용하게 생각되는 기능을 포함할 수 있다.

예제 디지털 오실로스코프의 현재 하드웨어 설계가 포함하지 않지만 아날로그 트리거 기능을 구현하는 하드웨어를 추가할 수도 있다. 현재 설계는 ADC로부터 샘플링된 데이터 값을 트리거 전압과 비교하는 디지털 트리거를 사용한다. 트리거 방식은 10나노초마다 입력 전압을 샘플링하며 샘플들을 사용해 트리거 조건을 평가한다.

디지털 트리거 설계에서는 10나노초보다 짧은 펄스가 순간적으로 트리거 레벨보다 높을 수 있지만 샘플링이 펄스를 캡처하지 않기 때문에 트리거가 발생할 수 없다.

10나노초마다 수행되는 이산 샘플에 의존하는 디지털 트리거를 사용하는 것보다 고속 아날로그 하드웨어 사용해 트리거 기능을 수행하면 오실로스코프가 짧은 펄스를 정확히 트리거할 수 있다.

아날로그 트리거 하드웨어는 디지털-아날로그 변환기DAC를 추가해 입력 신호를 감시하면서 아날로그 비교기의 입력으로 기준 전압을 설정한다. 비교기는 아날로그 입력 신호가 기준 전압을 넘을 때 상태를 변경하는 디지털 출력 신호를 갖는다. 래치는 펄스가 매우 작더라도 펄스를 캡처하고 트리거 신호를 시스템의 다른 부분에 제공한다. 그림 10.1은 아날로그 트리거 기능이 14비트 DAC를 사용해 어떻게 디지털 오실로스코프 하드웨어 설계에 추가될 수 있는지 보여준다.

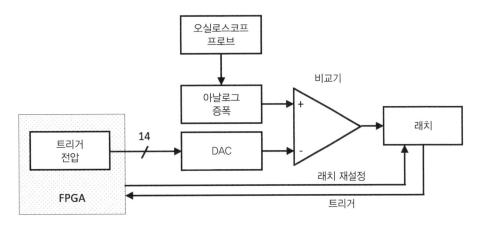

그림 10.1 아날로그 오실로스코프 트리거 회로

예제 오실로스코프 프로젝트의 현재 설계에서는 위의 제약사항이 있어도 디지털 트리거를 사용한다.

아날로그 트리거 하드웨어를 탑재하지만 사용하지 않기로 했다면, 추후 펌웨어 업그레이드는 이 하드웨어를 활성화해 시스템 성능을 개선할 수 있다.

현재 구현되는 있는 기능만으로 코딩 활동을 제약할 때의 장점을 알아보자.

현재 필요한 코드만 개발하기

코드 개발의 각 단계에서 FPGA 혹은 임베디드 프로세서 펌웨어, 호스트 PC에서 동작하는 프로그램을 위한 애플리케이션 코드에 상관없이 개발자들은 현재 구현되는 기능에 관한 코드만을 추가해야 한다.

현 시점에 개발되는 기능에 필요 없는 기능더라도 추후 개선에 대한 기대를 갖고 현재 동작하는 코드에 이 기능을 추가하는 유혹이 있기도 하다. 개발자가 이런 행동을 하는 것은 보통 추후 작업을 쉽게 하기 위해 코드에 미리 준비해놓기 위함이다.

확장 기능이 현재 추가돼야 하는 기능에 관계가 없을 때 기능의 추가는 현재 개발 작업을 복잡하게 하고 코드 테스트를 어렵게 하기 때문에 좋은 행동이라고는 볼 수 없다.

추후 개발에 대한 기대로 코드를 추가하는 것을 피하는 것은 모든 것들이 변하기 때문이다. 추후 추가될 것으로 기대하는 기능이 다른 이유들로 절대 개발되지 않을 수 있다. 이때 추가했던 기능은 이제 코드를 복잡하게 하는 필요 없는 부분이 되고 전체 범위를 테스트하기 어렵게 된다.

익스트림 프로그래밍^{XP} 애자일 프로그래밍 방법론은 **동작 가능하면서도 가장 간단히 만들 것**이라는 말로 표현할 수 있다. 이는 코드 개발 중 즉시 필요한 기능이나 능력을 완전히 구현하는 최소의 코드만 작성해야 하고 더 이상 추가하지 않아야 함을 의미한다.

철저한 버전 제어 유지하기

9장, '펌웨어 개발 과정'의 깃을 사용한 버전 제어에서 깃 버전 제어 시스템을 간단히 소개했다. 지속 가능한 가치를 갖는 코드 개발 노력으로 처음부터 그리고 각 연결되는 단계마다 철저한 버전 제어를 유지해야만 한다.

버전 제어를 적절히 사용하면 개별 파일의 변경사항을 정확히 추적할 수 있고 파일의 각 버전에서 어떤 수정사항이 발생했는지 알 수 있다.

버전 제어를 사용하는 것은 특정 수준의 규칙이 필요하다. 특히 여러 팀 구성원이 같은 코드에 작업할 때는 더욱 그렇다. 모든 개발자에게 쉽게 접근 가능한 테스트된 코드를 포함하는 중앙 리포지토리가 있어야 한다. 리포지토리는 깃허브^{GitHub}와 같이 공개된 장소에 있거나 깃 호스팅 서비스를 제공하는 상업용 제공자에 의한 사적인 리포지토리에 있을 수 있다. 혹은 개발 조직 내 유지보수되는 사적인 서버에 있기도 하다.

개발자들은 기존 코드에 새로운 코드를 추가하고 변경할 때 로컬 테스트를 통과한 버전을 공유된 리포지토리에 푸시할 것이다. 각 개발자는 자신의 코드를 자주 공유 리포지토리와 동기화해 다른 개발자들의 변경사항을 자신의 로컬 복사본에 가져오고 다른 개발자들의 변경사항과의 비호환성을 빠르게 알아낼 수 있다.

개발자 간 충분한 수준의 대화를 통해 여러 개발자가 시스템의 같은 영역에서 동시에 개발할 때 발생할 수 있는 충돌을 최소화해야 한다. 두 개발자가 동시에 같은 파일을 수정한다면 두 명의 변경사항을 올바르게 머지하려면 골치가 아프기 때문이다.

코드 개발 중에 단위 테스트 개발하기

개발자들이 테스트 주도 개발을 적용한다면 리포지토리로 푸시된 코드는 테스트를 통해 올바른 기능을 보여줄 것이다. 이는 컴파일되고 정적 분석 검사를 통과했지만 전혀 테스트되지 않는 코드를 팀에 공유하는 전통적인 개발 방식보다 큰 장점을 보여준다.

경고가 없는 정적 분석 완료가 필요하지만 이것이 코드를 공유된 리포지토리로 푸시하기 위한 충분 조건과는 거리가 멀다. 특정 집합의 요구사항들을 올바르게 구현된 것처럼 보이는 코드가 명백한 혹은 사소한 방식에서 잘못 구현될 수 있는 많은 방식이 존재한다. 단위 테스트는 많은 경우의 이런 문제들을 잡아낼 수 있고 컴포넌트 수준의 모듈들을 시스템 기능의 집합으로 통합하기 쉽게 한다.

코드 개발에 TDD 개발 방식을 적용하면 코드의 완전한 테스트가 개발 과정의 기본 부분이 된다. TDD 개발 방식을 적용한 개발자들은 본인의 작업에 대한 높은 수준의 성취감과 만족감을 느끼는 경향이 있다. 개발 사이클의 매우 초기에 개발하는 코드의 품질에 관한 불확실성을 제거하는 것에서 긍정적인 피드백이 기인한다.

기능이 구현되는 시점부터 시스템 수준 테스트 시작하기

새로운 시스템 설계를 개발할 때 대부분 초기 코딩 작업은 기본적이고 I/O 인터페이스 같은 시스템 하드웨어 컴포넌트와 연관된 저수준 기능과 관련이 있다. 작업이 진행되면서 개발자들은 저수준 기능들을 전체 시스템 기능의 실질적인 요소들을 구현하는 하위 시스템으로 결합한다. 하위 시스템의 충분한 집합이 부분적으로 구현됐다면 전체 시스템 기능에서 일부 집합이 동작 가능할 것이다. 이 단계가 되면 시스템의 성능을 부분적으로 테스트할 수 있다. 이런 초기 테스트는 비공식적이지만 사용 가능한 기능과 관련된 테스트 케이스에 제시된 과정을 따라야 한다.

초기 테스트는 시스템 수준의 문제와 성능 제약을 빨리 알아낼 수 있다. 코드 개발 진행 중 이런 이슈를 찾게 되면(디버깅 과정이 문제에 대한 명확한 원인을 찾는다는 가정 하에) 관찰된 문제에 관한 수정사항을 구현하기 위해 이미 개발된 코드를 더 쉽게 재확인할 수 있다.

초기 테스트를 통해 일부 하드웨어의 재설계같은 시스템 설계의 근본적인 변경사항이 필요한지 명확하게 알 수 있다. 또한 한 개 이상의 시스템 요구사항이 비현실적이고 재검토되어야 한다는 점도 깨닫게 된다. 매우 뼈아픈 일이지만 개발이 끝난 후에 문제가 발견되는 것보다는 훨씬 좋은 일이다.

⁖ 요약

디바이스가 동작할 환경에서 완벽한 시스템 테스트를 계획하고 수행하며 테스트 중 찾은 문제를 해결하기 위한 로드맵을 소개했다. 시스템 테스트는 모든 조건에서 동작을 평가하기 위해 환경적인 조건과 입력 신호들의 전체 기대 범위를 다뤄야 한다.

테스트 중 모든 입력은 반드시 주의 깊게 기록되고 발생한 모든 비정상 동작은 자세히 기록돼야 한다. 테스트 반복성은 테스트 중 찾은 문제를 수정하기 위해 필수적이다. 10장은 고성능 임베디드 시스템 개발의 모범 사례를 소개하며 끝맺었다.

복잡한 임베디드 시스템을 효과적이며 완벽히 테스트하는 기본을 알아야 한다. 테스트를 수행하고 테스트 결과를 기록하고 효과적으로 버그를 추적하는 기법을 배웠다. 모든 중요한 시스템 특징을 평가하는 테스트의 집합을 개발하는 법과 성공적인 임베디드 시스템 개발의 핵심 사례에 집중하는 법을 이해할 수 있다.

마지막에 도착했다. 이 책을 쓰면서 저자가 즐겼던 것만큼 독자도 읽으면서 즐거웠길 바란다. 고성능 임베디드 시스템의 기본부터 시작해 다양한 범주의 주제를 다뤘다.

FPGA 기반 디바이스를 설계하고 구성하는 과정 및 도구도 소개했다. 마지막으로 실시간 펌웨어를 구현하고 디버깅, 테스트하는 모든 부분을 여러 장에서 살펴봤다. 이 책에서 제공하는 정보는 고성능 임베디드 시스템의 설계 및 구축하는 데 필요한 배경지식이며 이를 바탕으로 다른 책이나 온라인 정보에서 더 많은 지식을 얻을 수 있다.

여러분의 임베디드 시스템 개발을 향한 노력에 항상 행운이 있길 바란다.

찾아보기

고성능 임베디드 시스템 설계

FPGA, 맞춤형 회로 기반 고성능 실시간 디지털 시스템 설계와 구축

발 행 | 2022년 9월 23일

지은이 | 짐 레딘
옮긴이 | 정 병 혁 · 곽 종 원

펴낸이 | 권 성 준
편집장 | 황 영 주
편 집 | 조 유 나
         김 다 예
디자인 | 윤 서 빈

에이콘출판주식회사
서울특별시 양천구 국회대로 287 (목동)
전화 02-2653-7600, 팩스 02-2653-0433
www.acornpub.co.kr / editor@acornpub.co.kr

한국어판 ⓒ 에이콘출판주식회사, 2022, Printed in Korea.
ISBN 979-11-6175-672-1
http://www.acornpub.co.kr/book/high-embedded-systems

책값은 뒤표지에 있습니다.